Softwareentwicklung mit UML 2

Marc Born, Eckhardt Holz, Olaf Kath

Softwareentwicklung mit UML 2

Die »neuen« Entwurfstechniken UML 2, MOF 2 und MDA

ADDISON-WESLEY
An imprint of Pearson Education
München • Boston • San Francisco • Harlow, England
Don Mills, Ontario • Sydney • Mexico City
Madrid • Amsterdam

Bibliografische Information Der Deutschen Bibliothek

Die Deutsche Bibliothek verzeichnet diese Publikation in der Deutschen Nationalbibliografie; detaillierte bibliografische Daten sind im Internet über <http://dnb.ddb.de> abrufbar.

Umwelthinweis:
Dieses Produkt wurde auf chlorfrei gebleichtem Papier gedruckt.

5 4 3 2 1

07 06 05 04

ISBN 3-8273-2086-0

Einbandgestaltung: Christine Rechl, München
Titelbild: Kalmia augustifolia © Karl Blossfeldt Archiv
Ann und Jürgen Wilde, Zülpich/ VG Bild-Kunst Bonn, 2004
Lektorat: Sylvia Hasselbach, shasselbach@pearson.de
Herstellung: Monika Weiher, mweiher@pearson.de
Satz: reemers publishing services gmbh, Krefeld, www.reemers.de
Druck und Verarbeitung: Bercker Graphischer Betrieb, Kevelaer
Printed in Germany

Inhalt

Vorwort

Ein Buch über eine so alte und so junge Sprache wie die *Unified Modeling Language* zu schreiben ist eine riesige Herausforderung: Es gibt natürlich unzählige Werke, die in beliebigem Detaillierungsgrade jede Facette der Sprache erklären. Dies zumindest gilt für die »alte« Version 1.x der UML. Die jüngste Revision 2.0 der Sprache, deren Spezifikation vor wenigen Wochen abgeschlossen wurde, bewahrt Bewährtes und ändert Änderungswürdiges. Sie hat jedoch bisher aufgrund der Aktualität noch nicht ausreichend Eingang in die Literatur gefunden. Auch die »neue« Version wird Freunde und Feinde haben, manchem Anwender wird diese Sprache zu formal sein, andere werden sich im Gegensatz dazu über die schwache semantische Fundierung ärgern und wieder andere werden sie pragmatisch einsetzen.

Der Prozess der Neukonstruktion der Sprache war langwierig und ist noch lange nicht abgeschlossen: Es haben an dieser Aufgabe Experten von 52 Unternehmen mitgewirkt, und jedes dieser Unternehmen hatte ganz eigene Ziele, die es bei der Sprachdefinition verfolgte.

Das Finden eines Kompromisses war in diesem Prozess für die Sprachschöpfer nicht immer einfach. Ebenso erwies es sich auch für uns als Buchautoren als manchmal nahezu hoffnungslos, die Wendungen des Prozesses und die aktuellen Resultate zu verstehen und nachzuvollziehen. In diesem Zusammenhang sei dem Verlag und speziell unserer Lektorin Sylvia Hasselbach für die Geduld mit uns und unseren zum Teil sehr späten Änderungen am Manuskript gedankt. Wir hoffen dafür aber, dass wir Ihnen als Leser und Anwender mit diesem Buch den gegenwärtigen Stand der Sprachdefinition in einer konsistenten Art und Weise nahe zu bringen vermögen.

Sie werden auch erfahren, dass die UML 2 nicht nur Diagramme mit bunten, verbundenen Kästchen bietet, sondern eine wahre Vielfalt an Modellierungskonzepten bereithält. Hoffentlich werden die UML-2-Werkzeuge, die es sicherlich bald geben wird, eben diese Vielfalt auch unterstützen. Die Sprachspezifikation jedenfalls bietet eine sehr weitgehende Integration dieser vielfältigen Möglichkeiten miteinander.

Gelungen ist dies insbesondere durch den strikten Einsatz einer Technik, die wir Ihnen als Meta-Modellierung vorstellen werden. Lassen Sie sich bitte nicht von »Meta« und »Meta-Meta« abschrecken: Der Grund für unsere immer wiederkehrenden Ausflüge in die Metawelt ist es, Ihnen die Möglichkeit zu geben, zukünftige Erweiterungen oder Änderungen der Sprache anhand der Änderungen des so genannten Metamodells selbst herausfinden zu können. Feinheiten der Semantik lassen sich nur mit dieser Technik nachvollziehen.

Die UML ist gemeinsam mit anderen Technologien in die *Model Driven Architecture* eingebettet. Diese ebenso junge Architekturdefinition fungiert als Dach des Hauses, in dem viele Techniken des Software Engineering wohnen werden. Wir haben versucht, Ihnen einen Überblick über diese verschiedenen Techniken zu vermitteln und die Bedeutung der UML 2 dabei herauszustellen.

Für die kritische Durchsicht des Manuskripts und die vielen Anregungen möchten wir unseren Kollegen am Fraunhofer Institut Fokus, in der IKV++ Technologies AG, an der Technischen Universität Berlin und an der Humboldt-Universität zu Berlin danken. Ein Buch zu schreiben kostet nicht nur Nerven, sondern vor allem Zeit. Diese Zeit stehlen wir der Familie, den Freunden und insbesondere den Kindern. All diesen sind wir für deren Verständnis zu besonderem Dank verpflichtet.

Falls Sie Fragen oder Anmerkungen zu diesem Buch haben, so zögern Sie nicht, uns diese mitzuteilen. Wir sind unter der folgenden E-Mail-Adresse erreichbar: *uml2buch@ikv.de*.

Berlin, im November 2003

Marc Born, Eckhardt Holz, Olaf Kath

1 Einführung

Modelle sind ein natürlicher Weg, um komplexe Vorgänge und Systeme zu verstehen, zu untersuchen, aber auch zu planen und sie dann in die Realität zu überführen.

Üblicherweise wird nicht nur ein einzelnes, sondern eine Vielzahl von Modellen zur Untersuchung eines Systems eingesetzt, die jeweils auf bestimmte Aspekte des Systems fokussieren: »Lange bevor ein Flugzeug in der Realität fertig ist, existiert es in Form von Hunderten von Gigabyte an Daten auf den Rechnern der Airbus-Partner: numerische Strömungssimulatoren, Messwerte aus dem Windkanal, Konstruktionszeichnungen für das Flugzeug selbst, für Systeme und Subsysteme, Pläne für die Verkabelung [...]« ([DBAG 98])

Übertragen wir dieses Prinzip auf die Softwareentwicklung, so ergibt sich ein ähnliches Bild – es wird eine Vielzahl von Modellen eines zu entwickelnden Softwaresystems entworfen, wobei jeweils bestimmte Aspekte dieses Systems in unterschiedlichen Modellen erfasst und untersucht werden. Diese Modelle können dazu verwendet werden, die untersuchten Aspekte in die Realität, d.h. in die Systemkomponenten eines Softwaresystems zu überführen. Da komplexe Softwaresysteme ausschließlich werkzeugunterstützt entwickelt werden können, müssen auch die Modelle dieser Systeme in maschinell verarbeitbarer Form vorliegen.

Die Darstellung unterschiedlicher Aspekte eines Systems in separaten Modellen ist aber auch vielfach mit der Nutzung unterschiedlicher Abstraktionsmechanismen oder sogar unterschiedlicher Modellierungssprachen für die Einzelmodelle verbunden. Für die Konstruktion des geplanten Systems sind jedoch Informationen aus allen Modellen notwendig, es besteht also die Aufgabe, Modelle in unterschiedlichen Sprachen zusammenzuführen. Dieses Problem taucht nicht nur bei der Konstruktion technischer Systeme wie z.B. einem Verkehrsflugzeug, sondern auch bei Softwaresystemen auf. Die Anforderung einer maschinellen Verarbeitung verstärkt es sogar noch, da der Mensch nicht mehr direkt als Mittler und Übersetzer von Informationen auftritt.

Genau diesem Problem hat sich die Softwareindustrie mit der Schaffung der *Unified Modeling Language* UML gewidmet. Im Gegensatz zu früheren Entwurfsprachen, die gezielt für einen konkreten Einsatzzweck geschaffen wurden, vereint UML im Sinne eines Werkzeugkastens eine Vielzahl unterschiedlicher Modellierungskonzepte und

-mechanismen auf einer einheitlichen konzeptionellen Basis. Einsatzgebiet von UML ist damit der gesamte Softwareentwicklungsprozess, von der initialen Erfassung und Analyse der an das zu entwickelnde System gestellten Anforderungen über die Beschreibung und den Test von Strukturen und Verhalten des Systems, die Unterstützung der Überführung der Modelle in Softwareartefakte bis hin zur abschließenden Dokumentation.

Leider hat eine solche universelle Sprache in der Regel den Nachteil, dass sie auf Grund ihrer konzeptionellen Vielfalt sehr groß und damit schwer verständlich und erlernbar ist. Wie ist man mit diesem Handicap bei der Entwicklung von UML umgegangen? Sieht man sich den Sprachstandard von UML an, so wird man einige zentrale Paradigmen erkennen, die sich der Frage der Beherrschbarkeit und Begrenzung der Sprache bzw. ihrer Komplexität widmen:

1. Hierarchischer Aufbau der Sprache

   Die UML Sprachdefinition besteht aus einer Reihe aufeinander aufbauender oder einander ergänzender Sprachdefinitionspakete (vgl. auch Abbildung 1.3). Um die Sprache für einen gewissen Zweck einzusetzen, sind dann Kenntnisse über den Sprachkern und die für den Zweck geeigneten Sprachpakete notwendig (z.B. *Activities* für die Modellierung von Geschäftsprozessen). Wir sind diesem Vorgehen auch in diesem Buch gefolgt, indem wir die Sprache schrittweise und nach unterschiedlichen Modellierungszielen geordnet vorstellen.

2. Objektorientierung als Grundlage der gesamten Sprache

   Objektorientierung hat sich beim Entwurf und der Implementierung komplexer und verteilter Softwaresysteme als ein zentrales Paradigma durchgesetzt. UML baut konsequent auf einer objektorientierten Begriffswelt auf und unterstützt direkt die dazugehörigen Grundmechanismen der Modellierung

   - Klassifikation/Exemplifikation

     Elemente der Problemdomäne mit ähnlichem Verhalten und ähnlicher Struktur werden durch ein Konzept widergespiegelt.

   - Generalisierung/Spezialisierung

     Hierarchische Organisation des Konzeptraums durch Herausarbeiten/Zusammenfassen gemeinsamer Eigenschaften von Konzepten.

   - Strukturierung

     Komplexe Elemente der Problemdomäne werden durch eine Gruppe von Konzepten widergespiegelt (Komposition/Dekomposition).

- Organisation

  Beziehungen zwischen Elementen der Problemdomäne werden durch Relationen zwischen Konzepten widergespiegelt, eng zusammenhängende Gruppierungen von Konzepten werden zu Modulen zusammengefasst.

- Abkapselung und *Information Hiding*

  Extern sichtbare Verhaltens- und Struktureigenschaften werden von internen Details ihrer Erbringung getrennt, die internen Details werden dabei verborgen und nicht zugänglich gemacht.

- Verhaltensbeschreibung

  Deskriptive oder präskriptive Beschreibung des Verhaltens.

3. Trennung von Begriffwelt und Notation

   Im Mittelpunkt des Sprachstandards steht die klare und eindeutige Definition der Modellierungskonzepte, d.h. die Menge an Begriffen, die benutzt werden, um die in einem Modell enthaltenen Informationen zu reflektieren, sowie die Menge der Regeln zur Konstruktion eines Modells auf der Grundlage dieser Begriffswelt. Die Notation wird dagegen der Begriffswelt zugeordnet und dient allein der physischen Repräsentation eines Modells in Form von Diagrammen. Die strikte Trennung von Inhalt und Form eines Modells ermöglicht nicht nur die Nutzung einer dem jeweiligen Zweck angepassten Notation, sondern bildet auch die Basis für die Erweiterung oder Einschränkung der Sprache für konkrete Anwendungsgebiete.

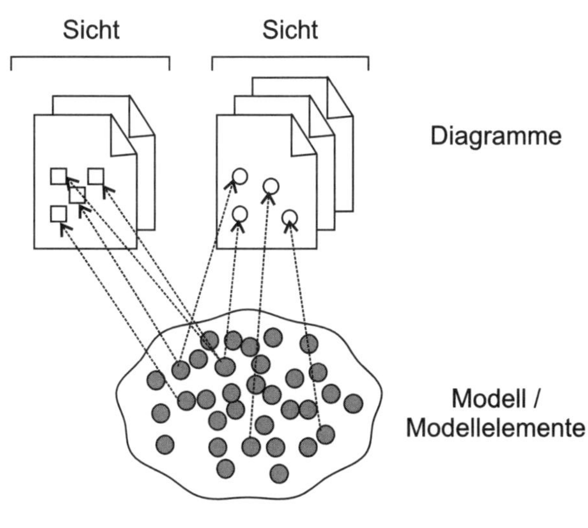

Abbildung 1.1: Modell – Diagramm – Sicht

4. Metamodellierung als Basisprinzip der Sprachdefinition

   Die bereits bei UML 1.x eingesetzte Sichtweise, dass eine Definition einer Konzeptwelt einer Modellierungssprache wiederum ein Modell ist, wurde mit UML 2 konsequent weitergeführt. Der Sprachkern von UML umfasst alle Konzepte, die notwendig sind, um die Sprache selbst in Form eines Metamodells zu definieren. Diesen Sprachkern teilt UML auch mit einer weiteren Technologie, der *Meta Object Facility (MOF)*. Dieser Fakt und der Einsatz der Metamodellierung sind Grundlagen für die Erweiterbarkeit und Anpassbarkeit der Sprache, aber auch für die maschinelle Speicherung und Verarbeitung von Modellen und Metamodellen in einem einheitlichen Framework. Damit wird die Verfügbarkeit und Nutzbarkeit der Modelle eines Softwaresystems über dessen gesamten Lebenszyklus ebenso unterstützt wie die Einbindung weiterer existierender oder zukünftiger Modellierungs- und Entwurfssprachen. In diesem Buch haben wir versucht, den Gedanken der Metamodellierung und die sich so ergebende Definition der Sprache durch ein Metamodell zu nutzen, um die Konzepte der UML einzuführen. Wir werden immer wieder studieren, wie ein bestimmtes Sprachkonstrukt im Metamodell eingeführt wird und wie es in Beziehung zu anderen Sprachkonstrukten steht.

5. Unterscheidung zwischen Modell und Diagramm

   Ein UML-Modell ist zunächst einmal eine organisierte Sammlung von Konzepten aus der UML-Begriffswelt mit dem Ziel einer Abstraktion eines existierenden oder zukünftigen Systems. Repräsentiert wird das Modell oder auch nur ein Teil des Modells durch eine Gruppe von Diagrammen. Ein Diagramm stellt dabei stets einen Teil einer Sicht auf das Modell dar, es muss also niemals alle in dem Modell enthaltenen Informationen reflektieren, ebenso kann ein Modellelement mehrfach in einem oder mehreren Diagrammen erscheinen. Wesentlich ist dabei also, dass alle in einem Diagramm dargestellten Informationen eine Manifestation im Modell besitzen. Diese Unterscheidung zwischen Modell und Diagramm ist eine Konsequenz aus der Trennung von Begriffwelt und Notation. In Verbindung mit der Metamodellierung bzw. MOF erlaubt sie es, werkzeug- und lebenszyklusübergreifend auf Modellinhalte zuzugreifen.

   Bevor wir zur Darstellung der Sprache in ihren Einzelheiten kommen, widmen wir uns jedoch zunächst der Entstehung von UML 2.

1.1 Historie von UML

Objektorientierte Analyse- und Designtechniken (OOAD-Techniken) wurden parallel zu objektorientierten Programmiersprachen seit Mitte/Ende der 80er Jahre entwickelt. Zentrale Zielstellung dabei war die Unterstützung des Entwurfs objektorientierter Software durch die (grafische) Visualisierung der Artefakte des Entwurfsprozesses.

OOAD-Techniken stammen – im Gegensatz zu den akademisch geprägten formalen Techniken – in den meisten Fällen dem industriellen Software-Engineering.

Die auch in enger Beziehung zur objektorientierten Programmierung stehenden Konzepte Klasse, Objekt und Relation/Assoziation sind in den Konzeptwelten aller OOAD-Modellierungstechniken enthalten, wenn auch mit leicht voneinander abweichenden Definitionen. Hinzu kommen verschiedene Konzepte zur Verhaltensbeschreibung, z. B. in Form von Zustandsautomaten oder Interaktions- und Sequenzdiagrammen. Die Unterschiede zwischen den Techniken liegen in den voneinander abweichenden genauen Definitionen dieser Konzepte, den jeweils Modellierungstechnik-spezifischen Konzepten zur Beschreibung logischer/physischer Architekturen und zur Unterstützung des Entwurfsprozesses sowie in den Notationen.

Gab es anfänglich nur eine kleine und überschaubare Anzahl von weniger als zehn OOAD-Methoden, wuchs diese Zahl bis Mitte der 90er Jahre auf über fünfzig an. Diese Zeit war auch geprägt von heftigen Auseinandersetzungen in der OO-Community darüber, welche der vielen Methoden die beste sei. Diese auch als Methodenkriege (*method wars*) bezeichneten Auseinandersetzungen bezogen sich in den meisten Fällen auf die Notationsunterschiede, den anzuwendenden Entwicklungsprozess und die Frage, welche Konzepte außer den klassischen (Klasse/Objekt/Assoziation) notwendig sind. Erst mit dem Zusammengehen der drei wichtigsten Vertreter Booch, Rumbaugh (OMT – *Object Modelling Technique*) und Jacobson (OOSE – *Object-Oriented Software Engineering*) wurden diese gegensätzlichen Entwicklungen beendet. Die ersten Entwicklungen zu UML gehen auf die bei der Firma Rational Inc. Mitte der 90er Jahre durchgeführten Arbeiten von Booch und Rumbaugh zur Vereinigung ihrer jeweiligen objektorientierten Analyse- und Designtechniken zurück. Nach Fertigstellung der Sprachversion UML 0.9, in die auch Konzepte und Prinzipien von Jacobsons OOSE einflossen, wurde die Sprachentwicklung auf ein erweitertes, firmenübergreifendes Konsortium (u. A. DEC, IBM, Microsoft und HP) übertragen und die Erstellung der Version UML 1.0 forciert vorangetrieben. Diese wurde 1997 bei der OMG (*Object Management Group, http://www.omg.org*), einem führenden internationalen Konsortium zur industriellen Normierung von IT-Technologien, als Antwort auf deren Aufforderung zur Einreichung von Vorschlägen für eine standardisierte Modellierungssprache übermittelt. Nach der Annahme der Sprache durch die OMG wird seitdem die weitere Sprachentwicklung im Rahmen einer speziellen Arbeitsgruppe der OMG weitergeführt. Die standardisierte Sprachversion UML 1.3 wurde Ende 1998 verabschiedet, eine weitere Revision im Jahr 2001 (UML 1.4, *minor revision*).

Neben Konzepten aus der objektorientierten Modellierung wurden in UML auch Elemente aus der Datenmodellierung (*Entity-Relationship-Diagrams*), der Geschäftsprozessmodellierung (*Business-Modelling, Work-Flow-Modelling*) und der Komponentenmodellierung aufgenommen. Im Gegensatz zu seinen Vorgängertechniken definiert der UML-Standard eine Modellierungssprache, aber keine Softwareentwicklungsmethode. Die Standardisierung wie auch die offene und flexibel anpassbare Gestaltung von UML haben dazu geführt, dass sich die Sprache inzwischen als **die** OOAD-Modellierungstechnik durchgesetzt hat. Neben UML besitzt nur noch eine kleine Anzahl weiterer Techniken praktische Relevanz.

Wichtige Einsatzgebiete von OOAD-Techniken sind die Entwicklung interaktiver und reaktiver Softwaresysteme mit einem hohen Grad an Strukturierung der zu verarbeitenden Informationen. Hierzu gehören z.B. Logistiksysteme, Finanzsysteme oder Verwaltungssysteme. Hinzu kommen in zunehmenden Maße Echtzeitsysteme, Internet- bzw. Web-Applikationen sowie auf der *Distributed Object Technology* beruhende verteilte Systeme. Von Vorteil erweist sich dabei, dass für OOAD eine Reihe von kommerziellen Werkzeugen zur Verfügung stehen, die auch mit klassischen Softwareentwicklungsumgebungen kombiniert werden können. Die ursprüngliche Inkompatibilität der Werkzeuge, die auf der Methodenvielfalt und dem Mangel an standardisierten Speicher- und Austauschformaten beruhte, hat dabei mit der Einführung von UML deutlich abgenommen.

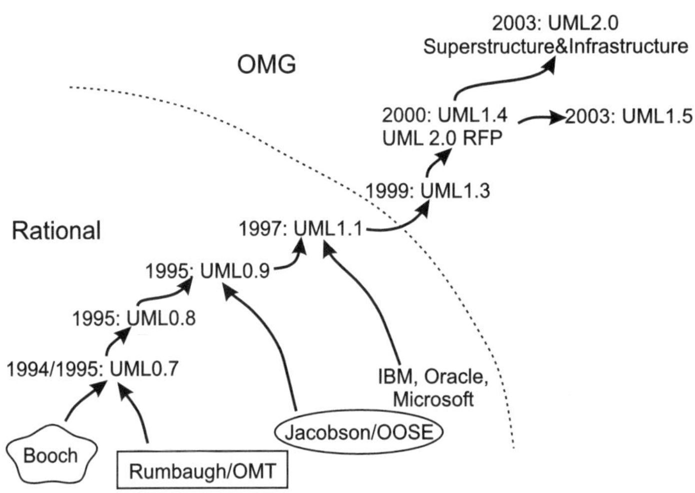

Abbildung 1.2: Entwicklung von UML

Die gegenwärtigen und zukünftigen Entwicklungsarbeiten der OMG zur Sprache UML konzentrieren sich zum einen auf eine Konsolidierung der aktuellen Sprachversion und deren Ergänzung durch weitere begeleitende Standards und zum anderen – hier auch längerfristig – auf eine vollständige Sprachrevision. Zur ersten Arbeitsgruppe gehören u. A.:

- die Verabschiedung der Sprachversion UML 1.5 [UML 1.5],
- die Definition einer exakten Semantik für Aktionen (*Action Semantics for UML*, Bestandteil der UML 1.5)

- die Spezifikation eines Profils für den Einsatz von UML im Bereich *Enterprise Distributed Object Computing* (*UML Profile for EDOC* [UML EDOC]), und
- die Spezifikation eines Profils, das die Beschreibung von Zeit- und Leistungsaspekten in UML unterstützt (*UML Profile for Scheduling* [UML Sched]).

Im Rahmen der Entwicklung des Standards für die Sprache UML 2.0, die im Mittelpunkt dieses Buches steht, werden in verstärktem Maße die Erfahrungen und die Anforderungen aus dem Einsatz der bisherigen Sprachversionen zur Spezifikation und zum Entwurf von (verteilten) Softwaresystemen berücksichtigt sowie Mängel in der Sprachdefinition adressiert. Insgesamt strukturieren sich die Entwicklungsarbeiten in die folgenden Themenkreise (*Request for Proposals, RFP*):

- **Infrastructure**
  - Verbesserte architekturelle Angleichung zwischen UML, MOF und XMI
  - Restrukturierung der Sprachdefinition (Metamodell wie auch Notation) mit dem Ziel, die Verständlichkeit und Erweiterbarkeit sowie die Implementierbarkeit zu verbessern
  - Einheitliche, auf der Nutzerebene verfügbare (*first class*) Erweiterungsmechanismen und Profile in einer zum Metamodell konsistenten Form
- **Superstructure**
  - Unterstützung der Modellierung struktureller Muster, wie sie z.B. im Bereich der Komponentenbasierten Entwicklung oder bei der Spezifikation von Laufzeitarchitekturen Einsatz finden
  - Direkte Unterstützung von Skalierbarkeit und Abkapselung für die Verhaltensmodellierung (speziell in *State Charts* und Interaktionsdiagrammen)
  - Klare Trennung und unabhängige Definition der Konzepte Aktivitätsgraph und *State Chart* und Aufhebung der durch den bisherigen Abbildungsansatz bestehenden Restriktionen an Aktivitätsgraphen
  - Eindeutige Definition der Semantik von Relationen wie Generalisierung, Abhängigkeit und Assoziation
- **OCL** (Object Constraint Language [OCL 2.0])
  - Metamodell-basierte Definition von OCL in einer zum UML-Metamodell konsistenten Form
  - Erweiterung der Ausdruckskraft von OCL
  - Formale Semantik für OCL

- **Diagram interchange**
  - Definition eines MOF-basierten Metamodells für die UML-Notation (graphische Elemente, Layout) mit Bezug zu dem semantischen UML-Metamodell.

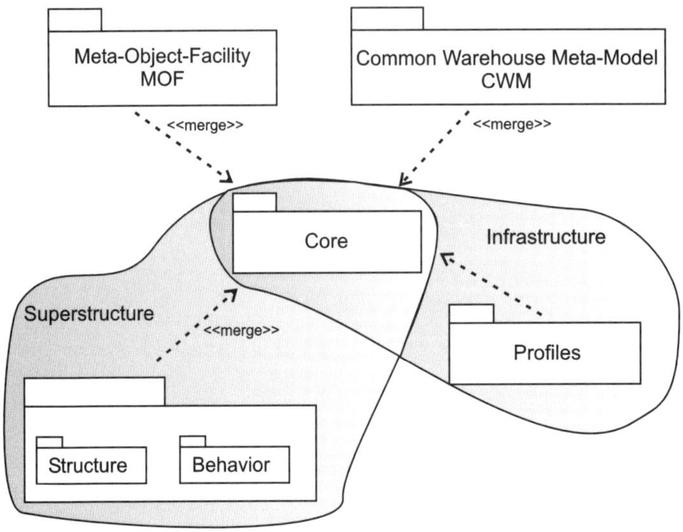

Abbildung 1.3: Relationen zwischen OMG-Sprachen

Die Standards für **Infrastruktur** und für **Superstruktur** wurden im Jahr 2003 von der OMG verabschiedet. Ein die vier Themengebiete übergreifendes Prinzip ist die strikte Trennung der Notations- und Konzeptweltdefinition. Die Relation zwischen diesen beiden soll durch eine präzise bidirektionale Abbildung hergestellt werden. Zur Sicherung der bereits in UML-Werkzeuge wie auch Modelle (UML1.x) getätigten Investitionen wird eine minimale Beeinträchtigung der Nutzung von UML dadurch angestrebt, dass

- die Vereinheitlichung von Konzepten und Mechanismen Vorrang vor der Erhaltung ähnlicher oder verwandter Mechanismen besitzt,
- die Definition auf einem abstraktem Niveau stattfindet und nicht konkrete oder implementierungsbezogene Mechanismen nutzt, sowie
- neuen Anforderungen vorrangig durch den Einsatz existierender Konzepte und Notationen gerecht geworden wird (anstatt neue Konzepte und Notationen einzuführen).

Eine kritische Analyse der in den bisherigen UML-Versionen definierten Konzepte und Notationen hat zu einer Identifikation vager, überflüssiger, überspezifizierter oder ungenutzter Sprachelemente geführt und letztendlich geholfen, durch Entfernung dieser Elemente die Sprache kompakter zu gestalten.

Mit der Aufteilung der Sprachdefinition in **Infrastruktur** und **Superstruktur** wird die Modularisierung von UML im Vergleich zu den UML 1.*-Versionen deutlich verbessert. Mit der **Infrastruktur** wird ein kleiner, strikt an der *Meta-Object-Facility* der OMG (MOF) ausgerichteter Sprachkern definiert. Bisherige Unterschiede zwischen MOF-Konzepten und UML-Metamodell-Konzepten werden durch die Nutzung einer einheitlichen Konzeptwelt aufgehoben. Für die Definition fortgeschrittener Konzepte wie auch von anwendungsspezifischen Profilen finden *First-Class*-Erweiterungsmechanismen Einsatz. Im Gegensatz zum bisherigen Vorgehen sollen diese nicht nur eine Spezialisierung existierender konkreter Metamodell-Elemente (z.B. in Form von *Stereotypes*) sondern auch die Änderung von Konzepten (an wohl definierten Variationspunkten) und eine Spezialisierung von (abstrakten) Sprachkern-Konzepten erlauben. Neben den bereits oben erwähnten Punkten wird durch die **Superstruktur** eine Menge von UML-*Packages* mit Konzepten (Modellelementen) und Notationen bereitgestellt, die den Sprachkern auf den vollständigen UML-Sprachumfang erweitern.

1.2 Struktur des Buches

Wir versuchen mit diesem Buch, die Sprache UML schrittweise möglichst umfassend vorzustellen. Dabei gliedert sich der Inhalt in fünf große thematische Gebiete:

- Kapitel 2 stellt die Grundkonzepte der objektorientierten Modellierung vor und zeigt auf, wie sich diese in UML wieder finden.
- Kapitel 3 widmet sich anschließend der Struktur der UML-Sprachbeschreibung und den Zusammenhängen zwischen *Infrastructure*, *Superstructure* und MOF. Hierbei wird vor allem auf das Prinzip der Metamodellierung als Grundlage der Sprachdefinition eingegangen.
- Kapitel 4 bildet den Kern des Buches: Hier werden detailliert und thematisch geordnet die unterschiedlichen Sprachmittel von UML zur Beschreibung von Struktur und Verhalten vorgestellt.
- Kapitel 5 gibt einen Überblick über weiterführende Konzepte von UML und widmet sich speziell der Anpassung oder Erweiterung der Sprache für unterschiedliche Einsatzgebiete.
- Kapitel 6 zeigt abschließend die Einordnung von UML in eine Gesamtstrategie zur modellbasierten Entwicklung komplexer Systeme und gibt einen Überblick über die *Model Driven Architecture* (MDA) der OMG.

Die Darstellung der Sprache UML 2 erfolgt in sich geschlossen, Kenntnisse von älteren Versionen sind also zum Verständnis des Buches nicht notwendig. Andererseits ist die Vertrautheit mit Grundbegriffen der Objektorientierung zum Beispiel aus Sprachen wie C++ oder Java hilfreich.

Der Zweck und der Einsatz der Konzepte der Sprache werden durch eine Vielzahl von Beispielen illustriert. Wir haben für dieses Buch Beispiele aus dem großen Bereich des Flugwesens von der Abfertigung auf dem Flughafen bis hin zum Bordunterhaltungssystem gewählt, da dem Leser sicher viele Begriffe und Abläufe aus dieser Domäne ohne eine zusätzliche Erläuterung bekannt sind. Von einem einzigen, durchgängigen, im ganzen Buch verwendeten Beispielmodell haben wir dagegen Abstand genommen: Das Ziel der Beispiele ist es jeweils ein einzelnes oder eine kleinen Gruppe von Konzepten knapp und präzise zu illustrieren, ein Gesamtmodell würde diesen Rahmen sehr schnell sprengen. Die Modellausschnitte in den Abbildungen sind also jeweils in dem Kontext des sie umgebenden Textes zu verstehen, auf Beziehungen zu anderen Abbildungen wird stets explizit hingewiesen.

Zentrale Konzepte sowie Hinweise und Tipps zum Einsatz ausgewählter Konzepte oder komplexer Sprachkonstrukte werden im Text durch Kästen hervorgehoben.

Die gesamte Darstellung erfolgt werkzeugunabhängig und allein auf der Basis des Sprachstandards. Da dieser Standard erst im Jahr 2003 verabschiedet wurde, sind Werkzeuge, die UML 2 in größerem Umfang unterstützen, noch nicht verfügbar, auf den Einsatz von UML 1.x-Werkzeugen wurde bewusst verzichtet, um nicht an durch diese Werkzeuge eingeführte Restriktionen gebunden zu sein. Für ein Nachvollziehen der Beispiele wie auch ein Erlernen der Sprache ist darum ein einfaches Grafikwerkzeug ebenso wie Papier und Bleistift geeignet.

Der Standard lässt an einigen Stellen bewusst unterschiedliche Interpretationen oder Realisierungen eines Konzeptes zu (*semantic variation points*). Leider sind daneben jedoch auch eine Zahl von Fehlern oder von einander abweichenden Interpretationen eines Konzeptes enthalten. Wir haben uns bemüht, für diese Fälle wie auch für die *Variation Points* eine zu der Gesamtdarstellung und zu den inhaltlichen Zielen und Gestaltungsregeln des Standards konforme Interpretation anzugeben. Bei kleineren Ungenauigkeiten erfolgt dies stillschweigend, in anderen Fällen wird auf die durch uns vorgenommene Interpretation explizit hingewiesen.

1.3 Hilfsmittel und Ressourcen

Leider können wir Ihnen kein Produkt nennen, von dem wir zum jetzigen Zeitpunkt überzeugt sind, dass es die UML 2 in der Gesamtheit der Sprache unterstützt. Mit dem Werkzeug *Telelogic TAU Generation 2* kann man viele Konstrukte der Sprache ausprobieren, es ist für Versuche verfügbar unter *http://www.telelogic.com/contact/how/try.cfm*.

Wir haben bereits erwähnt, dass Papier und Bleistift ebenfalls sehr wertvolle Hilfsmittel sind, um die Definition der Sprache zu verstehen. Darüber hinaus ist es empfehlenswert, das Metamodell der UML 2, das als Rational-Rose-Modell unter *http://*

www.omg.org/cgi-bin/doc?ad/03-04-03 verfügbar ist, zu studieren. Den Ausflügen in die Art der Sprachdefinition haben wir dieses Modell zugrunde gelegt.

Die Geschichte der Sprache, Neuigkeiten um die Weiterentwicklung und Hinweise auf Werkzeugunterstützung entnimmt man am besten dem als *U2 Partners* bezeichneten Konsortium der Sprachschöpfer, erreichbar via *http://www.u2-partners.org/*.

2 Grundkonzepte der OO-Modellierung

Ziel dieses Kapitels ist die Einführung der grundlegenden Konzepte der objektorientierten Modellierung. Diese Konzepte, wie z.B. Klassen, Assoziationen und Objekte, finden sich in vielen objektorientierten Programmiersprachen (C++, Java, C#) und Entwurfstechniken (OMT, SDL) wieder und bilden außerdem die Grundlage der UML 2. Ihr Verständnis ist essentiell, um die Vielzahl der weiteren Modellierungskonzepte von UML 2 sowohl zur Modellierung der Struktur als auch des Verhaltens von zu entwickelnden Systemen zu erfassen. Die UML-2-Sprachdefinition – also die Definition aller Modellierungskonzepte, ihrer Zusammenhänge und ihrer Bedeutung – erfolgt dann wiederum unter Verwendung dieser grundlegenden Konzepte der Objektorientierung. Der vollständige Konzeptraum von UML 2 wird aus den in diesem Kapitel einzuführenden Konzepten konstruiert: Die hier diskutierten Begriffe bilden einen Werkzeugkasten, den wir zur Konstruktion des Rests der Sprache benutzen werden.

In diesem Kapitel werden ausschließlich die Grundkonstrukte erläutert, die für das Verständnis der Sprachdefinition selbst von Bedeutung sind. An späterer Stelle erfolgt eine Detaillierung und die in diesem Kapitel erklärten Konstrukte werden dann um weitere Merkmale angereichert. Weiterhin sei darauf hingewiesen, dass aufgrund der Trennung von Konzeptraum und Notation in UML 2 oftmals mehrere Möglichkeiten existieren, um ein und denselben Sachverhalt zu notieren. Man spricht hier von so genannten *Presentation Options*. An einigen Stellen werden aus Platzgründen nicht alle dieser Optionen erklärt.

2.1 Klassen und Objekte

Die Begriffe Klasse und Objekt sind die fundamentalen Konzepte aller objektorientierten Entwurfstechniken und Programmiersprachen. Ein Objekt modelliert ein Ding oder Phänomen der realen Welt oder des Denkens und ist durch seinen Zustand, seine Identität und sein Verhalten charakterisiert. Mit diesem Objektbegriff werden somit sowohl Modelle physikalischer Dinge, wie z.B. ein Flugzeug (Boeing 747 »Köln« der Lufthansa) als auch nicht-materieller Phänomene wie ein Flug (Lufthansa LH 454 von Frankfurt nach San Francisco) erfasst. Eigenschaften des Flugzeugs sind z.B. sein Kennzeichen, sein Name, die Anzahl der verfügbaren und belegten Sitzplätze oder seine Position. Sein Verhalten kann in Veränderungen ausgewählter Eigenschaften beobachtet werden: Beim Einsteigevorgang verringert sich die Anzahl freier Sitzplätze, während des Flugs die Position. Eigenschaften des Flugs sind Flugnummer, Start- und Zielort, das eingesetzte Flugzeug sowie sein Status (*on time, delayed, canceled, landed*). Bei der Durchführung des Flugs ändert sich auf jeden Fall der Status, in seltenen Fällen auch der Zielort.

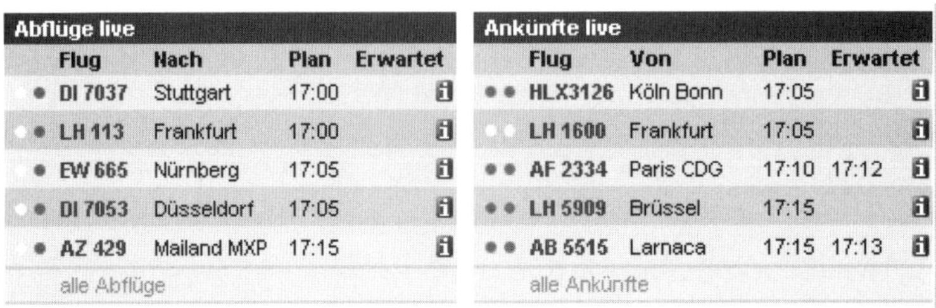

Abbildung 2.1: Flughafen-Abflugtafel

Eine Klasse beschreibt eine Menge von Objekten mit gemeinsamen Eigenschaften und ähnlichem Verhalten. Die B 747 »Köln« ist also ein Element der durch die Klasse *Aircraft* beschriebenen Menge, der Flug LH 454 ist Element der Klasse *Flight*. Die Klassendefinition legt dabei die relevanten Eigenschaften ihrer Objekte und den beabsichtigten Zugriff auf das Verhalten ihrer Objekte fest. Die dafür verwendeten Konzepte sind Attribute (Festlegung der Eigenschaften) und Operationen (Festlegung des Verhaltenszugriffs). »Relevant« bzw. »beabsichtigt« bedeutet, dass ein Modell stets eine Abstraktion ist, wobei nur bestimmte Aspekte des Originals in das Modell aufgenommen werden. Soll z.B. ein Buchungssystem für eine Fluglinie entwickelt werden, so wird für die Klasse *Aircraft* sicherlich die Zahl der Sitzplätze als Eigenschaft relevant sein, nicht aber das Volumen der Tanks für Kerosin.

Mit der Definition von Attributen und Operationen für Klassen werden die gemeinsame Struktur und das gemeinsame Verhalten für alle Objekte festgelegt, die zu dieser Klasse gehören. Die Attribute gehören zu den strukturellen Features einer Klasse, die Operationen hingegen zu den Verhaltensfeatures. Weitere Features von Klassen werden später eingeführt. Genauso wie üblicherweise in Programmiersprachen kann man eine Klasse dann als Instanzierungsvorlage (Schablone) für ihre Objekte verstehen – Objekte entstehen zur Ausführungszeit, indem man ihre Klasse instanziert. Eine Ausnahme stellen hier die so genannten abstrakten Klassen dar. Das sind Klassen, die nicht instanziert werden können, von denen es also keine Objekte (Instanzen) gibt. Die Nützlichkeit von abstrakten Klassen ergibt sich in Zusammenhang mit der Definition von Hierarchien durch den Einsatz von Generalisierung und Spezialisierung. Dieser Aspekt wird in Kapitel 4 detailliert untersucht.

Objekte sind Abbilder von Phänomenen oder Dingen der realen oder gedachten Welt. Klassen dienen der Klassifizierung von Objekten und sind Beschreibungen einer Menge von Objekten mit gleichen »Features« und gleicher Semantik. *Features* einer Klasse sind zunächst Operationen (Verhaltensfeatures) und Attribute (strukturelle Features). Objekte können durch Instanzierung aus Klassen gebildet werden.

Attribute legen den Typ von Eigenschaften der Objekte fest, jedes Objekt besitzt dann einen Wert des entsprechenden Typs für jedes Attribut. Operationen können an Objekten der Klasse aufgerufen werden, ihre Parameter und ihr Rückgabetyp legen dabei die Typen der Werte fest, die bei einem Aufruf zu übergeben sind bzw. nach der Ausführung des entsprechenden Verhaltens zurückerwartet werden.

Als Notation für eine Klasse wird ein Rechteck benutzt, welches in so genannte *Compartments* eingeteilt wird. Im oberen *Compartment* erscheint der Name der Klasse, Attribute erscheinen in einem weiteren *Compartment*, Operationen wiederum in einem separaten *Compartment*. Das Nichterscheinen eines *Compartments* für Attribute oder Operationen bedeutet nicht, dass die Klasse keine Attribute oder Operationen besitzt, sie werden nur nicht dargestellt. Hier kommt der bereits erwähnte Unterschied zwischen einem Modellelement und seiner Darstellung unter Benutzung einer Notation zum Tragen. Die Darstellung darf sich auf Ausschnitte des Modells oder bestimmte Teile eines Modellelementes beschränken und muss daher nicht vollständig sein. Es können auch zusätzliche *Compartments* für weitere Aspekte einer Klasse vorhanden sein.

Als Notation für eine Instanz (Objekt) wird ebenfalls ein Rechteck benutzt, anstatt des Klassennamens erscheint hier eine unterstrichene Zeichenkette der Form <Name_der_Instanz> : <Name_der_Klasse>. Das Weglassen des Instanznamens steht für eine anonyme Instanz, das Weglassen des Klassennamens bedeutet, dass die Klasse anonym ist. Zu beachten ist, dass Instanzen im Modell die Existenz eines realen Objekts *zu einem bestimmten Zeitpunkt* und mit den zu diesem Zeitpunkt gültigen Eigenschaften repräsentieren.

In Abbildung 2.2 sind die Klassen *Flight* und *Aircraft* sowie einige ihrer Instanzen zu sehen.

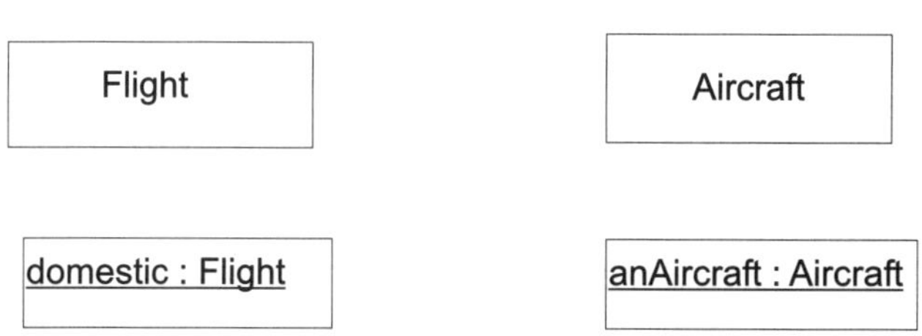

Abbildung 2.2: Die Klassen Flight und Aircraft sowie Objekte dieser Klassen

2.1.1 Attribute

Ein Attribut definiert die Eigenschaften von Objekten, indem es eine Beziehung zwischen einem Namen (dem Attributnamen) und einem Wert herstellt, wobei die erlaubten Werte durch den Typ des Attributs beschränkt sind. Innerhalb eines Objekts werden die Werte dann in so genannten *Slots* abgelegt. Der Zugriff auf diese *Slots* erfolgt über den Namen des Attributs. Durch die Definition von Attributen innerhalb von Klassen haben alle Objekte ein und derselben Klasse dieselben Arten von *Slots*, aber nicht notwendigerweise dieselben Werte. Die Namen von Attributen müssen im Kontext einer Klasse eindeutig sein. Dies gilt auch für Operationen.

Wie bereits zu erkennen ist, wird für die Definition von Attributen das Konzept *Typ* benötigt. UML 2 ist eine so genannte »getypte« Sprache. Ein Typ dient der Beschränkung des Wertebereichs von Attributen. Als Typ von Attributen sind zulässig:

- Primitive Datentypen – in UML sind die Primitive *Boolean, Integer, Unlimited Natural* und *String* vordefiniert (vgl. Abschnitt 2.3.1). Weitere Primitive können definiert werden, ihr Wertebereich kann dann außerhalb der UML-2-Welt z. B. durch Algebren festgelegt sein.
- Datentypen – Datentypen können analog zu Klassen eine Struktur besitzen, ihre Werte haben aber keine Identität, es handelt sich also nicht um Objekte. Auf Datentypen wird noch einmal in Abschnitt 2.3 detailliert eingegangen.
- Aufzählungstypen – Die möglichen Werte von Aufzählungstypen werden für jeden dieser Typen einzeln (eben durch Aufzählen) definiert.
- Klassen – Klassen dürfen selbstverständlich als Typen von Attributen verwendet werden. Die Werte sind dann die Objekte der jeweiligen Klasse.

Zusätzlich zu einem Namen und einem Typ, der den Wertebereich eines Attributs bestimmt, können weitere Details für Attribute spezifiziert werden:

- Für ein Attribut kann die Sichtbarkeit angegeben werden. Als Werte für die Sichtbarkeit sind zulässig: *public, private, protected* und *package.*

  Die Sichtbarkeit *public* bedeutet, dass das Attribut für alle Modellelemente, die Zugriff auf die Klasse haben, in der das Attribut definiert ist, sichtbar ist.

  Die Sichtbarkeit *private* schränkt die Sichtbarkeit auf die definierende Klasse selbst ein.

  Protected bedeutet, dass das Attribut innerhalb der definierenden Klasse und in allen Spezialisierungen dieser Klasse sichtbar ist (vgl. Abschnitt 2.2).

  Diese drei Sichtbarkeitswerte korrespondieren mit den Sichtbarkeiten, wie sie z. B. aus der Programmiersprache C++ bekannt sind.

Zusätzlich gibt es in UML 2 noch die Sichtbarkeit *package*, womit die Sichtbarkeit des Attributs auf alle diejenigen Modellelemente beschränkt wird, die sich innerhalb des nächsten umschließenden *Package* der Klasse des Attributs befinden (vgl. Konstrukt *Package* in Kapitel 2.5).

- Für ein Attribut kann die Eigenschaft *readonly* definiert sein, d.h., auf den Wert des entsprechenden *Slots* an einem Objekt kann nur lesend, aber nicht schreibend zugegriffen werden. Nach der Initialisierung des Attributs (Zuweisung seines initialen Werts) ist dann keine Wertänderung mehr möglich. (Im UML-2-Standard finden sich hier zwei Formulierungen: »Es ist keine Modifikation mehr möglich« und »es ist keine Modifikation durch einen *Klienten* mehr möglich«. Sowohl für die strikte Interpretation als auch für die Client-Server-Interpretation gibt es Anwendungsfälle. Sicher wird es an dieser Stelle in Zukunft eine Klarstellung geben müssen.) Hat beispielsweise die Klasse *Aircraft* ein Attribut für den Bautyp des Flugzeugs, so wird sich dessen Wert nach der Instanzierung nicht mehr ändern können. Aus einer Boeing 747 wird ja nicht plötzlich ein Airbus A-340.
- Für ein Attribut kann ein *default*-Wert angegeben werden. Dieser wird bei der Instanzierung eines Objekts in dem entsprechenden *Slot* abgelegt. Ein *Default*-Wert für ein Attribut *has_entertainment_system* der Klasse *Aircraft* könnte z.B. *false* sein.
- Ein Attribut kann als *derived* definiert werden. Das bedeutet, dass der Wert des Attributs sich stets aus anderen Werten berechnen lässt. Er lässt sich also aus etwas bereits Bekanntem ableiten. Gibt es an der Klasse *Aircraft* Attribute für die Gesamtzahl (*capacity*) der Sitzplätze, die Zahl der verfügbaren Sitzplätze (*available_seats*) und die Zahl der bereits belegten Sitzplätze (*occupied_seats*), so gilt stets: *capacity – occupied_seats = available_seats*. In diesem Fall kann das Attribut *available_seats* als *derived* definiert werden. Es ist nicht zwingend erforderlich, die Berechnungsvorschrift für *derived*-Attribute anzugeben. Bei Bedarf kann dies jedoch mit zusätzlichen Mitteln, wie z.B. einer *Constraint*-Sprache, erfolgen. Die Eigenschaft, ein *derived*-Attribut zu sein, bedeutet nicht zwingend, dass der Wert des Attributs nicht explizit gesetzt werden darf. Es muss in diesem Fall nur die Gültigkeit der Berechnungsvorschrift beachtet werden. Wird in obigem Beispiel also *available_seats* verändert, so muss dann auch *occupied_seats* entsprechend verändert werden.
- Für Attribute kann ihre Vielfachheit (*Multiplicity*) definiert werden. Bisher wurde davon ausgegangen, dass für eine Attributdefinition an einer Klasse immer genau ein Wert des entsprechenden Typs im jeweiligen *Slot* der Objekte dieser Klasse gehalten wird (Vielfachheit 1). Dies ist jedoch nicht immer der Fall. Es können unter Umständen mehrere Werte des Typs erwünscht sein, wenn das Attribut z.B. eine Liste oder Menge repräsentieren soll. So könnte es für die Klasse *Flight* ein Attribut *passengers* geben, dessen Wert die Menge der am Flug teilnehmenden Passagiere ist. Generell legt eine Vielfachheit ein Intervall in Form einer unteren und einer oberen

Grenze fest sowie eine mögliche Ordnung (*is_ordered*) und Eindeutigkeit (*is_unique*) der Werte. Die untere Grenze bestimmt, wie viele Werte mindestens auftreten müssen, die obere, wie viele maximal erlaubt sind. Die obere Grenze darf infinit sein. Fallen untere und obere Grenze zusammen, so ergibt sich das aus Programmiersprachen bekannte Array. Die Ordnung und Eindeutigkeit der Vielfachheit bestimmen die Art der Datenstruktur, die sich für die Werte letztlich ergibt. Dies ist in Tabelle 2.1 dargestellt. In unserem Beispiel ist die Passagiermenge natürlich eindeutig (ein Passagier kann ja nur einmal an Bord sein), aber nicht geordnet (was man beim Einsteigen gut beobachten kann). Die untere Grenze ist 0, die obere Grenze ist die Zahl der insgesamt verfügbaren Sitzplätze.

is_ordered	**is_unique**	**Datenstruktur**
true	*true*	geordnete Menge (*ordered set* oder *unique list*)
false	*true*	Menge (*set*)
true	*false*	Liste (*list*)
false	*false*	Bag (*bag*)

Tabelle 2.1: Ordnung und Eindeutigkeit bei Vielfachheiten

Die Vielfachheit von Attributen lässt zunächst nur eine Dimension zu, die durch ihre obere und untere Grenze definiert wird. Sind mehrere Dimensionen erwünscht, so kann eine weitere Klasse definiert werden, die ein Attribut mit der ersten Dimension realisiert und diese wird dann als Typ des Attributs an der ursprünglichen Klasse verwendet, wobei die zweite Dimension realisiert wird.

Die Attribute werden textuell notiert und erscheinen untereinander in dem Attribut-*Compartment*. Die Syntax für Attribute ist:

```
[visibility] [/] name [: type] [multiplicity] [= default] [{ property-string }]
```

Visibility gibt die Sichtbarkeit des Attributs an, / erscheint, falls es sich um ein *derived* Attribut handelt, *name* ist der Name des Attributs, *type* ist der Typ des Attributs, *multiplicity* gibt die Vielfachheit an, *default* notiert den Default-Wert und *property-string* ist für die Notation weiterer Eigenschaften zu verwenden.

- Die Sichtbarkeit wird durch die Symbole +, –, #, ~ für *public*, *private*, *protected* und *package* notiert.
- Die Vielfachheit wird durch `[<untere Grenze>..<obere Grenze>]` notiert, wobei * für den Fall einer undefinierten oberen Grenze benutzt wird. Fallen untere und obere Grenze zusammen, so darf einfach `[<untere Grenze>]` verwendet werden. Die Vielfachheit `[1]` gilt als *default* und muss nicht angegeben werden.

- Definierte Werte von *property-string* sind: *read-only, ordered, unordered, unique, non-unique*. Ersteres dient der Notation der *read-only*-Eigenschaft eines Attributs, letztere stehen in Zusammenhang mit der Vielfachheit. Weitere mögliche Werte von *property-string* werden an späterer Stelle diskutiert.

In Abbildung 2.3 sind Beispiele von Klassen mit Attributen unter Verwendung der eingeführten Notation angegeben.

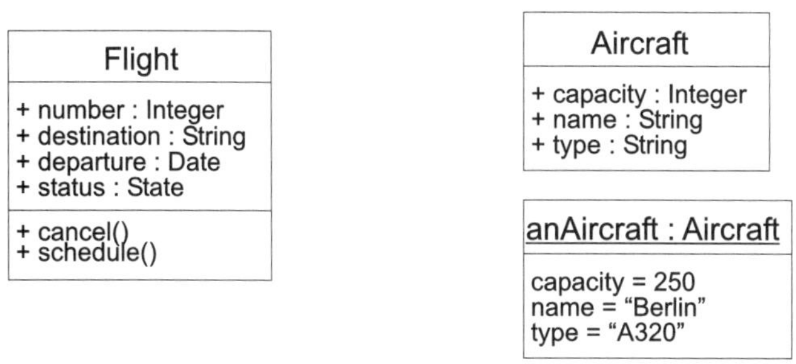

Abbildung 2.3: Klassendefinitionen mit Attributen

An Instanzen von Klassen können für die Attribute der Klasse die entsprechenden *Slots* mit ihren Werten notiert werden. Die *Slots* erscheinen in einem *Compartment* des Symbols für die Instanz, die Syntax ist `<Attribut_name> = <Wert>`. Das ist ebenfalls in der der Abbildung dargestellt. Es ist erlaubt, weitere Aspekte des Attributs mit zu notieren, z. B. seinen Typ.

Mit diesen Betrachtungen beschließen wir zunächst die Erläuterung von Attributen als strukturelle Features von Klassen. Wir werden später erkennen, dass das Konzept Attribut gar kein spezieller Begriff der UML 2 ist, sondern gemeinsam mit anderen strukturellen Features von Klassen erklärt wird. Zunächst werden wir aber Operationen als Verhaltensfeatures von Klassen beleuchten, so dass wir jeweils mindestens ein Beispiel für die beiden Arten von Features kennen gelernt haben.

2.1.2 Operationen

Analog zu Attributen sind Operationen im Kontext einer Klasse als identifizierbare Elemente (Name) definiert, ihr Aufruf erfolgt jedoch an Objekten – also den Instanzen der entsprechenden Klassen. Mit einer Operationsdefinition an einer Klasse wird nur festgelegt, was für ein Verhalten die Klasse besitzt und wie darauf zuzugreifen ist, nicht aber, wie dieses Verhalten erbracht wird! Wird beispielsweise eine Operation *board_passenger* für die Klasse *Flight* definiert, so ist damit noch nicht gesagt, wie das Verhalten implementiert wird. Es wird lediglich bekannt gemacht, wie man auf diesen Teil des Verhaltens an Objekten der Klasse *Flight* zugreifen kann. Dazu wird durch die

Operation definiert, von welcher Art die Werte sind, die zwischen Rufer und Gerufenem im Kontext der Operation ausgetauscht werden. Dies geschieht durch:

- die Liste der Parameter der Operation einschließlich Rückgabetyp und
- die Menge von Ausnahmen, die bei der Ausführung der Operation auftreten können.

Parameter spezifizieren die Werte (Argumente), die entweder beim Rufen der Operation vom Rufer dem Gerufenen übergeben werden oder umgekehrt am Ende der Operation vom Gerufenen an den Rufer. Jeder Parameter ist charakterisiert durch einen eindeutigen Namen, einen Typ, der seinen Wert beschränkt, die Vielfachheit dieses Typs, einen möglichen *Default*-Wert sowie seine Richtung. Vielfachheit und *Default*-Wert wurden bereits im Kontext von Attributen behandelt. Die dort diskutierten Eigenschaften lassen sich analog auf Parameter übertragen. Mögliche Richtungsangaben für Parameter sind:

- *In* – der Wert wird vom Rufer dem Gerufenen übergeben.
- *Out* – der Wert wird vom Gerufenen an den Rufer zurückgegeben.
- *InOut* – ein Wert wird vom Rufer an den Gerufenen übergeben und ein (möglicherweise anderer) Wert wird wieder zurückgegeben.
- *Return* – ein Wert wird als Resultat der Operation vom Gerufenen an den Rufer zurückgegeben.

Die Parameter einer Operation bilden eine geordnete Liste, ihre Namen müssen im Kontext der Operation eindeutig sein.

Wie man an der Aufzählung der möglichen Richtungen von Parametern erkennt, sind die Rückgabetypen von Operationen in UML 2 einfach nur spezielle Parameter mit der Richtung *return*. Von Programmiersprachen ist man es aber gewohnt, dass es einen einzigen ausgewiesenen Rückgabetyp gibt, was es erlaubt, eine Operation z.B. direkt in Zuweisungen zu verwenden. In UML 2 ist dieser spezielle Rückgabetyp (Typ der Operation) nur dann definiert, falls es genau einen Parameter mit der Richtung *return* gibt.

Zusätzlich zu den Parametern, die den Wertaustausch bei einem normalen Ablauf der Operation zwischen dem Rufer und dem Gerufenen beschreiben, gilt es auch noch, den Wertaustausch bei der fehlerhaften Ausführung einer Operation – die so genannten Ausnahmen – zu erfassen. Jede Operation kann eine Menge von solchen potenziell eintretenden Ausnahmen definieren. Ausnahmen selbst sind Typen. Im Kontext einer Operation kann nun auf diejenigen Typen verwiesen werden, deren Werte im Falle eines unerwarteten Verhaltens (Ausnahme) an den Rufer zurückgegeben werden. Da es sich bei solchen Ausnahmen meistens um fehlerhaftes Verhalten mit einem Abbruch der Operation handelt, kann der Wert von Parametern, die dem Rufer zurückgegeben werden sollen, undefiniert sein.

Kehren wir noch einmal zu unserem Beispiel – der Operation *board_passenger* – zurück. Sicherlich benötigen wir als Parameter die Information über den Passagier, der gerade einsteigen will. Dazu dient eine Klasse *Passenger* mit den Attributen *name, given_name* und *sex*. Ein Objekt als Instanz der Klasse *Passenger* wird an die Operation *board_passenger* beim Aufruf übergeben (Parameter mit Richtung *in*). Zurück wird die Einsteigenummer des Passagiers in Bezug zum aktuellen Flug erwartet (Parameter mit Richtung *return*). Weiterhin können Fehler auftreten, die als Ausnahmen für die Operation definiert werden, beispielsweise *FlightFull* im unerwarteten Fall, dass alle Sitze des Flugzeuges bereits vergeben sind, *AlreadyBoarded* im ebenso unerwarteten Fall, dass ein Passagier zweimal einzusteigen versucht, oder *WrongFlight* im natürlich auch unerwarteten Fall, dass ein Passagier gar nicht auf den einsteigenden Flug gebucht ist.

Mit der Definition der Operation kann zwar die Aussage gemacht werden, dass diese Ausnahmen im Kontext der Operation auftreten können, aber nicht, wie es dazu kommt. Die Operation legt ja nur die Art und Weise des Aufrufs, nicht aber das Wie der Verarbeitung fest! Die Definition von Ausnahmen für eine Operation sollte nur für unerwartete Fälle – eben Ausnahmesituationen – eingesetzt werden, die nicht während des »normalen« Betriebs auftreten.

Zusätzlich zu Parametern, Rückgabetyp und Ausnahmen werden für Operationen, wie für Attribute auch, ihre Sichtbarkeitseigenschaften festgelegt. Es werden dazu die gleichen Sichtbarkeitsattribute (*public, private, protected, package*) verwendet, die schon für Attribute diskutiert wurden.

Weiterhin gibt es in UML 2 die Möglichkeit, zu spezifizieren, dass eine Operation durch ihr Verhalten den Zustand des Gerufenen (und des *gesamten* Systems) nicht verändert, also z.B. keine Veränderungen an dessen *Slots* vornimmt. Solche Operationen dienen nur der Abfrage von bestimmten Sachverhalten, sie werden daher auch als *Queries* bezeichnet und tragen die Auszeichnung *isQuery*. Wenn wir uns also an der Klasse *Flight* über die Zahl der aktuell eingestiegenen Passagiere informieren wollten, so würden wir eine Operation *count_passengers* mit einem Parameter vom Typ *Integer* und der Richtung *return* definieren. Diese verändert den Zustand des Systems nicht, sondern zählt nur, also kann sie die Auszeichnung *isQuery* erhalten.

Operationen erscheinen an Klassen textuell notiert in einem separaten *Compartment*. Die Syntax für eine Operationsdefinition ist:

```
visibility name ( parameter-list ) : {property-string}
```

- Die *Visibility* ist analog zu Attributen: +, –, # oder ~.
- *Name* ist der Operationsname.

- Als *property-string* können in geschweiften Klammern weitere Eigenschaften notiert werden, z. B. `{isQuery}`.
- Die Parameterliste ist die Liste der Operationsparameter, die durch Kommas getrennt sind und die folgende Syntax besitzen:

  `direction name : type [multiplicity] [= default] [{ property-string }]`

  Dieser Aufbau erinnert stark an die Syntax für Attribute. Hinzugekommen ist lediglich die Richtung (*direction*) des Parameters mit den bereits eingeführten Werten:

  `in, inout, out, return`

  Im Falle der Richtung *in* darf dies bei der Notation des Parameters weggelassen werden. Als *property-string* kommen die von Attributen bekannten zusätzlichen Angaben für die Vielfachheit zur Anwendung:

  `ordered, unOrdered, unique, nonUnique`

Der Standard legt keine Notation für die Ausnahmen einer Operation fest, dies muss durch ein entsprechendes Werkzeug vorgenommen werden. In Abbildung 2.4 sind einige Operationen für die uns bereits bekannten Klassen *Flight, Aircraft* und *Passenger* notiert.

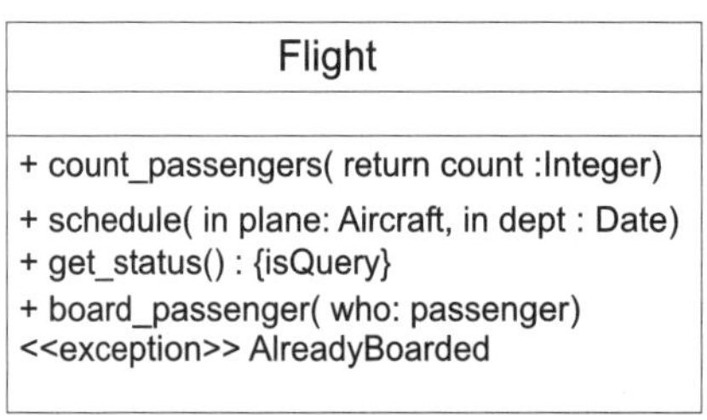

Abbildung 2.4: Klassendefinition mit Operationen

Wir haben bereits festgestellt, dass Operationen nicht festlegen, wie das Verhalten von ihrer Klasse erbracht wird. Lassen sich nun gar keine Aussagen über das Verhalten von Operationen definieren? Manchmal besteht doch der Bedarf, bestimmte Einschränkungen hinsichtlich der Benutzung von Operationen anzugeben und Bedingungen zu spezifizieren, unter denen die Operation überhaupt erst zur Verfügung steht. Solche Aussagen lassen sich als so genannte *Constraints* formulieren – es ist damit ja immer noch offen, wie die Operation letztlich implementiert wird. In UML 2 werden für Operationen unterschieden:

- *Pre Conditions* (Vorbedingungen)

  Dies sind Bedingungen (Aussagen über das System), die zum Zeitpunkt des Aufrufens einer Operation an einem Objekt erfüllt sein müssen. Die Implementierung der

Operation setzt diese Bedingungen voraus. Es sind aber keine Aussagen darüber möglich, was passieren soll, wenn eine Operation gerufen wird und eine Vorbedingung nicht erfüllt ist. (In Implementierungen wird mit hoher Wahrscheinlichkeit eine Ausnahme ausgelöst).

Eine Vorbedingung für unsere *board_passenger*-Operation ist, dass der Flug nicht schon voll ist.

- *Post Conditions* (Nachbedingungen)

  Dies sind Bedingungen (Aussagen über das System), die erfüllt sein müssen, nachdem eine Operation ausgeführt wurde. Sie sind durch die Implementierung der Operation sicherzustellen. Wiederum wird keine Aussage gemacht, was bei Nichterfüllung einer Nachbedingung geschehen soll.

  In unserem Beispiel ist es eine Nachbedingung, dass der Passagier auch tatsächlich eingestiegen ist, d.h. ein Element der Menge aller eingestiegenen Passagiere geworden ist.

- *Body Conditions*

  Dies sind Aussagen über das Resultat (die Rückgabeparameter) einer Operation. Später werden wir sehen, dass in einer Re-Definition einer Operation im Kontext einer Spezialisierung *Body Conditions* geändert werden dürfen, Nachbedingungen aber nicht. In diesem Sinne definiert eine Nachbedingung einen unbedingt einzuhaltenden Vertrag, auf den man sich auch verlassen kann, wenn die Operation redefiniert wird, während die *Body Condition* eine schwächere Aussage über die *Return*-Parameter der gerade aktuellen Operation macht.

  Eine *Body Condition* für unsere *board_passenger*-Operation ist, dass die zurückzugebende Einsteigenummer immer gleich der Zahl der aktuell eingestiegenen Passagiere ist.

Für den Fall, dass die Operation durch eine Ausnahme beendet wird, müssen die Vorbedingungen sowie die *Body Conditions* nicht gültig sein.

Pre, Post und *Body Conditions* werden oft unter Verwendung einer *Constraint*-Sprache formuliert, die von UML 2 nicht vorgegeben wird. Die Intention an dieser Stelle ist es jedoch, dass die *Constraint*-Sprache *Object Constraint Language* (OCL, [OCL 2.0]) benutzt wird, die *Build-In Constraint*-Sprache der UML. Die Syntax der *Constraints* wird allerdings durch die verwendete *Constraint*-Sprache festgelegt, nicht durch die UML. *Constraints* können beispielsweise als Text in einem separaten *Compartment* einer Klassendefinition erscheinen.

Im Gegensatz zu den *Slots* von Attributen, werden Operationen nicht an Instanzen von Klassen notiert. Sie dienen ja nicht zur Aufnahme von Werten und müssen deshalb nicht in einer Instanzdarstellung erscheinen.

2.1.3 Attribute und Operationen auf Klassenebene

Bisher haben wir uns mit Attributen und Operationen beschäftigt, die, obgleich für Klassen definiert, für ihre Benutzung stets die Existenz einer Instanz (Objekt) der Klasse erforderten. Attribute bekamen ihre Werte im Kontext einer Instanz, unterschiedliche Instanzen hatten im Allgemeinen unterschiedliche Werte zur Folge. Operationen wurden an Instanzen aufgerufen, der Ruf einer Operation an unterschiedlichen Instanzen liefert meist unterschiedliche Resultate. (Es ist ja ein Unterschied, ob Herr Schulze in den Flug LH 454 oder in den Flug LH 455 einsteigt.) Für unsere bisherigen Operationen und Attribute war der Kontext also immer ein Objekt, man spricht daher von *Instance Level Features.*

Es gibt aber auch Fälle, in denen der Wert eines Attributs nicht von der betrachteten Instanz abhängt. Das Attribut ist also nicht im Kontext einer konkreten Instanz auszuwerten, sondern im Kontext der Klasse selbst. Analoges gilt für Operationen. Es gibt Operationen, die nicht im Kontext einer Instanz gerufen und ausgeführt werden, sondern im Kontext der Klasse. In diesen Fällen spricht man von *Classifier Level Features*

Man unterscheidet *Features* von Klassen hinsichtlich ihres Aufrufs- oder Ausführungskontexts. Ist dieser Kontext die Instanz, so spricht man von *Instance Level Feature,* ist der Kontext die Klasse, so spricht man von *Classifier Level Feature.* Letztere werden beispielsweise für das Erzeugen von Instanzen von Klassen verwendet.

In unserem Szenario könnte man sich beispielsweise für die Gesamtzahl aller Flüge interessieren, also die Zahl der Instanzen der Klasse *Flight.* In diesem Fall führt man ein Attribut *number_of_flights* vom Typ *Integer* an der Klasse *Flight* ein, welches im Kontext der Klasse definiert ist (*Classifier Level*). Ein weiterer Anwendungsfall sind Operationen, mit denen man eine neue Instanz einer Klasse erzeugen kann, also als Resultat eine neue Instanz der Klasse zurückgeben. So könnten wir eine Operation *create_flight* an der Klasse *Flight* definieren, die ein neues *Flight*-Objekt erzeugt und dabei das Attribut *number_of_flights* inkrementiert. Diese Operation wäre ebenfalls auf dem Niveau der Klasse erklärt.

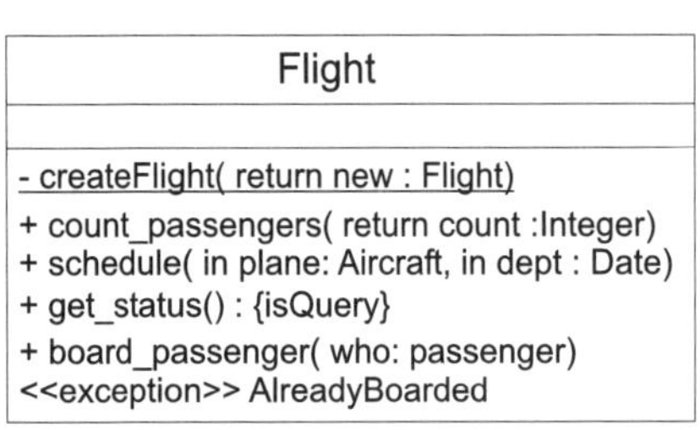

Abbildung 2.5: Klassendefinition mit Classifier-Level-Operationen

Die Notation solcher *Classifier Level Features* erfolgt genauso, wie wir es in den beiden vorangegangenen Abschnitten für Operationen und Attribute definiert haben, lediglich der Name wird unterstrichen. In Abbildung 2.5 sind die Beispiele dargestellt.

2.2 Generalisierung und Spezialisierung

Klassifizierung und Instanzierung ist ein grundlegendes Paradigma der objektorientierten Modellierung. Unter Verwendung der bereits eingeführten Konzepte Klasse und Objekt lassen sich nun weitere Paradigmen definieren, die die Verwendung der Objektorientierung erst spannend machen. Hierzu gehört an erster Stelle das Paradigma »Generalisierung und Spezialisierung«, mit dem wir uns in diesem Abschnitt befassen wollen. Dieses Paradigma wird es uns erlauben, den Aufwand für die Modellbildung drastisch zu reduzieren, Sachverhalte so zu modellieren, wie wir sie aus der realen Welt kennen, und so letztlich elegante Modelle zu entwerfen.

Die Generalisierung ist eine Beziehung zwischen zwei Klassen aus taxonomischer Perspektive. Klassen dienen der Klassifizierung innerhalb einer Problemdomäne und gestatten es, eine Taxonomie für diese Domäne aufzubauen. Einige Klassen sind dabei genereller, andere spezieller. Instanzen der spezielleren Klasse sind auch (indirekte) Instanzen der generelleren Klasse, d.h., sie besitzen alle Eigenschaften, die durch die generellere Klasse festgelegt wurden, und fügen diesen Eigenschaften möglicherweise neue, speziellere Eigenschaften hinzu. Die Generalisierung wird hier als eine Beziehung zwischen Klassen eingeführt. Später werden wir sehen, dass auch andere Modellierungskonzepte, wenn sie klassenähnliche Eigenschaften besitzen, eine Generalisierungsbeziehung eingehen können.

Generalisierung heißt also, aus einer Menge von Klassen gleiche Eigenschaften herauszulösen, diese einer neuen, generelleren Klasse zuzuordnen und die Menge der spezielleren Klassen in eine Beziehung zu dieser neuen Klasse zu setzen. Spezialisierung heißt umgekehrt, für eine Klasse speziellere Varianten mit spezifischen Eigenschaften zu definieren und in Beziehung zu dieser Klasse zu setzen.

Schauen wir uns noch einmal unser Beispiel aus dem vorangegangenen Abschnitt an. Die Klasse *Aircraft* kann sicherlich spezialisiert werden, da es ja verschiedene Arten von Flugzeugen gibt. Wir können beispielsweise eine Klasse *JetAircraft* und eine Klasse *PropAircraft* für Jets und Propellerflugzeuge einführen. Alle Eigenschaften, die wir für *Aircraft* definiert hatten, gelten auch für *JetAircraft* und *PropAircraft* und Instanzen dieser beiden Klassen sind in jedem Falle auch indirekte Instanzen von *Aircraft*. Umgekehrt könnten wir die Klasse *Aircraft* auch generalisieren. Angenommen, es gäbe noch eine weitere Klasse *Ship*, so könnten wir eine gemeinsame generelle Klasse für *Aircraft* und *Ship* definieren – die Klasse *PassengerVehicle*. Instanzen der Klasse *Aircraft* und *Ship* sind dann auch indirekte Instanzen der Klasse *PassengerVehicle*.

Die Generalisierung ist eine Beziehung zwischen zwei Klassen, von denen eine allgemeiner als die andere ist. Instanzen der spezielleren Klasse sind immer auch indirekte Instanzen der generelleren Klasse. Die speziellere Klasse besitzt (erbt) die Eigenschaften der allgemeineren Klasse und fügt diesen geerbten Eigenschaften möglicherweise neue Eigenschaften hinzu. Spezialisierung ist die Umkehrung der Generalisierung.

Es stellt sich die Frage, ob es denn von generelleren Klassen in jedem Fall direkte Instanzen geben muss? Die Antwort ist natürlich »nein«. In der Praxis werden auf der Grundlage der Generalisierungsbeziehung häufig sehr komplexe Hierarchien von Klassen eingeführt, wobei nur einige der beteiligten Klassen wirklich dazu gedacht sind, direkte Instanzen zu besitzen. Um in einer solchen Hierarchie kenntlich zu machen, welche Klassen direkte Instanzen haben und welche nicht, wird das Konzept der abstrakten Klasse verwendet. Abstrakte Klassen haben keine direkten Instanzen.

Innerhalb einer Hierarchie von Klassen kommt es regelmäßig vor, dass eine Klasse mehr als eine speziellere Klasse besitzt. Es kann zudem umgekehrt vorkommen, dass für eine Klasse mehr als eine generellere Klasse definiert ist. In diesem Falle werden dann in den generelleren Klassen jeweils unterschiedliche Aspekte beschrieben, die in der spezielleren Klasse zusammenkommen. In unserem Beispiel könnten wir die Klassen *PropAircraft* und *Ship* benutzen, um eine Klasse *WaterPlane* als Spezialisierung dieser beiden Klassen zu definieren. Es gibt auch Sprachen, in denen es nicht zulässig ist, dass eine Klasse mehr als eine generellere Klasse besitzt (z.B. Java). UML ist in dieser Beziehung natürlich offen und legt solche Einschränkungen nicht fest.

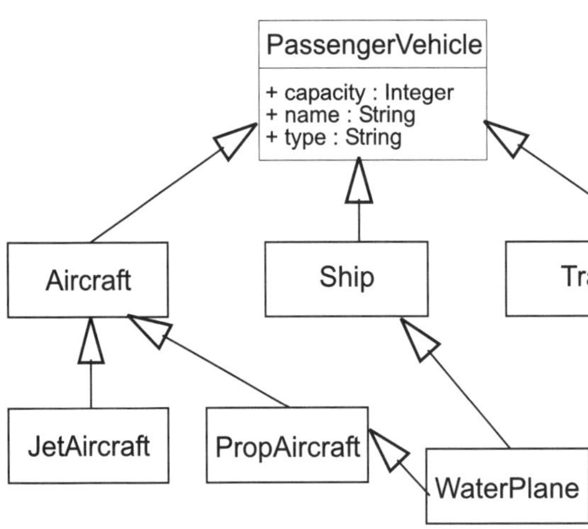

Abbildung 2.6: Vererbungshierarchie

Als Notation der Generalisierung und Spezialisierung dient ein Pfeil mit einer geschlossenen, unausgefüllten Pfeilspitze. Der Pfeil führt von der spezielleren Klasse zu der generelleren Klasse. Die generellere Klasse wird oftmals als Basis-, Eltern- oder Superklasse bezeichnet, die speziellere als Kind- oder Subklasse. Man kann sich diese Richtung gut merken: Eine Kindklasse kennt ihre Elternklasse(n), weil sie ja deren Eigenschaften besitzt, die Elternklasse hat aber im Allgemeinen keine Kenntnis von allen ihren Kindklassen.

In Abbildung 2.6 sind verschiedene Generalisierungsbeziehungen zwischen Klassen dargestellt.

2.2.1 Vererbung von Features und Polymorphie

Bei der Definition von Generalisierungsbeziehungen werden Eigenschaften der generelleren Klasse in die speziellere Klasse übernommen. Als Eigenschaften von Klassen kennen wir bisher Attribute und Operationen. Das bedeutet also, dass alle Attribute und Operationen einer generelleren Klasse auch in allen ihren spezielleren Klassen vorhanden sind. Aus Instanzsicht heißt das, dass Instanzen einer spezielleren Klasse über *Slots* zur Aufnahme von Werten für alle Attribute verfügen, die an dieser Klasse selbst und an allen ihren direkten und indirekten generellen Klassen definiert sind. Ebenso können an Instanzen einer speziellen Klasse alle Operationen gerufen werden, die an dieser Klasse selbst und an allen ihren direkten und indirekten generelleren Klassen definiert wurden.

Dieses so genannte Vererben von *Features* erleichtert die Definition von Modellen ganz wesentlich. Ein *Feature*, über das mehrere Klassen verfügen, braucht nur noch einmal definiert zu werden – in der Superklasse von allen diesen Klassen. So können die Attribute *capacity*, *available_seats* und *occupied_seats*, die wir ursprünglich der Klasse *Aircraft* zugeordnet hatten, eigentlich der Klasse *PassengerVehicle* zugeordnet werden und sind dann für die Klasse *Ship* ebenso vorhanden wie für die Klasse *Aircraft*, weil ja beide Spezialisierungen von *PassengerVehicle* sind.

In Abbildung 2.7 wird deutlicht, wie die Vererbung von *Features* für die Definition von Klassen ausgenutzt werden kann und wie sie sich auf die *Slots* an den Instanzen auswirkt. (Im Standard werden keine Aussagen darüber gemacht, welche Regeln für die Notation im Falle von eingeerbten Features gelten, falls diese dieselben Namen tragen. Man kann sich aber eine Lösung wie z. B. in C++ vorstellen, also die Verwendung eines qualifizierten Namens.)

Die Generalisierung bzw. Spezialisierung hat aber nicht nur Vorteile bezüglich der Definition der Struktur, die dann an entsprechenden Basisklassen für eine Vielzahl von Klassen nur einmal definiert werden muss. Auch bezüglich der Definition von Verhalten ergibt sich ein sehr wertvoller Vorteil. Instanzen einer Subklasse sind ja stets auch indirekte Instanzen der Superklasse. Das bedeutet, dass sie auch an allen Stellen verwendet werden dürfen, an denen eigentlich Instanzen der Superklasse erwartet werden. Ist nun beispielsweise eine Operation definiert, die als Parameter eine Instanz vom Typ *PassengerVehicle* erwartet, um mit dieser Instanz ein bestimmtes Verhalten auszuführen, so dürfen sowohl Instanzen der Klasse *Aircraft* als auch Instanzen der Klasse *Ship* übergeben werden. Diese Eigenschaft heißt Polymorphie. Besondere Bedeutung erlangt sie in Zusammenhang mit der Re-Definition, die im nächsten Abschnitt detaillierter untersucht wird.

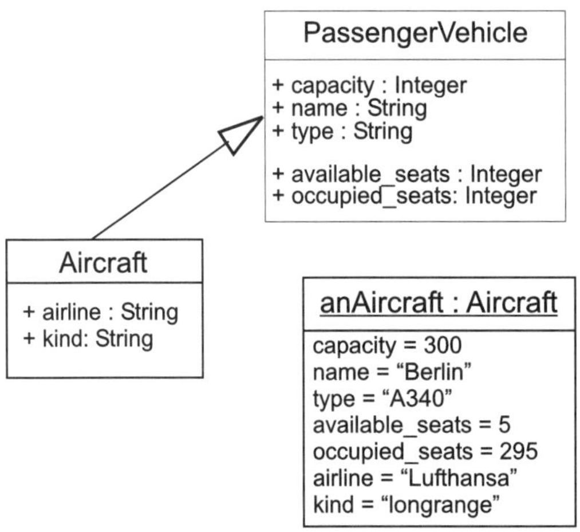

Abbildung 2.7: Klassenhierarchie mit Features sowie Instanz mit Slots

2.2.2 Re-Definition von Features

Wir haben bisher festgestellt, dass bei der Generalisierung bzw. Spezialisierung die Eigenschaften (Attribute und Operationen), die für die generelleren Klassen definiert waren, auf die speziellere Klasse übertragen wurden. UML 2 bietet nun zusätzlich die Möglichkeit, die übertragenen *Features* einer Superklasse in der Subklasse zu verändern – dieses Prinzip heißt Re-Definition.

Re-Definition bedeutet, dass im Kontext einer Generalisierung bzw. Spezialisierung ein oder mehrere *Features* der generelleren Klassen in der spezielleren Klasse ebenfalls spezialisiert werden können, bzw. sogar ihre Semantik in wohldefinierten Grenzen verändern kann. Die Generalisierung ist also eine Beziehung zwischen Klassen, die Re-Definition eine Beziehung zwischen den *Features* der an einer Generalisierung beteiligten Klassen.

In spezielleren Klassen dürfen *Features* von deren allgemeineren Klassen durch Re-Definition spezialisiert werden. Abhängig von der Art des *Features* dürfen dabei bestimmte Charakteristika der ursprünglichen Definition verändert werden.

Ein *Feature* kann mehrmals re-definiert werden. Ebenso kann ein *Feature* eine Re-Definition von mehreren anderen *Features* sein.

Eine Re-Definition wird innerhalb des *Property-String* des *Feature* notiert, das die Re-Definition vornimmt und zwar als

```
{redefines <feature_list>}
```

wobei <feature_list> die Namen aller *Features* enthält, die durch das aktuelle *Feature* re-definiert werden.

Wird innerhalb einer Klasse ein *Feature* definiert, das den gleichen Namen trägt wie ein *Feature* in einer generelleren Klasse, so wird grundsätzlich eine Re-Definition angenommen, auch wenn diese nicht extra mit der obigen Syntax notiert wird.

Re-Definition ist auch möglich, falls die Klassen nur indirekt, d.h. über mehrere Stufen, in einer Generalisierungsbeziehung zueinander stehen. Ferner kann ein *Feature* eine Re-Definition von mehreren *Features* der generelleren Klasse(n) vornehmen und umgekehrt kann jedes *Feature* mehrmals in direkten oder indirekten Spezialisierungen seiner Klasse re-definiert werden.

Der Zusammenhang zwischen Re-Definition und Generalisierung ist in Abbildung 2.8 dargestellt. Soll ein Feature nicht mehr re-definiert werden dürfen, so bekommt dieses Feature die Eigenschaft *isLeaf*. Diese wird im *Property-String* des Features mittels `{isLeaf}` notiert.

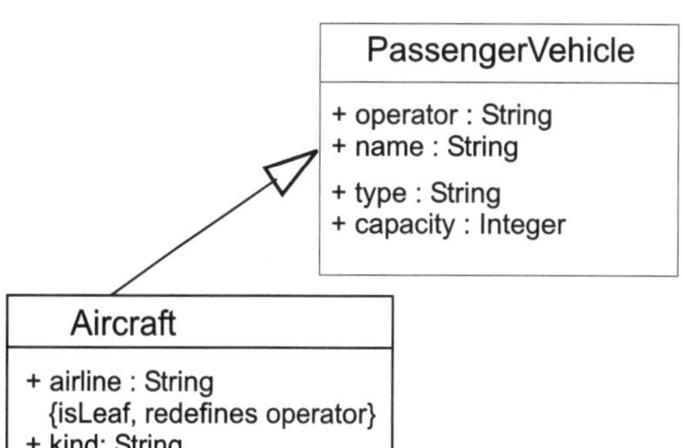

Abbildung 2.8: Vererbungsrelation mit Re-Definition von Attributen

Zur weiteren Untersuchung des Konzeptes der Re-Definition benötigen wir den Begriff Konformität von *Classifiers*:

> Ein Typ A ist konform zu einem Typ B, falls
>
> - A gleich B oder
> - A eine (direkte oder indirekte) Spezialisierung von B ist.

Untersuchen wir die Re-Definition zunächst in Zusammenhang mit der Definition von Attributen genauer. In den vorangegangenen Abschnitten wurde dargestellt, dass ein Attribut charakterisiert ist durch Sichtbarkeit, Name, Typ, Vielfachheit und *Default*-Wert. Zudem konnten die Eigenschaften *readOnly* und *derived* vergeben werden. Bei einer einfachen Vererbung des Attributs würden alle diese Charakteristika ohne Veränderungen von der Superklasse auf die Basisklasse übertragen. Tritt dagegen zusammen mit der Spezialisierung der Klasse, die ein solches Attribut enthält, eine Re-Definition des Attributs auf, so dürfen von diesen Eigenschaften geändert werden:

- Sichtbarkeit

  Die Sichtbarkeit der Re-Definition darf von der ursprünglichen Sichtbarkeit abweichen.

- Name

  Der Name der Re-Definition darf vom Namen des ursprünglichen Attributs abweichen.

- Typ und Vielfachheit

  Hier gilt das Prinzip der Konsistenz, der neue Typ und die neue Vielfachheit müssen mit der Typ/Vielfachheits-Kombination der Re-Definition konsistent sein. Das ist dann der Fall, wenn der neue Typ konform zum ursprünglichen Typ ist und die Vielfachheit der Re-Definition in der Vielfachheit des ursprünglichen Attributs enthalten ist.

- *Default*-Wert

  Es darf ein neuer *Default*-Wert festgelegt werden, der dann bei Instanzierungen anstelle des ursprünglichen *Default*-Werts verwendet wird.

- *readOnly*-Eigenschaft

  Es darf ein neuer Wert für die *readOnly*-Eigenschaft vergeben werden.

- *Derived*-Eigenschaft

  Hat das Attribut in der generelleren Klasse die Eigenschaft *derived*, so gilt dies auch für seine Re-Definitionen. Umgekehrt, darf für eine Re-Definition die Eigenschaft *derived* festgelegt werden, auch wenn sie an dem ursprünglichen Attribut in der generelleren Klasse nicht vorhanden war.

Auch Operationen dürfen re-definiert werden. Als wesentliche Elemente einer Operationsdefinition an einer Klasse wurden die Sichtbarkeit, der Operationsname, die Parameterliste, die Liste von möglichen Ausnahmen, die Eigenschaft *isQuery* sowie mögliche Constraints (*pre-*, *post-* und *body-condition*) eingeführt. Im Zuge einer Re-Definition einer Operation dürfen diese Charakteristika analog zur Re-Definition von Attributen geändert werden, wobei jedoch die folgenden Regeln einzuhalten sind:

- Sichtbarkeit

  Die Sichtbarkeit einer Re-Definition einer Operation darf von der ursprünglichen Sichtbarkeit abweichen.

- Name

  Es darf ein anderer Name für die Operation bei einer Re-Definition vergeben werden.

- Parameterliste

  Es muss die gleiche Anzahl von Parametern geben, deren Richtungen (einschließlich *return*) müssen erhalten bleiben und die Typen und Vielfachheiten müssen unter Beachtung der Konsistenzregel definiert sein. Diese ist analog zu Attributen definiert: Die Parametertypen müssen konform sein, die Vielfachheit der Re-Definition muss in der ursprünglichen Vielfachheit enthalten sein. Im Standard wird derzeit nur die Konformität der Typen explizit gefordert; dies reicht aber nicht aus und wird daher vermutlich innerhalb der Wartung der Sprache geändert werden.

- Ausnahmeliste

  Es dürfen neue Ausnahmen zur Operation hinzugefügt werden.

- Constraints

  Pre und *Post Conditions* dürfen zusätzlich zu den ursprünglich vorhandenen *Pre* und *Post Conditions* im Kontext einer Re-Definition hinzugefügt werden. Die *Body Condition* darf sogar gänzlich ausgetauscht werden. Die strenge Regel für *Pre* und *Post Conditions* ist sinnvoll, da damit die Bedingungen festgelegt werden, auf die sich der Rufer einer Operation in jedem Fall verlassen können muss. Das Ergebnis einer Operation hingegen darf sich bei der Re-Definition ändern – weswegen eine Änderung der *Body Condition* zulässig ist.

Eine Re-Definition eines *Feature* bedeutet, dass das ursprüngliche *Feature* nicht übernommen, sondern durch seine Re-Definition ersetzt wird. Im Kontext der Klasse, die die Re-Definition beinhaltet, gibt es dieses *Feature* also nur einmal und nicht mehrmals. Wird der Name des *Feature* bei der Re-Definition geändert, so darf der ursprüngliche Name, da er ja nun wieder frei ist, sogar für etwas ganz anderes verwendet werden.

Im vorangegangenen Abschnitt wurde versprochen, dass die Re-Definition besondere Bedeutung in Zusammenhang mit der Polymorphie besitzt. Was ist der Grund für diese Behauptung?

Stellen wir uns noch einmal unsere Klasse *PassengerVehicle* vor. An dieser Klasse könnte es eine Operation *get_position* geben, die einen Parameter der Richtung *return* besitzt. Der Typ des Parameters sei eine Klasse *Position*. Wir können uns weiterhin vorstellen, dass es eine Klasse *TrafficControl* gibt, bei der sich alle *PassengerVehicles* anmelden müssen. Diese Klasse besitzt also eine Liste aller Instanzen von *PassengerVehicle*. Ein Objekt der Klasse *TrafficControl* könnte sich nun für die Position seiner registrierten *PassengerVehicles* interessieren und an allen Elementen der Liste *get_position* aufrufen. Nun gehört zur Position bei Flugzeugen aber auch die Flughöhe, wir würden also ein anderes Resultat von *get_position* erwarten, wenn wir diese Operation an einer Instanz von *Aircraft* rufen. Dieses Verhalten lässt sich durch eine Re-Definition von *get_position* im Kontext von *Aircraft* als Spezialisierung von *PassengerVehicle* erreichen, ohne dass wir Modifikationen an der Iteration der Liste in *TrafficControl* vornehmen müssten – durch Ausnutzung der Polymorphie. Dieses Beispiel ist in Abbildung 2.9 dargestellt.

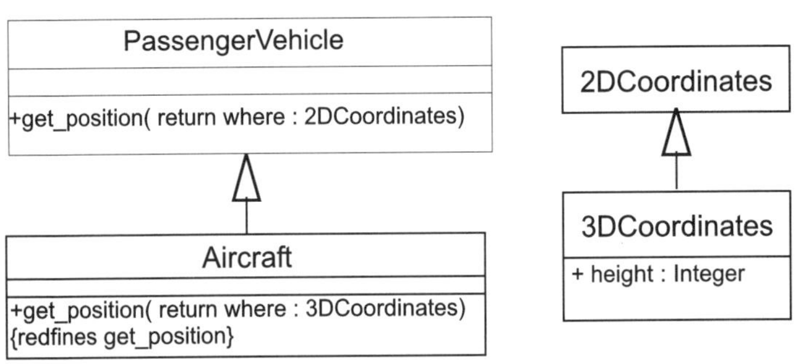

Abbildung 2.9: Klassendefinition mit Re-Definition von Operationen

Für den Aufruf von *Features* einer Klasse an einer Instanz dieser Klasse bedeutet das, dass immer die aktuellste Re-Definition des *Feature* tatsächlich benutzt wird. »Aktuell« bezieht sich dabei auf die Hierarchie, die durch die Generalisierungsbeziehung entsteht. Ein *Feature* ist aktueller, wenn es sich in dieser Hierarchie näher an der Klasse befindet.

Angenommen, wir haben die Klassen *PassengerVehicle, Aircaft* und *WaterAircraft* in einer Hierarchie und die Klasse *PassengerVehicle* definiert die Operation *get_position*, die innerhalb von *Aircraft* re-definiert wird. Dann ist aus der Sicht von *WaterAircraft* die Operation an *Aircraft* aktueller, sie wird also beim Aufruf von *get_position* an einer Instanz von *WaterAircraft* benutzt.

2.3 Datentypen

In Abschnitt 2.3 haben wir uns mit der Definition von Attributen und Operationen befasst und dabei den Begriff Typ eines Attributs oder Typ eines Parameters verwendet. Daraus wird zunächst klar, dass UML 2 eine so genannte »getypte« Sprache ist, d.h., Typen werden benutzt, um die Wertebereiche von Elementen (wie z.B. Attributen und Parametern) einzuschränken. Programmiersprachen, die Kompilation erfordern, sind häufig ebenfalls getypte Sprachen (z.B. C++, Java), Skriptsprachen, die interpretiert werden, dagegen meist nicht (z.B. Python). Das getypte System erlaubt es uns, Prüfungen über die Korrektheit eines Modells bereits zu dem Zeitpunkt vorzunehmen, in dem wir das Modell aufschreiben, und nicht erst, wenn das Modell oder aus dem Modell eventuell entstehender programmiersprachlicher Code ausgeführt wird. Eine solche Prüfung ist z.B. das Feststellen der Konformität von Typen bei der Re-Definition von Attributen.

Weiterhin haben wir festgestellt, dass als Typ in Attributen und Parametern Datentypen (einschließlich primitiver Datentypen und Aufzählungstypen) sowie Klassen zulässig sind. Es gilt daher: Typ ist nicht identisch mit Datentyp. Was aber sind Datentypen in UML 2 und welche Eigenschaften besitzen sie?

Ein Datentyp ist ein Typ, dessen Werte keine Identität haben. Das genau ist der Unterschied zu einer Klasse – Instanzen von Klassen sind Objekte und Objekte sind stets voneinander unterscheidbar, d.h., sie besitzen eine eigene Identität. Werte eines Datentyps kann man jedoch nicht voneinander unterscheiden: Der Wert 5 des Datentyps *Integer* besitzt keine Identität. Wann immer 5 in einem Modell auftritt, es handelt sich stets um denselben Wert.

Datentypen dürfen wie Klassen auch Operationen und Attribute besitzen. Attribute dienen der Definition von komplexeren Datentypen mit einer Struktur. Wir können z.B. den Datentyp *Position* mit zwei Attributen x und y des Typs *Integer* definieren. Operationen von Datentypen sind im Gegensatz zu Operationen von Klassen pure Funktionen, d.h., sie können zwar aus Werten neue Werte berechnen, sie können aber keine Veränderungen an Werten vornehmen, da diese ja keine Identität haben. So könnte z.B. am Datentyp *Position* eine Operation *add* definiert sein, die zwei Parameter des Typs *Position* besitzt, von denen einer die Richtung *in* und einer die Richtung *return* hat. *Add* addiert dann eine Position zu einer anderen und gibt eine Position zurück. Es wird aber keine Änderung an einem existierenden Wert vorgenommen.

Datentypen werden mit dem Klassensymbol notiert, wobei vor dem Namen des Datentyps das Schlüsselwort *<<dataType>>* erscheint. Operationen und Attribute werden wie bei Klassen in *Compartments* dargestellt. Abbildung 2.10 zeigt unseren Datentyp *Position*.

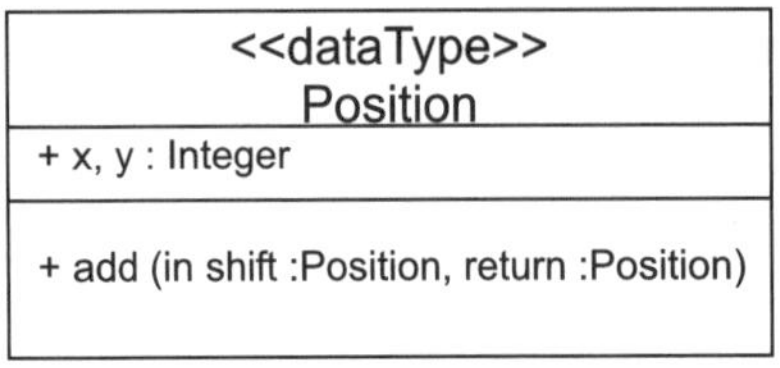

Abbildung 2.10: Datentyp Position

Primitive Datentypen und Aufzählungstypen sind spezielle Datentypen, die wir im Folgenden betrachten wollen.

2.3.1 Primitive Datentypen

Primitive Datentypen sind vordefinierte Datentypen, die keinerlei interne Struktur besitzen. Sie sind die Bausteine, aus denen weitere Datentypen zusammengesetzt werden können. UML 2 führt selbst nur eine sehr geringe Menge primitiver Datentypen ein, diese sind:

- *Boolean*, mit den möglichen Werten *true* und *false*,
- *String*, mit beliebigen Zeichenketten als Werte,
- *Integer*, mit ganzen Zahlen als Werte,
- *UnlimitedNatural*, mit natürlichen Zahlen als Werte.

UML 2 legt keine Einschränkungen bezüglich der Wertebereiche dieser Typen fest, sie sind also unbeschränkt. Für *UnlimitedNatural* wird explizit der Wert »unendlich« zugelassen, dieser kann durch * notiert werden.

Zusätzlich zu diesen vier in UML 2 vordefinierten Primitiven darf man in einem Modell weitere primitive Datentypen einführen. Deren Semantik und Operationen können auch außerhalb der UML 2 z.B. durch eine mathematische Algebra erklärt sein.

Notiert werden primitive Datentypen mit der Klassennotation und dem Schlüsselwort *<<primitive>>*.

2.3.2 Aufzählungstypen

Aufzählungstypen sind spezielle Datentypen, deren mögliche Werte (Literale) einzeln aufgezählt werden. In Spezialisierungen des Aufzählungstypen kann diese Liste um weitere Werte ergänzt werden. Wir werden später sehen, dass man Modelle organisieren kann und dass in separaten Teilen eines Modells sogar verschiedene Modellelemente denselben Namen tragen können. Man kann also einen Aufzählungstyp in einem anderen Modellteil spezialisieren, um neue Literale erweitern, und dabei darf die Spezialisierung denselben Namen behalten.

Aufzählungstypen werden mit der Klassennotation notiert, zusätzlich wird das Schlüsselwort <<*enumeration*>> vor den Namen gestellt. Die Aufzählung erfolgt in einem *Compartment* des Klassensymbols. Typischerweise haben Aufzählungstypen keine Attribute oder Operationen, weswegen die hierfür vorgesehenen *Compartments* oft unterdrückt sind.

In Abbildung 2.11 sehen wir einen Aufzählungstyp *AircraftState*, der die Zustände eines Flugzeugs aufzählt.

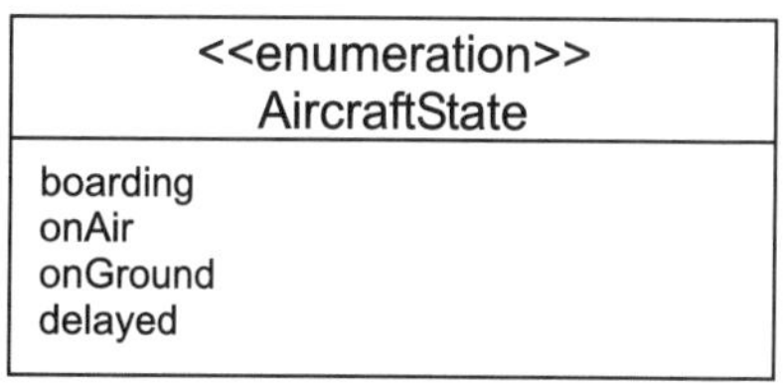

Abbildung 2.11: Aufzählungstyp AircraftState

2.4 Assoziationen und Links

Die bisher vorgestellten objektorientierten Modellierungskonzepte erlauben es, Hierarchien von Klassen durch die Verwendung von Generalisierungsbeziehungen festzulegen. Dies führt, bezogen auf die Instanzen (Objekte) der Klassen, zu einem Erben der für allgemeinere Klassen definierten *Features* in spezielleren Klassen. Weiterhin können wir an einer Klasse Attribute definieren, die als Typ eine andere Klasse besitzen, und so an einer Instanz auf eine weitere Instanz verweisen. Was aber tun wir, wenn wir die Instanzen zweier Klassen wechselseitig miteinander in Beziehung setzen wollen, wenn wir also eine Relation zwischen den Instanzen verschiedener Klassen aufbauen wollen?

Das objektorientierte Konzept hierfür heißt Assoziation. Eine Assoziation wird als Relation zwischen mindestens zwei Klassen (die nicht unbedingt verschieden voneinander sein müssen) definiert. Dabei dürfen nicht nur Klassen an einer Assoziation teilhaben, sondern beliebige Typen. Das Konzept der Assoziation wird hier aber der Einfachheit halber zunächst für Klassen erklärt. Assoziationen tragen eindeutige Namen. Es kann mehr als eine Assoziation zwischen derselben Menge beteiligter Klassen definiert werden. Assoziationen haben (ebenso wie Klassen) Instanzen, diese Instanzen werden Links genannt. Ein Link ist eine Tupel mit jeweils einer Instanz für jede der an der Assoziation beteiligten Klassen.

Die Anbindung einer Klasse an eine Assoziation wird als Assoziationsende bezeichnet. Da an einer Assoziation immer mindestens zwei Klassen beteiligt sind, gibt es auch immer mindestens zwei Assoziationsenden. Die Definition von Assoziationsende als separates Konzept ist notwendig, weil wir im Folgenden sehen werden, dass sich weitere Aussagen über die Eigenschaften der Enden einer Assoziation definieren lassen, und zwar für jedes Ende separat. Zunächst sei aber festgehalten, dass alle Enden, ebenso wie die Assoziation selbst, Namen tragen.

Assoziationen werden als Verbindungen zwischen Klassensymbolen dargestellt und zwar:

- Mit einem Diamanten als Symbol für die Assoziation und einer Verbindungslinie zwischen dem Diamanten und jeder der an der Assoziation beteiligten Klassen oder
- als einfache Verbindungslinie zwischen zwei Klassen im Falle einer binären Assoziation.

Das Assoziationsende hat kein eigenständiges Symbol, es ist einfach die Stelle, an der die Verbindungslinie mit dem Klassensymbol zusammentrifft. Die Namen der Assoziation und der Enden erscheinen nahe bei dem jeweiligen Symbol. Ein Link als Instanz einer Assoziation wird genauso wie eine Assoziation dargestellt, nur finden sich an den Enden Instanzen und keine Klassen. Der Name des Links wird wie andere Instanzen auch notiert als: <Name_des Links> : <Name_der_Assoziation>. Anders als bei Klasseninstanzen braucht der Name des Links nicht unterstrichen zu werden, da ja von der Darstellung allein schon klar ist, dass es sich um einen Link handelt (er verbindet Klasseninstanzen).

Die Enden einer Assoziation bilden aus der Sicht der Assoziation eine Liste, sind also geordnet. Die Ordnung kann bei binären Assoziationen, die ja genau zwei Enden haben, durch ein kleines, ausgefülltes Dreieck über der Assoziationslinie dargestellt werden. Man spricht dann auch von der »Leserichtung« der Assoziation. Diese hat zwar keine weiterführende Semantik, erleichtert aber manchmal das Verständnis eines Modells.

In Abbildung 2.12 sind Beispiele für Assoziationen und Links unter Verwendung der uns bereits bekannten Klassen dargestellt.

Das Konzept der Assoziation wird jedoch erst dann richtig nützlich, wenn wir weitere Aussagen über die Assoziationsenden treffen können und wenn es uns damit gelingt, die Menge der Instanzen, die in konkreter Relation zueinander stehen können, einzuschränken. Mit der bloßen Definition der Möglichkeit, eine Relation eingehen zu können, ist uns noch nicht viel geholfen. Wir wünschen uns Aussagen der Art: Ein Flugzeug besitzt ein Fahrwerk und maximal vier Triebwerke oder für jeden Flug existiert genau eine Crew, die den Flug durchführt. Dazu dienen weitere Konzepte, die im Wesentlichen die Eigenschaften von Assoziationsenden betreffen.

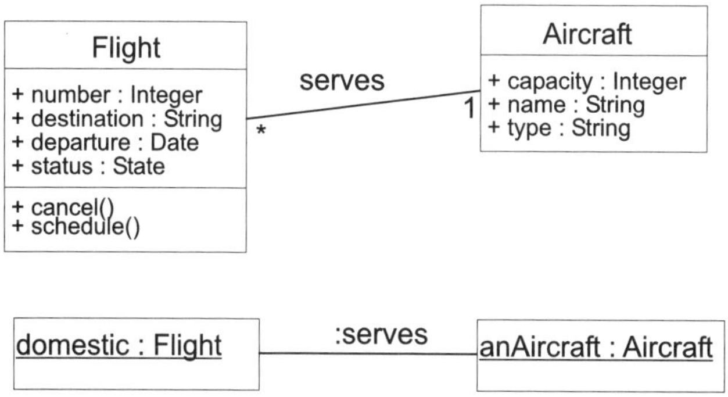

Abbildung 2.12: Klassen, Assoziationen und Links

Mit der Art von Eigenschaften, die wir gerade angesprochen haben, wird die Exaktheit eines Modells erhöht. Je präziser man diese Aussagen bereits zur Modellierungszeit treffen kann, desto weniger Spielraum hat späterhin eine Implementierung, die dieses Modell umsetzen soll. Das ist im Allgemeinen erwünscht – man möchte möglichst genau die Eigenschaften beschreiben, die man später auch von der Realisierung erwartet. Manchmal werden aber auch höhere Freiheitsgrade notwendig, es ist in daher in jedem Falle eine Designentscheidung, wie präzise ein Modell sein muss.

2.4.1 Vielfachheit von Assoziationsenden

Das Konzept der Vielfachheit wurde bereits in Zusammenhang mit Attributen und Parametern diskutiert. So war es durch Angabe einer Vielfachheit möglich, Attribute zu erklären, deren *Slots* an Instanzen ganze Mengen von Werten aufnehmen konnten.

Begeben wir uns also wieder auf das Niveau einer Instanz (x) und stellen wir uns vor, dass für die Klasse dieser Instanz (X) eine binäre Assoziation (X_Y) zu einer weiteren Klasse (Y) definiert sei. Aus der Menge der Links dieser Assoziation (Tupel von Instanzen, im Falle einer binären Assoziation Paare, hier also Paare von X- und Y-Instanzen), wählen wir jetzt diejenigen aus, an denen unsere Instanz x von X beteiligt ist. Die Instanzen von Y, die an diesen ausgewählten Paaren beteiligt sind, bilden nun eine Menge bzw. genauer einen *Bag*. Mithilfe der Vielfachheit können wir nun die Eigenschaften dieses *Bag* genauer beschreiben, d.h., wir können damit die Menge der erlaubten Paare aus der Sicht von x einschränken. Das geschieht durch die uns bereits bekannten Mittel: untere Grenze, obere Grenze, Eindeutigkeit und Ordnung. Die Vielfachheit wird nun dem Ende der Assoziation zugeordnet, das zu Y gehört. Die Aussage wird stets aus der Perspektive einer beliebigen Instanz von X vorgenommen. Dieses Prinzip ist in der Abbildung 2.13 dargestellt.

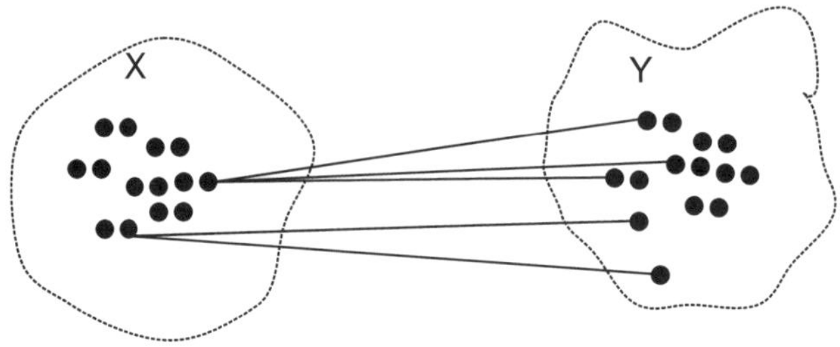

Abbildung 2.13: Mengendarstellung von Assoziationen

Die Vielfachheit kann nun nicht nur in Zusammenhang mit binären Assoziationen definiert werden, sondern auch für Assoziationen mit einer höheren Anzahl von Enden. Im Prinzip gilt hier das gleiche Verfahren wie für die Vielfachheitsaussage bei binären Assoziationen: Angenommen, wir haben eine Assoziation mit *N* Enden. Dann nehmen wir uns beliebige *N–1* Enden und treffen aus der Sicht von konkreten Instanzen an diesen *N–1* Enden Aussagen über die mit diesen assoziierten Instanzen an dem übrig gebliebenen Ende. Wir schauen uns also die N-Tupel von Instanzen der an der Assoziation beteiligten Klassen (die Links) an, wählen eine Instanz für die *N–1* Enden aus und isolieren alle Tupel mit diesen Instanzen an der jeweiligen Position. Jetzt bilden wir die Menge aller Instanzen des übrig gebliebenen Endes, die in den verbliebenen Tupeln auftauchen. Die Vielfachheitsaussagen für dieses Ende beschreiben genau die Eigenschaften dieser Menge von Instanzen des an dem Ende befindlichen Typs.

Für nicht binäre Assoziationen ist die untere Grenze der Vielfachheit typischerweise mit *0* anzugeben. Was würde eine untere Grenze größer als *0* zur Folge haben? Die Vielfachheit ist definiert als Aussage aus der Perspektive von beliebigen *N–1*-Tupeln an den anderen Enden. Ist sie größer als Null (n>0), so muss es für beliebige Kombinationen von Instanzen an den anderen Enden n Links mit dieser Kombination zu einer Instanz an dem betrachteten Ende geben. Diese Implikation ist oft unerwünscht.

Die Darstellung der Vielfachheit erfolgt mit der gleichen Notation, die wir bereits für die Vielfachheit von Attributen eingeführt hatten, mit dem Unterschied, dass die eckigen Klammern weggelassen werden. Man schreibt also:

```
<untere Grenze>..<obere Grenze>
```

nahe an das Assoziationsende. Die Ordnungs- bzw. Eindeutigkeitseigenschaft wird in geschweiften Klammern ebenfalls an das Assoziationsende geschrieben. Erlaubte Werte sind hier: `ordered`, `unordered`, `unique`, `nonunique` sowie die Werte, die direkt die Art der Menge beschreiben: `bag`, `orderedSet`, `sequence` oder `seq`. Letztere bezeichnen eine geordnete, nicht eindeutige Menge. Falls keine dieser möglichen Bezeichnungen benutzt wurde, so wird als Defaultwert `set` angenommen (`unordered`, `unique`).

Ein Ende als `nonunique` zu definieren, hat Konsequenzen für die resultierenden Links. Aus der Sicht einer Instanz an dem anderen Ende bedeutet das, dass dieselbe Instanz an dem als `nonunique` definierten Ende mehrfach mit ihr assoziiert sein darf. Es können also zwei (oder mehr) Links zwischen denselben Instanzen existieren.

2.4.2 Aggregation und Komposition

Generell lassen sich durch Assoziationen Relationen zwischen Klassen definieren, wobei die Klassen dabei gleichrangig auftreten. Instanzen der Klassen sind dann assoziiert miteinander, ohne dass man einer der beteiligten Klassen eine besondere Bedeutung bei dieser Beziehung zugesteht. Nun gibt es aber Arten von Beziehungen, in denen eine der beteiligten Klassen eine besondere Position gegenüber der anderen Klasse einnimmt. Schauen wir noch einmal auf unser Beispiel: Ein Flugzeug besitzt ein Fahrwerk und maximal vier Triebwerke. Hier hat doch offensichtlich das Flugzeug eine besondere Bedeutung gegenüber dem Fahrwerk und den Triebwerken – es repräsentiert das Ganze, zusammengesetzt aus Teilen. Diese Eigenschaft nennt man Aggregation oder Komposition, die Beziehung zwischen den beteiligten Klassen ist dann eine Teil-Ganzes-Beziehung. Solche speziellen Assoziationen, die eine Teil-Ganzes-Beziehung definieren, sind immer binär, wobei einer der beteiligten Klassen die Rolle des Teils und der anderen die Rolle des Ganzen zukommt.

Man unterscheidet zwei Arten von Aggregation:

- einfache (*shared*) Aggregation
- Komposition

Bei der Komposition hat die Instanz, die das Ganze in der Assoziation repräsentiert, zusätzliche Verantwortung für den Lebenszyklus der Instanzen, die die Teile repräsentieren. Ein Teil darf zu maximal einem Ganzen an jedem Zeitpunkt gehören. Wird das Ganze gelöscht, so werden alle Teile, die zu diesem Zeitpunkt Bestandteil des Ganzen sind, ebenfalls gelöscht. Ein Teil darf jedoch das Ganze, zu dem es gehört, während seiner Lebenszeit wechseln. So könnten wir ein Triebwerk von einem Flugzeug abmontieren und an ein anderes Flugzeug anmontieren. Ein Triebwerk kann aber nicht von zwei Flugzeugen gleichzeitig benutzt werden. Bezüglich der Vielfachheit des Assoziationsendes, dessen Typ das Ganze repräsentiert, heißt das: Sie muss immer die obere Grenze 1 besitzen. Ein und dieselbe Instanz, die ein Teil repräsentiert, darf zu höchstens einem Ganzen gehören – also mit diesem assoziiert sein.

Wenn man sich die Kompositionsbeziehung veranschaulicht, so wird man feststellen, dass die Komposition eine asymmetrische, transitive Relation ist. Zwischen den Instanzen entsteht damit ein azyklischer, gerichteter Graph, dessen Kanten die Links der Komposition(en) darstellen.

Für die einfache Aggregation treffen diese Regeln bezüglich des Lebenszyklus und der Vielfachheit nicht zu. Eine einfache Aggregation besitzt die gleiche Semantik wie eine Assoziation, lediglich ein Ende wird in seiner Bedeutung hervorgehoben.

Aggregation wird durch einen kleinen Diamanten am Assoziationsende, dessen Typ das Ganze repräsentiert, dargestellt. Im Falle einer Komposition erscheint dieser Diamant ausgefüllt, sonst ist er nicht ausgefüllt. In Abbildung 2.14 sind Aggregation und Komposition als Beziehungen zwischen unseren bekannten Klassen präsentiert.

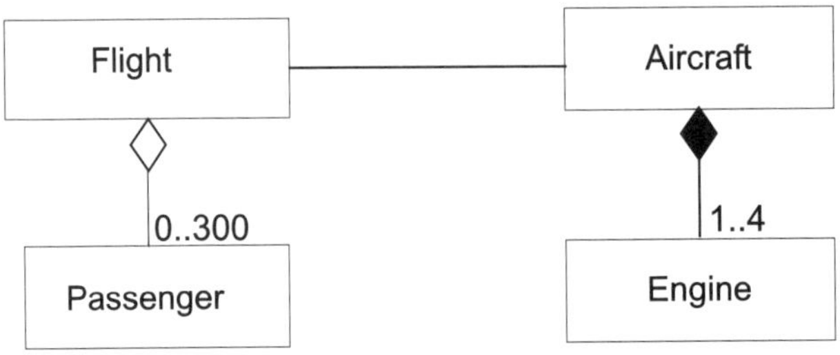

Abbildung 2.14: Aggregation und Komposition

2.4.3 Navigierbarkeit

Attribute und Enden einer Assoziation sind in gewisser Weise ähnliche Konzepte. Sie tragen Namen, besitzen eine Vielfachheit und setzen eine Instanz einer Klasse mit Instanzen einer anderen Klasse in Beziehung. Im Falle des Attributs bedeutet das, dass man über die Werte an einem *Slot* direkten Zugriff auf diese Instanzen einer anderen Klasse bekommen kann. Zugreifbarkeit kann man nun auch für Enden von binären Assoziationen definieren, die entsprechende Eigenschaft heißt Navigierbarkeit, das Assoziationsende wird dann als navigierbares Ende bezeichnet.

Bildlich kann man sich Navigierbarkeit vorstellen als die Fähigkeit, sich von einer Instanz an einem Ende der Assoziation zu den Instanzen am anderen Ende unter Benutzung der Assoziation »hinhangeln« zu können. Aus Sicht einer Instanz bekommt diese also direkten Zugriff auf die Menge von Instanzen, mit denen sie durch Links der Assoziation verbunden sind.

Navigierbarkeit kann für die Enden einer Assoziation separat definiert bzw. explizit ausgeschlossen werden. Ist ein Ende einer Assoziation von dem anderen Ende durch Navigation zu erreichen, so bekommt das Ende in der Notation eine Pfeilspitze. Ist das Ende durch Navigation nicht zu erreichen, so wird dies durch ein kleines Kreuz über dem Pfeil dargestellt. In Abbildung 2.15 sehen wir navigierbare und nicht navigierbare Assoziationsenden. Wichtig ist, dass wir im Falle einer nicht vorhandenen Pfeilspitze und eines nicht vorhandenen Kreuzes keinerlei Aussagen über die Navigierbarkeit des jeweiligen Endes gewinnen können.

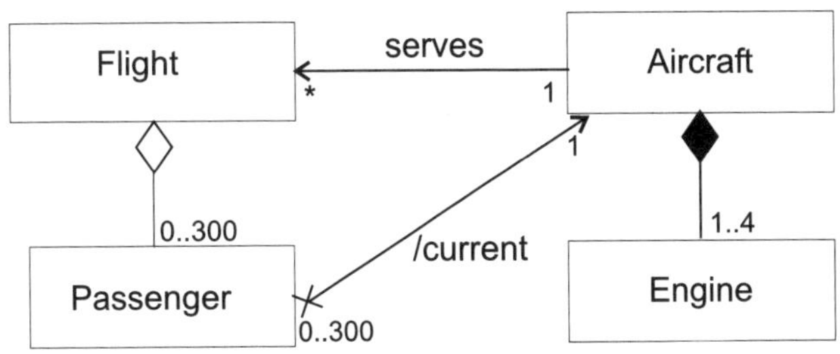

Abbildung 2.15: Navigierbare und nicht navigierbare Assoziationsenden

Ein navigierbares Assoziationsende, mit dem man über eine Assoziation verbunden ist, bietet die gleichen Zugriffsmöglichkeiten aus der Sicht einer Klasse wie ein Attribut des entsprechenden Typs. Tatsächlich *sind* navigierbare Assoziationsenden Attribute der Klasse am anderen Ende. UML 2 legt fest, dass ein navigierbares Assoziationsende mitsamt seinen Eigenschaften zur Klasse am anderen Ende gehört – es ist ein Attribut dieser Klasse. Ein nicht navigierbares Assoziationsende gehört dagegen zur Assoziation, die Klasse am anderen Ende hat dann keinerlei (direkte) Zugriffsmöglichkeiten auf die assoziierten Instanzen.

Bezüglich der Darstellung bedeutet dies, dass die Attributdarstellung und die Darstellung eines navigierbaren Assoziationsendes simultan verwendet werden dürfen. Dies ist in Abbildung 2.16 dargestellt.

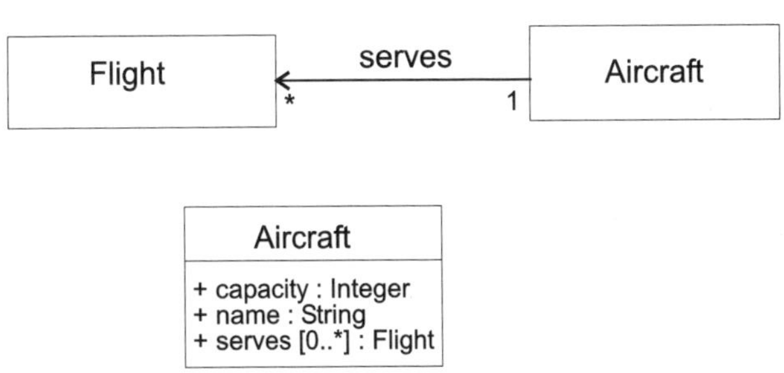

Abbildung 2.16: Navigierbares Assoziationsende und Attributdarstellung

2.4.4 Weitere Eigenschaften von Assoziationsenden

Zusätzlich zu den bereits diskutierten Charakteristika lassen sich weitere nützliche Eigenschaften für Assoziationsenden festlegen. Wenn wir die navigierbaren Assoziationsenden mit den Attributen vergleichen, so fällt uns auf, dass wir bisher die Eigenschaft *derived* nicht in Zusammenhang mit Assoziationen und deren Enden diskutiert haben. Nun ist es tatsächlich so, dass sowohl Assoziationen als auch deren Enden als *derived* definiert werden können.

Für die Assoziation bedeutet das, dass man alle Links der Assoziation aus bereits bekanntem Wissen (also z.B. anderen Assoziationen) ableiten kann. Dies wird häufig in Zusammenhang mit der Spezialisierung der Klassen an den Assoziationsenden verwendet. Stellen wir uns vor, wir haben eine Assoziation zwischen *Vehicle* und *Driver* definiert. Dann könnten wir eine weitere Assoziation zwischen *Aircraft* und *Pilot* definieren. Die Links der letzteren Assoziation würden sich berechnen lassen: Man nehme alle Links der Assoziation zwischen *Vehicle* und *Driver* und falls die konkreten Instanzen eines Links Instanzen von *Aircraft* und *Pilot* sind, so setze man einen Link der Assoziation zwischen *Aircraft* und *Pilot*.

Notiert wird eine *derived* Assoziation, indem man das Symbol / vor den Assoziationsnamen setzt. Das eben beschriebene Beispiel ist in Abbildung 2.17 dargestellt.

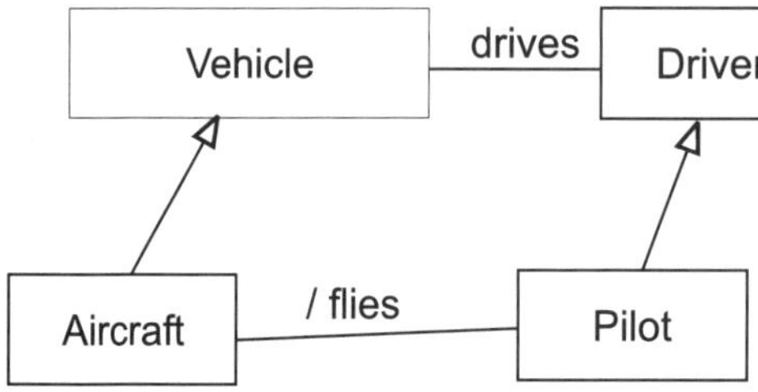

Abbildung 2.17: Assoziation mit der Eigenschaft derived

Die Eigenschaft *derived* lässt sich ebenso für die Enden einer Assoziation separat definieren. Insbesondere bei navigierbaren Enden ist dies sinnvoll, da es sich um Attribute der Klasse an dem anderen Ende handelt. Notiert wird ein Assoziationsende mit der Eigenschaft *derived* ebenfalls mit dem Symbol /. Für den Fall, dass sowohl Assoziationsende als auch Assoziation selbst als *derived* definiert sind, legt UML2 keine Semantik fest. Vielmehr wird dieser Zusammenhang als so genannter *Semantic Variation Point* explizit offengelassen.

Weiterhin dürfen wir wie bei Attributen die Sichtbarkeit von Assoziationsenden mit den uns bekannten Symbolen +, –, # und ~ notieren. Die Eigenschaft *readOnly* darf hingegen nur für navigierbare Assoziationsenden festgelegt werden.

In der obigen Diskussion haben wir festgestellt, dass man über die Eigenschaft *derived* einen Zusammenhang zwischen Assoziationen bzw. zwischen den Enden verschiedener Assoziationen herstellen kann. Allerdings wissen wir durch die Eigenschaft *derived* nur, dass man die Links der Assoziation bzw. die Menge von Instanzen an einem Ende berechnen kann, aber noch nicht wie. Da der oben beschriebene Fall des Zusammenhangs zwischen Assoziationen und ihren Enden aber – auch bedingt durch die Generalisierungsbeziehungen – häufiger vorkommt, hat man in UML 2 zusätzliche

Möglichkeiten geschaffen, präzise Zusammenhänge zwischen Assoziationen unter Verwendung ihrer Enden zu definieren. Diese Möglichkeiten wollen wir im Folgenden untersuchen.

Eigenschaft Subset End

Kehren wir noch einmal zu unserem Beispiel der Assoziation zwischen *Aircraft* und *Pilot* zurück. Wir könnten dieses Beispiel erweitern um die zusätzlichen Klassen *Crew*, *CabinCrew* und *CockpitCrew*. Ferner könnten wir festlegen, dass *CockpitCrew* und *CabinCrew* Spezialisierungen von *Crew* sind und dass es weitere Assoziationen zwischen *Aircraft* und *CabinCrew*, zwischen *Aircraft* und *CockpitCrew* sowie zwischen *Aircraft* und *Crew* gibt. Dieses Beispiel ist in Abbildung 2.18 dargestellt.

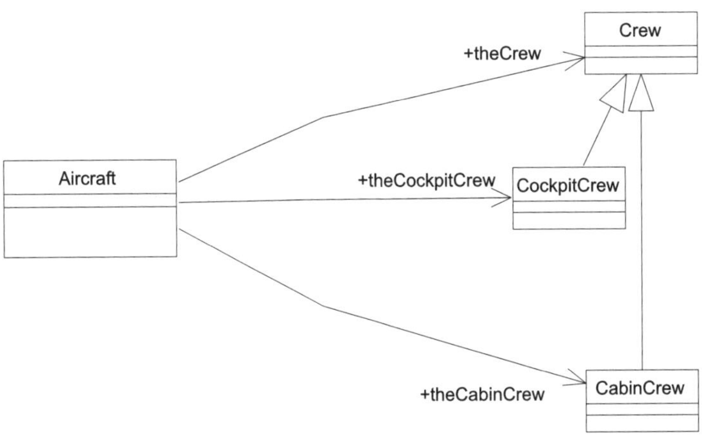

Abbildung 2.18: Klassendiagramm für Flugzeugbesatzung

Über die Assoziationsenden lassen sich Aussagen treffen: Offensichtlich ist für jede Instanz von *Aircraft* die durch *theCabinCrew* adressierte Menge von Instanzen auch Bestandteil der durch *theCrew* adressierten Menge. Gleiches gilt für *theCockpitCrew*. Auch hier sind aus der Sicht einer *Aircraft*-Instanz alle Instanzen der durch *theCockpitCrew* beschriebenen Menge ebenfalls Instanzen der *theCrew*-Menge. Diesen Zusammenhang kann man explizit im Modell formulieren. Die entsprechende Eigenschaft heißt *subset* – das deutet auf eine Teilmengenbeziehung hin. Ein Assoziationsende kann als *subset* von ein oder mehreren anderen Enden definiert werden. Man schreibt `{subsets <end>}` als Bestandteil von `<property-string>` an das entsprechende Ende. In unserem Beispiel sähe das wie in Abbildung 2.19 dargestellt aus.

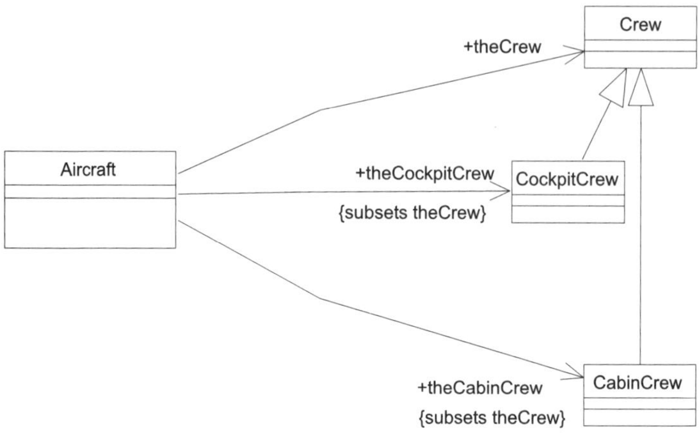

Abbildung 2.19: Klassendiagramm mit subsetted-Enden

Wir dürfen aber die *subset*-Eigenschaft nicht zwischen beliebigen Assoziationsenden anwenden. Wir müssen zuvor sicherstellen, dass es einen gemeinsamen Kontext gibt, innerhalb dessen die durch die Assoziationsenden gebildeten Mengen überhaupt miteinander verglichen werden können – damit wird die *subset*-Eigenschaft überhaupt erst sinnvoll. Offensichtlich haben wir in unserem Beispiel Glück gehabt – es handelte sich um navigierbare Enden, somit eigentlich um Attribute der Klasse *Aircraft* und die Mengen waren folglich jeweils für *eine Aircraft*-Instanz vergleichbar. Der Kontext von navigierbaren Enden ist also die Klasse, zu der das Ende gehört. Bei nicht navigierbaren Enden ist der Kontext die Menge von Klassen an den jeweils anderen Enden. (In unserem Beispiel würde also auch bei nicht navigierbaren Enden der Kontext die Klasse *Aircraft* sein.)

Die allgemeine Regel für die Zulässigkeit der *subset*-Eigenschaft ist, dass die Klassen, die den Kontext des Endes bilden, welches als *subset*-Ende eines anderen Endes definiert ist, paarweise konform zu den Klassen sein müssen, die den Kontext dieses anderen Endes bilden. Klingt kompliziert, ist es aber nicht – im Falle von binären Assoziationen heißt es einfach, dass wir zwei Enden in eine *subset*-Beziehung setzen dürfen, wenn die beiden Klassen, die die Kontexte für die Enden bilden, entweder gleich sind (wie in unserem Beispiel) oder in einer Generalisierungsbeziehung stehen. In letzterem Fall ist die Klasse, die den Kontext für ein Ende mit der *subset*-Eigenschaft bildet, eine Spezialisierung der Klasse, die den Kontext für das durch die *subset*-Eigenschaft adressierte Ende bildet. Bei nicht binären Assoziationen müssen wir die Regel einfach nur auf alle anderen (N–1)-Enden ausdehnen.

Der Regel kann man auch entnehmen, dass die Assoziationen, deren Enden in eine *subset*-Beziehung gebracht werden sollen, die gleiche Anzahl von Enden haben müssen. Ferner müssen nicht nur die Kontextklassen, sondern auch die Klassen an den

Enden selbst zueinander konform sein. Schauen wir auf unser Beispiel: Wenn die Klasse *CockpitCrew* nicht die Klasse *Crew* spezialisieren würde, wie könnten wir fordern, dass die durch *theCockpitCrew* adressierte Menge eine Teilmenge der durch *theCrew* adressierten Menge sein soll? Nur weil jede Instanz von *CockpitCrew* eine indirekte Instanz von *Crew* ist, wird diese Forderung überhaupt sinnvoll.

Eine letzte Schlussfolgerung können wir noch ziehen: Aus der Teilmengenbeziehung ergibt sich, dass die obere Grenze der Vielfachheit desjenigen Endes, welches als *subset* eines anderen Endes definiert ist, kleiner sein muss als die obere Grenze von dessen Vielfachheit. Die Teilmenge soll ja nicht mehr Elemente beinhalten können als die Obermenge.

Zusätzlich wird im Standard festgelegt, dass, falls ein Ende navigierbar ist und ein anderes Ende als *subset* dieses Endes definiert wird, dieses andere Ende auch navigierbar sein muss.

Eigenschaft Derived Union

Nachdem wir uns nun so viele Regeln verinnerlicht haben, könnten wir uns fragen, ob in unserem Beispiel eigentlich andere Elemente von *Crew* in der durch *theCrew* definierten Menge enthalten sein können, als solche, die entweder Bestandteil der Menge *theCockpitCrew* oder Bestandteil der Menge *theCabinCrew* sind. Da dies nicht der Fall ist, möchten wir vielleicht eine Ableitungsregel für *theCrew* festlegen und *theCrew* einfach als Vereinigung der Menge *theCockpitCrew* und *theCabinCrew* definieren. Genau diese Möglichkeit bietet uns UML 2 mit der Eigenschaft *derived union*.

Wird ein Assoziationsende als *derived union* definiert, so ist die an diesem Assoziationsende entstehende Menge von Instanzen genau die Menge, die durch Vereinigung aller derjenigen Mengen gebildet wird, die an Assoziationsenden entstehen, die als *subset* dieses Endes definiert sind.

Wird die Eigenschaft *derived union* für ein Assoziationsende vergeben, so gilt automatisch, dass dieses Ende auch die Eigenschaften *derived* und *readOnly* besitzt. *derived,* weil man die Menge eben durch Vereinigung berechnen kann; *readOnly,* weil man die Menge nicht direkt ändern können soll, sondern nur indirekt über die Enden, die als *subset* dieses Endes definiert sind. Im Standard wird gefordert, dass nur navigierbare Enden *readOnly* sein dürfen, also folgt aus der Eigenschaft *derived union* für ein Ende auch dessen Navigierbarkeit und damit eine binäre Assoziation.

Die Eigenschaft *derived union* wird durch `{union}` als Bestandteil von `<property-string>` an dem Assoziationsende notiert. Damit können wir nun endlich unser Beispiel vollenden – wie in Abbildung 2.20 dargestellt.

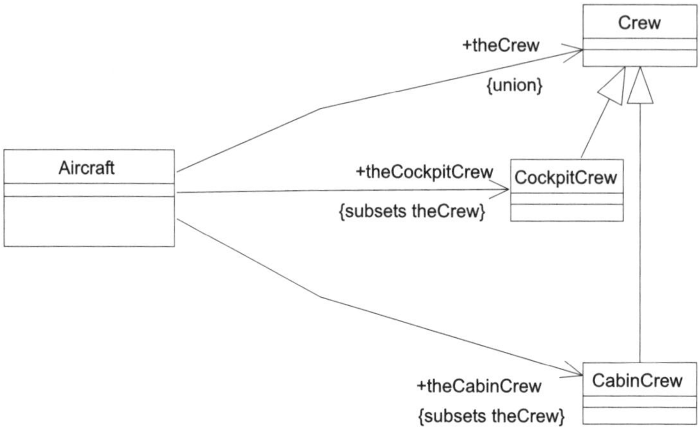

Abbildung 2.20: derived union am Beispiel Flugzeugbesatzung

Bevor wir den Abschnitt Assoziationen und Links nun verlassen, wollen wir uns noch eine letzte Schlussfolgerung für das Konzept *derived union* in Zusammenhang mit der Vielfachheit überlegen. Angenommen, wir haben für ein Ende mit der Eigenschaft *derived union* eine Vielfachheit mit der oberen Grenze 1 angegeben, so bedeutet dies für alle Enden, die als *subset* dieses Endes definiert sind, dass sie (falls vorhanden) die gleiche Instanz in ihrer maximal ein-elementigen Menge besitzen müssen. Bei der Vereinigung aller dieser Mengen darf sich ja eine maximal ein-elementige Menge bilden, die dann zu dem Ende mit der Eigenschaft *derived union* und der oberen Grenze 1 gehört. Dass alle Enden, die als *subset* eines Endes mit der Eigenschaft *derived union* und einer Vielfachheit mit der oberen Grenze 1 definiert sind, ebenfalls höchstens die obere Grenze 1 haben dürfen, war ohnehin klar. Aber dahinter muss sich wegen der Mengenvereinigung wirklich auch die selbe Instanz verbergen.

2.5 Pakete und Hierarchien

Die bisher eingeführten Konzepte von UML 2 erlauben es uns bereits, objektorientierte Modelle zu entwerfen. Was aber tun wir, wenn die Zahl der Modellelemente sehr groß wird. Lassen sich Modelle auf eine geeignete Art und Weise strukturieren? Können wir Modellelemente nach logischen oder funktionalen Aspekten gruppieren und als Gesamtheit vielleicht anderen Personen oder Teams zur Verfügung stellen?

Die Antwort auf diese Fragen bietet das Konzept der Pakete. In Paketen können andere Modellelemente enthalten sein. Pakete eröffnen auch neue Namensräume. Die Namen von Elementen in einem Paket müssen paarweise verschieden sein, aber für Modellelemente in verschiedenen Paketen gilt diese Regel nicht. Da Pakete ebenfalls in Paketen enthalten sein dürfen, können wir unser Modell hierarchisch organisieren, wir können eine verschachtelte Paketstruktur aufbauen. Das Konzept der Pakete entspricht dem, was uns die Programmiersprache C++ beispielsweise mit dem Konzept *Namespace* oder Java mit *Package* bietet.

Ein Paket wird mit einem Paketsymbol notiert, das aus zwei Rechtecken besteht. Die Bestandteile eines Pakets können direkt in das größere Rechteck gezeichnet werden. In diesem Fall erscheint der Paketname in dem kleinen Rechteck. Sind die Bestandteile eines Pakets nicht sichtbar, so erscheint der Paketname in dem großen Rechteck.

Betrachten wir unser Beispiel, so wäre es aus organisatorischer Sicht sicher sinnvoll, die Beziehungen verschiedener *Vehicles* und deren Aufbau in einem Paket zu definieren und die Beziehungen zwischen *Vehicle* und dessen *Driver* in einem weiteren Paket. Die beiden Pakete sind in Abbildung 2.21 dargestellt.

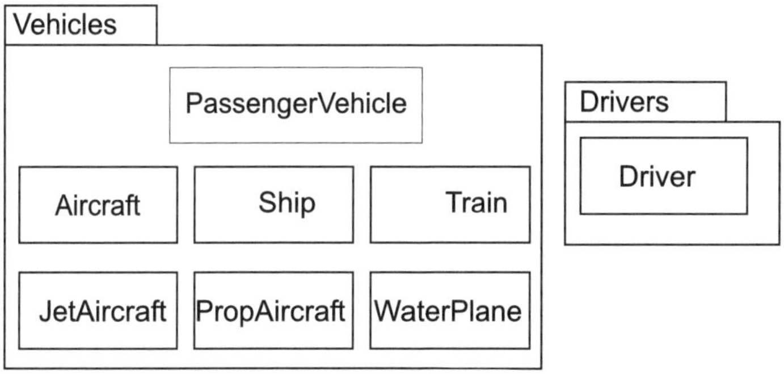

Abbildung 2.21: Pakete mit Modellelementen

Nun wollen wir unsere Klassen den beiden Paketen zuordnen:

- *Vehicle, PassengerVehicle, Aircraft, Ship, WaterAircraft* gehören zum Paket *Vehicles.*
- *Driver, Pilot, Crew, CockpitCrew, CabinCrew* gehören zum Paket *Drivers.*

Wo aber definieren wir die Assoziationen, die zwischen Klassen bestehen, die gerade in unterschiedliche Pakete sortiert wurden? Offensichtlich benötigen wir weitere Mechanismen, um auf die Elemente in anderen Paketen zugreifen zu können bzw. sie in unserem Paket sichtbar zu machen.

Für die Zugreifbarkeit gibt es das Konzept der qualifizierten Namen. Wollen wir auf ein Element zugreifen, das sich in einem anderen Paket befindet, so stellen wir den Namen des Pakets dem des Elements voran und bekommen einen so genannten qualifizierten Namen, der das gewünschte Element eindeutig identifiziert. Qualifizierte Namen lassen sich mit dem gleichen Verfahren auch für Elemente definieren, die sich tiefer in einer Hierarchie von verschachtelten Paketen befinden. Wir könnten auf unsere Klasse *Aircraft* also mit *Vehicles::Aircraft* zugreifen.

Jedes Element, welches direkt in einem Paket definiert wird, besitzt eine Sichtbarkeitseigenschaft. Falls der Zugriff auf Elemente eines Pakets von außerhalb verboten werden soll, verwendet man die Sichtbarkeit *private*. Falls der Zugriff von außerhalb erlaubt ist, so verwendet man *public*. Notiert werden diese beiden Sichtbarkeiten mit den bereits bekannten Symbolen + und –, die dem Namen des Elements in dem Paket vorangestellt werden dürfen. Die beiden anderen Sichtbarkeiten *protected* und *package* sind hier nicht sinnvoll, weil Pakete nicht spezialisiert werden dürfen und die *package*-Sichtbarkeit ohnehin gegeben ist, da man sich direkt auf dem Paketniveau befindet.

2.5.1 Elementimport

Der Zugriff mittels qualifizierten Namen auf Elemente außerhalb eines Pakets ist eine Möglichkeit, um sie für Definitionen innerhalb eines Pakets zu benutzten. Eine weitere bietet das Konzept des Elementimports. Durch dieses Konzept werden außerhalb eines Pakets definierte Elemente in den Namensraum des Pakets übernommen, sie können dort wie direkt im Paket definierte Elemente ohne qualifizierte Namen verwendet werden. Ein Elementimport ist eine Beziehung zwischen dem importierten Element und dem Paket, welches das Element importiert. Der Import kann entweder *public* oder *private* erfolgen, dies hat Auswirkungen auf die weitere Verwendung des importierten Elements. Erfolgt der Import *public*, so steht das importierte Element für weitere Importe zur Verfügung, bei *private* ist dies nicht der Fall. Natürlich dürfen nur Elemente importiert werden, die selbst die Sichtbarkeit *public* haben oder deren Sichtbarkeit nicht definiert ist.

Ein Elementimport wird durch einen Pfeil mit einer gestrichelten Linie und einem offenen Kopf von dem importierenden Paket auf das importierte Element dargestellt. Erfolgt der Import mit der Sichtbarkeit *public*, so wird das Schlüsselwort <<*import*>> verwendet, ansonsten das Schlüsselwort <<*access*>>.

In Abbildung 2.22 sehen wir, wie das Paket *Drivers* das Element *Aircraft* importiert.

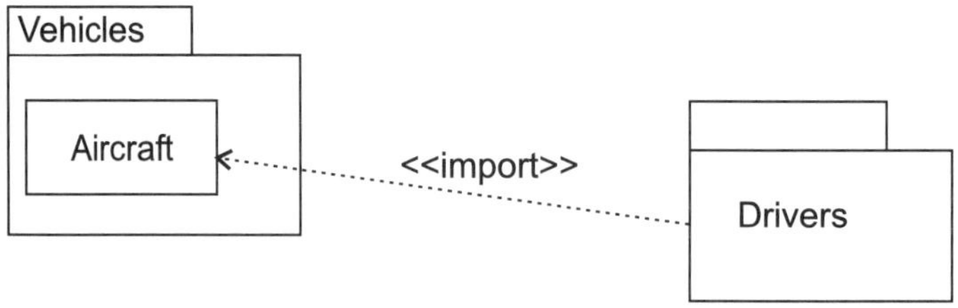

Abbildung 2.22: Import von Aircraft durch Drivers

Man darf für das importierte Element auch einen *Alias*-Namen vergeben, der anstelle seines eigentlichen Namens im importierenden Paket benutzt wird. Dieser *Alias* wird an dem Pfeil notiert, der den Import darstellt.

2.5.2 Paketimport

Wenn man in großen Modellen jedes einzelne Element, welches man aus einem anderen Paket benötigt, separat importieren müsste, wäre das sicher ein sehr unpraktikables Vorgehen. UML 2 bietet deshalb die Möglichkeit, den Inhalt eines ganzen Pakets in einem Schritt in ein anderes Paket zu importieren. Dieses Verfahren heißt Paketimport. Alle Elemente in dem importierten Paket werden dabei in das importierende Paket aufgenommen. Dieses Vorgehen ist dem elementweisen Import aller Elemente des importierten Pakets äquivalent.

Wie bei einem einzelnen Element kann auch für den Paketimport eine Sichtbarkeit festgelegt werden: *public* oder *private*. *Public* bedeutet, dass die importierten Elemente sichtbar importiert wurden, also z. B. für weitere Importe zur Verfügung stehen. *Private* bedeutet, dass sie nur innerhalb des importierenden Pakets sichtbar sind, aber nicht weiter importiert werden dürfen.

Notiert wird der Paketimport auf die gleiche Art und Weise wie der Elementimport. Wir sehen ein Beispiel in Abbildung 2.23.

Abbildung 2.23: Privater Paketimport

Wird ein Element auf zwei unterschiedliche Arten importiert und erhält es dabei unterschiedliche Sichtbarkeitseigenschaften, so überschreibt die Eigenschaft *public* die Eigenschaft *private*. Angenommen, wir wollten alle Elemente des Pakets *Vehicles private* importieren, das Element *Aircraft* aber *public*. Dann könnten wir uns diese Regel wie in Abbildung 2.24 verdeutlicht zunutze machen.

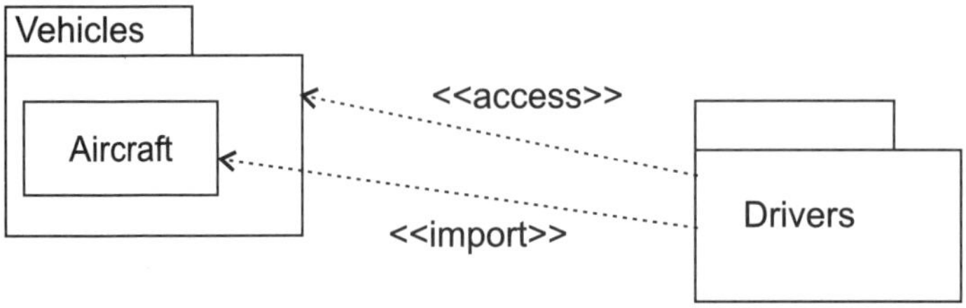

Abbildung 2.24: Kombinierter Paket- und Elementimport

2.5.3 Paket-Merge

Die Modellierung komplexer Systeme erfolgt häufig nicht in einem Schritt, sie erfordert in der Mehrzahl der Fälle kontinuierliche Verfeinerungen eines bestehenden Modells. So kann es beispielsweise erforderlich sein, bereits bestehende Klassen um neue Features zu erweitern oder mit neu eingeführten Klassen durch Assoziationen oder Generalisierungsbeziehungen zu verbinden. Mit den eben beschriebenen Konzepten könnte man zu diesem Zweck einen Elementimport oder einen Paketimport in ein neues Paket durchführen und dann dort neue Funktionalität hinzufügen. Wollte man die ursprüngliche Semantik der importierten Elemente nicht verändern, so müsste man noch eine Spezialisierungsebene einfügen und die Ergänzungen dann für diese spezialisierten Elemente vornehmen. Um dieses Vorgehen zu vereinfachen, wurde in UML 2 ein neues Konzept, das so genannte Paket-*Merge*, eingeführt.

Ein Paket-Merge ist eine Beziehung zwischen einem Quell- und einem Zielpaket, wobei die Inhalte der Pakete durch Import, Spezialisierung und Re-Definition im Quellpaket[1] zusammengeführt werden. Sie soll immer dann verwendet werden, wenn Modellkonzepte, die bereits in einem Paket existieren, unter dem gleichen Namen in einem anderen Paket Erweiterungen erfahren sollen.

Durch die Definition einer Transformationssemantik, die einen Paket-*Merge* auf Paketimport, Generalisierung und Re-Definition abbildet, spart man sich eine Menge Schreibaufwand. Diese Transformationssemantik werden wir im Folgenden detailliert untersuchen. Zunächst sei die Notation für einen Paket-*Merge* eingeführt. Paket-*Merge* wird durch einen gestrichelten Pfeil mit offener Pfeilspitze dargestellt, der von dem Quellpaket auf das Zielpaket zeigt. Der Pfeil erhält das Schlüsselwort <<*merge*>>.

Wie funktioniert nun die Transformationssemantik? Für eine Transformation werden die folgenden Schritte, abhängig von der Art der im Zielpaket enthaltenen Modellelemente, durchgeführt. Ausgangspunkt sind ein Quell- und ein Zielpaket, zwischen denen eine Paket-*Merge*-Beziehung besteht. Achtung: Die Erweiterungen finden im

1 Das ist kein Fehler sondern in UML 2 tatsächlich so definiert.

Quellpaket statt! (Die UML-Sprache widerspricht hier leider dem natürlichen Verständnis.)

1. Die Paket-*Merge*-Beziehung wird in eine Paketimportbeziehung umgewandelt.
2. Jede Klasse aus dem Zielpaket wird in eine Klasse gleichen Namens im Quellpaket transformiert, falls das Quellpaket noch keine Klasse dieses Namens enthält. In beiden Fällen wird die Klasse im Quellpaket als Spezialisierung der Klasse im Zielpaket definiert. Wir haben also als Ergebnis dieses Schritts für alle Klassen im Zielmodell eine Klasse gleichen Namens im Quellmodell – an diesen wollen wir dann unsere Erweiterungen definieren. Schritt 2 wird für Datentypen analog ausgeführt.
3. Für jede Generalisierungsbeziehung im Zielmodell wird eine entsprechende Generalisierungsbeziehung zwischen den entsprechenden Klassen im Quellmodell eingeführt.
4. Für jedes *Feature* (Operation, Attribut) an einer Klasse im Zielmodell wird ein *Feature* gleichen Namens an der Klasse gleichen Namens im Quellmodell eingeführt. Dieses Feature ist automatisch eine Re-Definition des ursprünglichen Features (vgl. Abschnitt 2.2.2). Sollte das *Feature* Typen in seiner Definition benutzen (Parametertypen, Attributtypen) und diese Typen sind im Zielpaket definiert, so werden bei der Re-Definition die entsprechenden Typdefinitionen im Quellmodell verwendet, die wir in Schritt 2 erhalten haben.
5. Für jedes im Zielpaket enthaltene Paket wird ein neues Paket gleichen Namens im Quellpaket eingeführt, falls es nicht schon vorhanden ist. In jedem Fall wird dann eine Paket-*Merge*-Beziehung zwischen den Paketen im Zielpaket und im Quellpaket eingeführt. Dies sichert die rekursive Anwendung der Transformationssemantik.
6. Eventuelle Paketimport- oder Elementimportbeziehungen des Zielpakets werden auf ebensolche des Quellpakets abgebildet.
7. Alle anderen, nicht generalisierbaren Modellkonzepte im Zielpaket werden im Quellpaket kopiert. Eventuelle Beziehungen dieser Kopien werden immer auf die entsprechenden Modellelemente im Quellpaket übertragen.

Nach dieser Menge von verwirrenden Regeln gibt es nun mehrere gute Nachrichten. Die Transformation kann von Werkzeugen einfach durch Abarbeiten der Transformationssemantik automatisiert werden. Weiterhin ist der Zweck des Paket-*Merge* wirklich einfach zu verstehen – man erhält eine Kopie der ursprünglichen Definition, wobei die Modellelemente ihre Namen behalten. Zusätzlich werden alle Eigenschaften übernommen, das sichert die Verwendung der Spezialisierung und die Re-Definition.

Wir könnten also Erweiterungen der Klasse *Aircraft* an einer neuen Klasse *Aircraft* in einem anderen Paket vornehmen, wobei alle bereits definierten Eigenschaften von *Aircraft* automatisch vorhanden wären. Wir können auch in einem Paket Aspekte zusammenführen, die für dieselben Klassen in unterschiedlichen Paketen definiert worden sind.

Im nächsten Kapitel werden wir erfahren, wie das Paket-*Merge*-Konzept benutzt wird, um verschiedene Aspekte ein und desselben Modellelementes in unterschiedlichen Paketen (jeweils eines für jeden Aspekt) zu definieren und später zusammenzuführen.

3 UML-2-Sprachdefinition

Im vorangegangenen Kapitel haben wir die Grundkonzepte der Sprache UML 2 kennen gelernt. Sie werden sich fragen, wie man herausfindet, welche »Wörter« Bestandteil der Sprache mit dem Namen UML ist. Als Antwort kann gelten, dass alle diese Wörter irgendwo im Dschungel der Spezifikationsdokumente zu finden sind. Aber – es gibt einen einfacheren Weg, um herauszufinden, welche Wörter man in der Sprache UML benutzen darf und wie diese Wörter zu Sätzen und letztendlich zum Text (in einem UML-Modell) zusammengesetzt werden.

Dieser Weg heißt UML-2-Metamodell. In diesem Kapitel wollen wir die »Wahrheit« über die Definition der Sprachelemente von UML 2 ergründen und diese findet sich gerade in besagtem Metamodell. Was aber ist ein Metamodell?

3.1 Meta-Modellierung

Die deutsche Sprache ist mit der deutschen Sprache selbst erklärt, der Duden regelt, welche Wörter es gibt, was sie bedeuten und wie sie zu Sätzen zusammengestellt werden dürfen. Die deutsche Sprache ist also »mit sich selbst« erklärt. Dieses Vorgehen hat sich als äußerst nützlich erwiesen – und wurde auf die Definition von Modellierungssprachen übertragen: Die Sprache UML 2 ist mit der Sprache UML 2 erklärt. Jedes Konstrukt, das man in UML benutzen darf, ist durch die Spracherklärung festgelegt. So regelt diese beispielsweise, dass es die Wörter Klasse (*Class*) und *Operation* in der Sprache gibt. Darüber hinaus legt sie fest, welche Beziehungen zwischen den Wörtern der Sprache bestehen, also beispielsweise, dass Klassen Operationen enthalten dürfen. Das Resultat der Sprachdefinition selbst ist natürlich wieder ein Modell. Da dieses Modell diejenigen Wörter definiert, die in UML-2-Modellen verwendet werden dürfen und Aussagen über die Semantik von Modellen trifft, erhält es die Bezeichnung Metamodell.

Nun gibt es aber einen Unterschied zur Erklärung natürlicher Sprachen: Es ist einfach nicht praktikabel, den gesamten Sprachumfang von UML zu verwenden, um UML zu erklären. Aus diesem Grunde schränkt man die Ausdrucksmittel im Metamodell soweit ein, dass diese gerade noch ausreichen, um die Sprache zu erklären. Die Festlegung der Teilsprache, die verwendet werden darf, um die Sprache UML zu erklären, wird wiederum in einem Modell vorgenommen. Dieses erhält die Bezeichnung Meta-Metamodell.

Stellen Sie sich das Meta-Metamodell als Werkzeugkasten mit ganz wenigen, essentiellen Hilfsmitteln vor, sagen wir, mit einem Hammer, Feuer und Eisen. Sie können diese wenigen Werkzeuge nutzen, um sich neue Werkzeuge zu konstruieren. Um die Sprache UML zu erklären, brauchen wir nicht allzu viele Werkzeuge, es reichen uns diejenigen, die in Kapitel 2 eingeführt worden sind.

Versuchen wir, uns den Sachverhalt an einem Beispiel zu verdeutlichen. Modelle enthalten Modellelemente: Im Metamodell der Sprache UML muss also eine Konstruktion existieren, die erklärt, das in Modellen Modellelemente auftreten können. Um genau diese Aussage zu treffen, wird im Metamodell der Sprache UML die Metaklasse *Element* eingeführt. Es wird also der Begriff *Class* im Metamodell benutzt, um das Konzept *Modellelement* zu erklären. *Class* ist somit Element des eingeschränkten Sprachumfangs, der genutzt wird, um die Sprache UML zu erklären, und gehört damit in unseren Werkzeugkasten. Da es keine direkten Instanzen von *Element* in Modellen geben kann, sondern nur Instanzen spezialisierter Konzepte, ist diese Klasse entsprechend als abstrakt definiert.

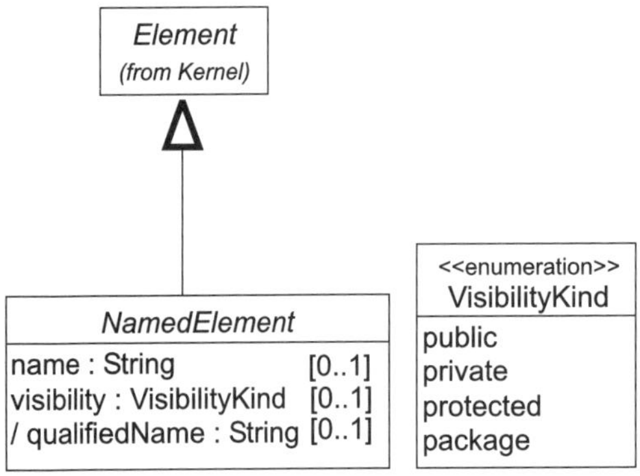

Abbildung 3.1: Metamodellauszug für Element

Diese spezialisierten Konzepte werden im Metamodell wiederum durch Metaklassen ausgedrückt, die Spezialisierung selbst durch Generalisierungsbeziehungen zwischen diesen Metaklassen. Wenn wir uns ausgehend von der Klasse *Element* entlang der Generalisierungsbeziehungen durch das Metamodell »hangeln«, so erreichen wir zunächst die abstrakte Klasse *NamedElement*. In dieser Klasse ist erklärt, dass Elemente in Modellen Namen tragen dürfen, aber nicht müssen. Der Name eines Modellelements, wie beispielsweise ein Klassenname, der Name eines Attributs oder auch der Name eines Modells ist eine Eigenschaft von Instanzen der Metaklasse *NamedElement*. Diese Metaklasse erhält dementsprechend ein Attribut mit dem Namen *name*, dem Typ

String und der Vielfachheit *[0..1]*. Des Weiteren regelt die Metaklasse *NamedElement*, dass Modellelemente Aussagen über ihre Sichtbarkeit enthalten dürfen. Die Konzepte Attribut (benutzt zur Definition von Eigenschaften der Metaklassen) und Generalisierung (eingesetzt zur Spezialisierung von Metaklassen) gehören also auch in unseren Werkzeugkasten zur Sprachdefinition.

Beim Weiterhangeln stoßen wir auf die abstrakte Metaklasse *Namespace* (Namensraum). Instanzen dieser Metaklasse enthalten Instanzen der Metaklasse *NamedElement*, alle in einem Namensraum zusammengefassten Elemente müssen anhand ihres Namens unterscheidbar sein. Die Enthaltenseinsbeziehung wird im Metamodell durch eine Assoziation zwischen *Namespace* und *NamedElement* ausgedrückt, die in Richtung *NamedElement* navigierbar ist. Das Konzept Assoziation ist – mit den in Kapitel 2 erklärten Eigenschaften – ebenfalls Element unseres Werkzeugkastens zur Sprachdefinition.

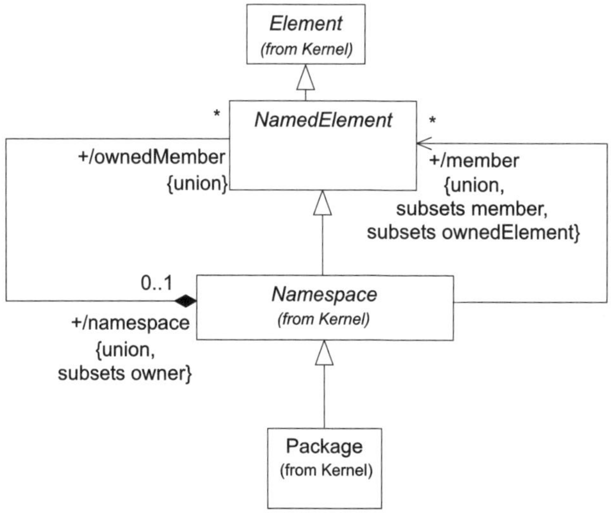

Abbildung 3.2: Metamodellauszug für Namensraum und Paket

Eine Spezialisierung der Metaklasse *Namespace* ist die Metaklasse *Package*. Instanzen dieser Metaklasse dürfen in Modellen auftreten, sie ist also nicht abstrakt. Für Instanzen von *Package* ist demzufolge auch erklärt, wie sie in einem Modell zu notieren sind – durch das in ***Kapitel 2*** eingeführte Paketsymbol.

Für alle Sprachelemente von UML ist im Metamodell definiert, in welchem Zusammenhang sie in Modellen auftreten dürfen und welche Eigenschaften und Beziehungen zu anderen Sprachelementen zulässig sind. Das Metamodell definiert die gesamte Begriffswelt der Sprache UML und regelt, wie die Begriffe zu Sätzen zusammengesetzt werden dürfen. Für alle nicht abstrakten Metaklassen wird durch Notationsfestlegungen erklärt, wie deren Instanzen und die Eigenschaften dieser Instanzen in Diagrammen sichtbar gemacht werden können.

Dieses Vorgehen bei der Sprachdefinition entspricht dem in Kapitel 1 erläuterten Prinzip der Trennung zwischen der Begriffswelt und der Notation der Begriffe. Wird der Sprache ein Begriff hinzugefügt, so wird er zunächst in die Begriffswelt oder Konzeptraum – d.h. in das Metamodell – aufgenommen und es wird erklärt, wie er mit anderen Begriffen in Beziehung steht. Falls der Begriff in der Sprache auch darstellbar sein soll, so müssen Notationen für den Begriff und seine Beziehungen zu anderen Begriffen formuliert. Das Metamodell von UML selbst ist mit einer Untermenge der gleichen Begriffswelt festgelegt. Diese Untermenge – das Meta-Metamodell – erklärt, welche Begriffe benutzt werden können, um einen Begriff der Sprache UML festzulegen.

Ordnet man das Meta-Metamodell, das UML-Metamodell, ein beliebiges UML-Modell sowie den in diesem Modell ausgedrückten Sachverhalt in Schichten an, so ergibt sich die Vier-Schichten-Modellierungsarchitektur (*Four Layer Modeling Architecture*) wie in Abbildung 3.3 dargestellt.

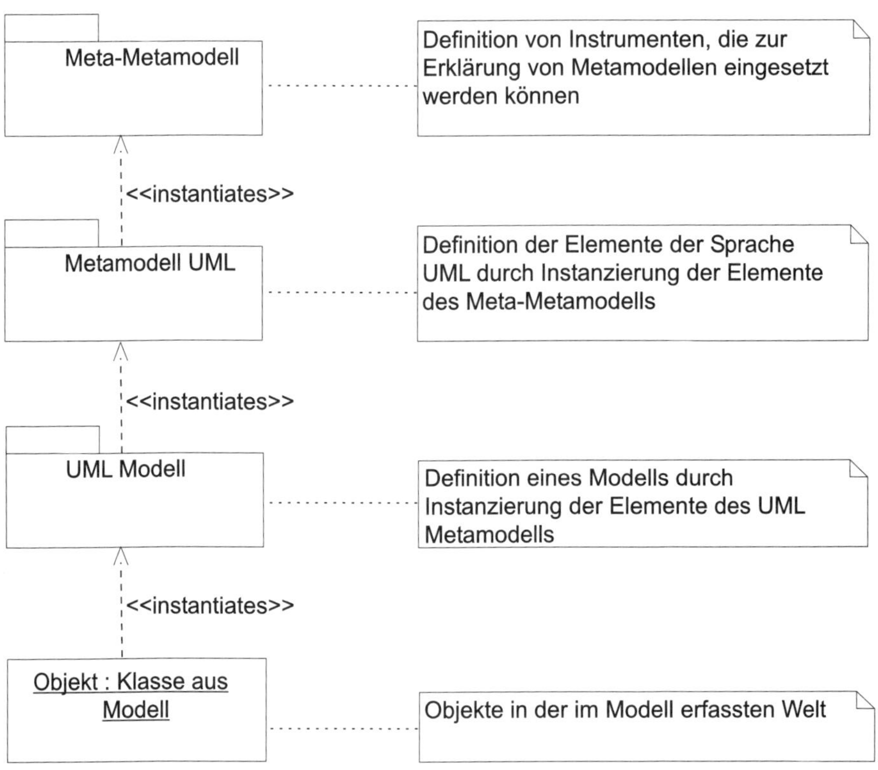

Abbildung 3.3: Four Layer Modeling Architecture

Die erste Ebene dieser Architektur bildet das Instrumentarium zur Definition von Metamodellen – das Meta-Metamodell. Dieses fasst die Grundkonzepte der Objektorientierung, die in Kapitel 2 vorgestellt wurden, zusammen. Die Tatsache, dass es sich um objektorientierte Konzepte handelt, impliziert, dass Metamodelle *objektorientiert* verfasst werden können. Dies verleiht einer mit diesen Mitteln vorgenommenen Sprachdefinition eine hohe Ausdruckskraft und erlaubt eine spätere Erweiterung und Adaption der einmal definierten Sprache mittels Spezialisierung und Re-Definition. Verglichen mit »klassischen« Mitteln der Sprachdefinition, wie man sie beispielsweise in der XML-Umfeld gebraucht, bietet die beschriebene Technologie der Meta-Modellierung einen entscheidenden Vorteil: Die Konstruktion von Sprachen erfolgt durch den Einsatz objektorientierter Mittel. Natürlich kann man sich oberhalb des Meta-Metamodells ein weiteres Modell (das Meta-Meta-Metamodell) vorstellen, dass durch das Meta-Metamodell instanziert wird. Oberhalb dieses wiederum ein weiteres usw. Nach langwierigen Diskussionen in der Gemeinde der Metamodellierer kam man jedoch zu der Schlussfolgerung, dass weitere Metaschichten keinen zusätzlichen Abstraktionsgewinn bringen und demzufolge das Meta-Metamodell die oberste Schicht in der *Four Layer Modeling Architecture* bildet.

Das UML-Metamodell als zweite Ebene ist ein Modell, das mit den im Meta-Metamodell erklärten Instrumenten konstruiert ist. Es legt alle Sprachkonstrukte sowie die erlaubten Beziehungen zwischen Instanzen dieser Sprachkonstrukte fest. Anhand des Metamodells kann also überprüft werden, ob ein Modell (statisch) korrekt ist. Um diesen Sachverhalt zu illustrieren, betrachten wir den in Kapitel 2 eingeführten Begriff der Generalisierung: Eine Klasse darf keine, eine oder beliebig viele Superklassen deklarieren. Natürlich muss diese Aussage im Metamodell verifiziert werden können (vgl. Abbildung 3.4).

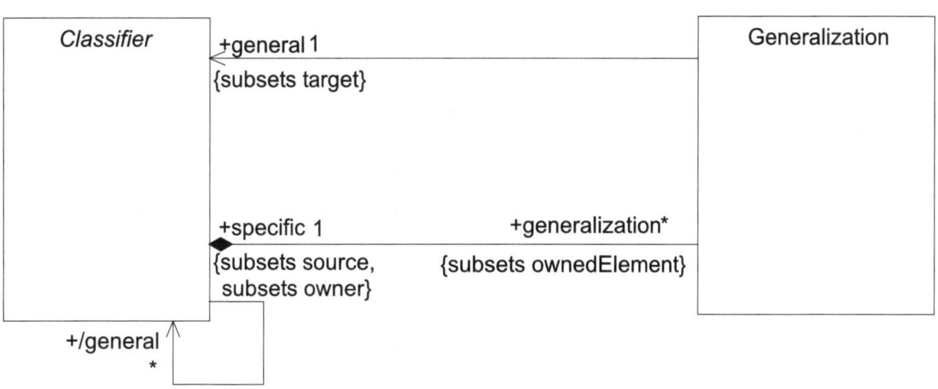

Abbildung 3.4: Generalisierung im Metamodell

Das Metamodell definiert den Begriff Generalisierung durch die Metaklasse *Generalization*, das Konzept der Klasse wird indirekt durch die Metaklasse *Classifier* ausgedrückt. Zwischen diesen beiden Metaklassen ist eine Komposition definiert, die ausdrückt, dass eine Instanz von *Classifier* an beliebig vielen Generalisierungen beteiligt sein kann, also beliebig viele Instanzen der Metaklasse *Generalization* komponiert. Die Vielfachheit * erklärt dementsprechend Mehrfachvererbung. Würde man diese Vielfachheit in *[0..1]* ändern, so wäre zwischen Klassen nur eine einfache Vererbung – wie z.B. in der Sprache Java – erlaubt. Die Metaklasse *Generalization* verfügt über ein navigierbares Assoziationsende mit dem Namen *general*. Instanzen von *Generalization* verweisen auf eine Instanz von *Classifier* – diese Instanz ist gerade die Superklasse bei der Generalisierung von Klassen. Das Metamodell erklärt auf diese Art und Weise strukturelle Regeln, die die so genannte statische Semantik definieren.

Ein UML-Modell als dritte Ebene beinhaltet ausschließlich Elemente, die Instanzen von Metamodellelementen sind. Stellen wir uns in einem Modell die Klassen *Vehicle* und *Aircraft* vor, wobei zwischen beiden eine Generalisierungsbeziehung in Richtung *Vehicle* besteht. *Vehicle* und *Aircraft* können in einem Diagramm mit dem aus Kapitel 2 bekannten Klassensymbol notiert werden. Die Darstellung der Generalisierungsbeziehung erfolgt mit dem ebenfalls bekannten Pfeil. Die Klassen *Vehicle* und *Aircraft* sind Instanzen der Metaklasse *Class*. Die Generalisierungsrelation zwischen beiden ist eine Instanz der Metaklasse *Generalization*, wobei *Aircraft* die Rolle *specific* und *Vehicle* die Rolle *general* im Kontext der Assoziationen zwischen *Generalization* und *Classifier* einnehmen (vgl. Abbildung 3.5).

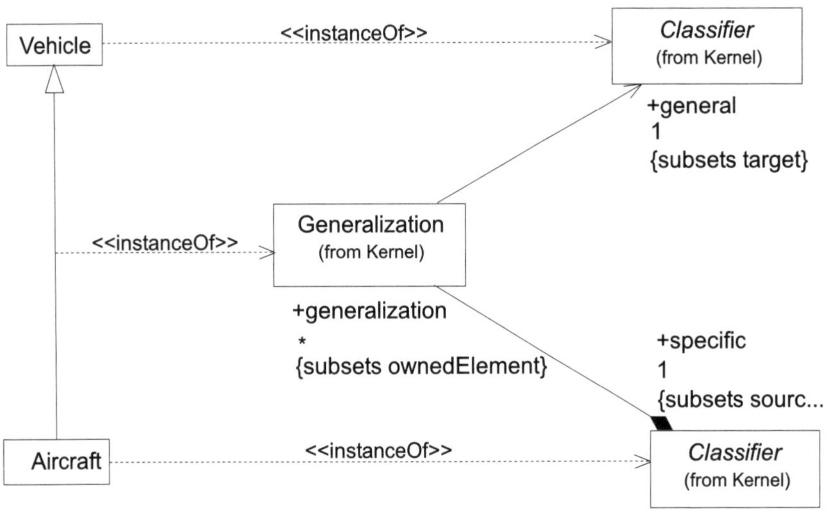

Abbildung 3.5: Aircraft und Vehicle als Instanzen von Metaklassen

Die unterste Ebene der *Four Layer Modeling Architecture* wird durch Instanzen von Elementen gebildet, die in einem Modell erfasst sind, also beispielsweise Objekte vom Typ *Aircraft*.

Vergleicht man eine mittels Meta-Modellierung vorgenommene Sprachdefinition mit der herkömmlichen Erklärung von Programmiersprachen, so findet man eine Analogie zwischen den Begriffen »Abstrakte Syntax« und »Metamodell«. Die abstrakte Syntax einer Programmiersprache erklärt den Aufbau einer Sprache, sie abstrahiert dabei von konkreten syntaktischen Konstrukten. Häufig wird bei der Angabe eine Syntaxdefinition das Prinzip der Rekursion verwendete: Ein Satz der Sprache besteht aus Teilsätzen, diese wiederum aus Teilsätzen und Wörtern usw. Ein Metamodell definiert ebenfalls den Aufbau einer Sprache – allerdings unter Nutzung objektorientierter Modellierung.

```
statement := variableDeclaration
  | ( expression ";" )
  | ( statementBlock )
  | ( ifStatement )
  |  ( doStatement )
  |  ( whileStatement )
  |  ( forStatement )
  |  ( tryStatement )
  |  ( switchStatement )
  |  ( "synchronized" "(" expression ")" statement )
  |  ( "return" [ expression ] ";" )
  |  ( "throw" expression ";" )
  |  ( identifier ":" statement )
  |  ( "break" [ identifier ] ";")
  |  ( "continue" [ identifier ] ";")
  |  (";")
```

Was kann man mit einer Sprachdefinition eigentlich anfangen? In diesem Buch erfüllt das Metamodell der UML 2 einen wesentlichen Zweck – wir studieren es, um uns über die Konzepte der Sprache und deren Zusammenhänge zu informieren. Dies ist aber natürlich nicht der einzige Zweck eines Metamodells. Wir wollen wiederum den Zusammenhang von »klassischer« Sprachdefinition und Metamodellierung heranziehen und die ähnliche Rolle beider in Bezug auf Werkzeugunterstützung analysieren.

Aus der Definition des Wortschatzes für eine Programmiersprache entsteht – bei adäquater Notation und unter Nutzung von Werkzeugen sogar automatisch – ein Programm zur lexikalischen Analyse eines Quelltextes eines Programms dieser Sprache. Aus der Syntax entsteht – ebenfalls automatisch – ein so genannter Parser, der die syntaktische Korrektheit des Quelltextes überprüft. Dieser Parser liefert als Ausgabe einen abstrakten Syntaxbaum, in dem die Blätter den syntaktischen Konstrukten des Quelltextes entsprechen.

Eine ähnliche Rolle spielt das Metamodell einer Sprache wie UML. Ein Modellierungswerkzeug erfasst die Eingaben des Modellierers – den »Quelltext«. Aus diesen Eingaben wird ein Graph erzeugt, dessen Knoten Instanzen der Elemente des Metamodells sind. Schlägt die Erzeugung des Graphen fehl, so ist die Eingabe, also das Modell, falsch. Zur Illustration wollen wir noch einmal die Generalisierungsbeziehung zwischen Klassen bemühen. Wenn wir aus dem Modell mit den Klassen *Aircraft* und *Vehicle* einen Graphen des Metamodells instanzieren wollen, so erhalten wir die in Abbildung 3.5 dargestellte Situation.

Nun wollen wir das Metamodell der UML für einen Augenblick manipulieren, indem wir die Vielfachheit des Assoziationsendes *generalization* in *[0..1]* ändern. Des Weiteren stellen wir uns vor, die Klasse *Aircraft* ist nicht nur eine Spezialisierung der Klasse *Vehicle*, sondern auch einer Klasse *Carrier*. Aus diesem Modell könnten wir keinen Graphen erzeugen, der unserem manipulierten Metamodell entspricht, das Modell ist – syntaktisch – falsch.

Man kann aus dem Metamodell der UML eine Softwarebibliothek erzeugen, die als Eingabe ein UML-Modell akzeptiert und als Ausgabe einen Graphen generiert, dessen Knoten und Kanten Instanzen der Elemente des UML-Metamodells repräsentieren. Ein UML-Werkzeug nutzt diese Softwarebibliothek zur Verifikation der statischen Semantik für ein konkretes Modell. Die Verallgemeinerung dieser Technologie, die für beliebige Metamodelle funktioniert, heißt *Meta Object Facility* [MOF 03]– und wird uns im Weiteren nochmals begegnen.

Da sich der Sprachstandard zwischen Metamodell und Notation sehr wohl unterscheidet, lassen sich nun auch die – manchmal ominösen – Präsentationsoptionen einordnen: Man kann für ein und dasselbe Konzept im Metamodell verschiedene Darstellungsformen gestatten. Erinnern Sie sich an die verschiedenen Möglichkeiten, Elemente (Instanzen der Metaklasse *PackageableElement*) eines Pakets grafisch zu formulieren. Mit all diesen Möglichkeiten wird stets das Gleiche ausgedrückt: Beziehungen zwischen einer Instanz der Metaklasse *Package* und Instanzen der Metaklasse *PackageableElement*. Bindend für die Korrektheit und den Inhalt eines Modells ist immer das Metamodell, die Notation ist zweitrangig. Es gibt in der UML sogar Sprachkonstrukte, die zwar durch das Metamodell semantisch erklärt sind, für die aber keine Notation normiert wurde (vgl. Kapitel 4.3.5)

3.2 Das UML-2-Metamodell

Wir werden im Folgenden einige ausgewählte Aspekte des UML-Metamodells etwas näher betrachten. Später werden wir – wie angekündigt – den Umstand, dass alle Sprachfeatures von UML im Metamodell erfasst sind, zur Erläuterung dieser Features nutzen, Ihnen also die Sprache UML ausgehend vom Metamodell näher bringen.

3.2.1 Metamodell-Organisation

Im vorangegangenen Abschnitt haben wir die grundlegenden Konzepte Meta-Metamodell und Metamodell diskutiert. Das Meta-Metamodell definiert das Instrumentarium zur Definition von Metamodellen, das Metamodell selbst definiert eine Sprache, wie beispielsweise die UML 2. Dieses allgemeine Prinzip spiegelt sich ebenfalls durch die Spezifikationsdokumente, die die UML 2 normieren, wider. Ein erstes separates Dokument erklärt das Meta-Metamodell, benannt als *UML Infrastructure* [UML Infra 03]. Die Konzepte, die durch das Meta-Metamodell erklärt werden, entsprechen im Wesentlichen denen, die wir in Kapitel 2 kennen gelernt haben. Ein weiteres Dokument (*UML Superstructure,* [UML Super 03]) erklärt die UML 2 selbst – und benutzt dazu die *UML Infrastructure*. Diese Nutzung findet auf zwei Arten statt:

- Alle Elemente des UML-Metamodells sind Instanzen der Elemente der *UML Infrastructure*, also des Meta-Metamodells und
- das UML-Metamodell importiert alle Elemente der *UML Infrastructure*.

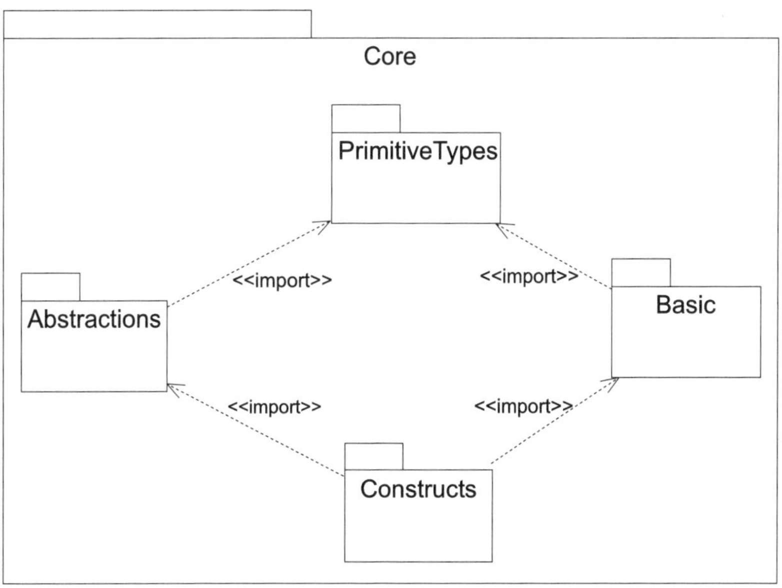

Abbildung 3.6: Core-Package der UML Infrastructure mit Sub-Packages

Die erstgenannte Form der Benutzung entspricht unserer erwarteten Instanzierung des Meta-Metamodells zur Formulierung eines Metamodells für UML. Die zweite Benutzungsform erscheint zunächst verwirrend, da sich ja die *UML Superstructure* und die *UML Infrastructure* auf unterschiedlichen Metaebenen befinden. Eine Auflösung dieses Konflikts besteht darin, dass die Konzepte der *UML Infrastructure* dem Kern der Sprache UML entsprechen. Da sowohl ein Meta-Metamodell als auch ein Metamodell immer auch Modelle sind, ist dieses Vorgehen sinnvoll und eben auch erlaubt.

Die *UML Infrastructure* definiert ein Paket mit dem Namen *Core*. Dieses Paket enthält die folgenden Unterpakete (vgl. Abbildung 3.6):

1. Das Paket *PrimitiveTypes* definiert die primitiven Datentypen *Integer, Boolean, String* und *UnlimitedNatural*.
2. Das Paket *Basic* erklärt die Grundbegriffe Klasse, Attribut, Operation und Paket.
3. Das Paket *Abstractions* führt weiterführende Konzepte wie Generalisierung, Instanz, Ausdruck (*Expressions*), Einschränkung (*Constraints*), Vielfachheit, Namensraum, Re-Definition, Sichtbarkeit und den allgemeinen Begriff der Relation ein.
4. Das Paket *Constructs* erweitert die Begriffswelt um das Grundkonzept Assoziation.

Die Benutzung der in den einzelnen Paketen erklärten Konzepte beruht auf Importbeziehungen zwischen diesen Paketen. Dabei wird der Mechanismus *Spezialisierung* genutzt, um einem bereits eingeführten Konzept weitere Eigenschaften hinzuzufügen.

Betrachten wir beispielsweise die Definition des Begriffs *Class* (vgl. Abbildung 3.7). Das erste Auftreten des Konzepts finden wir im Paket *Basic*. *Class* ist hier eine Spezialisierung der Klasse *Classifier* und diese wiederum eine Spezialisierung der Klasse *Namespace*. Die Klasse *Class* aggregiert die Klasse *Property*, die Attribute einer Klasse modelliert, unter dem Namen *ownedAttribute*. Das Konstrukt insgesamt erklärt, dass eine Klasse beliebig viele Eigenschaften haben kann, die unter der Bezeichnung *Attribut* geführt werden.

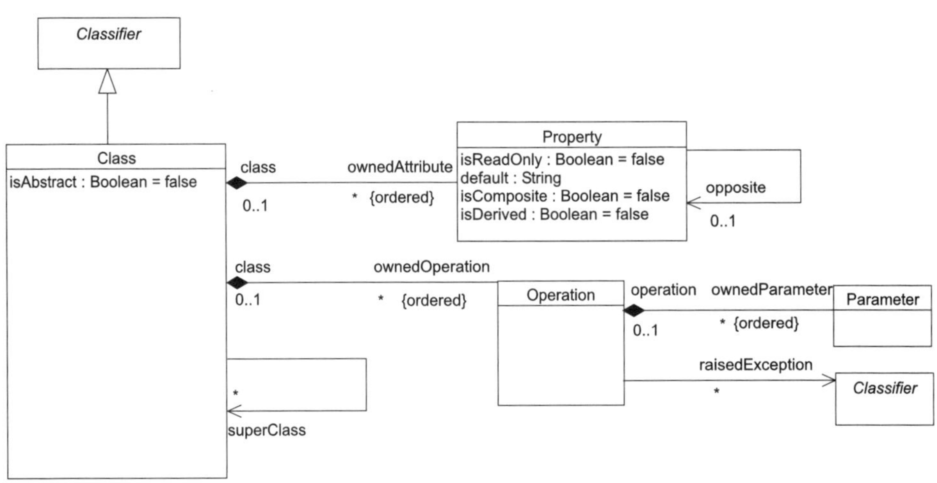

Abbildung 3.7: Class im Package Basic der UML Infrastructure

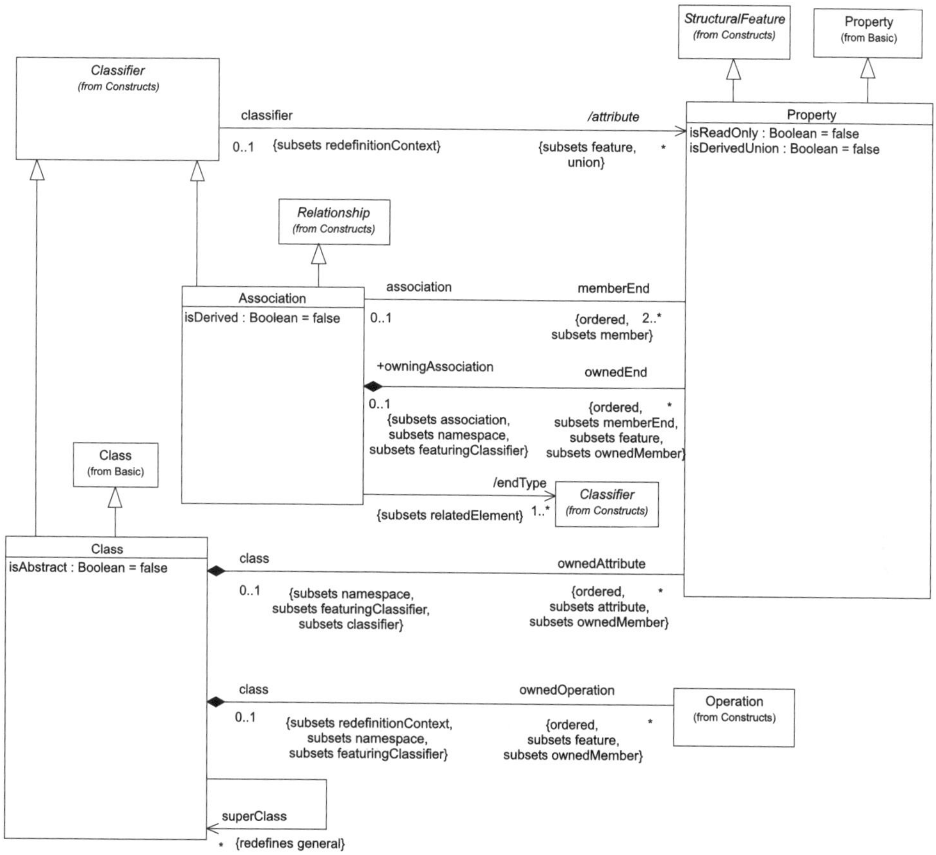

Abbildung 3.8: Metaklasse Class im Package Constructs der UML Infrastructure

Nun importiert das Paket *Constructs* das Paket *Basic*: Die Klasse *Class* ist also in *Constructs* sichtbar (vgl. Abbildung 3.8). Es ist zu erwarten, dass in Zusammenhang mit dem Konzept der Assoziation die Definition des Begriffs Klasse erweitert werden muss. Dazu wird im Kontext des Pakets *Constructs* zunächst eine weitere Klasse *Property* eingeführt, die die Klasse *Property* aus dem importierten Paket *Basic* spezialisiert. Das Konzept der Assoziation wird im Paket *Constructs* als Klasse *Association* erklärt, die *Classifier* und *Relationship* spezialisiert. Damit haben wir – neben Klasse – eine weitere Spezialisierung von *Classifier* kennen gelernt. Tatsächlich sind alle wesentlichen Eigenschaften von Klassen nicht für die Metaklasse *Class*, sondern allgemein für *Classifier* erklärt. Nun definiert die Klasse *Association* ihrerseits Assoziationen zur Klasse *Property*, die im Paket *Basic* nicht auftreten. Konkret werden die Assoziationsenden einer Assoziation als Eigenschaften der Assoziation aufgefasst, ganz ähnlich den Attributen einer Klasse. Diese Assoziationen erweitern die Klasse *Property* im Paket *Constructs* gegenüber der Klasse *Property* aus dem Paket *Basic*. Damit diese erweiterte *Property*-

Klasse auch dem Konzept der Klasse selbst bekannt ist, wird im Paket *Constructs* eine Spezialisierung der Klasse *Class* aus dem Paket *Basic* vorgenommen – ebenfalls mit dem Namen *Class*. Die Beziehung dieser Klasse zu *Property* mit dem Namen *owned-Attribute* ist eine Re-Definition der Eigenschaft *ownedAttribute* der Klasse *Class* aus dem Paket *Basic*. Die gemeinsame Metaklasse für die Begriffe Attribut und Assoziationsenden ist *Property*.

Ausgehend von der *UML Infrastructure* werden nach diesem Prinzip alle Konzepte der Sprache UML iterativ in Paketen eingeführt. Jedes dieser Pakete fasst eine bestimmte Menge von Features der Sprache zusammen. Ein Begriff – wie Klasse – tritt in einem Basispaket erstmalig auf und wird durch weitere Pakete, die dieses Paket importieren bzw. den *Merge*-Mechanismus nutzen, um spezielle in diesem Paket betrachteten Aspekte angereichert.

3.2.2 UML Superstructure

Wenn wir den Begriff Klasse durch die Pakete der *UML Superstructure* weiterverfolgen, so treffen wir auf ein Paket, das erklärt, dass mittels UML für Instanzen der Metaklasse *Class* (also Klassen eines UML-Modells) eine Verhaltensspezifikation angegeben werden kann. Das Vorgehen zur Erklärung dieses Sachverhalts im Metamodell entspricht dem bereits bekannten Muster: Es wird ein Paket *CommonBehaviors* in das Metamodell aufgenommen, in dem grundlegende Aspekte der Verhaltensmodellierung erklärt werden. In diesem Paket erfolgt eine Spezialisierung unserer Metaklasse *Class* aus *Constructs* (über mehrere Metaklassen, die alle den Namen *Class* tragen, aber aus unterschiedlichen Paketen des Metamodells stammen). Diese Spezialisierung definiert, dass Instanzen dieser Metaklasse gerade Verhaltensspezifikationen enthalten können.

In diesem Abschnitt wollen wir einige Ausflüge in die *UML Superstructure* unternehmen, um die bereits in Kapitel 2 eingeführten Sprachfeatures in der UML-Sprachdefinition aufzuspüren. Das Ziel ist es, ein Verständnis für das Metamodell zu erreichen, um in den nachfolgenden Kapiteln die Erklärung der weitergehenden Aspekte der UML 2 immer auch anhand des Metamodells nachvollziehen zu können.

Das Herzstück der *UML Superstructure* wird gebildet durch das Paket *UML::Classes::Kernel*, das das Paket *Constructs* aus der *UML Infrastructure* wiederverwendet: *Kernel* erklärt durch Paket-*Merge* die Begriffe aus *Constructs* zu Begriffen der Sprache UML. *Package Merge* nutzt einen komplexen Transformationsalgorithmus, um Elemente eines Pakets zu eigenen Elementen im Kontext eines anderen Pakets werden zu lassen. Man kann mittels *Package Merge* Konzepte, die in ihren Grundzügen in einem anderen Paket eingeführt wurden, in einem neuen Paket benutzen und erweitern, als wären sie in diesem erstmalig definiert. Die *UML 2 Superstructure* macht ausgiebig Gebrauch von dieser Technik, wie in Abbildung 3.9 illustriert.

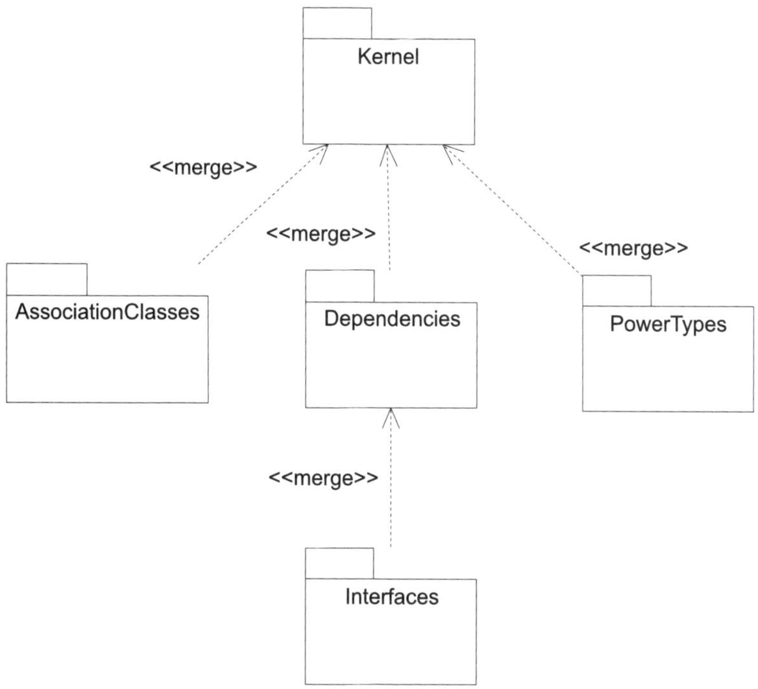

Abbildung 3.9: Nutzung von Package Merge in der UML Superstructure

Ähnlich der *UML Infrastructure* verwendet die *UML Superstructure* ein einheitliches Muster zur Erklärung von Sprachfeatures: Sie definiert immer eine Gruppe von zusammengehörigen Aspekten der Sprache in einem separaten Paket. Bei Spezialisierungen von Konzepten aus bereits existierenden Paketen wird mittels *Package Merge* das jeweilige Konzept in einem Paket für weitere Aspekte zunächst sichtbar gemacht und anschließend mittels Erweiterungen bzw. Re-Definitionen angereichert.

Ein UML-Werkzeug, das das UML-Metamodell als interne Repräsentation eines Modells einsetzt, weiß aus dem jeweiligen Kontext des Auftauchens eines Modellelements stets, welche Spezialisierung eines Konzepts gemeint ist. Wird beispielsweise in einem Modell zu einer Klasse eine Verhaltensspezifikation hinzugefügt, so ist durch das Werkzeug die Metaklasse *Class* aus dem Paket *UML::CommonBehaviors* zu instanzieren.

In den bisherigen Abschnitten ist hin und wieder das Konzept des Besitzes bzw. Enthaltenseins von Elementen im Kontext eines Elements aufgetaucht. Der Aspekt »Besitz anderer Elemente« ist elementar in UML. So können Elemente in Paketen auftreten oder Klassen können Attribute besitzen.

Eigentum im Metamodell

Wir wollen den Aspekt »Besitz« im Metamodell von UML genauer verfolgen. Zunächst stellen wir fest (vgl. Abbildung 3.10), dass die Metaklasse *Element* im Paket *UML::Classes::Kernel* Elemente des gleichen Typs komponiert (besitzt).

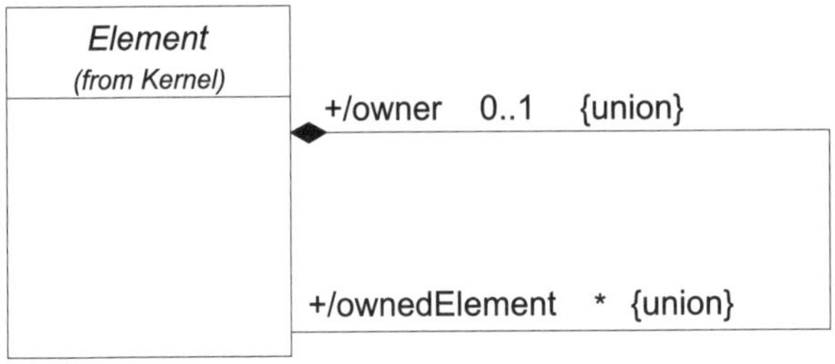

Abbildung 3.10: Metaklasse UML::Classes::Element

Die Enden der Komposition sind *owner* und *ownedElement*. Für das Ende *owner* ist eine Vielfachheit von *[0..1]* definiert. Das bedeutet, dass jedes Element Eigentum höchstens eines anderen Elements ist. Ein Element kann mittels *ownedElement* beliebig viele Elemente besitzen. *ownedElement* ist eine strikte Vereinigung (Eigenschaft *strict union*). Dies heißt, dass die Elemente, die ein Eigentümer besitzen kann, ausschließlich (*strict*) in Spezialisierungen von *Element* durch Re-Definitionen des Endes *ownedElement* mittels Angabe von Untermengen (*subsets*) bestimmt werden. Das Ende *owner* ist – wie *ownedElement* – als abgeleitet (*derived*) gekennzeichnet, geht also ebenfalls aus Re-Definitionen in Spezialisierungen von Element hervor.

Diese Konstruktion wird erstmals durch die Beziehung zwischen *Element* und *Comment* spezialisiert (vgl. Abbildung 3.11). Die Metaklasse *Comment* modelliert die Möglichkeit der Kommentierung eines Elements in einem Modell. *Comment* ist eine Spezialisierung von *Element*, ein Kommentar kann also von einer Instanz von *Element* besessen werden. Damit gehört ein Kommentar zur Menge *ownedElement* von Element. Dieser Sachverhalt wird durch eine Assoziation zwischen *Element* und *Comment* ausgedrückt, in der das Ende *owningElement* als Untermenge von *owner* und das Ende *ownedComment* als Untermenge von *ownedElement* definiert werden.

In Kapitel 2.4 wurde auf die notwendige Voraussetzung für Untermengenbeziehungen an Assoziationsenden eingegangen: Die Klasse am ursprünglichen Assoziationsende, das die Menge (*union*) definiert, und die Klasse an demjenigen Assoziationsende, das die Untermenge der Menge erklärt, müssen konform sein, d.h. in einer Generalisierungsbeziehung stehen. Diese Voraussetzung ist hier erfüllt, da *Comment* die Metaklasse *Element* spezialisiert.

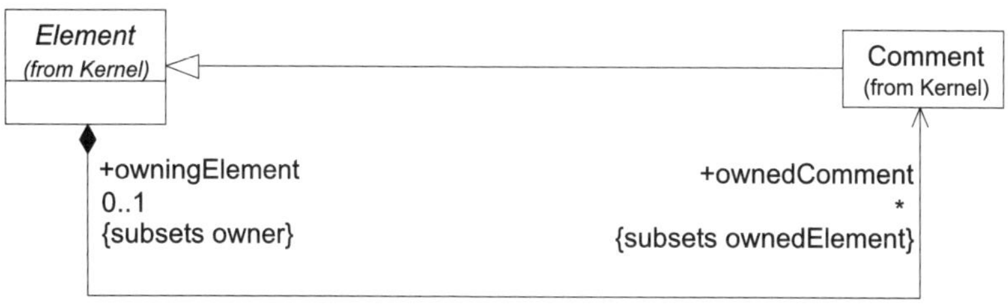

Abbildung 3.11: Ownership-Beziehung zwischen den Metaklassen Element und Comment

Einschränkungen von Metamodellaussagen

Die Aussagen, die mit den Mitteln der UML 2 getätigt werden können, reichen in Metamodellen oftmals noch nicht aus, um alle semantischen Erklärungen vorzunehmen. Beispielsweise würde man erwarten, dass ein Element sich nicht selbst besitzen darf, und zwar weder direkt noch indirekt. Es ist nicht möglich, diese Aussage mit dem Vokabular der *UML Infrastructure* zu treffen. Um Aussagen dieser Art machen zu können, definiert man in Metamodellen häufig Einschränkungen (*Constraints*) und benutzt dazu die Sprache *Object Constraint Language* (OCL, [OCL 03]). Ein *Constraint* ist ein Ausdruck, der an einen Kontext geknüpft wird und dessen Typ *Boolean* ist, d.h. der Audruckswert lässt sich zu wahr oder falsch berechnen. Um die obige Forderung des Verbots von Zyklen in Besitz-Relationen zu treffen, gibt es im Metamodell ein *Constraint*, dessen Kontext die Metaklasse *Element* ist:

```
not self.allOwnedElements()->includes(self)
```

In die natürliche Sprache übersetzt, erklärt das *Constraint* Folgendes:

1. Entnehme aus der Menge aller Instanzen des Kontexts (Klasse *Element*) eine beliebige Instanz (*self*).
2. Berechne die Menge aller Instanzen, die mittels des Endes *ownedElement* erreichbar sind (*allOwnedElements*).
3. Überprüfe, ob *self* in dieser Liste auftaucht.
4. Negiere das Ergebnis dieser Überprüfung.

Ergibt die Auswertung des *Constraints* das Ergebnis wahr, so ist das UML-Modell gültig!

allOwnedElements ist kein Standardausdruck der Sprache OCL, sondern eine Operation der Klasse *Element*:

```
Element::allOwnedElements(): Set(Element);
```

Diese Operation kann mit OCL-Sprachkonstrukten folgendermaßen beschrieben werden:

```
allOwnedElements =
      ownedElement->union
            (ownedElement->collect(e | e.allOwnedElements()))
```

Das UML-Metamodell macht regen Gebrauch von der Technik, Regeln der statischen Semantik mit der Sprache OCL zu beschreiben. Zum schnellen Verständnis sind alle derartigen Regeln in den UML-Standarddokumenten sowohl mit englischem Text (zur Beschreibung der Aussage selbst) als auch mit Mitteln der OCL erklärt.

Eigentum und Namensräume

Wenn wir die Eigentumsregelung zwischen Spezialisierungen der Metaklasse *Element* weiterverfolgen, so begegnet uns die bereits erwähnte Metaklasse *Namespace*. Diese Klasse definiert erwartungsgemäß Untermengen von *ownedElement* der indirekten Basisklasse *Element* (vgl. Abbildung 3.12).

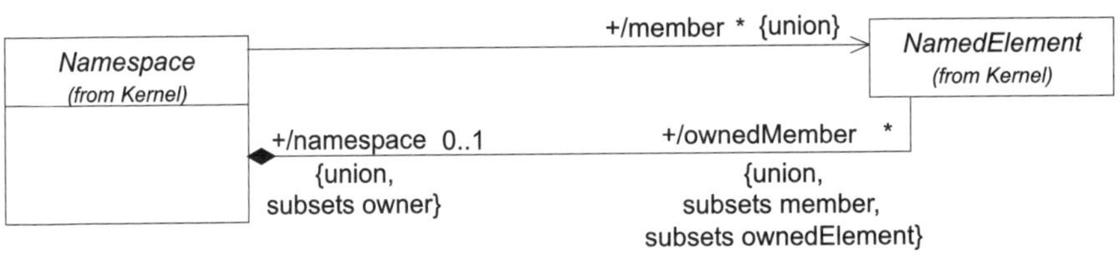

Abbildung 3.12: Metaklasse Namespace erklärt Untermengen von ownedMember

Dazu wird zunächst eine Assoziation zur Metaklasse *NamedElement* mit dem Ende *member* definiert. Instanzen von *Namespace* kennen also via *member* alle beinhalteten Elemente. *member* selbst ist wiederum eine *Derived Union* und wird in den Spezialisierungen von *Namespace* durch Definition von Untermengen erklärt. *member* ist jedoch keine Untermenge von *ownedElement*. Damit wird im Metamodell dem Umstand Rechnung getragen, dass ein Namensraum **A** Elemente eines anderen Namensraums **B** importieren kann, diese Elemente sind somit in dem Namensraum **A** sichtbar. Natürlich gehören diese Elemente aber weiterhin dem Namensraum **B**, aus dem sie importiert wurden, sind aber eben auch zu *member* von **A** gehörig.

Diejenigen Elemente, die einem Namensraum gehören, werden unter *ownedMember* zusammengefasst. *ownedMember* erklärt eine Menge, die durch Spezialisierungen von *Namespace* und *NamedElement* mittels Untermengen definiert wird. Diese Menge ist gerade eine Untermenge von *member*: Alle Elemente, die zu einem Namensraum gehören, sind Teil der Menge aller Elemente, die in einem Namensraum sichtbar sind, über diese Menge hinaus können beispielsweise Kommentare ebenfalls im Besitz des Namensraums sein.

Classifier und Re-Definition

Ein abschließender Ausflug soll das Konzept der Re-Definierbarkeit von Attributen und Operationen anhand des Metamodells verdeutlichen. Dazu wollen wir zunächst den Hinweis aufgreifen, dass die wesentlichen Eigenschaften, die in Kapitel 2 in Zusammenhang mit dem Klassenbegriff eingeführt wurden, tatsächlich für die Metaklasse *Classifier* erklärt sind. Zu diesen Eigenschaften gehört insbesondere die Spezialisierbarkeit: Instanzen von *Classifier* dürfen in Generalisierungsbeziehung zueinander stehen. Eine der Spezialisierungen der Metaklasse *Classifier* ist erwartungsgemäß die Metaklasse *Class*. Instanzen von *Class* sind die uns bekannten Klassen in einem Modell.

Welche weiteren Ausprägungen von *Classifier* gibt es? Wenn wir ausschließlich in das Metamodellpaket *UML::Classes::Kernel* schauen, so ergibt sich die Darstellung in Abbildung 3.13.

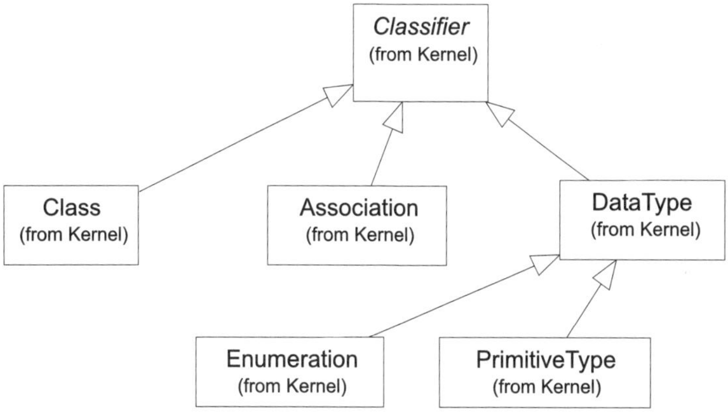

Abbildung 3.13: Classifier-Spezialisierungen im Paket UML::Classes::Kernel

Neben dem uns bekannten Konzept der Klasse sind Assoziationen und Datentypen ebenfalls Spezialisierungen von *Classifier.* Dies bedeutet, dass die Eigenschaft Spezialisierbarkeit ebenso für diese Konzepte gilt, man darf in UML-Modellen also Generalisierungsbeziehungen zwischen Assoziationen angeben! Wir werden diesen Aspekt bei der Erläuterung weiterer Aspekte der Sprache wieder aufgreifen.

Nicht alle Eigenschaften, die für *Classifier* erklärt sind, gelten uneingeschränkt für deren Spezialisierungen. Im Metamodell werden diese Einschränkungen mit Constraints im Kontext der jeweiligen Spezialisierungen beschrieben. Schaut man über das Paket *UML::Classes::Kernel* hinaus, so finden sich viele weitere Spezialisierungen von *Classifier* in anderen Paketen, die uns ebenfalls in den weiteren Kapiteln begegnen werden. Die Eigenschaft Re-Definierbarkeit ist im Metamodell durch die Klasse *RedefinableElement* erklärt, einer Spezialisierung der Klasse *NamedElement*. Instanzen von Spezialisierungen der Klasse *RedefinableElement* treten im Kontext von *Classifiers* auf und dürfen – bei Vorliegen bestimmter Voraussetzungen – re-definiert werden. Die Kontexte, in denen ein Element definiert bzw. re-definiert wurde, sind mit *redefinitionContext* referenziert. Die Eigenschaft *isLeaf* gibt dabei an, ob ein Element weiterführend spezialisiert werden darf oder nicht: Wenn ein Modellierer entscheidet, dass ein bestimmtes Element nicht re-definiert werden soll, so wird dies durch Belegen des Attributs mit dem Wert *true* angezeigt. Das Ende *redefinedElement* verweist auf das »originale« Element, das re-definiert wird (vgl. Abbildung 3.14).

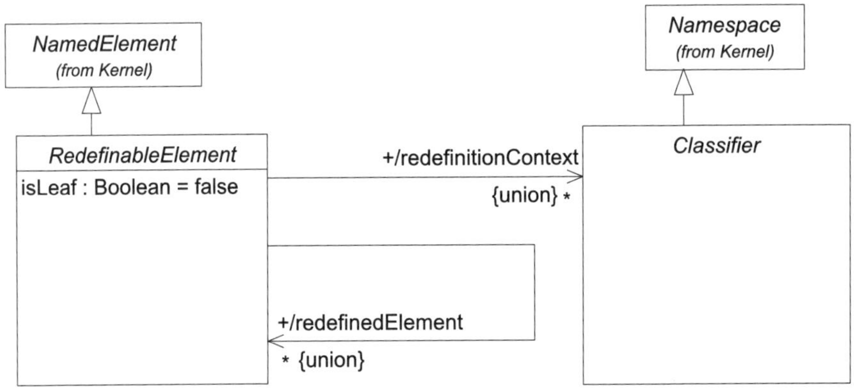

Abbildung 3.14: Metaklasse RedefinableElement

Eine Voraussetzung für Re-Definierbarkeit ist, dass sich ein re-definiertes Element im Kontext eines *Classifiers* befinden muss, der eine (direkte oder indirekte) Spezialisierung desjenigen *Classifiers* ist, der das »originale« Element definiert.

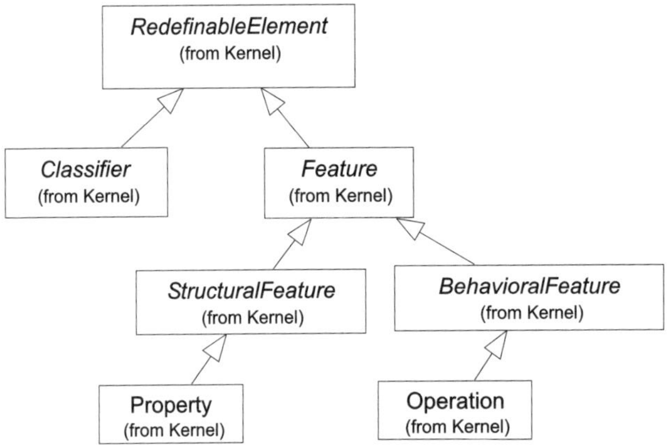

Abbildung 3.15: Spezialisierungen der Klasse RedefinableElement

Wir wollen nun diejenigen Metaklassen kennen lernen, die die abstrakte Klasse *RedefinableElement* spezialisieren, deren Instanzen in Modellen also re-definiert werden dürfen. Zunächst finden wir erwartungsgemäß die Metaklassen *Operation* und *Property* als Spezialisierungen vor. Instanzen der Klasse *Operation* treten in Modellen als Operationen von Klassen auf, Instanzen von *Property* begegnen uns beispielsweise als Attribute von Klassen. Entsprechend den Ausführungen in Kapitel 2 dürfen diese Elemente re-definiert werden (vgl. Abbildung 3.15).

Wir finden aber überraschenderweise auch die Klasse *Classifier* als Spezialisierung von *RedefinableElement*. Es gibt also Spezialisierungen von *Classifier*, die im Kontext eines *Classifiers* spezialisiert werden dürfen. Wann benutzt man eine solche Konstruktion? Um diese Frage zu beantworten, müssen wir über das Paket *UML::Classes::Kernel* hinausschauen und einen Vorgriff auf die UML-Konstrukte zur Verhaltensspezifikation wagen. Mit UML ist es möglich, dynamische Aspekte beispielsweise einer Klasse zu beschreiben. So können die Veränderung von Attributbelegungen oder das Aufrufen von Operationen an anderen Objekten für Objekte einer Klasse dargestellt sein. Eine Verhaltensspezifikation wird immer im Kontext eines *Classifiers* vorgenommen, also beispielsweise in einer Klasse. Im Sinne der Objektorientierung erwartet man, dass eine Verhaltensspezifikation eines generelleren *Classifiers* im Kontext einer Spezialisierung dieses *Classifiers* re-definiert werden kann – der Aspekt Verhalten sollte also im Metamodell in Bezug zu *RedefinableElement* stehen.

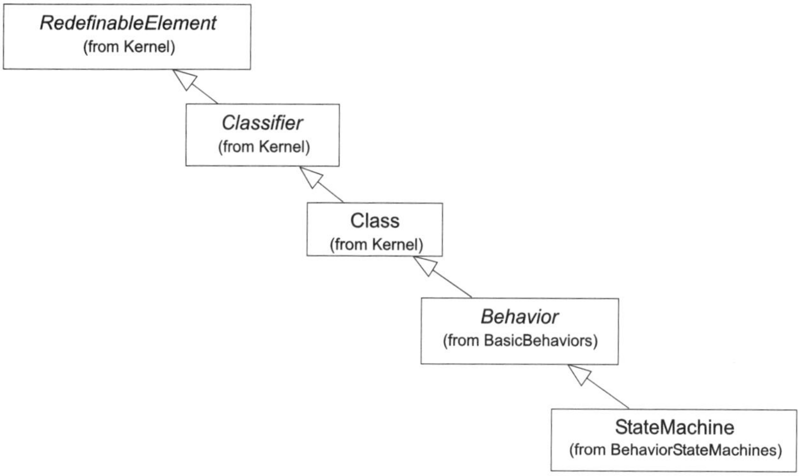

Abbildung 3.16: Metaklasse Behavior als Spezialisierung von Classifier

Verhalten wird im Metamodell (vgl. Abbildung 3.16) durch die Klasse *Behavior* repräsentiert, Spezialisierungen dieser Klasse, beispielsweise das Konzept *Zustandsmaschine* (*State Machine*), können in Modellen eingesetzt werden, um Aussagen über Verhaltensaspekte von Klassen zu formulieren. Die Metaklasse *Behavior* ist eine Spezialisierung von *Class* und damit indirekt von *Classifier*. Durch diese Spezialisierungshierarchie (und eine Reihe von zusätzlichen Constraints) ist also festgelegt, dass eine originale Verhaltensspezifikation im Kontext eines spezialisierenden Classifiers re-definiert werden darf. Es gibt also »sinnvolle« Spezialisierungen der Klasse *RedefinableElement*, die indirekt Spezialisierungen von *Classifier* sind.

Wir möchten unsere kurze Exkursion in die Form der Sprachbeschreibung der UML an dieser Stelle beenden. In den folgenden Kapiteln werden wir die eingeführten Sprachfeatures immer wieder anhand des Metamodells verfolgen.

3.2.3 UML Infrastructure und Meta Object Facility

Warum hat man dann bei der Sprachdefinition die *UML Infrastructure* (Paket *Core*) und die *UML Superstructure* (Paket *UML*) so deutlich getrennt? Immerhin gab es zwei separate Normierungsprozesse in der Object Management Group!

Die Antwort auf obige Frage findet sich in der Geschichte der Modellierungsstandards der OMG. Gemeinsam mit der Sprache UML wurde die Norm *Meta Object Facility (MOF)* publiziert und in den Folgejahren weiterentwickelt. MOF definiert das MOF-Modell, das wiederum zur Erklärung von Sprachen eingesetzt wurde. Das MOF-Modell beschreibt also ein Meta-Metamodell. Dieses Meta-Metamodell wurde eingesetzt, um einige Sprachstandards in der OMG zu definieren, insbesondere die Komponenten- und Schnittstellenbeschreibungssprache CORBA IDL (*Common Object Request Broker Interface Definition Language*, [CORBA 02]) sowie das Metamodell der Sprache UML selbst.

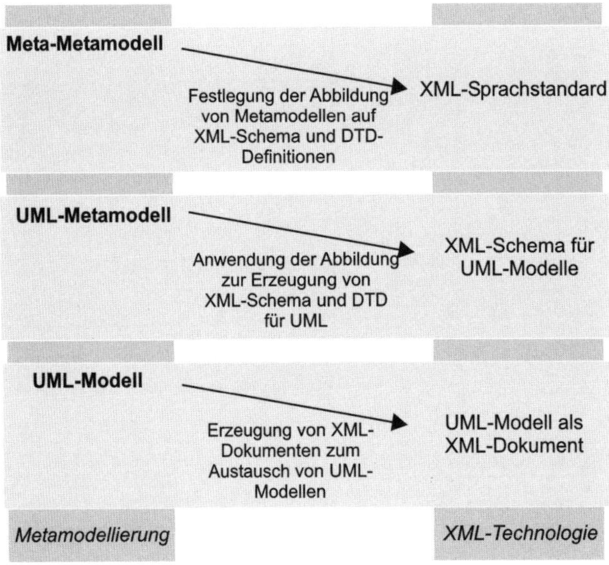

Abbildung 3.17: Metamodellierung und XML Technologie

Als Bestandteil der Norm MOF 1.x und ihrer Nachfolgeversionen sowie auch in separaten Normen – sind mehrere Technologieabbildungen definiert worden. Die bekannteste derartige Abbildung ist sicherlich *XML Metadata Interchange* (XMI, [XMI 03]). XMI erklärt, wie Instanzen der Elemente des MOF-Modells (also Elemente eines Metamodells) auf XML-Dokumenttyp- bzw. -Schemadefinitionen abgebildet werden (vgl. Abbildung 3.17). Damit wird eine Formatvorlage definiert, die man nutzen kann, um Instanzen dieses Metamodells durch XML-Dokumente auszudrücken. Wendet man die Abbildungsregeln für Elemente eines Metamodells auf das UML-Metamodell an, so erhält man eine Dokumenttypdefinition, die ein Format zum Austausch von UML-Modellen erklärt – die so genannte UML DTD. Die Technologieabbildung von MOF auf XML bildet damit die Grundlage, um UML-Modelle in standardisierter Form auszutauschen – in der Regel zwischen Werkzeugen unterschiedlicher Hersteller.

Eine weitere, nicht so stark verbreitete, aber nicht minder mächtige Gruppe derartiger Technologieabbildungen erzeugt aus MOF-Metamodellen Schnittstellenbeschreibungen von Softwarekomponenten. In diese Gruppe gehören die Abbildungsregeln zur Erzeugung von Java Interfaces (bekannt als Java Metadata Interface, JMI [JMI 02]) und von CORBA Interfaces (bekannt als MOF IDL, Teil der Norm MOF 1.x). Im Wesentlichen dienen diese Softwarekomponenten ebenfalls der Speicherung von Instanzen der Quell-Metamodelle (also der Modelle), jedoch nicht als XML-Dokumente, wie im Falle von XMI, sondern beispielsweise als Einträge in speziellen Datenbanken (so genannte *Repositories*). Wendet man diese Technologie auf das UML-Metamodell an, so erhält man die Schnittstellen eines *Repository* zur Speicherung von UML-Modellen. Stellt man MOF und CORBA in Beziehung zueinander, so ergibt sich ein der Relation zwischen MOF und XML sehr ähnliches Bild (vgl. Abbildung 3.18).

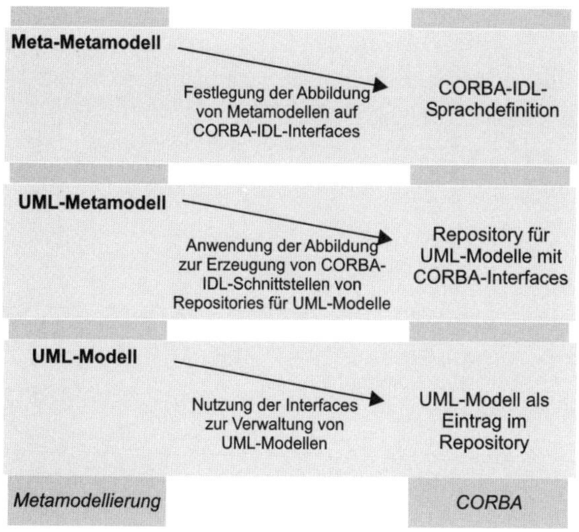

Abbildung 3.18: Metamodellierung und CORBA

Zusammengefasst führt die Verbindung zwischen MOF und UML dazu, dass man UML-Modelle mittels XMI als XML-Dokumente repräsentieren und austauschen kann und dass mittels weiterer MOF-Technologieabbildungen Schnittstellen eines UML-*Repositories* zur Verfügung stehen.

Die Schnittstellen der *Repositories* erlauben eine iterative und selektive Manipulation der UML-Modelle, man kann beispielsweise mittels Operationen neue Instanzen einer Metaklasse erzeugen, diese mit anderen Metaklasseninstanzen verknüpfen und die Korrektheit von Modellen überprüfen. Wir werden diese Technologien nochmals in Zusammenhang mit über die UML hinausgehenden Modellierungstechniken aufgreifen.

Bis auf wenige, leider jedoch essentielle Unterschiede wurde bereits zu Beginn der Normierung der Kern der Sprachversionen UML 1.x als Grundlage für das MOF-Modell genutzt. Mit der Aufnahme ders Normierungsprozesses für die Version 2.0 beider Standards wurde das Ziel verfolgt, das MOF-Modell und den Kern der UML vollständig zu vereinigen. Dies sollte auf der Grundlage einer einheitlichen Menge von Basiskonzepten der UML und des MOF-Modells geschehen, die in einem separaten Normierungsprozess zu finden war. Aus diesem Normierungsprozess ist die *UML Infrastructure* hervorgegangen, sie ist die Grundlage der UML-Sprachdefinition – und des MOF-Modells in der Version 2.0. Dieses neue MOF-Modell wurde in einem weiteren Normierungsprozess [MOF 03] festgelegt und unterteilt sich in *Essential MOF* (EMOF) und *Complete MOF* (CMOF). EMOF ist ausschließlich durch Importieren des Pakets *Core::Basic* aus der *UML Infrastructure*, CMOF durch Importieren des Pakets *Core::Constructs* und Erweiterung um MOF-spezifische Konstrukte definiert. Die Definition der Technologieabbildungen nach XML, CORBA IDL und Java ist zum gegenwärtigen Zeitpunkt noch nicht abgeschlossen.

Wir möchten an dieser Stelle unseren Exkurs in die Meta-Modellierung beenden und unsere gewonnenen Erkenntnisse über die Technologie zur Definition der Sprache UML 2 einsetzen, um weitere Sprachkonstrukte zu erforschen.

4 Die Sprache UML 2

4.1 Strukturbeschreibungen und Klassifikationen

In Kapitel 2 befassten wir uns mit den Grundlagen der objektorientierten Modellierung. Als Grundkonzepte haben wir Klassen und Objekte, Generalisierung und Spezialisierung sowie Assoziationen und Links kennen gelernt. Sie erfuhren, dass alle diese Konzepte Bestandteile der Sprache UML 2 sind und der Beschreibung der Struktur von zu untersuchenden oder zu entwickelnden Systemen dienen. In Kapitel 2 wurden nur die grundlegenden Eigenschaften dieser Konzepte untersucht, jedoch noch nicht alle Einzelheiten diskutiert, und einige wichtige Facetten wurden nicht berücksichtigt. Andere für die strukturelle Beschreibung essentielle Konzepte – wie beispielsweise der Komponentenbegriff – fanden bisher gar keine Erwähnung.

Nachdem Sie sich in Kapitel 2 das notwendige Rüstzeug zum Verständnis der UML-2-Sprachdefinition (Metamodell) angeeignet haben, wollen wir dieses nun anwenden, um alle offen gebliebenen Details der Strukturmodellierung sowie die unerwähnten Konzepte kennen zu lernen. Wir beginnen unseren Exkurs noch einmal mit dem Klassenbegriff, lernen dann das Konzept *Interface* als wichtiges Element zur Beschreibung von Verträgen in verteilten Systemen kennen und untersuchen den Komponentenbegriff als essentielles Konzept zur Kapselung und Modularisierung der Systementwicklung. Beschließen werden wir die Untersuchung struktureller Konzepte mit der in UML 2 neu eingeführten Möglichkeit zur hierarchischen Strukturierung von *Classifiers* (*Parts*) und ihrer Konfiguration mittels referenzierbarer Kommunikationsendpunkte (*Ports*).

4.1.1 Noch einmal Klassen

Klassen bilden eines der grundlegenden Konzepte der strukturellen Modellierung. Wir haben bereits erfahren, dass Klassen Attribute und Operationen besitzen dürfen. Ebenso ist uns bewusst, dass wir über Instanzen (Objekte) von Klassen sprechen können. Als Beziehungen zwischen Klassen hatten wir die Generalisierungsbeziehung und allgemeine Assoziationen diskutiert. Außerdem hatten Sie grundlegende Analogien zwischen Attributen und navigierbaren Assoziationsenden kennen gelernt. Diese Aspekte sollen nun noch einmal detaillierter behandelt werden, wobei Sie Ihre inzwischen erworbenen Kenntnisse über die Sprachdefinition von UML 2 nutzen werden und sich die Details dieser Aspekte anhand des UML-2-Metamodells verdeutlichen können.

Attribute und Assoziationsenden

Beginnen wir mit Attributen und Assoziationsenden und werfen zunächst einmal einen Blick in das Metamodell, um dort die genaue Definition von Attributen im Kontext von Klassen zu untersuchen und deren Gemeinsamkeit mit Assoziationsenden auch anhand der Sprachdefinition nachvollziehen zu können.

Abbildung 4.1 zeigt den entsprechenden Ausschnitt aus dem Metamodell.

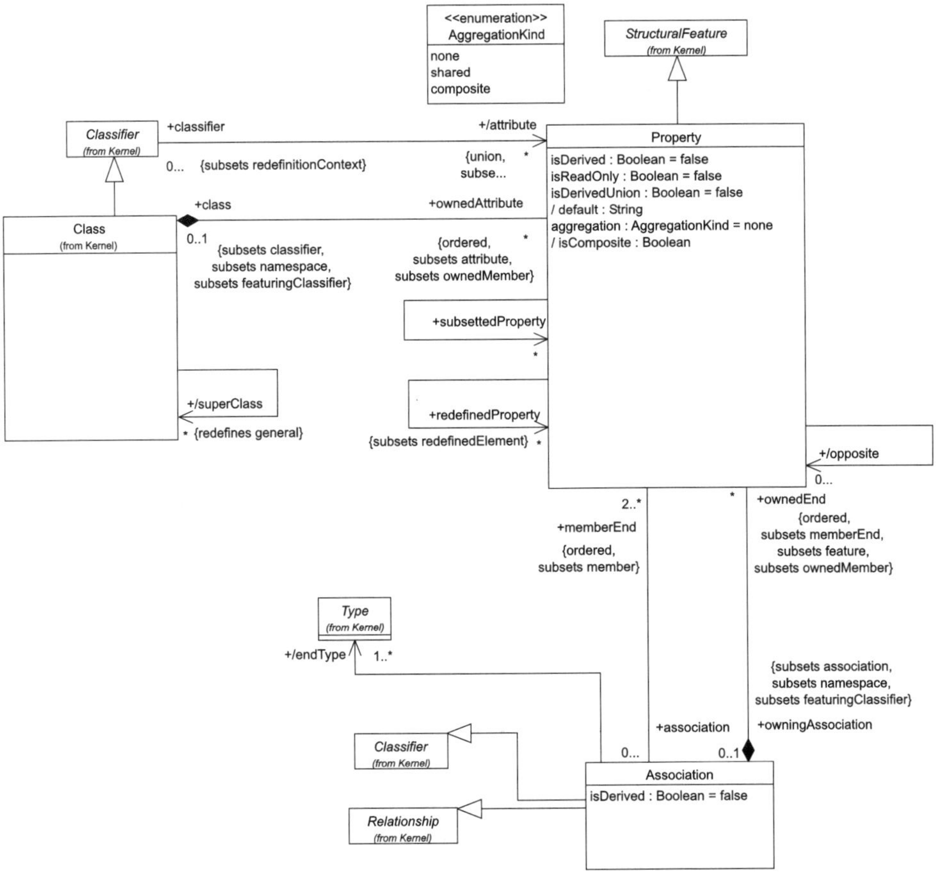

Abbildung 4.1: Metamodellausschnitt für Class im Paket Kernel

Wir erkennen, dass überraschenderweise gar keine spezielle Metaklasse vorhanden ist, die das Konzept *Attribut* repräsentieren würde. Stattdessen existiert eine Metaklasse *Property* als Spezialisierung von *StructuralFeature*. Da wir Attribute als strukturelle Features (also Spezialisierungen der Metaklasse *StructuralFeature*) von Klassen eingeführt haben, nehmen wir an, die Klasse *Property* repräsentiert Attribute von Klassen. Tatsächlich finden wir eine Kompositionsassoziation von *Class* zu *Property*, deren Ende an der Metaklasse *Property* mit *ownedAttribute* benannt ist. Einige Attribute der Metaklasse *Property* lassen sich auch direkt mit bekannten Eigenschaften von Attributen in Beziehung setzen, wie z.B. *isDerived* (mit dem Wert *true* belegt, falls es sich um ein abgeleitetes Attribut handelt) oder *isReadonly* (mit dem Wert *true* belegt, falls es sich um ein nur lesbares Attribut handelt). Wir sehen aber auch ein Attribut *isDerivedUnion*, das offensichtlich eine Eigenschaft repräsentiert, die wir in Zusammenhang mit Assoziationsenden eingeführt haben. Die Metaklasse *Property* repräsentiert folglich nicht nur Attribute, sondern auch Assoziationsenden. Im Metamodell findet sich hierfür eine Assoziation zwischen der Metaklasse *Association* und der Metaklasse *Property*, deren eines Ende mit *memberEnd* benannt ist und die Vielfachheit 2..* besitzt. Jede Assoziation hat also mindestens zwei Enden, wobei die Enden wiederum vom Metatyp *Property* sind.

Attribute und Assoziationsenden weisen also nicht nur konzeptionelle Gemeinsamkeiten auf, sie sind darüber hinaus auch durch ein und dieselbe Metaklasse im Metamodell der UML 2 repräsentiert. Wir haben bereits diskutiert, dass ein Assoziationsende auch ein Attribut der Klasse ist, falls die Eigenschaft *Navigierbarkeit* für das Ende besteht. Das wirft aber die Frage auf, wie man die folgenden Fälle unterscheiden kann, die bei der Benutzung der Konzepte Attribut und Assoziationsende auftreten können:

- Eine Klasse hat ein Attribut.
- Zwischen zwei Klassen gibt es eine Assoziation, die Enden sind nicht navigierbar.
- Zwischen zwei Klassen gibt es eine Assoziation, die Enden sind navigierbar.

Der erste Fall ist einfach: Das Attribut wird durch eine Instanz von *Property* repräsentiert, die Klasse durch eine Instanz von *Class*. Das Attribut gehört zur Klasse, also besteht ein Link zwischen der Instanz von *Class* und der Instanz von *Property* bezüglich der Kompositionsassoziation aus dem Metamodell mit dem Ende *ownedAttribute*.

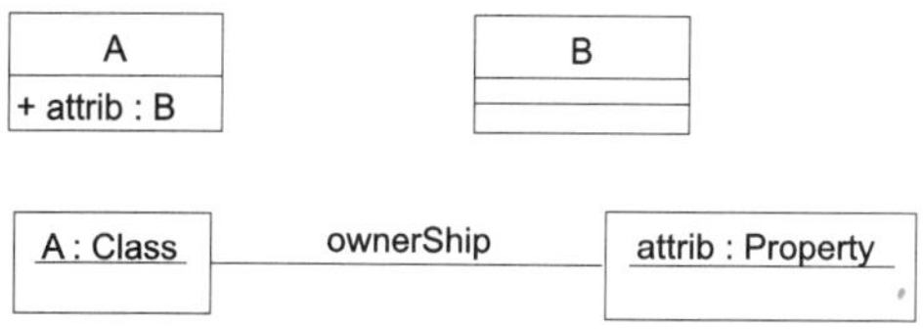

Abbildung 4.2: Klasse und Attribut mit Metamodell-Instanzsicht

Im zweiten Fall haben wir zwei Instanzen von *Class*, eine Instanz von *Association* und zwei Instanzen von *Property* für die Enden der Assoziation. Die Enden sind Enden der Assoziation, also bestehen Links zwischen der Instanz von *Association* und den beiden Instanzen von *Property* bezüglich der Metaassoziation mit dem Ende *memberEnd*. Die Enden *gehören* aber auch zur Assoziation, sie sind nicht navigierbar und daher keine Attribute der Klassen. Hierfür werden weitere Links zwischen der Instanz von *Association* und den Instanzen von *Property* gebildet. Diese Links sind Instanzen derjenigen Kompositions-Assoziation im Metamodell, die das Ende *ownedEnd* besitzt.

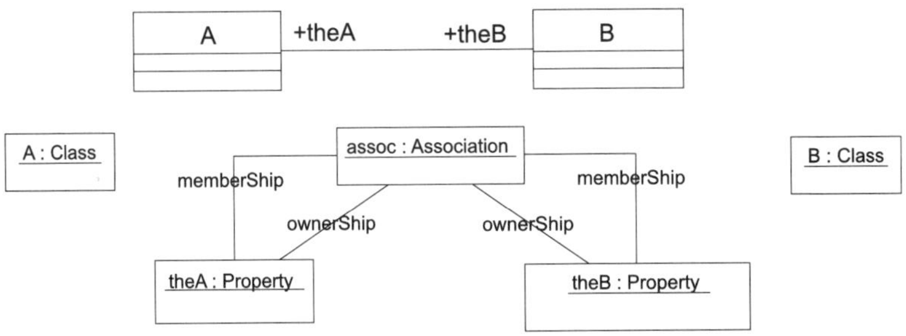

Abbildung 4.3: Klassen mit nichtnavigierbarer Assoziation und Metamodell-Instanzsicht

Im dritten Fall haben wir wiederum zwei Instanzen von *Class*, eine Instanz von *Association* und zwei Instanzen von *Property* für die Enden der Assoziation. Es bestehen auch ebenso Links zwischen der Instanz von *Association* und den beiden Instanzen von *Property* bezüglich der Metaassoziation mit dem Ende *memberEnd*. Die Enden sind aber navigierbar und daher Attribute der jeweiligen Klassen. Also existieren wie im ersten Fall Links zwischen den Instanzen von *Class* und der jeweils dazugehörigen Instanz von *Property* bezüglich der Kompositionsassoziation aus dem Metamodell mit dem Ende *ownedAttribute*. Die Kompositionsassoziation im Metamodell mit dem Ende *ownedEnd* wird dagegen in diesem Falle nicht instanziert.

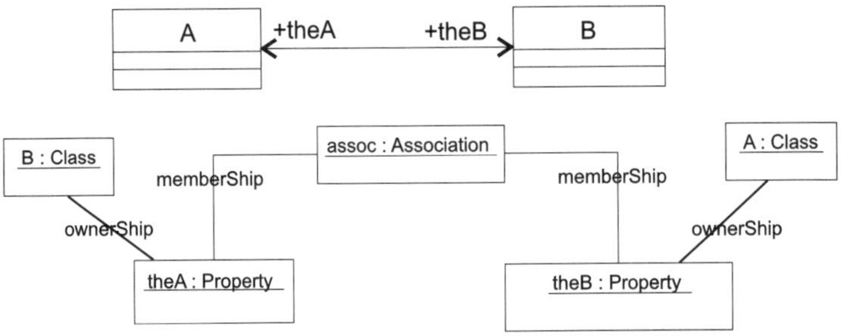

Abbildung 4.4: Klassen mit navigierbarer Assoziation und Metamodell-Instanzsicht

Die Eigenschaft *Navigierbarkeit* entscheidet also darüber, ob ein *Property* einer Klasse als Attribut (*ownedAttribute*) oder einer Assoziation als Assoziationsende (*ownedEnd*) gehört.

Sie werden sich fragen, was uns diese detaillierte Analyse von Attributen und Assoziationsenden im Kontext der Sprachdefinition eigentlich gebracht hat. Verwenden konnten wir die Konzepte schließlich vorher auch schon und welche Elemente des Metamodells in welchen Fällen instanziert werden müssen, dürfte doch höchstens einen Werkzeughersteller interessieren. Wir werden aber später sehen, dass es z.B. in Zusammenhang mit der Re-Definition von Features darauf ankommt, welchem Element das Feature gehört, in welchem Kontext es also re-definiert werden darf. Diese Zusammenhänge erfordern das Verständnis von grundlegenden Aspekten der Sprachdefinition, wie wir sie uns gerade angeeignet haben.

Betrachten wir zum Schluss dieses Abschnitts in Abbildung 4.5 noch einmal die Klassenhierarchie im Metamodell.

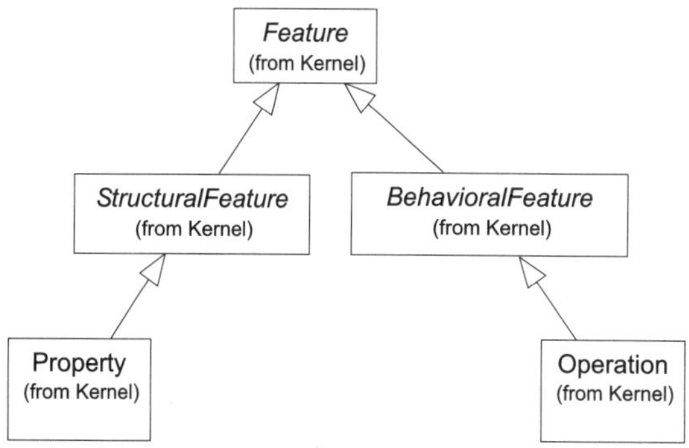

Abbildung 4.5: Spezialisierungen von Feature

Wir haben bereits gesehen, dass *Properties* (also Attribute und Assoziationsenden) strukturelle Features von *Classifiers* sind. Verfolgen wir den Vererbungsbaum weiter in Richtung Wurzel, so sehen wir, dass strukturelle Features wiederum Features sind und dass die Metaklasse *Feature* eine weitere Subklasse hat: *BehavioralFeature*. Diese wiederum ist Basisklasse von Operation.

In der Folge werden wir weitere Features als Spezialisierungen dieser Metaklassen kennen lernen, wobei wir einige allgemeine Eigenschaften bereits auf die Basisklassen zurückführen können. Bespiel hierfür ist das Attribut *isStatic*, das an der Metaklasse *Feature* definiert ist und ausdrückt, ob wir es mit einem »instance level feature« *oder einem* »classifier level feature« zu tun haben. In diesem Sinne gibt uns das Metamodell Aufschluss über Zusammenhänge der Sprache UML 2 und ist nicht nur nützlich für die Realisierung eines UML-2-Werkzeugs.

Mehrfachklassifikation

Wir haben in Kapitel 2 eingeführt, dass Klassen die Grundbausteine in objektorientierten Modellen darstellen und die Instanzen von Klassen als Objekte bezeichnet werden. Dabei gingen wir von der Annahme aus, dass Klassen Vorlagen oder Muster beschreiben, die für die Instanzierung von Objekten herangezogen werden können. Diese Vorstellung deckt sich mit dem Klassen/Objekt-Begriff von gängigen objektorientierten Programmiersprachen. Aus der Sicht der Modellierung wird hier der konstruktive Charakter eines Modells hervorgehoben, das Original existiert zum Zeitpunkt der Modellbildung noch gar nicht, es entsteht zu einem späteren Zeitpunkt unter Benutzung der im Modell erfassten Aspekte als Vorlage. In diesem Sinne erhalten wir bei der Instanzierung einer Klasse ein Objekt, das Instanz genau dieser einen Klasse ist. Das Konzept *Klasse* wird im Sinne von Instanzierungsmuster (*Template*) verwendet.

Betrachten wir jedoch einmal den folgenden Fall: Wir haben eine Menge von Objekten und wollen das Klassenkonzept nicht benutzen, um die Objekte zu instanzieren, sondern ausschließlich um sie zu klassifizieren. Gemeinsame Eigenschaften einer Menge von Objekten können dann wieder in einer Klasse beschrieben werden. In diesem Falle ist es allerdings denkbar, dass wir ein und dasselbe Objekt unterschiedlich (durch mehrere Klassen) klassifizieren. Das führt in der Konsequenz dazu, dass ein Objekt gleichzeitig Instanz von mehr als einer Klasse sein kann. Hierbei wird das Konzept *Klasse* im Sinne einer Menge verwendet, der Objekte angehören können, wenn sie über die entsprechenden Eigenschaften verfügen. Ein Objekt kann dabei Element verschiedener, durch Klassen beschriebener Mengen sein.

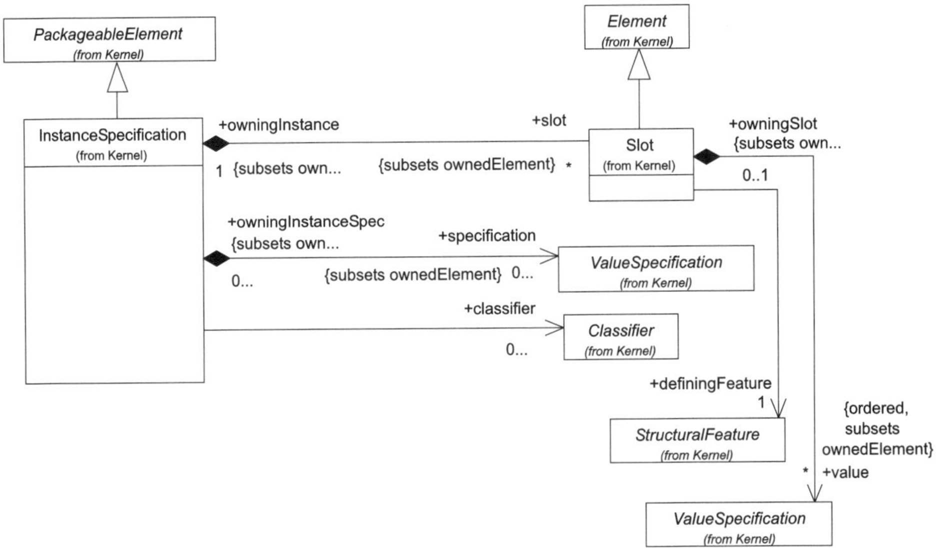

Abbildung 4.6: Metamodellausschnitt für InstanceSpecification

Die Möglichkeit der Mehrfachklassifikation ist selbstverständlich im Metamodell nachzuvollziehen. In Abbildung 4.6 sehen wir das Konzept *InstanceSpecification*, welche eine Assoziation zu *Classifier* besitzt, deren Vielfachheit *0..** ist. Dadurch kann ein Objekt Instanz beliebig vieler Klassen sein.

Da es durchaus sein kann, dass für eine Instanz, die im Modell spezifiziert wird, noch nicht alle dazugehörigen Klassen feststehen, kann die Liste der Klassen für eine Instanz unvollständig sein oder auch abstrakte Klassen beinhalten.

Notiert wird die Mehrfachklassifikation – wie in Kapitel 2 eingeführt – durch <Name_der_Instanz> : <Liste_der_Klassen>, wobei die Klassen durch Komma getrennt nach dem Doppelpunkt aufgezählt werden.

Die folgende Abbildung zeigt ein Beispiel der Mehrfachklassifikation.

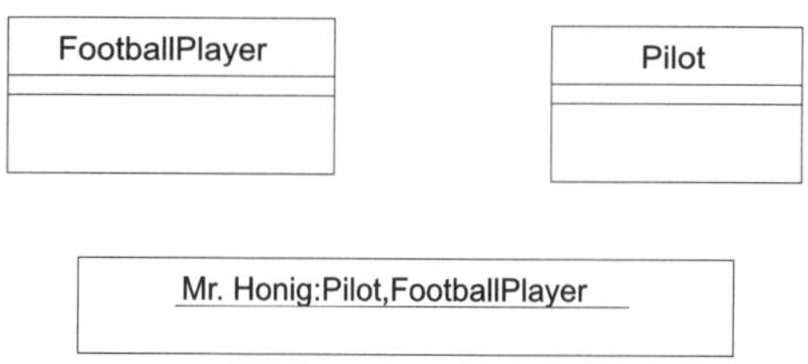

Abbildung 4.7: Mehrfachklassifikationen

An dem Beispiel ist zu erkennen, dass sich die Generalisierung nicht immer verwenden lässt, um eine Mehrfachassoziation zu vermeiden. Weder kann *FootballPlayer* als eine Spezialisierung von *Pilot* definiert werden, noch umgekehrt *Pilot* als eine Spezialisierung von *FootballPlayer.*

Eine Folge der Mehrfachklassifikation ist, dass wir für Instanzen über die *Slots* Werte von Attributen beschreiben können, wobei die Attribute in unterschiedlichen Klassen definiert sind. Dabei gilt allerdings wiederum, dass *Slots* für Attribute an einer Instanz im Modell vorhanden sein können, aber keinesfalls müssen. Man beschreibt nur die Werte im Modell, die für die betrachtete Instanz zum jeweiligen Zeitpunkt von Interesse sind.

Generalisierung

Die Generalisierung ist eines der wichtigsten Konzepte in der objektorientierten Modellierung. Ihre grundlegenden Eigenschaften und Anwendungsmöglichkeiten wurden bereits in Kapitel 2 untersucht. In diesem Abschnitt wollen wir zwei weitere Aspekte der Generalisierung diskutieren:

- die Zusammenfassung von Generalisierungsbeziehungen zu Generalisierungsmengen und
- die Ausdehnung der Generalisierungsbeziehung über Klassen hinaus auf weitere UML-2-Konzepte.

Betrachten wir zunächst den ersten Aspekt und erinnern uns an die Beispiele aus Kapitel 2. Dort hatten wir eine Klasse *Vehicle* eingeführt und anschließend die Klassen *Aircraft* und *Ship* als Spezialisierungen dieser Klasse definiert. Schnell können wir weitere Spezialisierungen finden: *Train, Balloon, Bus, Car, SailingShip, SpaceShip* etc. Offensichtlich lassen sich die Spezialisierungen kategorisieren, wenn man hierzu jeweils bestimmte Aspekte berücksichtigt.

So könnten wir z.B. den Aspekt »Einsatzort« betrachten und eine zusätzliche Hierarchieebene mit den Klassen *LandVehicle, WaterVehicle* und *AirVehicle* einführen. Ein anderes Beispiel für einen Spezialisierungsaspekt wäre die Antriebsart. Hier bieten sich die Klassen *MotorVehicle* und *ManualVehicle* als Spezialisierungen der Klasse *Vehicle* an. Eine Darstellung unserer Vererbungshierarchie mit der zusätzlichen aspektbezogenen Hierarchieebene zeigt Abbildung 4.8.

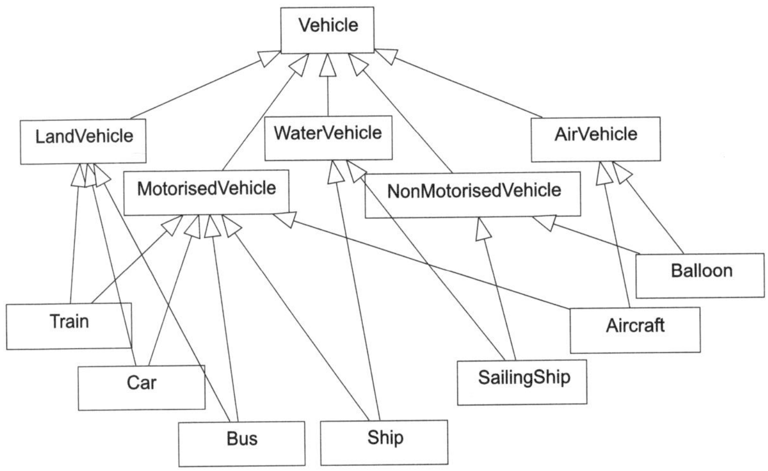

Abbildung 4.8: Komplexe Vererbungshierarchie für Fahrzeuge

Die Klassen *MotorisedVehicle* und *NonMotorisedVehicle* stellen eine *Partitionierung* der generellen Klasse *Vehicle* hinsichtlich des Aspekts »Antriebsart« dar. Eine Partitionierung hinsichtlich des Aspekts »Einsatzort« wird über die Klassen *LandVehicle, WaterVehicle* und *AirVehicle* definiert.

Lassen sich diese von uns vorgenommenen Partitionierungen der Subklassen von *Vehicle* hinsichtlich bestimmter Aspekte auch im Modell kenntlich machen? Das hätte einen klaren Vorteil: Wenn uns die Spezialisierungen von *Vehicle* nur hinsichtlich eines bestimmten Aspekts (z.B. »Antriebsart«) interessieren würden, so könnten wir alle zu diesem Aspekt gehörenden Subklassen im Modell identifizieren, andere jedoch ausschließen.

In UML 2 wird die Beschreibung der hinsichtlich eines bestimmten Aspekts zusammengehörigen Subklassen einer Klasse durch das Konzept Generalisierungsmenge unterstützt. In einer Generalisierungsmenge werden alle Generalisierungsbeziehungen zusammengefasst, die der Spezialisierung der generelleren Klasse hinsichtlich dieses Aspekts dienen. Zu der Generalisierungsmenge für den Aspekt »Antriebsart« würden also die Generalisierungsbeziehungen zwischen *Vehicle* und *LandVehicle*, *WaterVehicle* sowie *AirVehicle* gehören, alle anderen jedoch nicht. Um die Generalisierungsmengen voneinander unterscheiden zu können (in unserem Beispiel haben wir ja für die gleiche Klasse *Vehicle* schon zwei Generalisierungsmengen hinsichtlich »Antriebsart« und »Einsatzort« identifiziert), dürfen die Generalisierungsmengen Namen tragen. Selbstverständlich müssen alle in einer Generalisierungsmenge zusammengefassten Generalisierungsbeziehungen die gleiche generelle Klasse haben (hier: *Vehicle*).

Die Notation einer Generalisierungsmenge (sowie die Zugehörigkeit einer Generalisierungsbeziehung zu einer solchen Menge) erfolgt durch eine der folgenden Varianten:

- Angabe des Namens der Generalisierungsmenge an jeder dazugehörigen Generalisierungsbeziehung
- Zusammenfassung der Pfeilspitzen der enthaltenen Generalisierungsbeziehungen und der einmaligen Angabe des Namens der Generalisierungsmenge
- Kennzeichnung der enthaltenen Generalisierungsbeziehungen mittels einer diese Generalisierungsbeziehung kreuzenden gestrichelten Linie und der Nennung des Namens der Generalisierungsmenge an dieser Linie

Die verschiedenen Varianten sind in Abbildung 4.9 dargestellt.

Generalisierungsmengen dienen der Partitionierung von Generalisierungsbeziehungen hinsichtlich eines bestimmten Aspekts. Lassen sich eventuell Aussagen über die Art der Partitionierung treffen, die das Modell noch präzisieren würden? Ihnen kommen hier sicherlich Fragen hinsichtlich der Vollständigkeit und von Überlappungen in Bezug auf die Partitionierung in den Sinn.

Vollständigkeit bedeutet, dass die Partitionierung hinsichtlich des betrachteten Aspekts wirklich alle Instanzen der jeweiligen generelleren Klasse einschließt. Das heißt, jede Instanz der betrachteten generellen Klasse ist im Falle einer vollständigen Partitionierung auch eine Instanz mindestens einer Subklasse, deren Generalisierungsbeziehung zur generellen Klasse Element der Generalisierungsmenge ist.

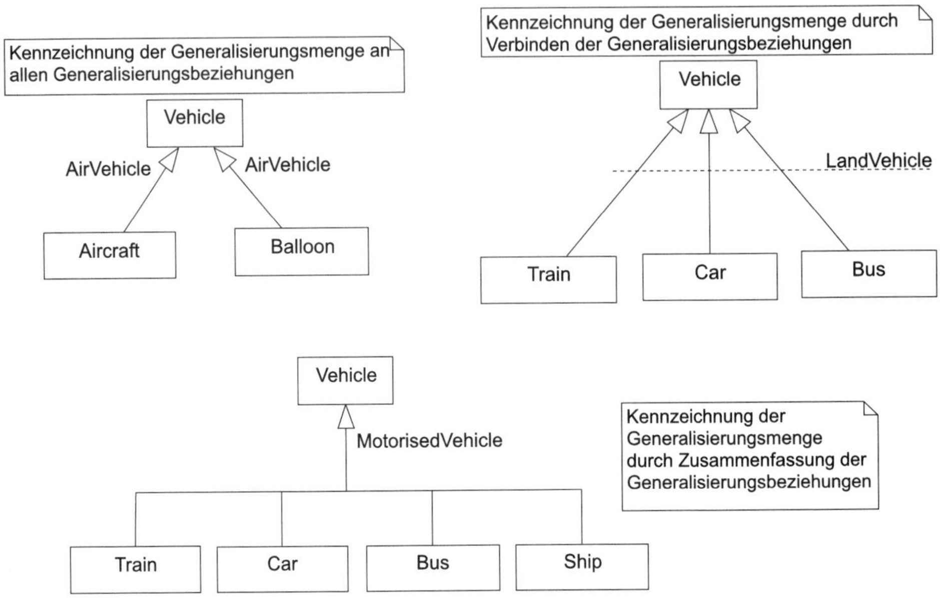

Abbildung 4.9: Generalisierungsmengen anstelle komplexer Vererbungshierarchien

Als nicht überlappend oder disjunkt wird eine Partitionierung bezeichnet, wenn jede Instanz der generelleren Klasse gleichzeitig Instanz von höchstens einer Subklasse ist, deren Generalisierungsbeziehung zur generellen Klasse ein Element der Generalisierungsmenge ist.

In UML 2 lässt sich für eine Generalisierungsmenge definieren, ob sie vollständig (*complete*) oder disjunkt (*disjoint*) ist. Zur Notation werden die folgenden Strings an der jeweiligen Generalisierungsmenge verwendet:

Vollständig	**Überlappend**	**String**
x	x	`{complete, overlapping}`
x	-	`{complete, disjoint}`
-	x	`{incomplete, overlapping}`
-	-	`{incomplete, disjoint}`

Tabelle 4.1: Eigenschaften von Generalisierungsmengen

Betrachten wir unsere beiden Beispiele:

- Die Partitionierung »Antriebsart« ist vollständig, da jede Instanz von *Vehicle* eine Form des Antriebs besitzt[1], also auch eine Instanz entweder von *MotorisedVehicle*

1 Wir wollen der Einfachheit halber annehmen, dass auch die Windkraft als Form des manuellen Antriebs gilt (z. B. bei einem Ballon).

oder *NonMotorisedVehicle* ist. Sie ist zudem überlappend, da es Instanzen (z.B. der Klasse *SailingShip*) gibt, die sowohl Instanzen von *MotorisedVehicle* als auch von *NonMotorisedVehicle* sind.

- Die Partitionierung »Einsatzort« ist unvollständig, da es Instanzen von *Vehicle* gibt, die nicht auch Instanz von *LandVehicle*, *WaterVehicle* oder *AirVehicle* sind – nämlich die Instanzen von *SpaceShip*. Sie ist disjunkt, da keine Instanzen existieren, die zu mehr als einer der Klassen *LandVehicle*, *WaterVehicle* oder *AirVehicle* gehören.

Offensichtlich hängen die Eigenschaften einer Generalisierungsmenge stark von den Elementen ab, die in das Modell einbezogen werden. Lassen wir z.B. Amphibienfahrzeuge als Bestandteil unseres Modells zu, so erhält die Generalisierungsmenge »Einsatzort« die Eigenschaft *overlapping*.

Mit dem Konzept der Generalisierungsmenge haben wir nun alle Möglichkeiten der Anwendung von Generalisierungsbeziehungen zwischen Klassen in Modellen hinreichend untersucht.

Der zweite Aspekt, den wir eingangs erwähnt hatten, war die Ausdehnung der Generalisierungsbeziehung auf über Klassen hinausgehende UML-2-Konzepte. Warum sollte man das mächtige Prinzip der Generalisierung und Spezialisierung nicht auch auf andere Modellierungskonzepte übertragen können, solange sie nur klassenähnliche Eigenschaften aufweisen, also beispielsweise Instanzen besitzen oder Features definieren können? Von den bisher bekannten Konzepten weisen Assoziationen klassenähnliche Eigenschaften auf – sie können instanziert werden (Links) und sie können Assoziationsenden besitzen, die ja bekanntlich spezielle Features sind. Das Studium des UML-2-Metamodells gibt uns hier Gewissheit: Die Metaklasse *Association* ist eine Spezialisierung der Metaklasse *Classifier* und das Konzept der Generalisierung ist für *Classifier* erklärt (vgl. Abbildung 4.10).

Assoziationen können in UML 2 also spezialisiert werden, aber unter welchen Bedingungen und mit welchen Konsequenzen?

Zunächst wollen wir uns den Bedingungen zuwenden, an deren Erfüllung der Einsatz der Assoziationsgeneralisierung geknüpft ist. Assoziationen sind zwischen zwei oder mehreren Klassen definiert. Bei einer Spezialisierung muss die Anzahl der Enden gleich bleiben und für jedes Ende einer spezielleren Assoziation muss es ein korrespondierendes Ende in der generellen Assoziation geben. Weiterhin müssen die an den Enden der spezielleren Assoziation befindlichen Klassen jeweils konform zu den Klassen sein, die sich an den korrespondierenden Enden der generelleren Assoziation befinden[2].

2 Zur Erinnerung: A ist konform zu B, falls A gleich B oder A eine direkte oder indirekte Spezialisierung von B ist.

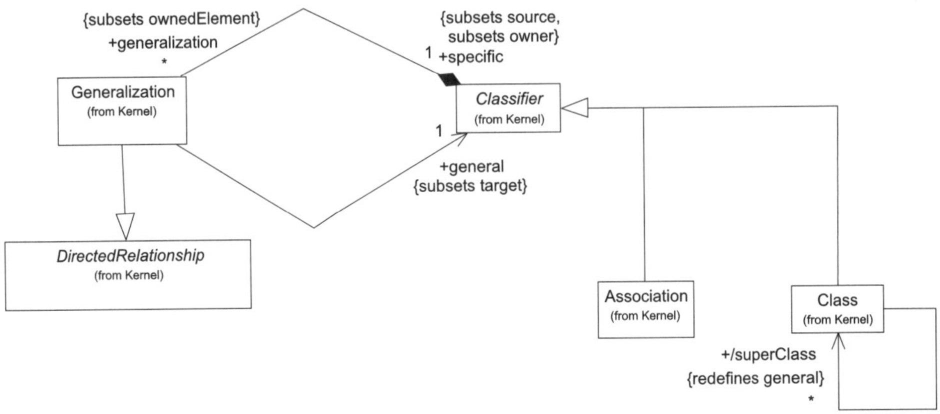

Abbildung 4.10: Generalisierung für das Konzept der Assoziation im Metamodell

Als Konsequenz einer Assoziationsgeneralisierung (wie bei der Generalisierung zwischen Klassen auch) ist jede Instanz der spezielleren Assoziation auch eine Instanz der allgemeineren Assoziation. Dies bedeutet, dass die Existenz eines Links als Instanz einer spezielleren Assoziation die Existenz eines Links als Instanz der generellen Assoziation impliziert. Da es sich wirklich um den gleichen Link handelt und Links bekanntlich Tupel aus Instanzen der an der Assoziation beteiligten Klassen darstellen, sind diese Instanzen ebenfalls identisch.

Mit dieser Semantik der Assoziationsgeneralisierung werden die beiden hierfür aufgestellten Bedingungen sofort verständlich: Wenn ein Link, also dasselbe Tupel von Klasseninstanzen sowohl Instanz der spezielleren Assoziation als auch der generellen Assoziation sein soll, dann muss die Anzahl der Enden gleich sein und die Typen an den Enden müssen zueinander konform sein.

Assoziationsgeneralisierung wird durch den Generalisierungspfeil zwischen der spezielleren und der generellen Assoziation notiert.

Nachdem wir sowohl die Semantik als auch die Notation der Assoziationsgeneralisierung präzisiert haben, bleibt die Frage nach der Anwendung dieses Konzepts – wofür braucht man Assoziationsgeneralisierungen in Modellen?

Stellen wir uns vor, die Modellierung wurde mit der Definition einiger abstrakter Basisklassen begonnen. Zwischen diesen Klassen können bereits Assoziationen definiert werden. Ein Beispiel hierfür sind die abstrakten Klassen *Vehicle* und *Driver*, zwischen denen eine Assoziation definiert ist: Jede Instanz von *Vehicle* besitzt eine oder mehrere Instanzen von *Driver*.

In einem nächsten Modellierungsschritt werden die Klassen *Vehicle* und *Driver* spezialisiert, so dass die konkreten Klassen *Aircraft* und *Pilot* entstehen. Es ist dieser Stelle konsequent, auch eine Spezialisierung der generellen Assoziation zwischen *Vehicle* und *Driver* zwischen den Klassen *Aircraft* und *Pilot* zu definieren, wie in Abbildung 4.11 dargestellt.

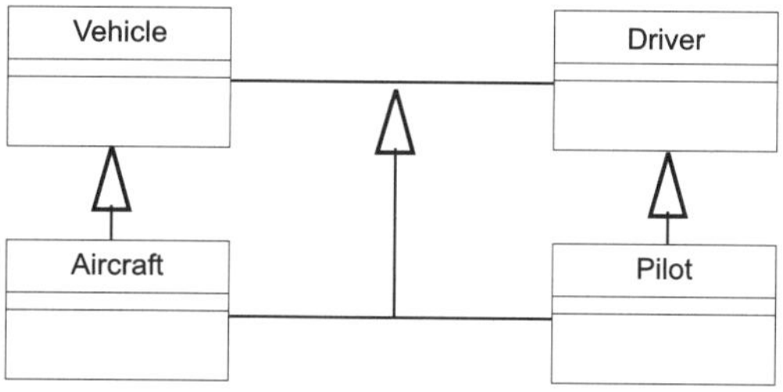

Abbildung 4.11: Assoziationsvererbung

Damit ist festgelegt, dass im konkreten Fall von *Aircraft* als *Vehicle* die assoziierten Instanzen von *Driver* vom Typ *Pilot* sein müssen – eine durchaus berechtigte Forderung. Ohne die Spezialisierung könnten wir zwar aufgrund der allgemeinen Assoziation auch Flugzeuge mit Piloten assoziieren, aber eben auch mit jeder anderen Instanz von *Driver.*

Analog zur Spezialisierung von Klassen dürfen im Kontext der Spezialisierung einer Assoziation auch Eigenschaften der generellen Assoziation verändert werden. Das entsprechende Konzept ist die Re-Definition und wurde bereits in Zusammenhang mit Klassen und deren Features (Attributen bzw. Operationen) in Kapitel 2 eingehend erläutert. Übertragen auf eine Assoziation bedeutet Re-Definition, dass die Features einer Assoziation (die Assoziationsenden) im Rahmen einer Spezialisierung ebenfalls verändert werden können. Das Hinzufügen von Assoziationsenden ist aber aus den erläuterten Gründen nicht zulässig, da deren Anzahl in jeder Spezialisierung gleich bleiben muss.

Um die Semantik der Re-Definition eines Assoziationsendes zu verstehen, können wir unser erworbenes Wissen über die Gemeinsamkeiten von Attributen und Assoziationsenden nutzen. Im Metamodell werden Assoziationsenden und Attribute durch die gleiche Metaklasse *Property* modelliert – d.h., die aufgestellten Regeln für die Re-Definition von Attributen lassen sich auf die Re-Definition von Assoziationsenden übertragen (vgl. Kapitel 2).

Interessant aus der Sicht von Assoziationsenden ist insbesondere die Möglichkeit, bei einer Re-Definition die Vielfachheit einzuschränken bzw. zu präzisieren. Vielfachheitsaussagen sind ein wesentliches Gestaltungsmittel bei der Modellierung von Assoziationen.

Kehren wir noch einmal zu unserem Beispiel zurück und führen eine weitere Klasse *PassengerAircraft* als Spezialisierung von *Aircraft* ein. Passagierflugzeuge zeichnen sich unter anderem dadurch aus, dass sie nicht nur einen Piloten haben, sondern mindestens zwei. Um diesen Aspekt im Modell zu erfassen, führen wir eine weitere Spezialisierung der Assoziation zwischen *Aircraft* und *Pilot* ein und re-definieren das an der Klasse *Pilot* befindliche Ende. Als neue Vielfachheit legen wir dann 2..* fest. Diese Re-Definition ist in der folgenden Abbildung zu sehen. Die Re-Definition wird – wie bei der Attribut-Re-Definition mit dem *Property*-String

```
{redefines <end_name>}
```

an dem redefinierenden Ende notiert. Außerdem gilt analog, dass das Verwenden eines Namens für ein Assoziationsende innerhalb einer spezialisierten Assoziation, der auch schon als Name für ein Ende innerhalb der allgemeineren Assoziation vorkommt, automatisch eine Re-Definition bedeutet.

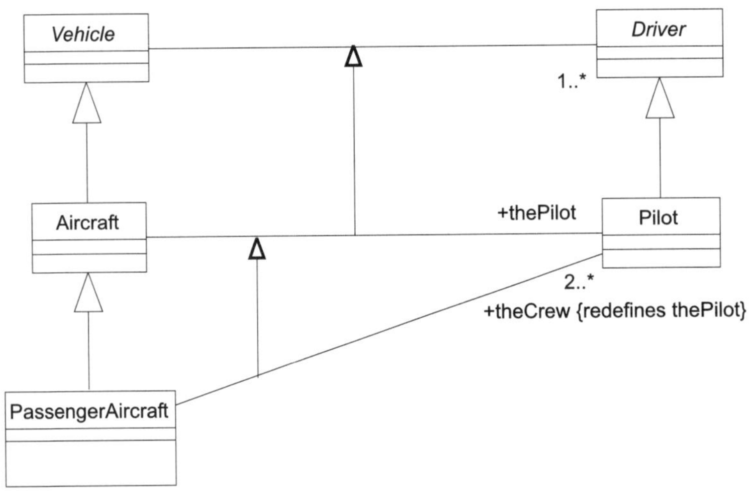

Abbildung 4.12: Re-Definition von Assoziationsenden

Der Wunsch nach Re-Definition von Assoziationsenden hauptsächlich zur präziseren Festlegung der Eigenschaften von Assoziationsenden gilt als ein maßgeblicher Grund zur Einführung des Konzepts der Assoziationsgeneralisierung in UML 2.

Qualifizierte Assoziationen

In Kapitel 2 wurde dargelegt, dass Assoziationsenden Mengen von Instanzen der an einem Ende befindlichen Klasse aus der Sicht einer Instanz (oder eines Tupels von Instanzen) an dem jeweils anderen Ende (oder den anderen Enden) beschreiben. Diese

Mengen werden durch die Vielfachheit und die anderen Eigenschaften von Assoziationsenden eingeschränkt. In Abbildung 4.13 sehen wir eine solche Menge aus der Sicht einer Instanz am anderen Ende.

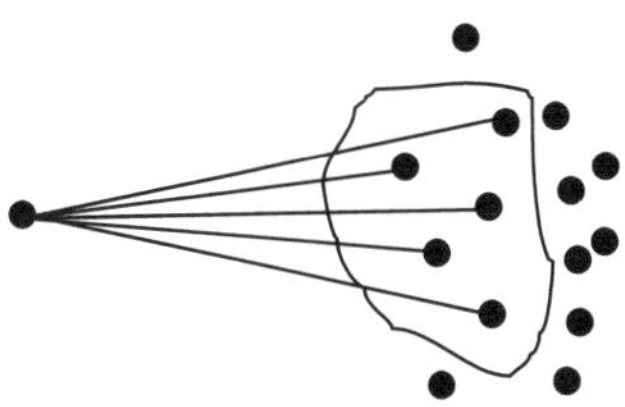

Abbildung 4.13: Mengenansicht für Assoziationsenden

In der Praxis kann es nun vorkommen, dass diese Menge partitioniert werden soll und jede dieser Partitionen von der Instanz am anderen Ende unter Verwendung einer zusätzlichen Information (eines Qualifikators) identifizierbar und erreichbar sein muss.

Stellen wir uns als praktisches Beispiel eine Assoziation zwischen einer Klasse *Flight* und einer Klasse *Passenger* vor. Ein Flug (LH 454 am 11.10.2003) wird dann mit der Menge aller mit diesem Flug zu transportierenden Passagiere assoziiert. Jeder Passagier bekommt beim Einstieg eine *Boarding*-Nummer zugewiesen, die sich auch auf der Bordkarte befindet. Aus der Sicht des Flugs können wir die Menge aller Passagiere in Partitionen zerlegen, die aus genau einem oder keinem Element (Passagier) bestehen. Unter Benutzung der *Boarding*-Nummer lassen sich diese Mengen eindeutig identifizieren, d.h., jeder Passagier ist unter einer gültigen *Boarding*-Nummer auffindbar.

Qualifikatoren gehören dem Assoziationsende, aus dessen Sicht die Assoziation qualifiziert wird. Mithilfe des Metamodells lässt sich herausfinden, dass Qualifikatoren Instanzen von *Property* sind, also einen Namen und einen Typ besitzen. Weiterhin sehen wir, dass es mehrere Qualifikatoren für ein Assoziationsende geben kann. In diesem Fall erfolgt die Identifikation der zugehörigen Teilmenge der assoziierten Instanzen anhand der Werte jedes einzelnen der zugeordneten Qualifikatoren.

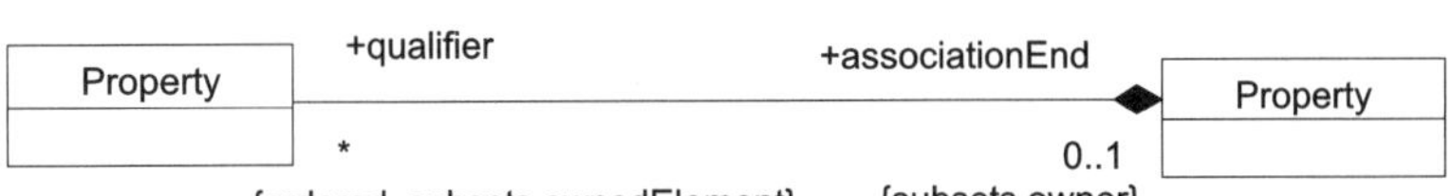

Abbildung 4.14: Metamodellausschnitt für Qualifikationen

Qualifikatoren werden wie Attribute notiert, wobei die Notation in einem Rechteck erfolgt, das sich an dem Ende der Assoziation befindet, von dem aus qualifiziert wird.

Dieses Rechteck enthält alle Qualifikatoren, soll aber kleiner sein als das Rechteck für die Klasse an dem Assoziationsende.

In Abbildung 4.15 sehen wir das oben beschriebene Beispiel für eine Assoziation einem Qualifikator.

Abbildung 4.15: Beispiel für eine qualifizierte Assoziation

Eine Besonderheit soll in Zusammenhang mit qualifizierten Assoziationen erläutert werden. Die Vielfachheitsinformation für die Instanzmenge am anderen Ende der Assoziation bezieht sich nicht auf die Gesamtmenge, sondern nur auf die durch die Qualifikatoren identifizierten Teilmengen. Man betrachtet also eine Instanz zusammen mit einem konkreten Wert des Qualifikators und macht dann Aussagen über die Anzahl der Elemente in der Menge von assoziierten Instanzen für diesen Wert des Qualifikators.

Aus diesem Grund ist in unserem Beispiel die Vielfachheit mit *0..1* definiert worden. Für jeden Flug existiert zu jeder möglichen *Boarding*-Nummer genau ein oder kein Passagier. Letzteres tritt ein, wenn wir keine gültige *Boarding*-Nummer verwenden. Die Vielfachheit 1 würde für dieses Beispiel bedeuten, dass für jeden beliebigen Wert von *Boarding*-Nummer (wobei der Wertebereich die natürlichen Zahlen sind) ein Passagier existieren muss – was ja nicht den Tatsachen entspricht.

Assoziationsklassen

Das Konzept von Assoziationsklassen stellt eine Erweiterung der bereits bekannten Konzepte Assoziation und Klasse dar, wobei deren Eigenschaften in einem einzigen Modellierungskonzept vereinigt werden. Eine Assoziationsklasse dient der Modellierung von Beziehungen zwischen anderen Klassen (wie eine Assoziation) und kann zusätzlich Features definieren (wie eine Klasse). Das erlaubt die Festlegung von Attributen und Operationen für eine Assoziation, was immer dann angewendet wird, wenn sich die Attribute oder Operationen nicht einer der beteiligten Klassen zuordnen lassen. Instanzen einer Assoziationsklasse haben dementsprechend Eigenschaften von Klasseninstanzen (Objekten) und Links.

Im Metamodell erkennen wir, dass *AssociationClass* eine Spezialisierung von *Class* und *Association* ist, die ihrerseits die Klasse *Classifier* spezialisieren. Alle Eigenschaften und Regeln von *Classifier*, *Association* und *Class* gelten auch für *AssociationClass* – Assoziationsklassen dürfen in Modellen Namen tragen, sie dürfen spezialisiert werden und in ihren Spezialisierungen dürfen Features (in diesem Fall Attribute, Operationen und die Enden der Assoziation) re-definiert werden.

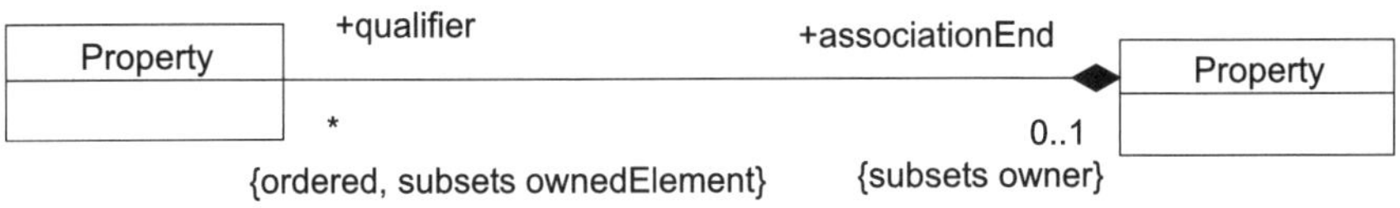

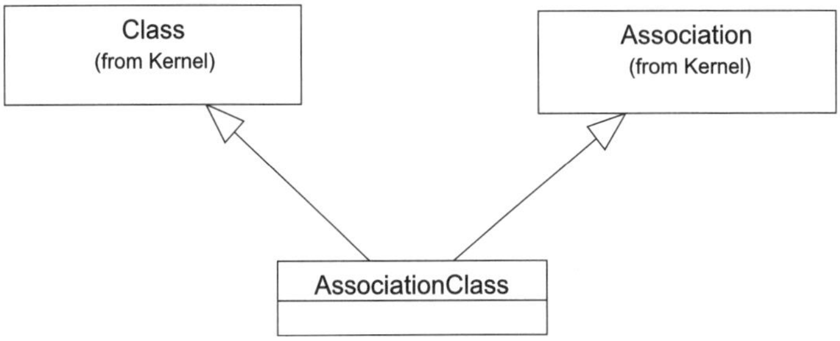

Abbildung 4.16: Das Konzept Assoziationsklasse im Metamodell

Die Features einer Assoziationsklasse müssen unterschiedliche Namen tragen, es darf also beispielsweise ein Attribut nicht den gleichen Namen haben wie ein Assoziationsende. Eine weitere wichtige Einschränkung ist, dass die Assoziation einer Assoziationsklasse nicht zwischen dieser Klasse selbst und einer anderen Klasse definiert werden darf. Es kann also eine Klasse an einem Assoziationsende nicht gleichzeitig Assoziationsklasse für genau diese Assoziation sein.

Als Notation für eine Assoziationsklasse wird die Klassennotation (Rechteck) und die Assoziationsnotation (Linie) verwendet, wobei das Klassensymbol mit der Assoziation durch eine gestrichelte Linie verbunden wird. Der Name der Assoziationsklasse darf an die Assoziation, in die Klasse oder an beides geschrieben werden, es handelt sich aber nur um *ein* Modellelement.

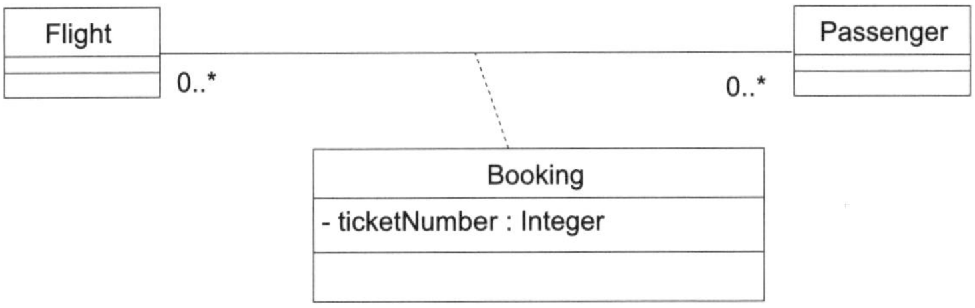

Abbildung 4.17: Assoziationsklasse Booking

Als Beispiel für eine Assoziationsklasse definieren wir *Booking* zwischen den Klassen *Flight* und *Passenger*, wobei *Booking* ein zusätzliches Attribut *ticketNumber* besitzt. Jede Instanz von *Booking* ist ein Link zwischen einer Instanz von *Flight* und *Passenger* und besitzt einen *Slot* mit einem Wert für das Attribut *ticketNumber*. Dieses Beispiel ist in Abbildung 4.17 visualisiert.

Nun können wir überlegen, dass eine ähnliche Semantik wie die von Assoziationsklassen auch unter ausschließlicher Verwendung von Assoziationen und Klassen in einem Modell erreicht werden kann. Nehmen wir an, im Modell existiert eine Assoziation, für die man ein Feature definieren möchte (wie *ticketNumber* im Falle von *Booking*). Dann kann eine neue Klasse gebildet werden (beispielsweise *BookingRecord*), die das oder die gewünschten Features besitzt. Zudem wird die ursprüngliche Assoziation aufgeteilt in zwei Assoziationen, jeweils zwischen den ursprünglich beteiligten Klassen und der neuen Klasse. Die Vielfachheiten der Assoziationsenden der neuen Assoziation sind

- an den ursprünglichen Klassen stets 1,
- an der neuen Klasse genau die Vielfachheit der ursprünglichen Assoziation des jeweils korrespondierenden Endes.

Dieses Verfahren ist in Bezug auf unser Beispiel in Abbildung 4.18 dargestellt.

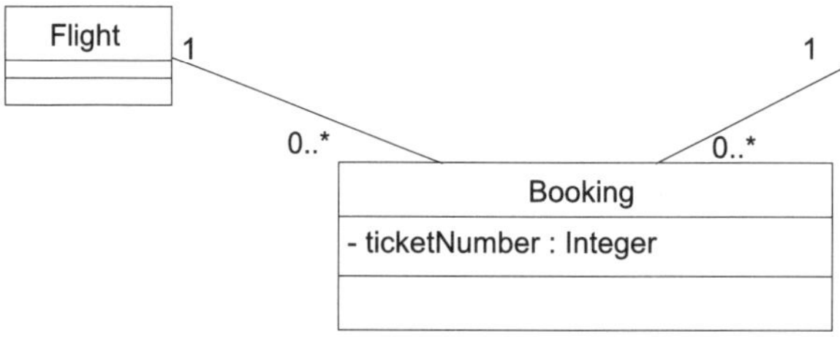

Abbildung 4.18: Verfahren zur Auflösung von Assoziationsklassen

Vergleichen wir einmal die beiden Ansätze mit und ohne Assoziationsklassen. Angenommen, der Passagier »Mrs. Honig« ist auf den Flug »LH 454« gebucht, die Ticketnummer sei »5«. Dann haben wir in beiden Fällen eine Instanz von *Flight* (identifiziert durch »LH 454«) und eine Instanz von *Passenger* (identifiziert durch »Mrs. Honig«). Ist eine Assoziationsklasse *Booking* in unserem Modell definiert, so wird diese ebenfalls instanziert. Der mit *ticketNumber* bezeichnete *Slot* bekommt den Wert »5«. Diese Instanz ist gleichzeitig auch der Link zwischen den beiden Instanzen von *Flight* und *Passenger*.

Im Falle ohne Assoziationsklasse haben wir eine Instanz von *BookingRecord*. Deren mit *ticketNumber* bezeichnete *Slot* hat den Wert »5«. Es bestehen zwei Links, jeweils zwischen dieser Instanz und den Instanzen von *Flight* und *Passenger*. Die Verbindung zwischen den *Flight*- und *Passenger*-Instanzen erfolgt in diesem Fall indirekt über die dazwischen befindliche Instanz von *BookingRecord*, ist aber wegen der Vielfachheit 1 eindeutig an den Enden für *Flight* und *Passenger*. Für jede Instanz von *BookingRecord* existiert also genau eine Instanz von *Passenger* und genau eine Instanz von *Flight* – analog zu den Instanzen von *Booking* im oberen Fall.

Im Metamodell von UML 2 wird zur Modellierung von Beziehungen zwischen Klassen, wenn diese Beziehungen zusätzliche Informationen tragen, stets das zweite Verfahren angewendet, da das Konzept *Assoziationsklasse* nicht zu den Grundkonzepten der Objektorientierung gehört und man die zur Metamodellbildung verwendbaren Konzepte möglichst klein halten möchte. Schauen wir uns zur Illustration die Generalisierungsbeziehung an (vergleiche Abbildung 4.19).

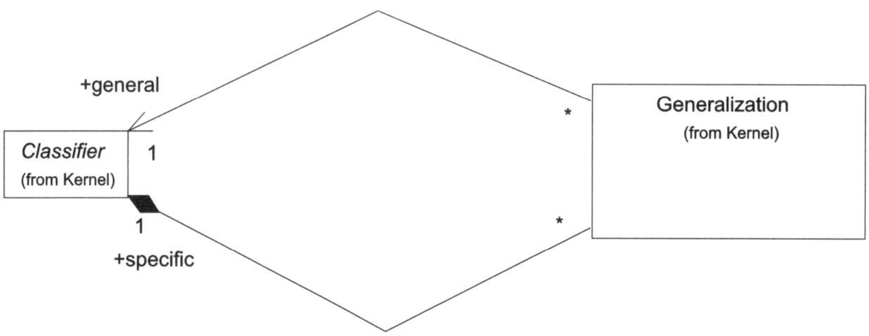

Abbildung 4.19: Metamodellausschnitt für Generalisierung

Wir erkennen, dass die Generalisierungsbeziehung, die ja eigentlich eine Beziehung zwischen der Metaklasse *Classifier* und sich selbst ist, als eigenständige Metaklasse modelliert wurde. Die Enden an *Classifier* benutzen die Vielfachheit 1, so dass zu jeder Generalisierungsbeziehung exakt eine generellere und exakt eine speziellere Instanz von *Classifier* gehört.

Lokale Klassen

In Kapitel 3 wurde das Konzept von Namensräumen und die Namensbildung von Modellelementen erklärt. Wir können anhand des Metamodells feststellen, dass Klassen Namensräume bilden und auch selbst Elemente sind, die Namen tragen können (vergleiche Abbildung 4.20).

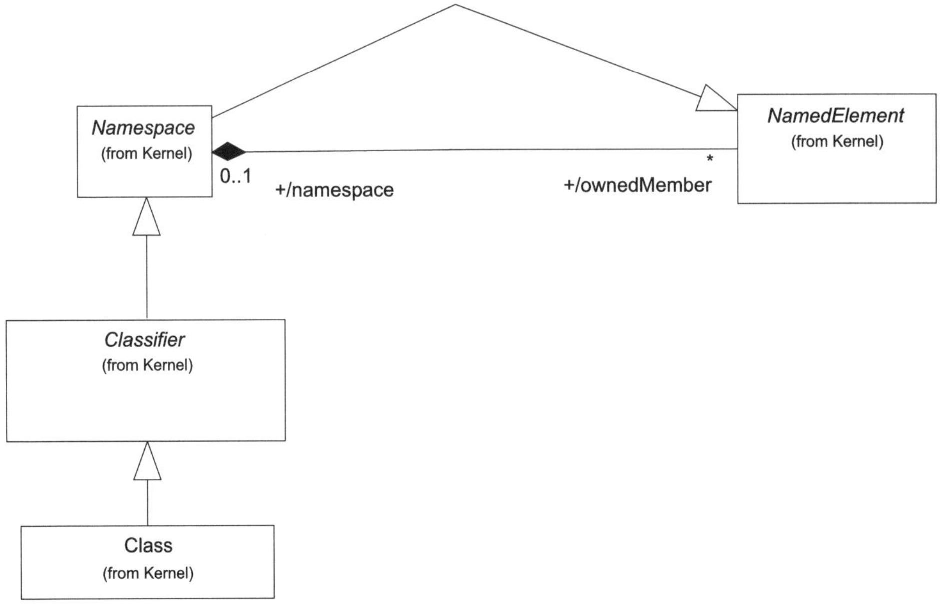

Abbildung 4.20: Metamodellausschnitt für Namespace und NamedElement

Die im Metamodell definierten Generalisierungsbeziehungen zwischen der Metaklasse *Class* und den Metaklassen *Namespace* und *NamedElement* implizieren, dass Klassendefinitionen wiederum andere Klassendefinitionen enthalten dürfen. Die in einer Klasse enthaltenen Klassen (lokale Klassen) können innerhalb der Klassennotation (Rechteck mit *Compartments*) in einem separaten *Compartment* dargestellt werden. Zwischen ihnen dürfen selbstverständlich auch Generalisierungsbeziehungen und Assoziationen definiert werden.

Man benutzt lokale Klassen beispielsweise, um die Typen von Attributen festzulegen, die in der umfassenden Klasse definiert sind. Ein weiterer in der Praxis oft auftauchender Anwendungsfall von lokalen Klassen bzw. *Classifiern* ist die Festlegung von Ausnahmen der in der umfassenden Klasse enthaltenen Operationen.

Diese Diskussion schließt den aktuellen Abschnitt ab, in dem wir uns noch einmal mit Details bereits bekannter Modellierungskonzepte auseinander gesetzt haben. Nun wollen wir uns auf »unbekanntes Terrain« vorwagen, denn UML 2 hat natürlich einiges mehr zu bieten, als wir bisher kennen gelernt haben.

4.1.2 Abhängigkeiten

Wir haben bereits Assoziationen als eine Form der Beziehung zwischen Klassen kennen gelernt. Eine Assoziation legt fest, auf welche Weise Instanzen der assoziierten Klassen (Objekte) durch Instanzen der Assoziation (Links) verknüpft werden. Nun möchte man in einem Modell Aussagen über Beziehungen zwischen Modellelementen treffen, die nicht zwingend Auswirkungen auf die Instanzen dieser Modellelemente haben oder aber Modellelemente in Beziehung setzen, die gar nicht instanziert werden können. Solche Abhängigkeiten haben keine Auswirkungen auf das System zur Ausführungszeit, sie betreffen ausschließlich das Modell.

Man denke an die Notwendigkeit, bei iterativer Modellverfeinerung Aussagen über die Auswirkungen einer Änderung eines Modellelements auf andere Modellelemente treffen zu können. Solche Aussagen helfen abzuschätzen, wie groß der Aufwand für eine konsistente Modelländerung sein wird. Ebenfalls möchte man Regeln aufstellen, die über die Standardsemantik der UML 2 hinausgehen und modellspezifische Konformitätsaussagen treffen. So könnte man sich vorstellen, dass im Falle einer modellspezifischen Konformität eine Klasse durch eine andere ersetzt werden kann.

Die UML 2 bietet dazu das allgemeine Konzept Abhängigkeit (*Dependency*). Eine Abhängigkeit ist eine Beziehung zwischen zwei nichtleeren Mengen von Modellelementen. Beide Mengen reflektieren verschiedene Rollen in der Abhängigkeitsbeziehung:

- Die Elemente der abhängigen Menge nehmen die Rolle *Client* ein,
- die Elemente der anderen Menge die Rolle *Supplier.*

Im Allgemeinen haben Änderungen von Elementen der *Supplier*-Menge Auswirkungen auf die Elemente der *Client*-Menge. Das Konstrukt *Dependency* erlaubt keine spezifischen Aussagen über die Art der Auswirkungen, die Änderungen der Elemente der *Supplier*-Menge auf die Elemente der *Client*-Menge haben. Zu diesem Zweck führt die UML 2 eine Reihe von Spezialisierungen und Ergänzungen des allgemeinen Konzepts *Dependency* ein.

Beschäftigen wir uns aber zunächst mit der allgemeinen Abhängigkeit, die in der UML 2 zwar ein allgemeines, aber kein abstraktes Konzept darstellt und dementsprechend auch notiert werden kann. *Dependency* wird als Pfeil mit unterbrochener Linie dargestellt, der vom *Client* zum *Supplier* führt.

Abbildung 4.21: Allgemeine Abhängigkeit zwischen einem Client und einem Supplier

Abhängigkeiten sind ein Mengenkonzept. Falls die Menge der Klienten oder die Menge der *Supplier* mehr als ein Element umfassen, werden die Pfeile von allen Klienten zu einem so genannten *Junction Point* und aus diesem heraus zu allen *Supplier*-Elementen geführt.

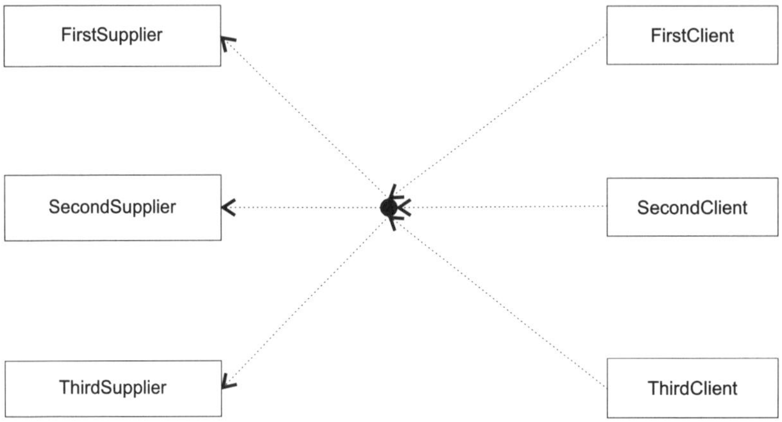

Abbildung 4.22: Abhängigkeiten zwischen Mengen von Clients und Suppliers

Aus Gründen der Rückwärtskompatibilität der UML 2 zur Vorgängerversion 1.4 existiert eine Reihe von Stereotypen für das Konzept *Dependency*. Diese Stereotypen implizieren jeweils eine besondere Semantik. Sie dürfen nicht mit den Spezialisierungen des Konzepts innerhalb der UML 2 verwechselt werden. Den Spezialisierungen von *Dependency* widmen wir uns später. Zunächst wollen wir aus Gründen der Vollständigkeit die Stereotypen aus UML 1.4 beschreiben, obwohl deren Verwendung ausdrücklich nicht empfohlen wird.

1. Stereotyp <<*access*>>

   Wird angewendet bei Beziehungen zwischen zwei Namensräumen, um auszudrücken, dass auf den öffentlichen Inhalt des *Supplier*-Namensraums aus dem Klienten-Namensraum zugegriffen wird (nicht nur zugegriffen werden kann, denn dies ist über qualifizierte Namen immer möglich). Die Nutzung dieses Stereotyps bedeutet nicht, dass die Namen der Elemente des *Supplier*-Namensraums automatisch im Klienten-Namensraum sichtbar sind. In UML 2 sollte man eine Abhängigkeit ohne Stereotyp verwenden, um zu modellieren, dass der Klienten-Namensraum vom *Supplier*-Namensraum abhängt. Der Stereotyp <<*access*>> kommt häufig bei Abhängigkeiten zwischen *Packages* zum Einsatz.

2. Stereotyp <<*friend*>>

   Wird angewendet bei einer Beziehung, in der das *Supplier*-Modellelement dem Klienten-Modellelement Zugriff auf alle seine enthaltenen Elemente gewährt, unabhängig davon, wie deren Sichtbarkeit definiert ist. Diese Art der Abhängigkeit kann beispielsweise zwischen zwei Klassen definiert werden, die Klienten-Klasse hat dann Zugriff auf alle Features der *Supplier*-Klasse. In UML 2 sollte man die Spezialisierung *Permission* von *Dependency* in einer solchen Situation verwenden. *Permission* werden wir später detailliert kennen lernen.

3. Stereotyp <<*import*>>

   Wird angewendet bei einer Beziehung zwischen Namensräumen, bei der der öffentliche Inhalt des *Supplier*-Namensraums dem Inhalt des Klienten-Namensraums hinzugefügt wird. Dieses Konzept ist in UML 2 durch das Konzept *Paketimport* ersetzt worden und sollte daher nicht verwendet werden.

Widmen wir uns nun den konkreten Spezialisierungen des Konzepts *Dependency* in UML 2. Zur Übersicht empfiehlt sich ein Blick in das UML-Metamodell (Abbildung 4.23).

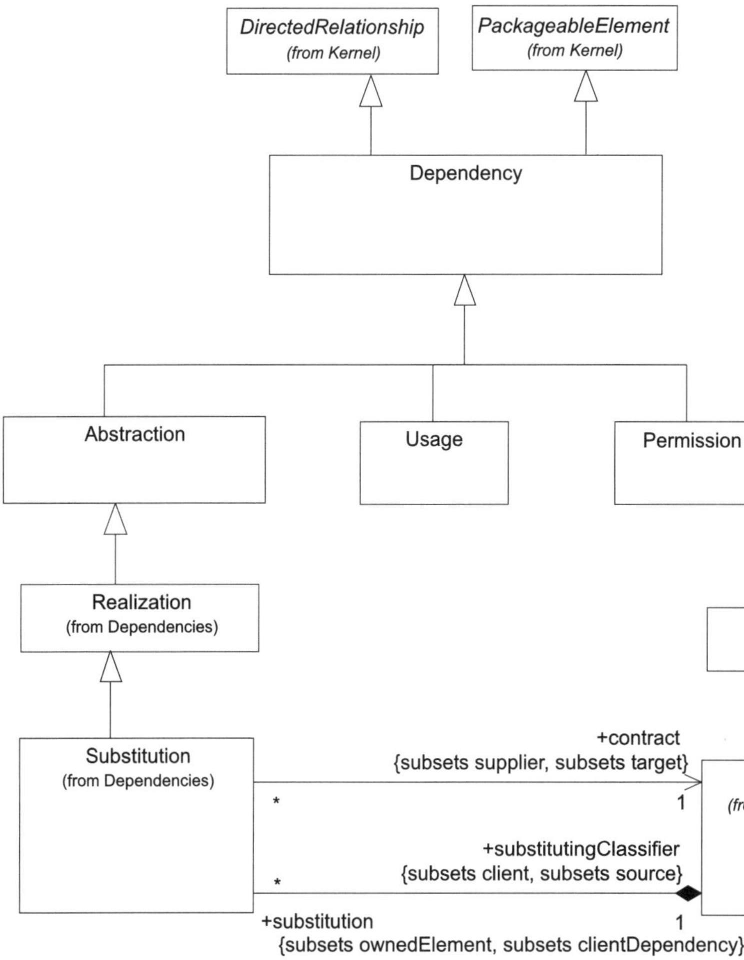

Abbildung 4.23: Metamodellausschnitt für Dependency

Beginnen wir mit den drei direkten Spezialisierungen von *Dependency*:

- *Abstraction*
- *Usage*
- *Permission*

Permission

Die Abhängigkeit *Permission* erlaubt dem Klienten den Zugriff auf die Bestandteile des *Supplier*-Elements unabhängig von deren Sichtbarkeit. Das *Supplier*-Element muss vom Typ *Namespace* sein. Der Einsatz dieser Abhängigkeit ist immer dann zu empfehlen, wenn das Klienten-Element eine außergewöhnliche Autorität gegenüber dem *Supplier*-Element besitzt, die die »normalen« Zugriffsrechte außer Kraft setzt.

Die Notation der Abhängigkeit *Permission* erfolgt durch das Schlüsselwort <<*permit*>>. Ein Objekt der Klasse *FAA* (*Federal Aviation Authority*) darf sicherlich jederzeit auf den Inhalt einer Klasse *BlackBox* mittels der Operation *getRecords* zugreifen, insbesondere nach einem Zwischen- oder Unfall, während Objekte anderer Klassen nur die Operation *writeRecord* benutzen dürfen. Diese Situation wird unter Nutzung der *Permission*-Abhängigkeit, wie in Abbildung 4.24 dargestellt, modelliert.

Abbildung 4.24: Notation der Permission-Beziehung

Usage

Die *Usage*-Abhängigkeit charakterisiert, dass ein Klient ein *Supplier*-Element oder eine Menge von *Supplier*-Elementen für seine eigene Implementierung oder Ausführung benötigt. Diese Abhängigkeit spezifiziert nicht, in welcher Weise die *Supplier*-Elemente benutzt werden, sondern trifft nur die Aussage, dass sie benutzt werden. Die Notation erfolgt durch das Schlüsselwort <<*use*>> an dem *Dependency*-Pfeil. Nehmen wir an, ein Reservierungssystem für Flugreisen, modelliert durch die Klasse *Search*, verfügt über Operationen zur Suche von Flügen, Flughäfen und Verbindungen. Ein Reisebüro, modelliert durch die Klasse *TravelAgent*, kann auf diese Operationen zugreifen, sie nutzt also die Klasse *Search* für ihre Ausführung (Abbildung 4.25).

Abbildung 4.25: Nutzung der Klasse Search durch die Klasse TravelAgent

In *Client-Server*-Architekturen tritt dieses Konzept immer bei der Spezifikation der Nutzung einer Schnittstelle durch einen Klienten in Erscheinung. Es ist also durchaus wichtig und wird uns in Zusammenhang mit der Erläuterung des Konzepts *Interface* noch einmal beschäftigen (vgl. Abschnitt 4.1.4).

In UML 2 gibt es drei Stereotypen der spezialisierten Abhängigkeit *Usage*:

1. Stereotyp <<*call*>>

   Usage-Abhängigkeit zwischen Operationen oder Klassen, mit der Bedeutung, dass die Klienten-Operation oder eine Operation in der Klienten-Klasse die *Supplier*-Operation oder eine Operation in der *Supplier*-Klasse aufruft.

2. Stereotyp <<*create*>> oder <<*instantiate*>>

   Usage-Abhängigkeit zwischen *Classifiers*, die erklärt, dass der Klienten-*Classifier* Instanzen des *Supplier-Classifier* erzeugt.

3. Stereotyp <<*send*>>

   Usage-Abhängigkeit zwischen einer Operation als Klient und einem Signal als *Supplier* der Abhängigkeit, die definiert, dass die Operation während der Ausführung ein Signal des *Supplier*-Typs sendet. Wir werden den speziellen *Classifier Signal* im nächsten Abschnitt genauer beleuchten.

Diese Stereotypen dienen ebenfalls der Rückwärtskompatibilität zu UML 1.4. Die Notation dieser Stereotypen ist in der aktuellen Sprachdefinition nicht explizit festgelegt. Bei konsequenter Auslegung der Notationsregeln ergibt sich aber, dass die Stereotypen mit ihrem Namen anstelle des Schlüsselworts <<*use*>> ebenfalls in spitzen Klammern dargestellt werden.

Abstraction

Diese Abhängigkeit setzt Mengen von Modellelementen in Beziehung, die dasselbe Phänomen oder denselben Aspekt auf verschiedenen Abstraktionsstufen oder aus unterschiedlichen Blickwinkeln im Modell repräsentieren.

Diese Situation tritt in Softwareentwicklungsprozessen häufig auf, wenn ein und dasselbe Phänomen innerhalb verschiedener Entwicklungsphasen betrachtet wird. So wird eine Klasse, die das Phänomen Buchungssystem in der Analysephase repräsentiert, mit hoher Wahrscheinlichkeit nicht direkt in die Implementierung übernommen, sondern in Zwischenschritten verfeinert. Es können in der Designphase eine Menge von Klassen entstehen, die alle der Realisierung des Buchungssystems dienen. Die Abhängigkeit *Abstraction* erlaubt es uns, alle diese Klassen mit der Analyseklasse *BookingSystem* zu verbinden und so ihre Entstehung im Modell nachvollziehbar zu verankern.

Abstraction legt also in gewisser Weise eine Abbildung zwischen einem Modellelement höheren Abstraktionsgrads auf Elemente niedrigeren Abstraktionsgrads fest. Diese Abbildung kann sowohl unidirektional als auch bidirektional sein. Zur Spezifikation der Abbildung dient ein Ausdruck, der der *Abstraction*-Abhängigkeit stets zugeordnet wird. Dieser Ausdruck kann eine formale Abbildungsregel oder eine informale Aussage sein.

Die Notation von *Abstraction* erfolgt mittels Schlüsselwort <<*abstraction*>> an einer *Dependency*, die von einem abgebildeten Element (Klient) zu einem abstrakteren Element (*Supplier*) führt. Während der Modellierung unseres Buchungssystems kann sich ergeben, dass eine Klasse *BookingSystem* in einem Paket *Analysis* auf die Klassen *BookingEngine* und *TravelAgent* in einem Paket *Design* abgebildet wird. Die Darstellung der Abbildungsregel ist durch die Sprachspezifikation nicht festgelegt und damit werkzeugspezifisch. Eine adäquate Notation ist die Formulierung einer *Anotation* an der *Abstraction*-Abhängigkeit. Der beschriebene Sachverhalt ist in Abbildung 4.26 präsentiert.

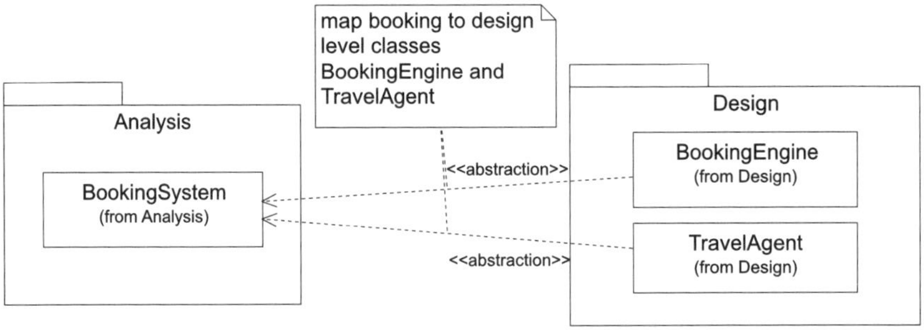

Abbildung 4.26: Darstellung der Abstraction-Abhängigkeit mit einer Abbildungsregel

Wiederum existieren in UML 2 eine Reihe von Stereotypen sowie Spezialisierungen für *Abstraction*, die die genaue Semantik der Abhängigkeit näher beschreiben. Studieren wir zunächst die Stereotypen:

1. Stereotyp <<*derive*>>

   Eine Abstraktion vom Typ <<*derive*>> erklärt, dass das Klienten-Element aus dem *Supplier*-Element berechnet werden kann, indem die für die *Abstraction*-Abhängigkeit definierten Abbildungsregeln konstruktiv eingesetzt werden. Eine Abhängigkeit dieser Art tritt häufig zwischen Modellelementen gleichen Typs auf. Stellen wir uns eine Klasse mit *Properties* als *Supplier*-Element vor, für die eine Abbildungsregel formuliert ist, die alle *Properties* in Zugriffsoperationen des Klienten-Elements überführt. Eine solche Form der Abbildung trifft man häufig an, wenn Klassen eines Designmodells in Implementierungsklassen überführt werden (beispielsweise bei der programmiersprachlichen Abbildung von CORBA-Schnittstellen). <<*derive*>> legt nicht fest, dass sich ein Klienten-Element vollständig aus einem *Supplier*-Element herleiten lässt, man sollte diese Abhängigkeit aber gerade in diesem Fall der vollständigen Ableitbarkeit anwenden.

2. Stereotyp <<*refine* >>

   Der Stereotyp <<*refine*>> spezifiziert Beziehungen zwischen Modellelementen auf unterschiedlichen Abstraktionsstufen. Anwendung findet dieser Stereotyp bei Übergängen zwischen Entwicklungsphasen wie beispielsweise beim Übergang von der Systemanalyse zum Systemdesign.

3. Stereotyp <<*trace* >>

   Der Stereotyp <<*trace*>> verbindet Modellelemente in unterschiedlichen Modellen und ist typischerweise bidirektional. Dies bedeutet, dass die Unterscheidung in Klient und *Supplier* irrelevant ist. Die Abbildungsregeln beschreiben die Zuordnung von Modellelementen und nicht eine Form der Berechnung eines Elements aus einem anderen. <<*trace*>> wird zur Nachvollziehbarkeit von Transformationen zwischen Modellen eingesetzt, einem Konzept, das eine fundamentale Rolle in der *Model Driven Architecture* spielt.

Wie bereits angesprochen, definiert die UML 2 neben diesen Stereotypen einige Spezialisierungen von *Abstraction*, denen wir uns nun zuwenden.

Realization

Realization ist eine Spezialisierung der *Abstraction*-Abhängigkeit, in der ein Klient eine Implementierung oder anderweitige Realisierung des *Supplier*-Elements darstellt. Aus der Perspektive des Klienten stellt das *Supplier*-Element die Spezifikation des Klienten dar. Später werden wir erfahren, dass Schnittstellen (die Spezifikation) häufig durch Klassen (Realisierung der Spezifikation) implementiert werden. *Realization* kann auch auf Mengen von Elementen angewendet werden, wobei dann die Menge der *Supplier*-Elemente durch die Menge der Klienten implementiert wird.

Die Notation von *Realization* erfolgt durch das Schlüsselwort <<*realize*>> an dem *Dependency*-Pfeil. Alternativ darf auch der aus UML 1.4 bekannte Realisierungspfeil benutzt werden. Wenn wir unser in Abbildung 4.25 dargestelltes Beispiel um eine Implementierungsklasse *SearchEngine* erweitern, die die Operationen von *Search* implementiert, so ergibt sich eine Entkopplung der Klasse *TravelAgent* von der Implementierungsklasse *SearchEngine* durch die Spezifikation, die die Klasse *Search* liefert.

Die Notation dieser Situation mit den beiden Notationsoptionen ist in Abbildung 4.27 illustriert.

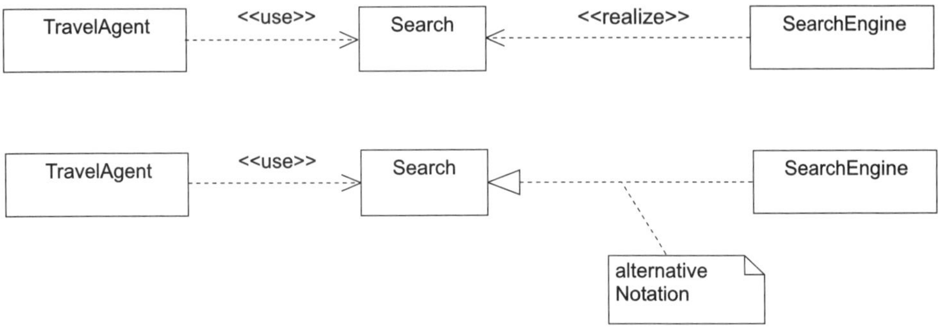

Abbildung 4.27: Entkopplung von SearchEngine und TravelAgent durch Search

Wenn wir nun noch die Klasse *Search* abstrakt definieren, so gelangen wir geradewegs zum Sprachkonzept *Interface*. Die genaue Semantik dieses Konzepts werden wir in Abschnitt 4.1.4 diskutieren, zunächst reicht uns die Vorstellung, dass ein Interface wie abstrakte Klassen eine Spezifikation von Features enthält, ohne jemals instanziert zu werden.

Substitution

Die – vorerst – letzte Spezialisierung der Abhängigkeit *Abstraction* ist *Substitution*. Diese Abhängigkeit erklärt, dass der Klient denselben Anforderungen hinsichtlich seiner Eigenschaften genügt wie das *Supplier*-Element und demzufolge Instanzen des Klienten der Abhängigkeit überall dort benutzt werden können, wo Instanzen des *Supplier*-Elements erwartet werden. Substitution ist also eine Konformitätsaussage. Konformität – und damit Austauschbarkeit – kann ebenfalls durch Spezialisierung von *Classifiers* erreicht werden, jedoch ist in manchen Situationen der Einsatz der Spezialisierung nicht adäquat.

Verdeutlichen wir uns dies an einem Beispiel. An den Rädern eines Fahrzeugs befinden sich Reifen. Wir unterscheiden die Reifen eines Fahrzeugs in Sommerreifen, Winterreifen und Ganzjahresreifen. Alle drei Reifenklassen spezialisieren die Klasse *Reifen*. Für bestimmte Straßen sind Winterreifen vorgeschrieben, es können aber auch Ganzjahresreifen verwendet werden. Dies lässt sich verallgemeinern: Überall dort, wo Winterreifen gefordert werden, dürfen also Ganzjahresreifen Verwendung finden. Trotzdem ist die Klasse *Ganzjahresreifen keine* Spezialisierung der Klasse *Winterreifen*. In einer solchen Situation ist der Einsatz des Konzepts *Substitution* sinnvoll, die Klasse *Ganzjahresreifen* substituiert die Klasse *Winterreifen* und die Klasse *Sommerreifen*.

Die Notation der Substitution erfolgt durch das Schlüsselwort *<<substitute>>* an dem *Dependency*-Pfeil. Der Klient der Substitution ist der substituierende *Classifier*, der substituierte *Classifier* nimmt die Rolle des *Suppliers*-Elements ein. Die Substitution ist eine binäre Beziehung zwischen *Classifiers*. Es ist also nicht erlaubt, Substitutionen zwischen Mengen von Klienten und *Suppliers* anzugeben, deren Mächtigkeit größer als 1 ist. Unser Reifenbeispiel ist in Abbildung 4.28 illustriert.

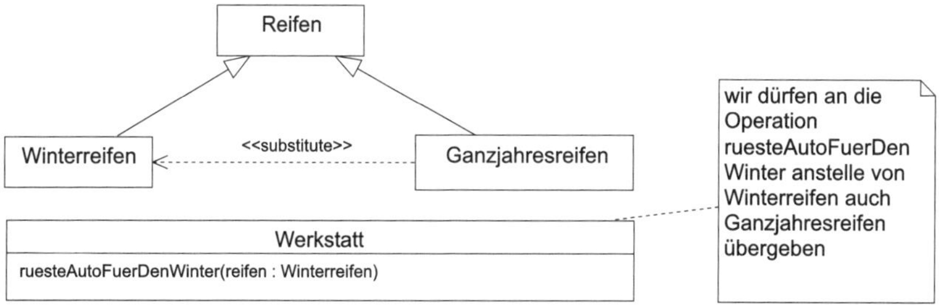

Abbildung 4.28: Substitution von Winterreifen durch Ganzjahresreifen

Bei einigen Airlines substituiert ein Sandwich das erwartete warme Gericht. Dies ist sicherlich kein Beispiel für den sinnvollen Einsatz der Substitution. Es ist also in Modellen sehr genau zu bedenken, ob eine Klasse eine andere tatsächlich substituieren kann, also alle Anforderungen, die an die substituierte Klasse gestellt werden, auch tatsächlich erfüllt.

Wir werden die Substitution an späterer Stelle (Abschnitt 4.1.6) wieder aufgreifen, um die – vagen – Aussagen über Konformität zwischen substituiertem und substituierendem Classifier zu präzisieren.

4.1.3 Signale und Signalempfang

Bisher können wir mit dem Konzept *Operation* den Zugang zu einem Verhaltensfeature an einem Objekt beschreiben, wobei in der Regel ein Resultat (ein Parameter oder eine Ausnahme) zurückgeliefert wird. Das Konzept wird oftmals dann eingesetzt, wenn der Rufer einer Operation am Ergebnis derselben interessiert ist. Operationsrufe können synchron und asynchron erfolgen, auf diese Verhaltensdetails werden wir in Abschnitt 4.3 eingehen.

Die Sprache UML 2 sieht ein weiteres Konzept zur Beschreibung des Zugangs zum Verhalten eines Objekts vor – die Benachrichtigung des Objekts mit Signalen. Im Unterschied zur Operation wird hier nur eine Information vom Sender zum Empfänger übertragen. Der Sender ist an einem Ergebnis der Bearbeitung oder Auswertung der Nachricht nicht interessiert.

Weiterhin ist festgelegt, dass die Übertragung einer Nachricht asynchron erfolgt, der Sender der Nachricht setzt sein Verhalten unmittelbar nach dem Senden fort und wartet nicht auf eine Reaktion des Empfängers. Natürlich kann der Empfänger einer Nachricht nach der Auswertung derselben ebenfalls mit einer Nachricht reagieren, dann aber ist der Sender der originalen Nachricht an dieser Nachricht interessiert. Die Interaktion zwischen dem Sender und dem Empfänger ist in diesem Sinne entkoppelt.

Analog zu Operationen erwarten wir, dass die Art und die Struktur der in einer Nachricht enthaltenen Information in Modellen spezifiziert werden kann. Ein Signal ist zu diesem Zweck als eine Spezialisierung von *Classifier* definiert und kann seinerseits *Properties* beinhalten. Diese *Properties* legen – wie Attribute von Klassen – fest, dass Nachrichten Informationen eines bestimmten Typs unter einem bestimmten Namen tragen. Die Eigenschaften der in Signalen enthaltenen *Properties* sind analog zu den Attributen von Klassen definiert. Der Metamodellauszug in Abbildung 4.29 illustriert diese Aussagen.

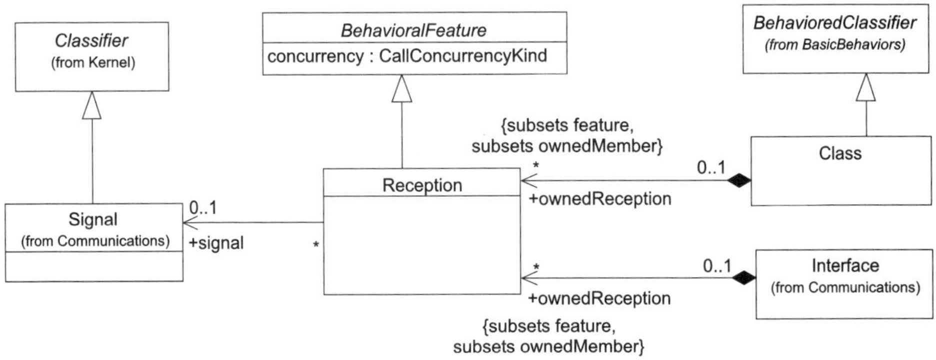

Abbildung 4.29: Metamodellauszug für Signal und Signalempfang

In der Abbildung ist weiterhin zu erkennen, dass der Empfang von Signalen als Verhaltenseigenschaft durch die Metaklasse *Reception* erfasst und von der Signaldefinition selbst getrennt ist. Diese Trennung ist durchaus sinnvoll, da sich eine Signaldefinition durch mehr als eine Klasse verarbeiten lassen muss. Die Signaldefinition fungiert als Erklärung der durch ein Signal übermittelten Information, könnte also auch als Signaltyp bezeichnet werden. Die Möglichkeit des Signalempfangs ist eine Verhaltenseigenschaft einer Klasse.

Die Notation von Signalen erfolgt mittels der wohlbekannten Klassennotation mit dem Schlüsselwort <<*signal*>>. Der Signalempfang wird analog zu Operationen notiert, wobei ebenfalls das Schlüsselwort <<*signal*>> Anwendung findet. Nehmen wir an, wir wollen den Typ von Signalen spezifizieren, die einen Piloten auf eine mögliche Kollision hinweisen. Dazu definieren wir das Signal *CollisionAlert* mit den Attributen *calculatedCollisionTime* von einem Typ *Time* und *recommendedAction* eines Typs *Action*. Die Pilotenkonsole, die hier als Klasse *InstrumentPanel* modelliert ist, kann Signale dieses

Typs empfangen und wird – vermutlich durch Aktivieren einer großen roten Lampe – auf den Empfang reagieren.

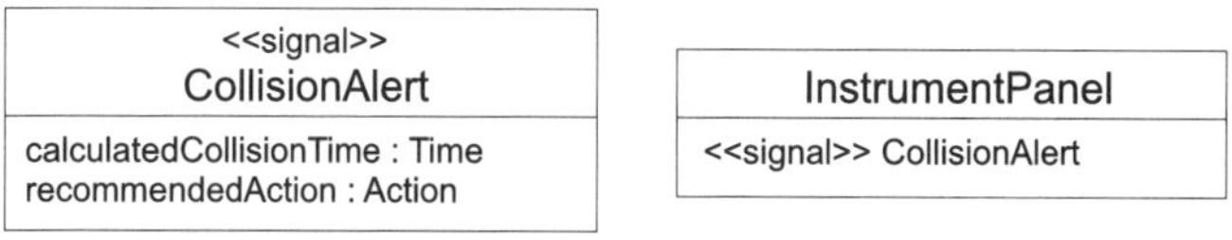

Abbildung 4.30: Notation für Signale und Signalempfang

Signale dürfen als *Classifier* natürlich in Generalisierungsbeziehungen miteinander stehen, es ist also möglich, Hierarchien von Signaldefinitionen zu bilden. Dies ist immer dann sinnvoll, wenn hinsichtlich des Signalempfangs die Eigenschaft der Polymorphie gelten soll. Stellen wir uns vor, unser Signal *CollisionAlert* sei eine der Spezialisierungen eines Signals *Alert*. Eine weitere Spezialisierung ist sicherlich ein Signal *LowAltitude*. Die ominöse Black Box eines Flugzeugs wird sicherlich beide Signale empfangen können. Die Verarbeitung der Signale in der Klasse *BlackBox* ist die gleiche – sie protokolliert den Empfang. Wir brauchen den Empfang also nicht zu unterscheiden. Dementsprechend können wir einen Signalempfang für *Alert* spezifizieren. Unsere Klasse *InstrumentPanel* sollte aber auf den Empfang der Signale unterschiedlich reagieren, also beim Empfang von *LowAttidude* insbesondere nicht mit der Aktion *Sinkflug* beginnen. Wir müssen also den spezifischen Typ der Signale berücksichtigen.

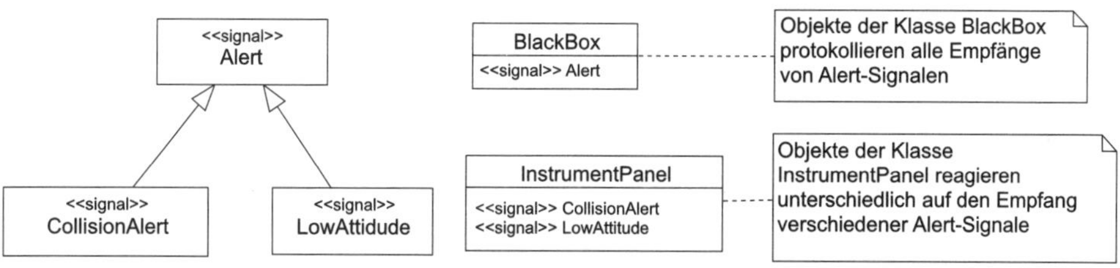

Abbildung 4.31: Signalhierarchie für Alert und unterschiedliche Reception-Definitionen

Signalempfang darf ausschließlich an den speziellen *Classifiers Class* und *Interface* definiert werden. Das Konzept *Interface* werden wir nun im nächsten Abschnitt detailliert diskutieren.

4.1.4 Interfaces anbieten und nutzen

Eine Klassendefinition im Modell dient zum einen dazu, die Struktur einer Klasse durch ihre Features präzise festzulegen, um damit ein Gerüst für die Implementierung ihres Verhaltens zu bekommen. Wir erinnern uns: Die Featuredefinitionen legen zwar selbst noch nicht fest, wie eine Klasse das dadurch implizierte Verhalten (z.B. eine Operation) bereitstellen muss, aber zumindest, dass es dieses Verhalten im Kontext der Klasse gibt. Ist also eine Operation an einer Klasse definiert, so sollte diese Operation unter Beachtung der definierten Parameter im Kontext der Klasse implementiert werden.

Zum anderen erhalten wir durch eine Klassendefinition eine weitere Perspektive, wenn wir uns in die Position eines Klienten einer Klasse versetzen, also jemanden, der die Features einer Klasse benutzen möchte. Für diesen ist das »Wie« der Implementierung natürlich uninteressant, ihn interessiert vielmehr, welche Features eine Klasse bereitstellt und wie sie zu benutzen sind.

Das Klienten-Server-Prinzip kommt in der Praxis häufig vor. In verteilten Systemen ist es die Grundlage für das Zusammenwirken räumlich verteilter Systembestandteile. Weitere Bedeutung erlangt dieses Prinzip, wenn wir uns vorstellen, dass nicht nur die Systembestandteile räumlich verteilt arbeiten, sondern dass auch ihre Entwicklung möglicherweise an verschiedenen Orten und von verschiedenen Teams vorgenommen wird. Soll ein Team A eine Klasse als Klient benutzen, die vom Team B definiert und implementiert wird, so muss Team A die Klassendefinition und damit die Art der bereitgestellten Features kennen, um die Klasse korrekt benutzen zu können.

Um die Definition der Signatur von Features, die ein Klient benutzt und die beispielsweise eine Klasse implementiert, zu ermöglichen, existiert in der UML das Konzept *Interface*. Ein Interface spezifiziert einen Vertrag zwischen Benutzern und Anbietern von Features, indem diese Features gemeinsam mit ihren Benutzungsbedingungen festgelegt werden.

Interface ist kein ausschließlich technisches Konzept, sondern aus dem täglichen Leben wohlbekannt: Als Passagier einiger Airlines hat man das Glück, an jedem Platz ein Unterhaltungssystem vorzufinden. Man erblickt einen Monitor und – etwas versteckt – eine Bedienungskonsole mit einer Unmenge von Knöpfen. Will man das System benutzen, wirft man am besten einen Blick in das *Inflight Magazine*, in dem alle Features aufgelistet sind und deren Benutzung erklärt wird. Das *Inflight Magazine* enthält also die Beschreibung des Interface zwischen Fluggast und Unterhaltungssystem. Aus dieser Interface-Beschreibung lässt sich nicht auf die Implementierung des Systems rückschließen. Es ist aber sehr wohl möglich herauszufinden, wie das System reagieren soll, wenn die Knöpfe der Konsole in bestimmter Reihenfolge gedrückt werden.

Ein Interface spezifiziert eine Menge Features (Operationen, Signalempfang und Attribute). Die Art und Weise dieser Spezifikation ist die gleiche wie für Features von Klassen. Lediglich die Sichtbarkeit der Features eines Interface ist vorgegeben: Sie sind immer *public*, da es sich um einen öffentlichen Vertrag zwischen Benutzern und Anbietern handelt.

Um weitere Eigenschaften des Konzepts *Interface* herauszufinden, hilft uns wie üblich ein Studium des UML-Metamodells. Im Paket *UML::Classes::Interfaces* finden wir heraus, dass Interface eine der Spezialisierungen von *Classifier* ist. Interfaces besitzen also alle Eigenschaften, die wir für *Classifier* kennen gelernt haben. Sie dürfen insbesondere in Generalisierungsbeziehungen auftauchen, an Assoziationen teilnehmen und Features beinhalten. Ebenfalls darf ein Interface andere Interface-Definitionen enthalten.

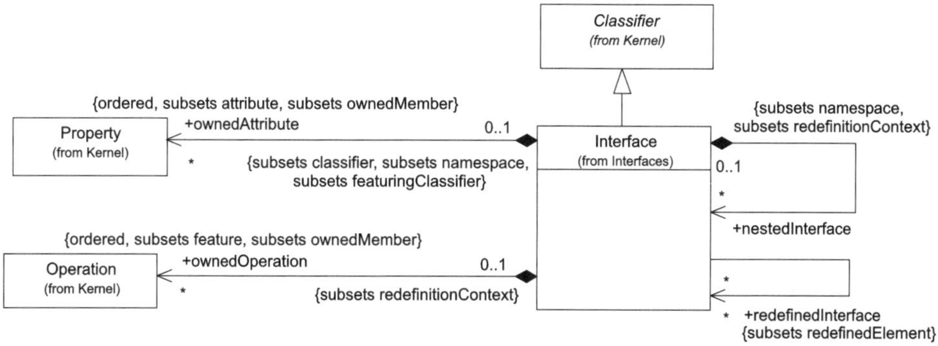

Abbildung 4.32: Metamodell für Interface als Classifier mit Assoziation

Es gibt einige weitere Besonderheiten von Interfaces bezüglich der Anwendung der von *Classifier* übernommenen Eigenschaften:

- Da Interfaces Kontrakte der Nutzung von Features spezifizieren, müssen alle Features die Sichtbarkeit *public* haben.
- Außerdem ist die Bildung von Instanzbildung aus demselben Grunde nicht erlaubt.
- Für Assoziationen, an denen Interfaces beteiligt sind, gelten besondere Regeln.

In Modellen werden Interfaces mit der *Classifier*-Notation und dem Schlüsselwort *<<interface>>* dargestellt. Die Features des Interface werden – wie von Klassen gewohnt – in *Compartments* aufgeführt. Als Beispiel stellen wir uns ein Reservierungssystem für Flugreisen vor. Eines der Interfaces mit dem Namen *Search* erlaubt die Suche nach Flughäfen, Verbindungen zwischen Flughäfen und einzelnen Flügen. Es bietet dazu drei Operationen (*searchConnection*, *searchAirport*, *searchFlight*) an. Ein weiteres Interface *Book* erlaubt das Reservieren bzw. das feste Buchen eines Flugs durch die Operationen *reserveFlight* und *bookFlight*. Beide Interfaces sind in Abbildung 4.33 präsentiert.

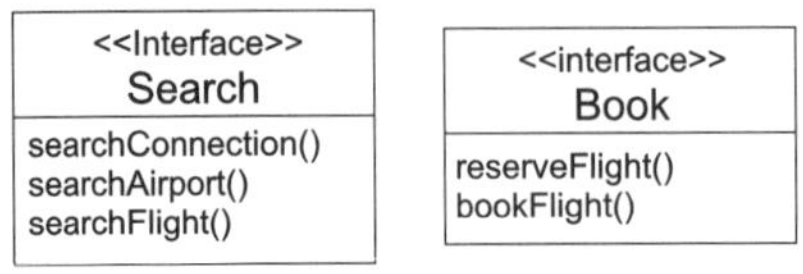

Abbildung 4.33: Interfaces Search und Book

Interfaces dienen der Spezifikation von Kontrakten zwischen Anbietern und Klienten. Widmen wir uns zunächst den Anbietern eines Interface: Interfaces werden durch *Classifier* angeboten. Ein *Classifier,* der ein Interface anbietet, implementiert die Features des Interface – alle Operationen des Interface können an Instanzen dieses *Classifier* aufgerufen werden, auf alle Attribute kann zugegriffen werden und diese Instanz versteht alle Signale, die für das Interface spezifiziert sind. Die Signaturen und dabei einzuhaltenden Bedingungen werden durch das Interface vorgegeben und durch einen anbietenden *Classifier* realisiert. Ebenso werden Interfaces von *Classifiers* verwendet, Instanzen dieser *Classifier* nutzen die durch das Interface definierte Signatur, um auf Features von anbietenden *Classifiers* zuzugreifen.

Die Realisierung eines Interface durch einen *Classifier* ist eine Abhängigkeit zwischen dem Interface und dem realisierenden *Classifier.* In Zusammenhang mit Interfaces führt die UML-2-Sprachdefinition die *Implementation*-Abhängigkeit als Spezialisierung der *Realization*-Abhängigkeit ein und verfeinert diese hinsichtlich der

- Implementierung von Interfaces

  Interfaces werden immer von *Classifiers* implementiert, während die *Realization*-Abhängigkeit beliebige Elemente vom Typ *NamedElement* zueinander in Beziehung setzt.

- Vielfachheiten

  Die *Realization*-Abhängigkeit setzt zwei beliebig große Mengen von Modellelementen zueinander in Beziehung, während die *Implementation*-Abhängigkeit zwischen genau zwei Modellelementen (dem Interface und dem realisierenden *Classifier*) anzuwenden ist.

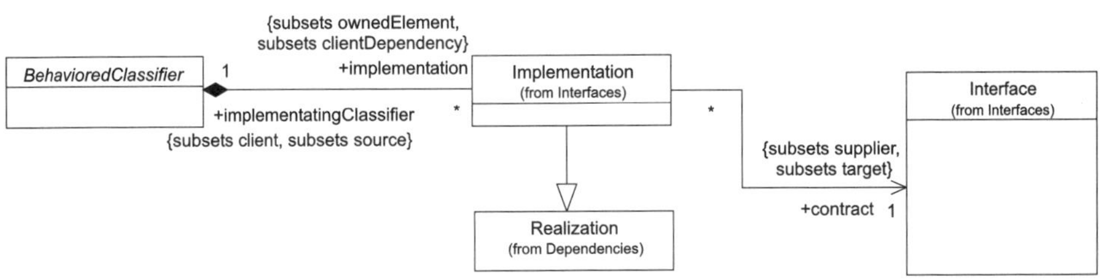

Abbildung 4.34: Metamodellausschnitt für die Implementation-Abhängigkeit

Die Spezialisierung der *Realization*-Abhängigkeit durch die *Implementation*-Abhängigkeit verdeutlichen wir uns anhand des Metamodellausschnitts in Abbildung 4.34.

Das Anbieten und die Nutzung von Interfaces werden durch die *Ball-Socket*-Notation dargestellt, wobei die Features des Interface nicht aufgeführt werden können. In unserem Beispiel bietet eine Klasse *SearchEngine* das Interface *Search* an, welches durch die Klasse *TravelAgent* benutzt wird. Das Interface *Book* wird ebenfalls von *TravelAgent* benutzt, aber durch die Klasse *BookingEngine* implementiert. Diese Situation ist in Abbildung 4.35 präsentiert.

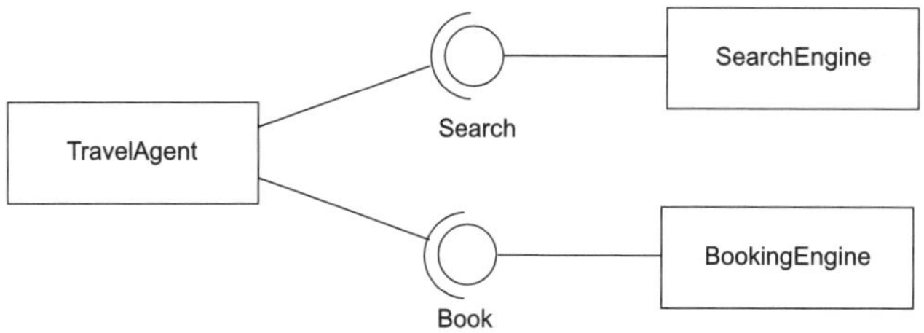

Abbildung 4.35: Notation der Nutzung und Implementierung von Interfaces

Als alternative Notation stehen uns die aus der *Usage*- und *Realization*-Relation bekannten Pfeile zur Verfügung. Zwischen dem ein Interface implementierenden *Classifier* und dem Interface wird eine *Realize*-Relation in Richtung des Interface zur Notation benutzt. Zwischen dem ein Interface benutzenden *Classifier* und dem Interface wird eine *Usage*-Relation in Richtung des Interface spezifiziert. An dem Interface können dann wie in Abbildung 4.36 seine Features aufgeführt werden.

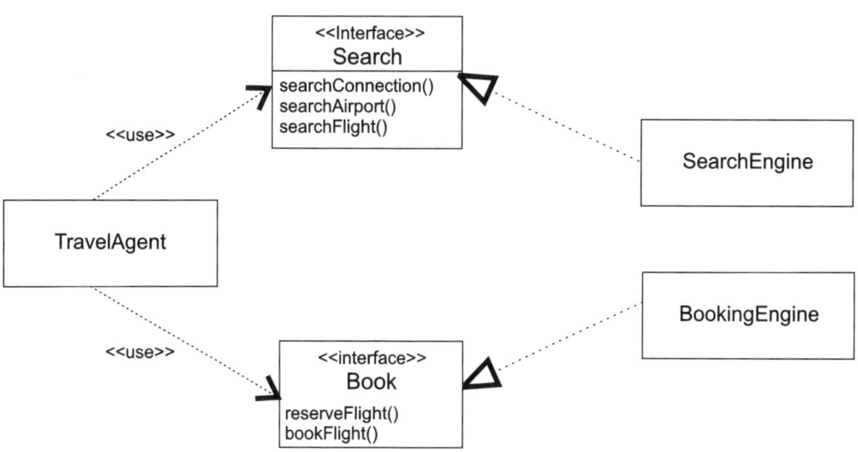

Abbildung 4.36: Alternative Notation für Implementierung und Nutzung eines Interface

Wie wir bereits in obigem Beispiel gesehen haben, darf ein *Classifier* mehrere Interfaces benutzen. Analog dazu erlaubt es die Sprache, dass ein *Classifier* mehrere Interfaces implementiert und ebenso darf ein Interface durch mehrere *Classifier* implementiert werden. Dieses Sprachfeature ermöglicht eine Definition von Interfaces aus Benutzungssicht, während Klassendefinitionen oftmals aus Implementierungssicht erklärt werden.

Aus Benutzungssicht werden Features oftmals nach logischen Gesichtspunkten gruppiert. So trennt man häufig Managementaspekte einer Klasse von der eigentlichen Dienstleistung. Dies schlägt sich in der Deklaration mehrerer Interfaces nieder, die dann durch eine Klasse implementiert werden. In unserem Beispiel wird es notwendig sein, die Benutzung des *Book*-Interface an eine vorherige Anmeldung eines Benutzers zu binden. Wir definieren also ein weiteres Interface *Login* mit der Operation *userLogin* und erklären, dass beide Interfaces durch die Klasse *BookingEngine* implementiert werden.

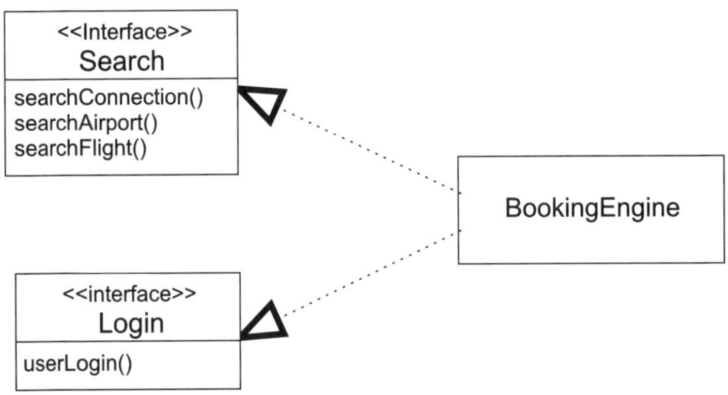

Abbildung 4.37: BookingEngine implementiert zwei Interfaces

Durch die beiden Interfaces werden die Features der Klasse *BookingEngine* partitioniert und als separat benutzbare Fassaden dem Nutzer offeriert. Dies ist offensichtlich ein häufig anzutreffendes Muster: Eine Partitionierung verschiedener Features erfolgt durch die Definition unterschiedlicher Interfaces, ihre Zusammenfassung zum Zwecke der Implementierung durch entsprechende Implementierungs-*Classifier*. Natürlich dürfen diese *Classifier* auch zusätzliche Features besitzen, die nicht in den implementierten Interfaces deklariert sind.

Nun möchte man bei der Definition der beiden Interfaces *Book* und *Login* festlegen, dass es zwischen beiden eine Beziehung geben muss: In einer Buchungssitzung sollte der angemeldete Benutzer bekannt sein. Da das Konzept *Interface* eine Spezialisierung von *Classifier* ist, darf man zwischen Interfaces Assoziationen angeben – und genau diese Möglichkeit nutzen wir, um unser Problem zu lösen. Wir definieren eine Assoziation zwischen *Book* und *Login*, wobei das Assoziationsende an dem Interface *Login* die Vielfachheit 1 bekommt und den Namen *mySession* erhält. Dieser Sachverhalt ist in Abbildung 4.38 dargestellt.

Abbildung 4.38: Assoziation zwischen Interfaces

Wie aber verhält es sich mit Instanzen dieser Assoziation? Direkte Links kann es von dieser Assoziation jedenfalls nicht geben, da man Interfaces nicht instanzieren darf. Daher fordert die Sprachdefinition, dass im Falle einer Assoziation zwischen Interfaces immer auch eine Assoziation zwischen den die Interfaces implementierenden *Classifiers* existieren muss. Diese muss zur ursprünglichen Assoziation zwischen den Interfaces konform sein, also dieselbe Anzahl von Assoziationsenden besitzen und für jedes Assoziationsende der Interface-Assoziation ein korrespondierendes Ende der Assoziation zwischen den implementierenden *Classifiers* festlegen. Hinsichtlich der Vielfachheiten dürfen diese korrespondierenden Enden höchstens Einschränkungen der Vielfachheit der ursprünglichen Enden definieren.

Die Forderung nach der Existenz einer geeigneten Assoziation zwischen den implementierenden *Classifiers* wird nicht nur hinsichtlich Assoziationen zwischen Interfaces aufgestellt sondern allgemein erklärt: Wann immer zwischen einem Interface und einem beliebigen *Classifier* eine Assoziation besteht, muss es eine Assoziation mit den beschriebenen Eigenschaften zwischen den das Interface implementierenden *Classifiers* und diesem *Classifier* geben.

Die sich ergebene Situation für unser Beispiel ist in Abbildung 4.39 dargestellt.

Die Klasse *BookingEngine* implementiert sowohl *Login* als auch *Book*, zwischen denen wir unsere Assoziation definiert haben. Also müssen wir eine konforme Assoziation zwischen *BookingEngine* und sich selbst definieren.

Die eigentliche Notwendigkeit der Existenz einer konformen Assoziation ergibt sich aber erst bei der Annahme, dass *Login* von einer separaten Klasse *Authorization* implementiert wird. In diesem Falle wird die konforme Assoziation zwischen *BookingEngine* und *Authorization* definiert, was Instanzen von *BookingEngine* die Kenntnis der jeweils zugeordneten Instanz von *Authorization* beschert (vgl. Abbildung 4.40).

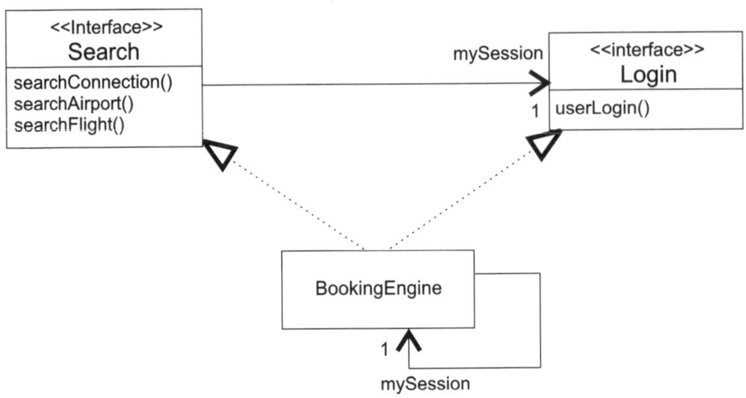

Abbildung 4.39: Assoziation zwischen Interfaces und deren Implementierungen

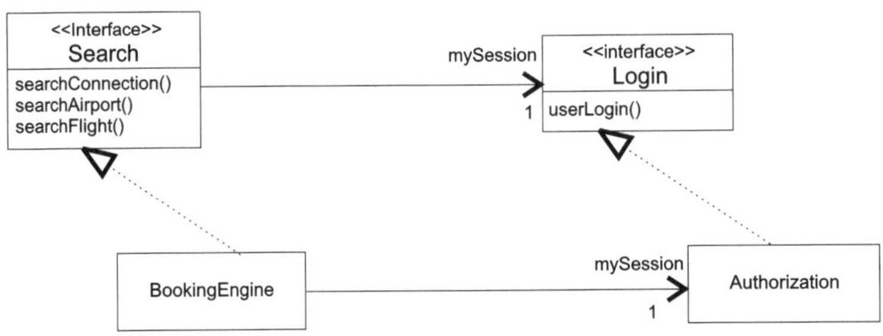

Abbildung 4.40: BookingEngine implementiert Authorization-Interface

Dieses Beispiel veranschaulicht ebenfalls die Vorzüge der Implementierung ein und desselben Interface durch mehrere *Classifier*: Vermutlich wird das Interface *Login* nicht nur durch die Buchungsmaschine angeboten, sondern auch von der Klasse *TravelAgent*, die in unserem Beispiel bisher als Nutzer der Interfaces *Search*, *Login* und *Book* aufgetreten ist. Wir können also allgemeine, aus Benutzungssicht zusammenhängende Aspekte von Klassen in Interfaces gruppieren und diese durch die Klassen implementieren. Ebenfalls erkennt man, dass eine Klasse in Bezug auf ein Interface sowohl Anbieter als auch Nutzer sein kann.

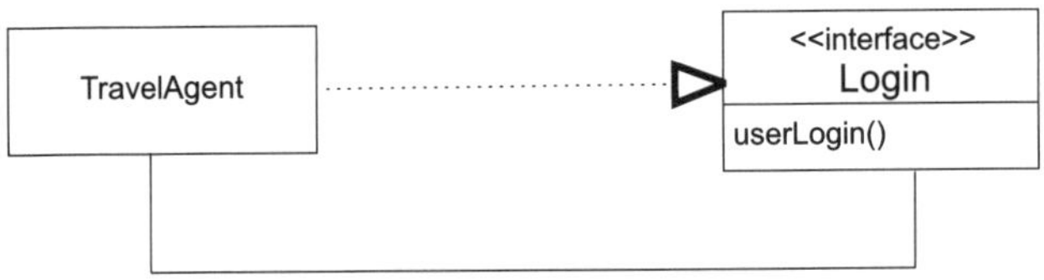

Abbildung 4.41: TravelAgent als Anbieter und Nutzer des Interface Login

Abschließend wollen wir auf die verschiedenen Varianten der an sich einsichtigen Beziehung zwischen einem Interface und einem anbietenden *Classifier* eingehen, die es in der kurzen Geschichte der Normierung der UML 2 gab. In einem Vorgängerdokument der aktuellen Sprachdefinition wurde erlaubt, dass ein anbietender *Classifier* nicht alle Features des unterstützten Interface selbst implementieren muss, sondern dies auch Sub-*Classifiers* überlassen darf. Dieser an sich sinnvolle Einsatz ist jetzt nicht mehr möglich: Ein *Classifier*, der ein Interface unterstützt, *muss* alle Operationen, Signalempfänge und Attribute selbst implementieren oder deren Implementierung aus seinen Super-*Classifiers* übernehmen. Dies bezieht sich auch auf alle direkten und indirekten Superinterfaces des unterstützten Interface. Der ein Interface unterstützende *Classifier* muss nicht zwingend die gleiche Signatur für die implementierten Features des Interface besitzen, muss aber eine Abbildung zwischen den Features des Interface und den eigenen Features erklären. Beispielsweise kann ein im Interface deklariertes *Property* durch zwei Operationen des *Classifiers* für den lesenden bzw. schreibenden Zugriff auf dieses *Property* realisiert werden.

4.1.5 Komponenten

In den beiden letzten Abschnitten, die den Aspekten der Beschreibung von Strukturen gewidmet sind, wollen wir Konzepte kennen lernen, die in UML 2 völlig überarbeitet wurden bzw. die neu in die Sprache eingeführt worden sind. Diese Aspekte sind die komponentenorientierte Entwicklung und die Beschreibung der internen Struktur von *Classifiers*, wobei Letztere wiederum die Definition von Komposition und Dekomposition von Systemen gestattet.

In den letzten Jahren hat sich die komponentenbasierte Entwicklung zunehmend durchgesetzt. Was versteht man nun unter diesem Schlagwort? Softwaresysteme sollen unter Benutzung der gleichen Methoden entstehen wie andere technische Produkte. Schaut man sich beispielsweise die Flugzeugindustrie an, so sieht man, dass ein Flugzeug aus Tausenden von Teilen zusammengesetzt wird. Für jedes einzelne Teil gilt dabei, dass es eine gegebene Spezifikation vollständig realisiert. Da es beim Zusammenbau darauf ankommt, dass die Teile ganz genau zueinander passen, muss die Spezifikation zumindest alle Details enthalten, die für das Einfügen des Teils in das Ganze notwendig sind.

Ein weiterer Aspekt, der aus der vollständigen Realisierung einer Spezifikation durch ein Teil resultiert, ist dessen Austauschbarkeit: Ein anderes Teil, dass die gleiche Spezifikation realisiert, kann an Stelle des originalen Teils verwendet werden. Werden an einem Flugzeug originale Reifen der Firma *Dunlop* montiert, so können diese später durch Reifen des Herstellers *Good Year* ersetzt werden, sofern sie die gleiche Spezifikation (Reifengröße, Belastungswerte etc.) realisieren. Eine weitere charakteristische Eigenschaft der komponentenorientierten Entwicklung ist die verteilte Entwicklung der Komponenten, die später zu einem Ganzen assembliert werden. Die Entwicklung der Komponenten der Flugzeuge von Airbus findet hochgradig verteilt statt, Airbus unterhält Werke in vielen europäischen Ländern. Ein Standort für die Endmontage ist Hamburg in Deutschland. Alle Teile, die zu einem fertigen Airbus gehören, werden aus ganz Europa mit einem erstaunlichen logistischen Aufwand zur Endmontage verschickt.

Ein großer Vorteil, den die komponentenorientierte Entwicklung verspricht und der sich zumindest im Flugzeugbau auch bewahrheitet, ist die Wiederverwendbarkeit von Komponenten. Die Idee dabei ist, dass die gleichen Komponenten für unterschiedliche Systeme eingesetzt werden können. So ist das Cockpitdesign bei allen Airbus-Flugzeugen identisch und aus den gleichen Komponenten gefertigt. Der Wunsch, einen ähnlichen Grad der Wiederverwendung von Komponenten bei Softwaresystemen zu erreichen, ist eine weitere Motivation für den Vormarsch komponentenorientierter Softwareentwicklung.

Fassen wir noch einmal die wesentlichen Aspekte der Komponentenorientierung zusammen und übertragen diese auf die Entwicklung von Softwaresystemen:

- Spezifikation einer Komponente

  Für jede Komponente gibt es eine Spezifikation, die diese Komponente vollständig realisiert. Für eine Softwarekomponente beinhaltet die Spezifikation alle von einer Komponente realisierten bzw. von ihr benötigten Interfaces. Alle Umgebungsabhängigkeiten sind in der Spezifikation explizit erfasst. Man sollte eine Komponente, ohne ihr Inneres zu kennen, in ein zu erstellendes Ganzes (komponentenbasiertes Softwaresystem) einsetzen können. Wenn dieses Prinzip nicht beachtet wird, ist wirkliche komponentenbasierte Entwicklung nicht zu erreichen.

- *Self-Containment* von Komponenten

  Eine Komponente beinhaltet alle zur Realisierung einer Spezifikation notwendigen Implementierungskonstrukte oder aber benutzt andere Komponenten zur Implementierung der Spezifikation, wobei deren Benutzung ausschließlich über in der Spezifikation angegebene genutzte Interfaces erfolgen darf.

- Austauschbarkeit von Komponenten

  Die vollständige Realisierung der Spezifikation einer Komponente impliziert ebenfalls die Möglichkeit des Austauschs einer Komponente durch eine andere, die dieselbe Spezifikation umsetzt.

- Verteilte Entwicklung und Assemblierung von Komponenten

  Softwarekomponenten zusammen mit ihren Spezifikation für komplexe Systeme werden an beliebig vielen Standorten und von beliebig vielen Teams erstellt. Dabei werden häufig bereits existierende so genannte Standardkomponenten eingesetzt und adaptiert. Die Assemblierung von Komponenten erfolgt durch Verbinden der bereitgestellten bzw. genutzten Interfaces der Komponenten. Glücklicherweise ist die Auslieferung von Softwarekomponenten und deren Assemblierung nicht mit solchen logistischen Schwierigkeiten verbunden wie im Flugzeugbau.

- Interna einer Komponente sind versteckt

  Auf die in einer Komponente enthaltene Funktionalität kann nur über die in der Spezifikation enthaltenen angebotenen Interfaces zugegriffen werden. Aspekte der Implementierung dieser Interfaces innerhalb der Komponente bleiben für den Nutzer unsichtbar.

Der Begriff Softwarekomponente ist aus einer Reihe von Technologien wohlbekannt. Ursprünglich stammt das Konzept aus der Microsoft-Technologie COM und wurde später in Plattformen wie *CORBA Components*, *Java 2 Enterprise Edition* und *Microsoft .NET* aufgegriffen. Der Komponentenbegriff in UML 2 stellt ein allgemeines Konzept dar, das durch Sprachanpassungen der UML 2 zur Verwendung als Modellierungstechnologie für diese Plattformen spezialisiert werden kann. Sprachanpassungen sind ein Feature der UML 2, dem wir uns im Kontext von UML-Profilen (siehe Kapitel 5) zuwenden werden.

Komponentenorientierte Systementwicklung ist in UML 2 durch das Konzept *Component* unterstützt, das im Metamodell in den Paketen *UML::Components::BasicComponents* und *UML::Components::PackagingComponents* definiert ist. Das Paket *PackagingComponents* definiert ein Paket-*Merge* in Bezug auf das Paket *BasicComponents*. Die *Component*-Definition in *PackagingComponents* spezialisiert und erweitert demzufolge die aus *BasicComponents* übernommene Definition des Konzepts der UML-Komponenten. Wir werden im Folgenden den Begriff *Basic Component* benutzen, um auf die *Component*-Definition im Paket *BasicComponents* zu verweisen und *Packaging Component*, um die *Component*-Definition im Paket *PackagingComponents* zu referenzieren.

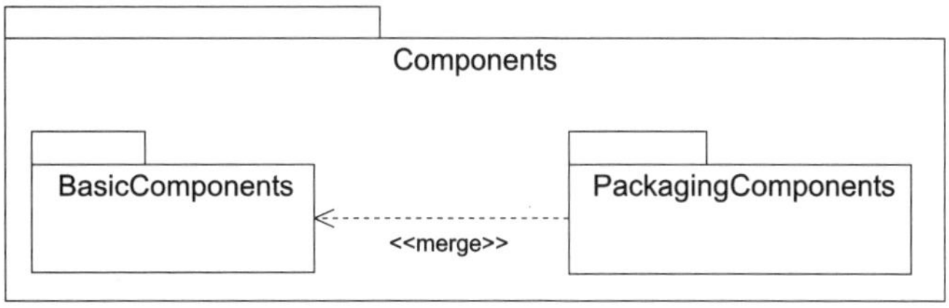

Abbildung 4.42: Paket-Merge zwischen PackagingComponents und BasicComponents

Basic Component

Das Konzept *Basic Component* charakterisiert eine ausführbare Komponente eines Softwaresystems. Wenn man einen beliebigen Windows-PC betrachtet, so findet man eine Menge von ausführbaren Komponenten auf diesem PC. Eines der bekanntesten Beispiele ist eine Komponente, die einen Dialog zur Auswahl eines File anzeigt. Diese Komponente wird von verschiedenen Windows-Applikationen verwendet und ihre Schnittstelle ist präzise definiert (*CFileDialog*).

Zu beachten ist, dass in UML 2 zwischen einer ausführbaren Komponente und ihrer Manifestation z. B. in einem File auf einem Datenträger unterschieden wird. Eine UML-2-Komponente ist ein logisches Konzept, das physikalisch repräsentiert werden kann. Aufgrund der Fokussierung auf die Ausführung einer Komponente widerspiegelt das Konzept *Basic Component* den klassischen Komponentenbegriff, wie ihn z. B. Szyperski [Szy 99] geprägt hat und wie man sich einen Teil eines ausführbaren Softwaresystems vorstellt.

Im Metamodell (vgl. Abbildung 4.43) ist *Basic Component* eine Spezialisierung von *Class* und hat damit alle Eigenschaften, die wir von Klassen gewohnt sind.

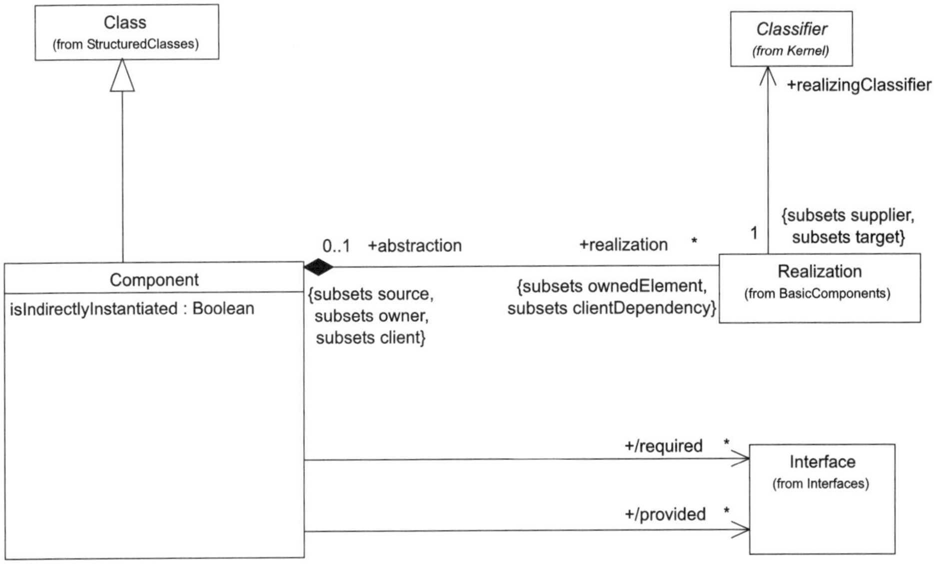

Abbildung 4.43: Konzept Basic Component im Metamodell

Zu den vom Konzept *Klasse* übernommenen Eigenschaften gehören:

- Komponenten dürfen Attribute, Operationen und Signalempfang spezifizieren.
- Komponenten können an Assoziationen teilnehmen.
- Komponenten können spezialisiert werden.
- Komponenten können instanziert werden.

Eine Komponente des Typs *Basic Component* wird durch die bekannte *Classifier*-Notation dargestellt, wobei entweder das Schlüsselwort <<*component*>> verwendet oder ein *Component*-Icon in der oberen rechten Ecke des Symbols platziert wird. Stellen wir uns vor, dass die Komponenten *InflightEntertainmentSystem*, *NavigationSystem* und *Autopilot* Teile eines Ganzen – des Flugzeugs – sind. Diese Komponenten sind in Abbildung 4.44 mit den beiden Präsentationsvarianten dargestellt.

Abbildung 4.44: Einige Komponenten des Systems Flugzeug

Zusätzlich zu den aus *Klasse* übernommenen Eigenschaften verfeinert das Konzept *Basic Component* die bereits bekannte *Realization-Dependency*, um auszudrücken, dass eine Komponente durch eine Menge von *Classifiers* realisiert wird. Dies sind genau diejenigen *Classifier*, die die Spezifikation der Komponente implementieren. Dies können beispielsweise Klassen sein oder aber wiederum Komponenten. Falls eine Komponente sich selbst realisiert (also beispielsweise durch Operationen, die die Komponente selbst definiert), so ist die Komponente selbst Klient der *Realization-Dependency*. Wenn wir uns eine *Dynamic Link Library* für die Plattform Microsoft Windows vorstellen, so ist dies im Sinne unserer Definition eine Komponente. Diese Komponente kann eine Menge von Klassen enthalten, die die Spezifikation der Komponente (beispielsweise ihre COM Interfaces) implementieren. Diese in der DLL enthaltenen Klassen sind die realisierenden *Classifier*. Aus der Perspektive der Komponente kapselt diese den Zustand und das Verhalten der realisierenden *Classifier* gegenüber der Umgebung. Eine DLL definiert üblicherweise eine Operation *main*. Diese Operation wird durch die DLL selbst implementiert, sie ist nicht Bestandteil einer der enthaltenen Klassen. Dementsprechend gehört in diesem Fall die Komponente selbst in die Menge der sie realisierenden *Classifier*. Auch der Aspekt der Trennung zwischen dem Komponentenbegriff und der Manifestation der Komponente in Form einer Datei wird an diesem Beispiel deutlich: Die Komponente selbst (die DLL) ist unabhängig davon definiert, ob die Datei, die die Komponente manifestiert, erst noch erstellt werden muss oder beispielsweise durch Kopieren entsteht.

Man beachte, dass Aussagen über realisierende *Classifier* zunächst keine Aussagen bezüglich der Art und Weise ihrer Instanzierung innerhalb der Komponente zulassen, es handelt sich um reine Typaussagen.

Die eine Komponente realisierenden *Classifier* können durch die bekannte *Realize*-Notation mit der Komponente verbunden werden, sie dürfen aber auch als direkter Bestandteil innerhalb des Rechtecks für die Komponente erscheinen. Beide Varianten verdeutlicht Abbildung 4.45.

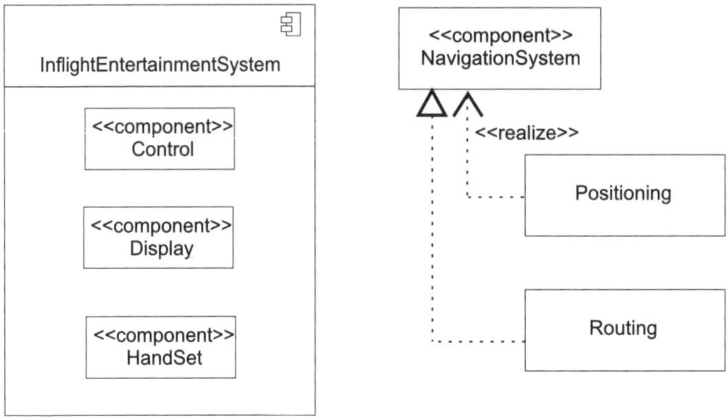

Abbildung 4.45: Realisierende Classifier für einige Flugzeugkomponenten

Neben der Erklärung der realisierenden *Classifier* definiert eine Komponente einen formalen Kontrakt über die Dienstleistungen, die sie ihrer Umgebung zur Verfügung stellt, und über solche Dienstleistungen, die sie von anderen Systembestandteilen in Anspruch nimmt. Diese Spezifikation erfolgt durch die Erklärung von angebotenen und benutzten Interfaces. Die Komposition von Komponenten funktioniert durch das Zusammenstecken der angebotenen Interfaces einer Komponente mit den genutzten Interfaces einer anderen Komponente. Die Notation dieser Interfaces erfolgt, wie in Abbildung 4.46 zu erkennen, durch die bereits bekannte *Ball-Socket*-Notation. Die Komponente *NavigationSystem* kann zwei Interfaces *Position* und *Heading* anbieten, die beide durch die Komponente *AutoPilot* genutzt werden.

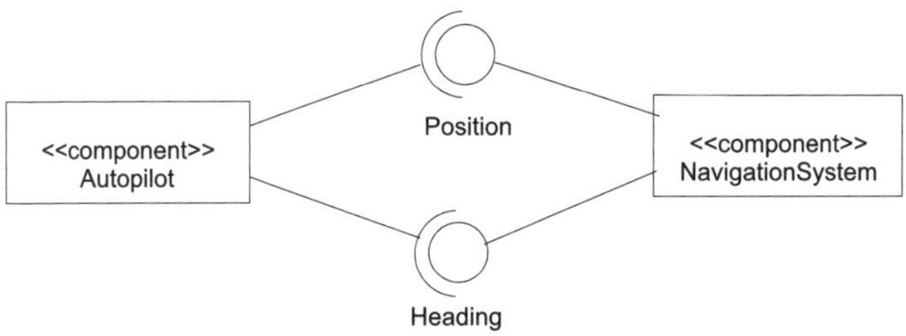

Abbildung 4.46: Nutzung und Angebot von Interfaces zwischen Komponenten

Mit der *Ball-Socket*-Notation können die Features der Interfaces nicht dargestellt werden. Sollte dies erforderlich sein, so kann alternativ auch die *Classifier*-Notation für Interfaces verwendet werden. Die Verbindung mit der Komponente erfolgt dann über die Abhängigkeiten *Realization* und *Usage*, die wir in Abschnitt 4.1.2 kennen gelernt haben.

Eine weitere Notationsoption ist die textuelle Auflistung der angebotenen und benutzten Interfaces in einem *Compartement* der Komponente. Die Liste der angebotenen Interfaces wird mit dem Schlüsselwort *<<provided interfaces>>* eingeleitet, die Liste der benutzten Interfaces mit dem Schlüsselwort *<<required interfaces>>*. Des Weiteren dürfen auch die realisierenden *Classifier* in einem zusätzlichen *Compartement* mit dem Schlüsselwort *<<realizations>>* notiert werden.

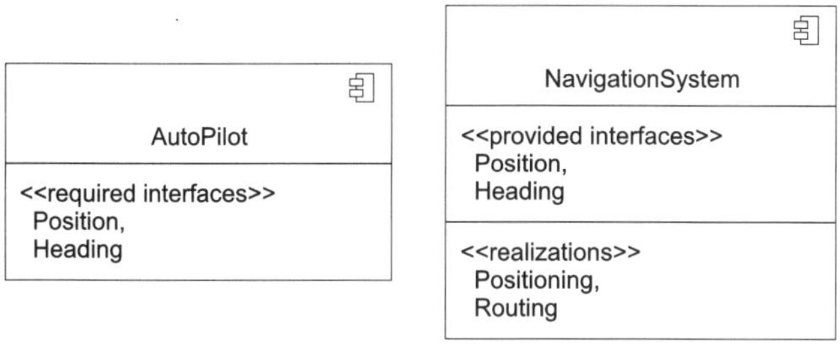

Abbildung 4.47: Textuelle Darstellung der Spezifikation einer Komponente

Nachdem wir nun die wesentlichen Konzepte kennen gelernt haben, die zur Beschreibung einer Komponente verwendet werden, kehren wir noch einmal zum Aspekt der Komponente als Kapsel für ihr Inneres zurück. Man unterscheidet zwei Sichten auf eine Komponente:

- Externe Sicht (»*Black Box View*«)

  Zur externen Sicht auf eine Komponente gehören alle nach außen sichtbaren Features der Komponente (Operationen, Signalempfang und Attribute der Komponente) sowie die angebotenen und genutzten Interfaces. Später werden wir sehen, dass auch nach außen sichtbare Ports sowie Spezifikationen zur Präzisierung des zu erwartenden externen Verhaltens zur externen Sicht auf eine Komponente gehören.

- Interne Sicht (»*White Box View*«)

  Zur internen Sicht gehören alle privaten Features der Komponenten sowie die die Komponente realisierenden *Classifier*. Wir werden später Mechanismen kennen lernen, die es erlauben, die strukturellen Interna einer Komponente näher zu beschreiben und die Interna und Externa einer Komponente einander zuzuordnen. Ebenfalls werden Spezifikationen des internen Verhaltens einer Komponente der internen Sicht zuzuordnen sein.

Die Instanzierung von Komponenten kann einerseits erfolgen durch das Anlegen eines adressierbaren Objekts. Andererseits kann Komponenten-Instanzierung auch bedeuten, dass kein adressierbares Objekt entsteht, sondern lediglich die in der Komponente enthaltenen *Classifier* instanziert werden. In diesem Fall repräsentiert die Komponente nur eine modulare Zusammenfassung von anderen Modellelementen zur Entwicklungszeit. Dieser Aspekt, das Enthalten von anderen Modellelementen zum Zwecke der Repräsentation als modulare Einheit mit Komponenteneigenschaften, führt zur bereits erwähnten Spezialisierung von Komponenten im Paket *UML::Components:: PackagingComponents*.

Packaging Component

Moderne Softwareentwicklungsprozesse sind in zunehmendem Maße ebenfalls komponentenorientiert. Das bedeutet, dass Komponenten nicht mehr nur als Resultat einer Implementierung betrachtet werden und ausführbare Systembestandteile im Modell repräsentieren, sondern dass das Konzept *Komponente* durchgängig in allen Phasen eines Entwicklungsprozesses angewendet wird. Man verspricht sich davon, die Vorteile des komponentenorientierten Vorgehens (Wiederverwendung, *Self-Containment*, Kapselung, ausschließlich explizite Umgebungsabhängigkeiten) während des gesamten Entwicklungsprozesses ausnutzen zu können.

In UML 2 wird das Konzept *Packaging Component* als Spezialisierung des Konzepts *Basic Component* definiert. Worin liegt nun der genaue Unterschied zu *Basic Components*? Wir haben erfahren, dass der Fokus bei der Definition von *Basic Components* auf der Ausführung von Komponenten liegt. Wollen wir die Komponentenorientierung im gesamten Entwicklungsprozess anwenden, so sind bestimmte Modellelemente ebenfalls Teil einer Komponente, die mit der Ausführung derselben nichts zu tun haben. Jedwedes Modellierungswerk, dass während der Definition einer Komponente kreiert wird, ist dann ebenfalls dieser Komponente zuzuordnen. Verdeutlichen wir uns diesen Aspekt an einem Beispiel. Zur reinen Ausführung des mehrfach erwähnten *Inflight Entertainment System* sind natürlich nur diejenigen Komponenten notwendig, die die Implementierung bereitstellen, die wir also »anfassen« können oder die in Form von Software vorliegen. Wird das System während der Entwicklung von Anfang an als Komponente eines Ganzen aufgefasst, so sind die Beschreibung von Anwendungsfällen, die Abhängigkeiten zwischen Modellelementen, die gewählten Verfeinerungsschritte, die zur Implementierung geführt haben etc. ebenfalls Bestandteil der Komponente *Inflight Entertainment System*.

Ein weiterer Unterschied zu *Basic Components* besteht in der unterschiedlichen Instanzierung von Komponenten: *Basic Components* haben im Allgemeinen direkte Instanzen, während *Packaging Components* typischerweise indirekt, also über die realisierenden *Classifier* instanziert werden.

Packaging Components enthalten also neben ausführbaren Bestandteilen die kreative Leistung eines Modellierers, die als sehr wertvolles Gut komponentenorientiert wiederverwendet werden kann. Nehmen wir an, der Modellierer hat eine Anzahl von wichtigen Designmustern (*Design Patterns*) entdeckt und diese Muster als Grundlage der Implementierung festgehalten. Zunächst finden diese Patterns nur in der Komponente Verwendung, die es zu entwickeln galt. Ihre Definition ist Bestandteil einer *Packaging Component*. Jedoch können diese Designmuster für die Entwicklung anderer Komponenten eingesetzt werden, die »originale« *Packaging Component* wird in diesem Fall wiederverwendet.

Eine weitere Implikation der durchgängigen Komponentenorientierung ist die Komplexität von Komponenten: Als Komponente werden nicht nur »atomare« Bestandteile eines Systems aufgefasst, sondern ebenso sehr große Teile des Systems (Subsysteme) oder gar das System selbst.

Schauen wir uns einmal die Definition von *Component* im Paket *UML::Components::PackagingComponents* an (Abbildung 4.48).

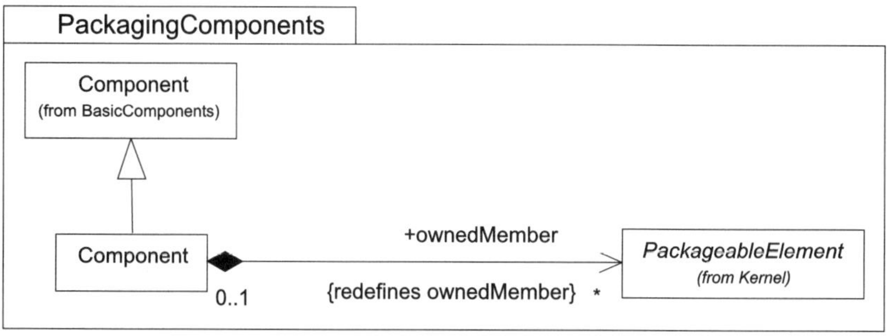

Abbildung 4.48: Metamodell von Component im Paket PackagingComponents

Als wesentliches Merkmal ist zu sehen, dass *Component* nunmehr alle Arten von Modellelementen enthalten darf, die man normalerweise in Paketen definiert – also alle konkreten Spezialisierungen von *PackageableElement*. Diese Erweiterung reflektiert den Charakter von *Packaging Components* als Namensraum für alle in Zusammenhang mit der Entwicklung der Komponente stehenden Modellelemente.

Warum aber kann für diesen Zweck nicht das Konzept *Paket* selbst eingesetzt werden bzw. was unterscheidet eine *Packaging Component* von einem Paket? Beantworten wir diese Frage durch den Vergleich der Features von *Packaging Component*, *Basic Component* und Paket.

- Aspekt Ausführbarkeit

  Basic Components charakterisieren ausführbare Systembestandteile, die Ausführbarkeit ist der zentrale Modellierungsaspekt. *Packaging Components* als Spezialisierung von *Basic Components* sind ebenfalls ausführbar, der zentrale Modellierungsaspekt ist aber die Zusammenfassung von allen kreierten Modellelementen während des Entwicklungsprozesses der Komponente. Für das Konzept *Package* ist die Ausführung nicht definiert, lediglich die in einem Paket enthaltenen Elemente können ausgeführt werden.

- Aspekte Generalisierbarkeit und Re-Definition

  Basic Components und *Packaging Components* sind Spezialisierungen von *Class* (und damit von *Classifier*) und daher sowohl generalisierbar als auch Kontext für die Re-Definition von enthaltenen Modellelementen. *Packages* sind nicht generalisierbar und nicht re-definierbar.

- Aspekt Enthalten von Modellelementen

  Sowohl *Basic Components* und *Packaging Components* als auch Pakete können andere Modellelemente enthalten. *Basic Components* dürfen solche Elemente enthalten wie Klassen, also in der Regel eigene Features. *Packaging Components* dürfen darüber hinaus alle Arten von Modellelementen enthalten, die auch in Paketen enthalten sein dürfen.

  Wird in einer *Packaging Component* ein separater Namensraum benötigt, so darf man natürlich auch Pakete im Kontext der *Packaging Component* definieren. Umgekehrt dürfen Pakete natürlich Komponenten enthalten. Komponenten stellen im Gegensatz zu Paketen darüber hinaus einen Re-Definitionskontext für beinhaltete Modellelemente zur Verfügung.

- Aspekt Verhaltensspezifikation

  Wie wir später sehen werden, ist jede Art von Verhaltensspezifikation an einen *Classifier* gebunden, d.h., es gibt keine Verhaltensspezifikation, die nicht im Kontext eines *Classifier* definiert ist. Damit kann es insbesondere keine Verhaltensspezifikation geben, die an ein Paket gebunden ist, sondern nur für die in einem Paket enthaltenen *Classifier*. Sowohl *Basic Component* als auch *Packaging Component* sind Spezialisierungen von *Classifier*, man darf also Verhaltensspezifikationen für diese in Modellen definieren.

- Aspekt Bildung von Instanzen

  Die Bildung von Instanzen ist für Pakete nicht zulässig, während Komponenten als spezielle Klassen generell instanzierbar sind.

Wird in einem Modell lediglich ein Namensraum für Modellelemente benötigt, so bietet sich die Nutzung des Konzepts *Package* an. Stehen dagegen Aspekte wie Modularisierung, Wiederverwendung und Ausführbarkeit im Vordergrund, so ist der Einsatz von *Basic Components* bzw. *Packaging Components* empfehlenswert. Welches dieser beiden Konzepte eingesetzt wird, hängt natürlich vom Modellierungszweck ab. Handelt es sich um die Spezifikation technologienaher, ausführbarer Komponenten, so benutzt man *Basic Components*. Handelt es sich um die Erfassung logischer Zusammenhänge in einer Komponente, die nicht zwingend in einer Komponentenplattform ausgeführt wird, so bietet sich die Definition einer *Packaging Component* an.

Es ist zu erwarten, dass die Entscheidung, ob es sich bei einer Komponentendefinition in einem Modell um eine *Basic* oder *Packaging Component* handelt, durch ein Werkzeug getroffen wird: Beinhaltet eine Komponentendefinition ausschließlich *Classifier*, die als Realisierung der Komponente ausgezeichnet sind, so »weiß« das Werkzeug, dass es sich um eine *Basic Component* handelt. Beinhaltet die Komponente über ihre Realisierungen hinaus ebenfalls Elemente, die nicht vom Typ *Classifier* sind, so handelt es sich um eine *Packaging Component*. Ein Indiz für diese Erwartung ist, dass es keinen Notationsunterschied zwischen *Basic Components* und *Packaging Components* gibt. Die tatsächliche Lösung in der Praxis bleibt abzuwarten.

Die aktuelle UML-2-Sprachdefinition legt eine Reihe von Stereotypen fest, die zur näheren Bezeichnung der Natur einer Komponente dienen. Wir betrachten hier nur diejenigen Stereotypen, von denen anzunehmen ist, dass über deren Semantik ein gewisser Konsens innerhalb der Normierungsgruppe besteht:

- Stereotyp <<*subsystem*>>

  Packaging Components, die mit dem Stereotyp <<*subsystem*>> ausgezeichnet sind, haben den Zweck der Modularisierung komplexer Systeme oder großer Systembestandteile. Das *Inflight Entertainment System* ist sicherlich ein Subsystem. Subsysteme werden gewöhnlich indirekt, also durch Instanzierung der Komponentenbestandteile, instanziert.

- Stereotypen <<*specification*>> und <<*realization*>>

  Es ist oftmals sinnvoll, die Spezifikation einer Komponente von einer technologiespezifischen Realisierung zu trennen. Insbesondere sollte man dann davon Gebrauch machen, wenn es mehrere Realisierungsmöglichkeiten gibt bzw. diese gefordert werden. In einem solchen Fall erhält die Komponente, die die technologieunabhängige Spezifikation bereitstellt, den Stereotyp <<*specification*>>, während jede der Realisierungen den Stereotyp <<*realization*>> erhält. Spezifikation und zugehörige Realisierung werden durch eine *Realization*-Abhängigkeit miteinander verbunden.

Wir haben mehrfach darauf hingewiesen, dass man über die Black-Box-Sicht auf eine Komponente hinaus auch ihr Innenleben detaillierter beschreiben möchte als durch Aufzählen der *Classifier*, die eine Komponente realisieren. Ebenfalls wäre eine genaue Spezifikation der Verbindung von Black-Box-Sicht mit dem Innenleben wünschenswert. Dazu dienen uns die UML-2-Konzepte zur Beschreibung von internen Strukturen von Klassen, die wir im Folgenden detailliert analysieren werden.

4.1.6 Interne Strukturen

Eine wesentliche Schwäche von UML 1.x war das Fehlen eines über die Spezialform *Komposition der Assoziation* hinausgehenden Kompositions- und Dekompositionsmechanismus. Diese Schwäche wurde in UML 2 durch die Konzepte für die Beschreibung von *Composite Structures* behoben. Der Terminus »Struktur« bezeichnet in diesem

Zusammenhang die Komposition von miteinander verbundenen Elementen. Diese Elemente repräsentieren Objekte, die miteinander interagieren, um den Zweck der Komposition zu erbringen. Der Knackpunkt liegt hier darin, dass *Instanzen* im Kontext eines Ganzen *zusammenarbeiten*, um die Aufgabe des Ganzen zu erfüllen – diese Instanzen sind also Bestandteile des Ganzen.

Verdeutlichen wir uns dieses Konzept an einem Beispiel: Die Cockpit-Besatzung jedes Airbus A 300 besteht aus einem Flugzeugführer (Instanz einer Klasse *Captain*) und einem Piloten (Instanz einer Klasse *Pilot*). Wir können zunächst das uns bekannte Konzept der Komposition auf Typebene aufgreifen und die Situation wie folgt modellieren (Abbildung 4.49).

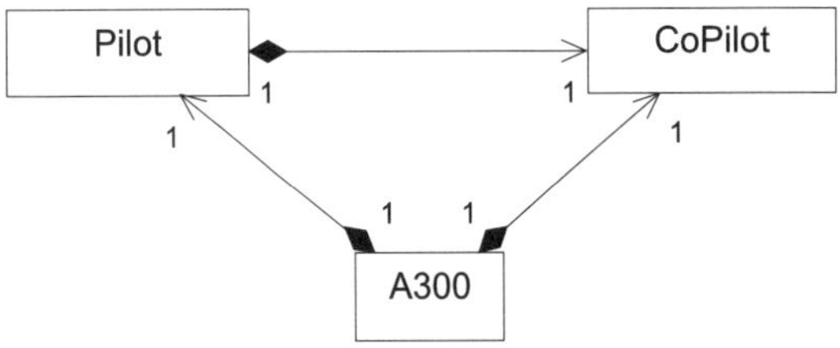

Abbildung 4.49: Struktur der Cockpit-Besatzung eines A 300

Ein wichtiger Aspekt bei einer Cockpit-Besatzung ist die Kommunikation, ein Flugzeugführer muss im Kontext eines A 300 mit dem Piloten kommunizieren. Dies lässt sich in der uns bekannten Weise ausdrücken durch eine Assoziation zwischen der Klasse *Captain* und der Klasse *Pilot*. Beide Enden dieser Assoziation haben dann eine Vielfachheit von *1*. Wir haben also auf Typniveau spezifiziert, dass ein Flugzeugführer immer mit einem Piloten verbunden ist, und zwar unabhängig vom Flugzeugtyp. Übertragen wir die Situation auf ein Flugzeug vom Typ *Piper*. Die Cockpitbesatzung dieses Flugzeugtyps besteht nur aus einem Flugzeugführer. Wir würden gern die Klasse *Captain* nutzen, um diese Situation zu modellieren, jedoch »stört« uns die Assoziation zwischen *Captain* und *Pilot* mit der Vielfachheit *1* an dem Ende, das auf den Piloten verweist: Im Kontext einer *Piper* gibt es einfach keinen Piloten, mit dem der Flugzeugführer assoziiert sein könnte.

Verändern wir die Vielfachheit des Assoziationsendes an der Klasse *Pilot* aber zu *0..1*, so verlieren wir die Präzision der Aussage bezüglich der Cockpit-Besatzung des A 300. Wie wir es auch drehen und wenden, wir können die gewünschten Aussagen nicht ausschließlich auf *Classifier*-Ebene treffen, da solche Aussagen ja für alle Instanzen der betroffenen *Classifier* gelten![3]

---

3 Den Autoren ist trotz hartnäckigen Nachdenkens keine Lösung (abgesehen von *Constraint*-Definitionen oder *Collaboration*-Templates) eingefallen, die ohne den Einsatz der in diesem Kapitel beschriebenen Mittel funktioniert.

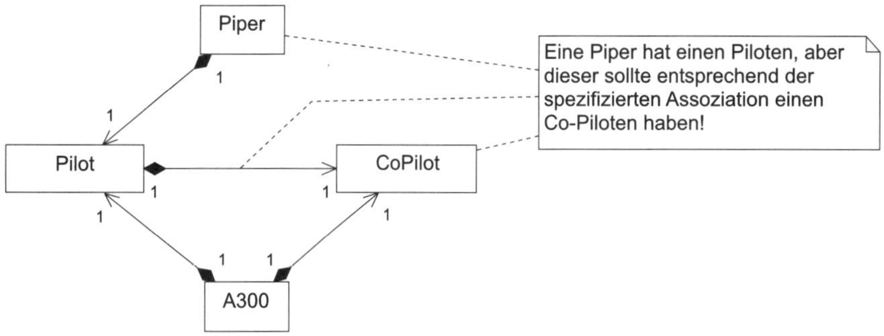

Abbildung 4.50: Übertragung der Strukturbeschreibung auf eine Piper

Wir müssen also, um einen Ausweg aus diesem Dilemma zu finden, Aussagen formulieren können, die nur auf Instanzen von *Classifiers* (die Teile) im Kontext eines *Classifier* (das Ganze) angewendet werden. Die zu treffenden Aussagen sollen folgende Sachverhalte formulieren:

- Im Kontext der Cockpit-Besatzung aller A 300 wird immer eine Instanz von *Captain* und eine Instanz von *Pilot* eingesetzt, beide Instanzen sind miteinander verbunden.
- Im Kontext der Cockpit-Besatzung aller *Piper* wird immer eine Instanz von *Captain* eingesetzt, die mit niemandem verbunden ist.
- Im Kontext der Cockpit-Besatzung aller russischen Flugzeuge vom Typ Iljuschin IL-62 wird immer eine Instanz von *Captain*, eine Instanz von *Pilot* und eine Instanz von *Navigator* eingesetzt, die paarweise miteinander verbunden sind.

Exakt diese Art von Aussagen gestatten uns die Konzepte der *Composite Structures*.

Strukturierte Classifier und Parts

Mit den Aussagen, die wir unter Nutzung des Konzepts *Komposition* formulieren konnten, kamen wir eigentlich recht weit. Extrahieren wir das »Brauchbare« dieses Konzepts, so ergibt sich, dass ein *Classifier* eine Menge von *Properties* besitzen kann (*Ownership*, Navigierbarkeit muss gegeben sein), für die er das Ganze repräsentiert (*Komposition*) und für die Vielfachheiten spezifiziert sind. Dies kann man bereits erreichen, indem man Attribute eines *Classifier* mit den entsprechenden Vielfachheiten definiert und das Attribut *isComposite* der Metaklasse *Property* mit *true* belegt.

Das UML-2-Konzept Part eines *Classifier* realisiert exakt diese Semantik: Im Metamodell finden wir das Konzept *StructuredClassifier* – Repräsentation des Ganzen –, das ein Attribut *part* – Repräsentation des Teils des Ganzen – vom Typ *Property* besitzt, wobei dieses Attribut die Eigenschaft *derived* besitzt. *Parts* sind also alle diejenigen *Properties* des Ganzen, deren Attribut *isComposition* mit dem Wert *true* belegt ist.

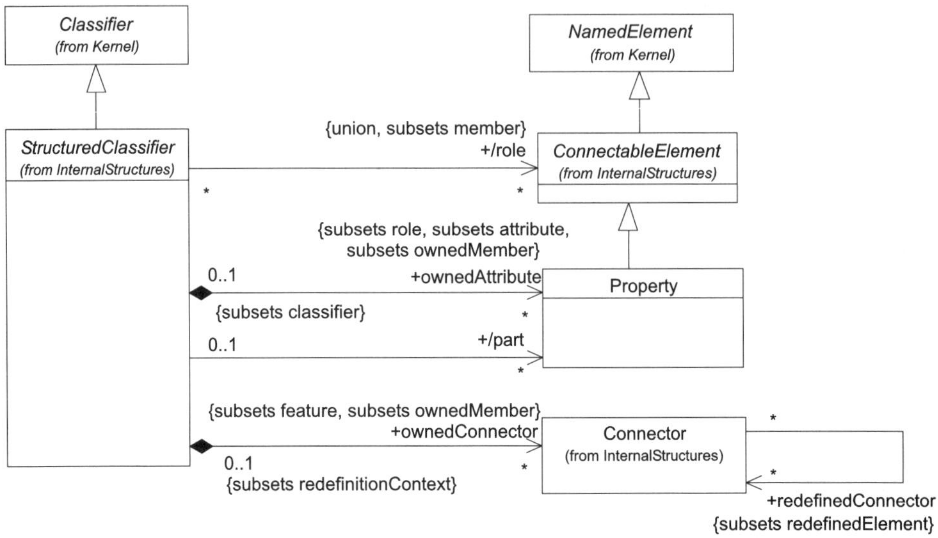

Abbildung 4.51: Metamodellausschnitt für StructuredClassifier und Parts

Die *Parts* eines *Classifier* werden in einem separaten *Compartment* des *Classifier* dargestellt. Zur Darstellung eines *Part* wird ein Rechteck in das *Compartment* eingefügt, in dem das Teil in Attributsyntax formuliert wird. Die Vielfachheit des Teils kann anstelle der Klammernotation auch in der rechten oberen Ecke des *Part*-Symbols notiert werden. Unsere Cockpit-Besatzungen der drei Flugzeugtypen werden dann entsprechend Abbildung 4.52 notiert.

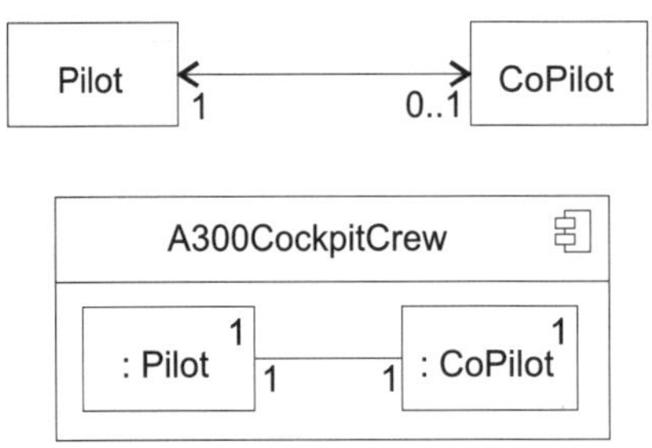

Abbildung 4.52: Cockpit-Besatzung des A 300 in Part-Notation

Man beachte, dass die Semantik dieses Modells der Cockpit-Besatzung des A 300 exakt dem Sachverhalt in Abbildung 4.49 entspricht.

Andere Vielfachheiten als *1* entstehen beispielsweise, wenn wir auch die Kabinenbesatzung eines A 300 in die Konfigurationsbeschreibung mit einbeziehen. Angenommen, wir haben die zusätzlichen Klassen *Purser, LeadingStewardess* und *Stewardess* zur

Modellierung von Zahlmeistern, verantwortlichen Flugbegleitern und Flugbegleitern in unser Modell aufgenommen. Dann können wir im Kontext eines A 300 zusätzliche *Parts* spezifizieren, die eine Instanz von *Purser*, zwei Instanzen von *LeadingStewardess* und zehn Instanzen von *Stewardess* repräsentieren. Dieser Sachverhalt ist in Abbildung 4.53 grafisch unter Verwendung der Vielfachheitsnotation für *Parts* dargestellt.

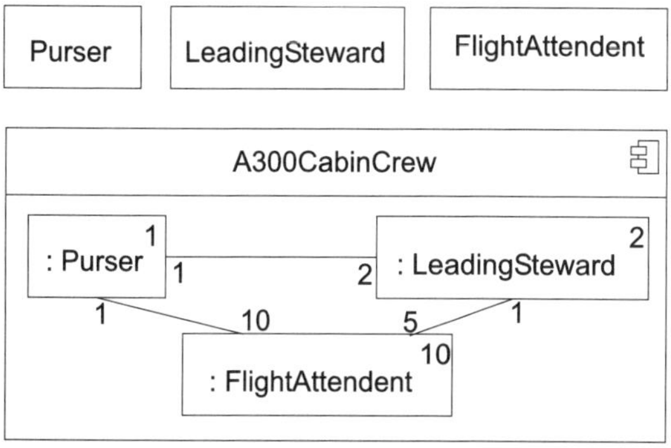

Abbildung 4.53: Kabinenbesatzung des A 300 in Part-Notation

Um unsere problematischen Aussagen über die Beziehungen zwischen Flugzeugführern und Piloten sowie zwischen *Pursers* und Stewardessen treffen zu können, benötigen wir ein weiteres UML-2-Konzept, dem wir uns nun zuwenden wollen.

Connector

Das Konzept Connector wird verwendet, um Kommunikationspfade zwischen Instanzen im Kontext eines *Classifier* zu beschreiben. Wenn ein solcher Kommunikationspfad zwischen Instanzen beschrieben ist, so können diese modellierten Instanzen zur Laufzeit miteinander interagieren. Instanzen, die durch einen *Connector* verbunden sind, »kennen« sich zur Laufzeit.

Die UML 2 lässt dabei offen, wie genau die Kenntnis voneinander und die Technologie des Kommunikationspfads zur Laufzeit aussehen. Beispiele für die Repräsentation von Kommunikationspfaden zur Laufzeit sind Netzwerkadressen und -verbindungen, Objektreferenzen und einfache Zeiger. Ebenso lässt die Sprache offen, wie die Verbindung zustande kommt, ob also die Kenntnisnahme beispielsweise durch Adressaustausch oder Initialisierung während der Systeminbetriebnahme erfolgt.

Das Konzept *Connector* hilft uns nun, die geforderte Kommunikation zwischen Flugzeugführer und Pilot im Modell zu erfassen. Wir erinnern uns, dass eine Instanz von *Captain* und eine Instanz von *Pilot Parts* der Klasse A 300 waren. Ein *Connector* darf *Parts* miteinander verbinden, also dürfen wir die Kommunikation von Flugzeugführer und Pilot und die Kenntnis voneinander *im Kontext der Klasse* A 300 durch einen *Connector* beschreiben.

Ein *Connector* wird durch eine Linie zwischen den verbundenen Instanzen dargestellt. Optional darf ein Name für den *Connector* angegeben werden. Für die Klasse A 300 ergibt sich damit eine Notation entsprechend Abbildung 4.54.

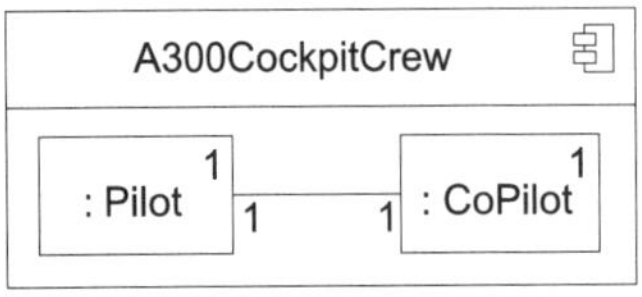

Abbildung 4.54: Parts der Cockpitbesatzung mit Connector

Schauen wir uns die Beispiele an, die uns bei unserem Versuch, die Verbindungen zwischen den Mitgliedern der Cockpit-Crews der verschiedenen Flugzeugtypen mit dem Konzept *Composition* zu modellieren, zur Verzweiflung getrieben haben. Mittels des Konzepts *Connector* ergeben sich nun für die *Piper-* und die *Iljuschin*-Flugzeuge die in Abbildung 4.55 dargestellten Modellausschnitte.

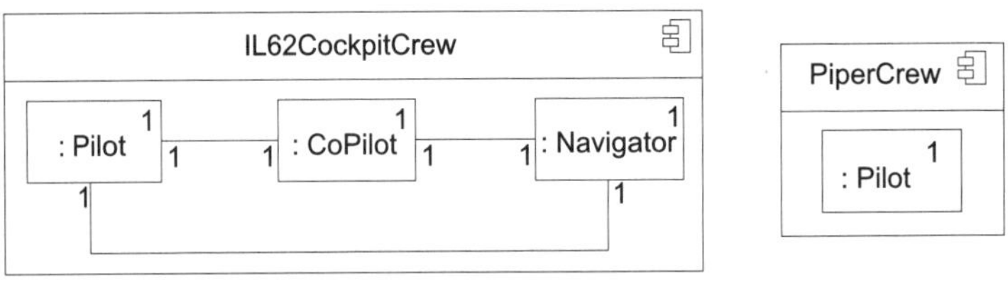

Abbildung 4.55: Parts der Cockpit-Besatzungen der Piper- und Iljuschin-Flugzeuge

Aus der Existenz des *Connector,* der den Flugzeugführer mit dem Piloten und dem Navigator im Kontext der Klasse *IL62CockpitCrew* verbindet, folgt nicht, dass alle Flugzeugführer immer mit Navigatoren verbunden sind. Die Semantik des Konzepts *Connector* bezieht sich ausschließlich auf die verbundenen Instanzen innerhalb des umgebenen *Classifier.* Es wird keine Aussage über die *Classifier* der verbundenen Instanzen getroffen!

Da *Connector*-Enden *Parts* verbinden, die Instanzmengen repräsentieren, also Vielfachheiten besitzen, ist die Angabe von Vielfachheiten für *Connector*-Enden ebenfalls sinnvoll, die sich von den Vielfachheiten der verbundenen *Parts* unterscheiden dürfen. Es können damit Aussagen über Verbindungsmuster zwischen den verbundenen *Parts* getroffen werden: Vielfachheiten an *Connector*-Enden beschränken die Anzahl von Links, die zwischen Instanzen der verbundenen Instanzmengen bestehen. Die Expansion von Vielfachheiten an *Parts* und Vielfachheiten an *Connector*-Enden kann entsprechend eines Verfahrens erfolgen:

- Expandiere die verbundenen Instanzmengen und verwende dazu die untere Grenze der Vielfachheit der verbundenen Instanzmengen. Die untere Grenze definiert die Anzahl der initial zu erzeugenden Instanzen der jeweiligen Instanzmenge.
- Für jede der expandierten Instanzen füge notwendige Anschlussstellen für Links ein. Verwende die untere Grenze der Vielfachheit des gegenüber befindlichen *Connector*-Endes, um die Zahl der notwendigen Anschlussstellen zu bestimmen. Ist die untere Grenze *0*, so füge keine notwendigen Anschlussstellen ein. Diese notwendigen Anschlussstellen *müssen* durch Links mit Anschlussstellen der Instanzen der anderen Instanzmenge verbunden werden.
- Für jede der expandierten Instanzen füge weitere potenzielle Anschlussstellen bis zur oberen Grenze der Vielfachheit des gegenüber befindlichen *Connector*-Endes ein. Die obere Grenze * entspricht einer beliebigen Zahl potenzieller Anschlussstellen. Diese potenziellen Anschlussstellen *können* durch Links mit Anschlussstellen der Instanzen der anderen Instanzmenge verbunden werden
- Verbinde die Anschlussstellen der expandierten Instanzen der beiden Instanzmengen miteinander. Dabei werden zuerst die notwendigen Anschlussstellen verwendet, anschließend dürfen potenzielle Anschlussstellen benutzt werden.
- Beende das Verfahren, wenn alle notwendigen Anschlussstellen verbunden sind oder keine freien Anschlussstellen für eine Verbindung mehr vorhanden sind.

Führt das beschriebene Verfahren dazu, dass notwendige Anschlussstellen nicht verbunden werden können, so ist die Konfiguration ungültig. Ansonsten haben wir eine gültige initiale Konfiguration mit dem Verfahren gefunden.

Dies verdeutlichen wir uns am besten anhand einer Reihe von Beispielen. In Abbildung 4.56 sind *Parts* und *Connector*-Enden mit Vielfachheiten und die jeweils dazugehörige Expansion mit dem oben beschriebenen Verfahren dargestellt. Der Einfachheit halber benutzen wir die Klassen `A` und `B` für dieses Beispiel.

Das Konzept *Connector* zusammen mit den eben diskutierten Vielfachheiten erinnert uns stark an die in Zusammenhang mit Assoziationen und Links besprochenen Sachverhalte. In der Tat verbinden Links als Instanzen von Assoziationen Instanzen von Klassen miteinander – der gleiche Sachverhalt wird durch *Connector* ausgedrückt. Man erkennt dies auch an der Verwendung der gleichen Notation. Tatsächlich kann sich die Definition eines *Connector* auf eine Assoziation beziehen. Diese Beziehung muss durch den Modellierer explizit angegeben werden. Der *Connector* repräsentiert dann Instanzen dieser Assoziation und die Assoziation ist in diesem Fall der Typ des *Connector*. Die Notation der Assoziation, auf die sich ein *Connector* bezieht, erfolgt durch `<Name des Connectors> : <Name der Assoziation>`.

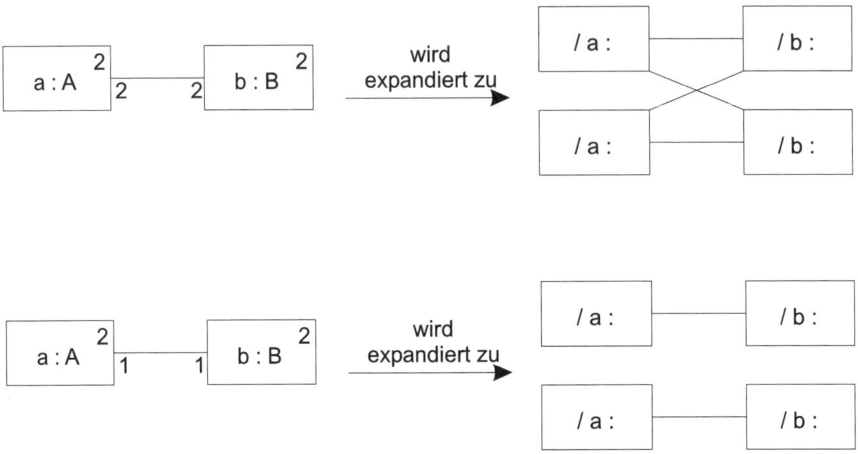

Abbildung 4.56: Expansion von Vielfachheiten für Parts und Connector-Enden

Falls eine Angabe über die Assoziation gemacht wird, auf die sich ein *Connector* bezieht, so müssen folgende Regeln eingehalten werden:

1. Die Typen der Parts, die durch den *Connector* verbunden werden, müssen zur Anzahl und den Typen der Assoziationsenden konform sein, auf die sich der *Connector* bezieht.
2. Die Vielfachheiten an den Enden eines *Connector* dürfen den Assoziationsenden, auf die sich der Connector bezieht, nicht widersprechen.

Wir können in unserem Beispiel eine Assoziation zwischen *Captain* und *Pilot* definieren, wobei jedem Piloten genau ein Flugzeugführer und jedem Flugzeugführer kein oder ein Pilot zugeordnet wird. Verwenden wir diese Assoziation als Typ für den *Connector* im A 300, so ist es unzulässig, die Vielfachheit 2 an dem *Connector*-Ende anzugeben, das zu *Pilot* gehört. Mit der Angabe einer Assoziation für einen *Connector* kann man also Aussagen über maximal oder minimal verbundene *Parts* bereits auf *Classifier*-Ebene vornehmen. Vervollständigen wir unser Beispiel der Cockpit-Besatzungen, so ergibt sich das in Abbildung 4.57 dargestellte Modell.

Bisher haben wir uns mit *Parts* beschäftigt, die als Bestandteil eines Ganzen auch zu diesem Ganzen gehörten. Es bestand dann eine Kompositionsbeziehung zwischen dem Ganzen und dem *Part*, der einen Teil repräsentiert. Es kann jedoch auch vorkommen, dass ein Bestandteil nicht vom Ganzen komponiert wird. In diesem Fall können wir trotzdem einen *Part* definieren und mit anderen *Parts* durch *Connectors* verbinden, der Unterschied wir aber in der Darstellung deutlich: Parts, die auch von dem umgebenden *Classifier* komponiert werden, werden als Rechteck mit einer durchgehenden Linie dargestellt. Im Gegensatz hierzu werden nicht komponierte *Parts* als Rechteck mit gestrichelter Linie dargestellt.

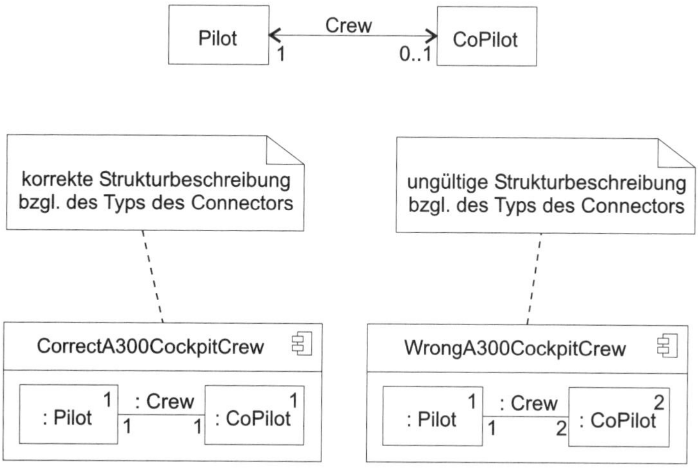

Abbildung 4.57: Cockpit-Besatzungen mit Connector-Typen

Dieses Verfahren kommt zum Einsatz, wenn zwar eine Kommunikation zwischen *Parts* gewünscht ist und im Modell durch einen *Connector* ermöglicht werden soll, die Komposition eines *Part* aber eine zu starke Forderung ist. Wir erinnern uns, dass mit der Komposition besondere Eigenschaften verbunden waren. So konnte ein komponierter Bestandteil zu einem Zeitpunkt nur zu maximal einem Ganzen gehören und dieses Ganze war auch für den Lebenszyklus des Teils verantwortlich. Stellen wir uns als Beispiel den *Controller* im Tower eines Flughafens vor. Jeder Cockpit-Besatzung ist ein solcher *Controller* zugeordnet und der Flugzeugführer sowie der Pilot kommunizieren mit diesem. Jedoch kann der Controller nicht von der Cockpit-Besatzung komponiert werden, denn er könnte gleichzeitig auch anderen Cockpit-Besatzungen zugeordnet sein. In Abbildung 4.58 wird der Cockpit-Besatzung eines A 300 ein Controller als nicht komponierter Bestandteil hinzugefügt und die entsprechenden *Connectors* für die Kommunikation werden definiert.

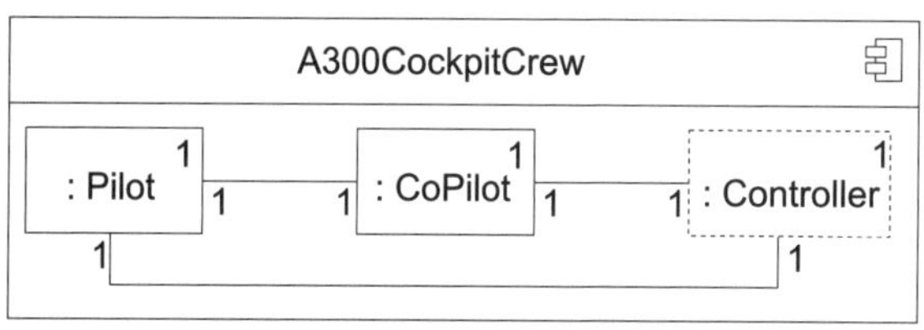

Abbildung 4.58: Parts von Klassen ohne Kompositionsbeziehung

Bisher sind wir in unseren Darstellungen davon ausgegangen, dass *Parts* grundsätzlich Instanzmengen von Klassen definieren und dass die jeweilige Klasse bekannt und in der Definition des *Part* als Typ benannt wird. Diese Überlegung muss hinsichtlich zweier Aspekte präzisiert werden:

- Der Typ eines *Part* muss nicht notwendigerweise benannt werden.
- *Parts* dürfen nicht nur innerhalb von Klassen benutzt werden und als Typ von *Parts* kommen ebenfalls nicht nur Klassen in Frage.

Wir dürfen bei der Definition eines *Part* auf die Angabe des Typs verzichten. Für einen solchen anonymen *Part* wird implizit eine Klassendefinition vorgenommen, die sich innerhalb des Namensraums befindet, in dem auch der *Part* definiert ist. Sind mehrere anonyme *Parts* vorhanden, so unterscheiden sich die impliziten Klassendefinition wechselseitig voneinander. Im Falle eines anonymen *Part* dürfen in *Compartments* des *Part* Attribute und Operationen definiert werden. Diese werden in die implizite Klassendefinition für den anonymen *Part* übernommen.

Die Definition von anonymen *Parts* vereinfacht die Modellbildung, da der Schreibaufwand reduziert wird. Das Konzept wird angewendet, wenn eine Klasse ausschließlich für den betrachteten *Part* benutzt wird und an keiner anderen Stelle im Modell auftreten kann. In Abbildung 4.59 sehen wir, dass innerhalb der Klasse *Ilj62CockpitCrew* der Navigator durch einen anonymen *Part* definiert werden kann, da eine Klasse *Navigator* an keiner anderen Stelle im Modell verwendet wird.

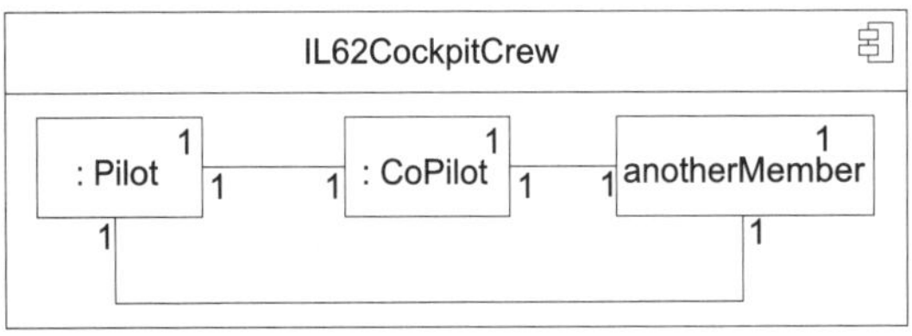

Abbildung 4.59: Cockpit-Besatzung der Iljuschin-Flugzeuge mit anonymen Parts

Zur Diskussion des zweiten genannten Aspekts – der Frage, wo *Parts* und *Connectors* eingesetzt werden dürfen – werfen wir am besten einen Blick in die Sprachdefinition der UML 2. Wir wissen, dass *Parts* innerhalb von strukturierten *Classifiers* eingesetzt werden dürfen. Was aber sind strukturierte *Classifier*? Abbildung 4.60 beantwortet auch diese Frage: Klassen, Komponenten, *Node* und *Collaboration* sind die nicht abstrakten Spezialisierungen von strukturierten *Classifiers*. *Node* und *Collaboration* werden wir an späterer Stelle diskutieren. Hier halten wir zunächst fest, dass sowohl Klassen als auch Komponenten eine interne Struktur besitzen können, die sich durch *Parts* beschreiben lässt. Dabei gilt, dass diese Struktur mehrere Ebenen besitzen kann, da ja die Typen von *Parts* (z.B. Klassen) ebenfalls wieder eine interne Struktur besitzen können und die Typen ihrer *Parts* wiederum und so weiter.

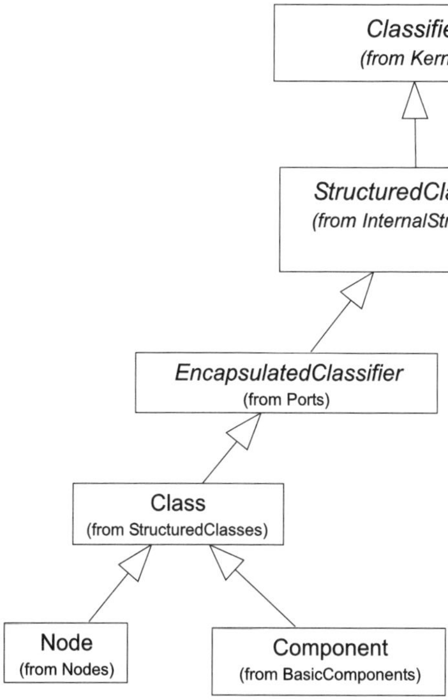

Abbildung 4.60: Spezialisierungen von strukturierten Classifiers

Die Definition von *Parts* als *Properties* eines strukturierten *Classifier* impliziert, dass sie in Spezialisierungen dieses strukturierten *Classifier* re-definiert werden dürfen. Die Regeln für die Re-Definition entsprechen denen, die wir in Abschnitt 4.1.1 für Attribute und Assoziationsenden diskutiert haben.

Nachdem wir nun alle Eigenschaften von *Parts* diskutiert haben, wenden wir uns noch einmal dem Konzept *Connector* zu. *Connectors* besitzen Enden und dienen der Verbindung von *Parts*. Wir würden also erwarten, diesen Sachverhalt im Metamodell von UML 2 reflektiert zu sehen. Bertachten wir die folgende Abbildung, so können wir feststellen, dass *ConnectorEnd* zu einem sogenannten *ConnectableElement* assoziiert ist. Alle Modellelemente, die verbunden werden dürfen, sind von diesem Typ. Folgerichtig ist *Property* eine Spezialisierung von *ConnectableElement*, da wir ja *Parts* miteinander verbinden dürfen. Die Frage nach weiteren Spezialisierungen führt uns zu einem ebenfalls neuen Konzept von UML 2, mit dessen Diskussion wir den Abschnitt über interne Strukturen beschließen wollen. Es handelt sich hierbei um das Konzept *Port*.

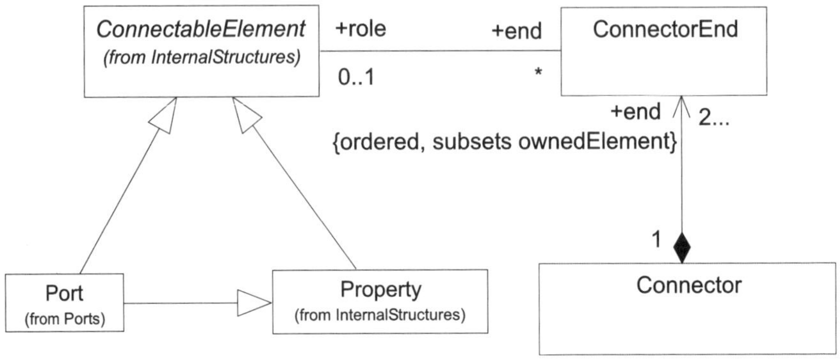

Abbildung 4.61: Connectors und ihre Enden in der Sprachdefinition

Ports

Mit Komponenten können komplexe Systeme modular beschrieben und realisiert werden. Das Zusammensetzen eines Systems wird durch das Verbinden der beteiligten Komponenten erreicht. Wir können uns diesen Vorgang – das Zusammensetzen eines Systems aus bereits existierenden Bausteinen – am besten verdeutlichen, wenn wir das Kinderspielzeug *Lego* betrachten. Durch immer neue Kombinationen von relativ wenigen verschiedenen Arten von Bausteinen lassen sich komplexe Gebilde formen. Wichtig für das Funktionieren dieses *Lego*-Prinzips ist die Beachtung von Schnittstellen. *Lego*-Steine lassen sich nur zusammenfügen, wenn die Formen an den Verbindungspunkten übereinstimmen. Es sind also nicht alle denkbaren Verbindungen auch möglich, die Struktur der einzelnen Steine muss beachtet werden.

Das *Lego*-Prinzip lässt sich auf die Softwarekonstruktion übertragen. Auch hier besteht das Ziel darin, vorhandene Bausteine (die Komponenten) auf eine bestimmte Arte und Weise zu komplexen Systemen zusammenzufügen. Ebenso müssen dabei die Schnittstellen (Interfaces) beachtet werden. Wir hatten in Zusammenhang mit Komponenten und Klassen bereits das Anbieten und das Nutzen von Interfaces diskutiert und hierbei Konzepte kennen gelernt, die das Anbieten oder Nutzen eines Interface durch eine Komponente oder Klasse zu beschreiben gestatten. Die Konzepte *Usage* und *Realization* übernehmen tatsächlich eine zentrale Rolle bei der Realisierung des *Lego*-Prinzips für Softwaresysteme. Ohne Aussagen über benutzte und angebotene Interfaces wüssten wir nicht, welche Komponenten oder Klassen sich potenziell miteinander kombinieren lassen. Ist aber die Angabe dieser Interfaces bereits hinreichend für eine komponentenbasierte Systemkonstruktion?

Schauen wir zur Beantwortung dieser Frage nochmals auf unsere *Lego*-Steine. Die Schnittstellen definieren, ob ein Stein Buchsen oder Stifte besitzt und welche Größe und Tiefe sie haben. Wir können dann die Stifte eines Steins in die Buchsen eines anderen Steins stecken und so die Steine zusammensetzen. Was aber ist, wenn es unterschiedliche Möglichkeiten gibt, dies zu tun? Wir müssen zusätzlich noch genau angeben, welcher Stift in welche Buchse zu führen ist, um ein konkretes Gebilde zusammenzusetzen. Die bloße Angabe der Steine und ihrer Schnittstellen ist nicht ausreichend, da die Zahl der Kombinationsmöglichkeiten im Allgemeinen zu hoch ist.

Übertragen auf Komponenten und Klassen mit angebotenen und genutzten Interfaces heißt dies, dass wir an einer Klasse oder Komponente für eine Verbindung Interaktionspunkte identifizieren wollen, an denen Interfaces angeboten oder benutzt werden. Ein Interaktionspunkt entspricht dabei einem genau identifizierbaren Stift oder einer Buchse an einem *Lego*-Stein. Diese Interaktionspunkte dürfen dann verbunden werden, wenn – wie bei *Lego* – die Interfaces zueinander passen und die Richtung kompatibel ist (nur Buchsen und Stifte lassen sich verbinden, nicht Buchsen und Buchsen oder Stifte und Stifte).

Das Konzept zur Spezifikation von identifizierbaren Interaktionspunkten von *Classifiers* in UML 2 heißt Port. Ports gehören zu den strukturellen Features eines *Classifier*. Sie definieren die potenziellen Interaktionspunkte eines *Classifier* in Bezug auf seine Umgebung. An einer Instanz eines *Classifier* sind die Instanzen seiner *Ports* individuell als Interaktionspunkte referenzierbar. Wird eine Interaktion (z.B. der Aufruf einer Operation) an einen solchen Interaktionspunkt adressiert, so wird sie weitergeleitet an die Instanz des *Classifier* oder eine in diesem Classifier enthaltene Instanz. Die Instanz, die den Ruf letztlich realisiert, kann unterscheiden, über welchen Interaktionspunkt der Aufruf erfolgt ist.

Aus den oben angestellten Überlegungen heraus können wir bereits auf wichtige Eigenschaften schließen, die wir in Bezug auf das Konzept *Port* erwarten:

- Definition von Interfaces, die die möglichen Interaktionen an Instanzen eines *Port* genau definieren.
- Angabe der Richtung eines *Port* (Stift oder Buchse).
- Verbindung eines *Port* mit anderen *Ports* zum Zwecke des Zusammensetzens eines Systems.

Eine *Port*-Definition umfasst in der Regel explizit die Angabe der Interfaces, die an diesem *Port* angeboten (*provided*) oder benutzt (*required*) werden. Für jeden Port ist es möglich, mehrere benutzte oder angebotene Interfaces zu definieren. Analog zu den bereits bekannten Konzepten *Usage* und *Realization* bedeutet ein an einem *Port* angebotenes Interface, dass die Umgebung die an dem Interface definierten Features an Instanzen des *Classifier* aufrufen kann, der den *Port* besitzt. Der Aufruf erfolgt über Instanzen des *Port* – von dem *Classifier* und damit von seinen Instanzen wird erwartet, dass er das Verhalten des Features entsprechend der Definition an dem Interface erbringt. Der *Classifier* kann das Verhalten entweder direkt selbst realisieren oder ein interner Bestandteil des *Classifier* (also ein *Part*) kann das tun. Wird umgekehrt ein

Interface als benutzt an einem *Port* definiert, so können Instanzen des *Classifier*, der den *Port* besitzt, die an dem Interface spezifizierten Features an seiner Umgebung aufrufen. Es wird dann erwartet, dass geeignete Instanzen in der Umgebung der rufenden Instanz das Verhalten der an dem Interface definierten Features realisieren. Mit der Definition der angebotenen und benutzten Interfaces an einem *Port* sind alle Interaktionen, die über Instanzen dieses *Ports* zwischen Instanzen des *Classifier*, der den *Port* besitzt, und Instanzen in seiner Umgebung auftreten können, vollständig beschrieben. Jede Interaktion korrespondiert zu einem Feature an einem dieser Interfaces. Wird die Kommunikation zwischen einem *Classifier* und seiner Umgebung ausschließlich über *Ports* beschrieben, so ist damit der Vertrag zwischen dem *Classifier* und seiner Umgebung erfasst. Eine Konfiguration kann dann unter ausschließlicher Verwendung der *Ports* vorgenommen werden und ein *Classifier* kann dabei durch einen anderen substituiert werden, wenn dieser dieselben *Ports* besitzt.

Um die Definition eines *Port* an einem *Classifier* genauer zu verstehen, werfen wir wie üblich einen Blick in das Metamodell (Abbildung 4.62).

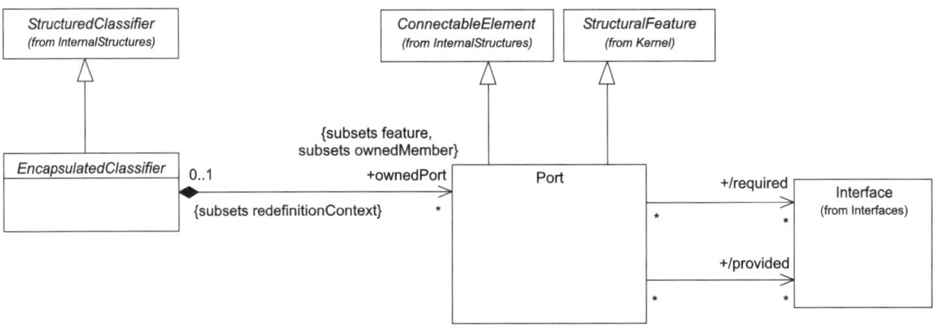

Abbildung 4.62: Metamodell für das Konzept Port

Wir erkennen, dass *Port* ein strukturelles Feature ist (wie z. B. auch Attribut), an einem speziellen *EcapsulatedClassifier* definiert werden kann und eine Menge von angebotenen und benutzten Interfaces besitzt. Was ergeben sich hieraus für Konsequenzen?

Als strukturelles Feature besitzt *Port* zusätzliche Eigenschaften: Es kann eine Sichtbarkeit festgelegt, eine Vielfachheit spezifiziert und ein Typ zugewiesen werden.

Die Sichtbarkeit eines *Ports* ist im Allgemeinen *public*, denn ein *Port* dient ja zur Verbindung von Instanzen eines *Classifier* mit ihrer Umgebung – sollte also nach außen sichtbar sein. Die Sichtbarkeit kann jedoch auch als *protected* definiert werden, in diesem Fall ist der *Port* nur in Spezialisierungen seines *Classifier* sichtbar. Dann kann er beispielsweise für Aufrufe an die eigene Instanz benutzt werden.

Die Vielfachheit legt fest, wie viele Instanzen eines *Port* für eine Instanz seines definierenden *Classifier* angelegt und in einem entsprechenden *Slot* aufbewahrt werden. Dabei ist festgelegt, dass Instanzen von *Ports* nur bei der Erzeugung der Instanz des *Classifier*, der den *Port* besitzt, angelegt und umgekehrt nur beim Löschen dieser *Classifier*-Instanz selbst wieder gelöscht werden können. Für die Vielfachheit gilt daher, dass untere und obere Grenze identisch sind und nicht 0 und * angegeben werden darf.

Die Zuweisung eines Typs für einen *Port* steht in Zusammenhang mit der Definition der angebotenen und benutzten Interfaces. Ist für eine *Port*-Definition ein Typ (z.B. eine Klasse) angegeben, so sind die benutzten Interfaces des *Port* mit den benutzten Interfaces des Typs identisch. Ebenso sind die angebotenen Interfaces des *Port* mit denen des Typs identisch, sie werden also von diesem realisiert. Diese Aussagen schließen alle Supertypen des angegebenen Typs mit ein. Ist der Typ selbst wiederum ein Interface, so wird dieses Interface an dem *Port* angeboten. Ist für einen *Port* ein Typ angegeben, so ist die Instanz des *Port* eine Instanz dieses Typs – im Falle von Interface eine Instanz eines Typs, der das Interface realisiert.

Im Allgemeinen wird ein *Port* ohne einen Typ definiert und die angebotenen und benutzten Interfaces werden explizit für diesen *Port* spezifiziert. Die Angabe eines Typs ist jedoch sinnvoll, wenn beispielsweise der *Port* gleichzeitig die Rolle eines Filters für Aufrufe übernehmen soll. In diesem Fall kann eine Klasse als Typ des *Port* definiert werden, Instanzen des *Port* sind Instanzen dieser Klasse und alle Aufrufe, die diesen *Port* betreffen, werden durch diese Instanzen vorverarbeitet und anschließend verteilt.

Nachdem wir uns eingehend mit der Definition des Konzepts *Port* beschäftigt haben, wollen wir uns nun der Notation und einigen Beispielen zuwenden.

Ein *Port* an einem *Classifier* wird als ein kleines Rechteck notiert, das sich an der Grenze des *Classifier*-Symbols befindet. Es wird auf dem *Classifier*-Rechteck notiert, falls die Sichtbarkeit *public* ist, und innerhalb des *Classifier*-Rechtecks, falls die Sichtbarkeit *protected* ist. Der Name, der Typ und die Vielfachheit des *Port* werden in Attributnotation als Text an dem *Port*-Symbol dargestellt. Falls kein Name angegeben ist, gilt, dass alle namenlosen *Ports* an einem *Classifier* voneinander verschieden sind.

Stellen wir uns als Beispiel vor, dass wir die Kommunikation zwischen einem A 300 und dem Tower über *Ports* definieren wollen. Wir führen dazu einen *Port towercom* an der Komponente *A 300* ein. Zusätzlich definieren wir eine Komponente *Tower* ebenfalls mit einem *Port towercom*. Die Vielfachheit des *Port* an der Komponente *A 300* beträgt 1, die Vielfachheit an der Komponente *Tower* 30. (Wir nehmen an, dass ein Tower mit maximal 30 Flugzeugen gleichzeitig kommunizieren kann.) Diese Situation ist in Abbildung 4.63 dargestellt.

Abbildung 4.63: Ports für die Klassen A 300 und Tower

Jetzt müssen wir uns noch mit der Art der Kommunikation befassen, die zwischen Flugzeug und Tower stattfinden kann, und Interfaces spezifizieren, die wir an den *Ports* anbieten bzw. benutzen können. Zunächst definieren wir zwei Interfaces *GroundAir* und *AirGround*. An dem ersten Interface können Signale empfangen werden, die vom Tower an das Flugzeug gesendet werden, also beispielsweise Report-Anfragen, Erlaubniserteilungen, Anweisungen etc. An dem zweiten Interface können umgekehrt Signale empfangen werden, die vom Flugzeug an den Tower geschickt werden, also Reports, Anfragen, Bestätigungen und Notfallmeldungen. *GroundAir* wird also von der Komponente *Tower* benötigt und von der Komponente *A300* angeboten, *AirGround* umgekehrt vom *Tower* angeboten und vom *Flugzeug* benötigt. Die benötigten und angebotenen Interfaces an *Ports* werden wie üblich in der *Ball-Socket*-Notation dargestellt. Das ist in der folgenden Abbildung zu sehen. Als Alternative kann ein angebotenes Interface auch als Typ des Ports dargestellt werden, dies ist ebenfalls in Abbildung 4.64 visualisiert.

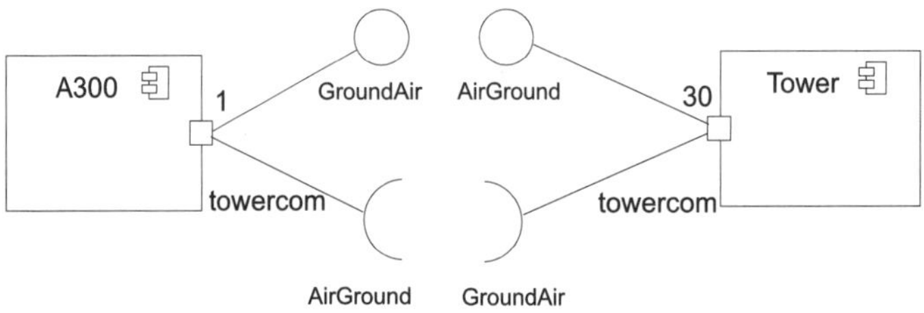

Abbildung 4.64: Ports mit angebotenen und benutzten Interfaces

Eingangs dieses Abschnitts hatten wir als Motivation für das Konzept *Port* die möglichen Verbindungen von Komponenten über *Ports* zu einem Ganzen herausgestellt. Wie aber können wir solche Verbindungen definieren? Hier hilft uns das bereits bekannte *Connector*-Konzept weiter. Wie in Abbildung 4.62 zu erkennen ist, sind *Ports* Spezialisierungen von *ConnectableElement*, sie können also durch *Connectors* verbunden werden.

Wir können dementsprechend die Ports von *Tower* und *A300* durch einen *Connector* miteinander verbinden. Dieser *Connector* wird allerdings nicht direkt zwischen den *Ports* and den Klassen definiert, sondern für eine Benutzung der Klassen als Teil einer internen Struktur einer umschließenden Klasse. Diese umschließende Klasse könnte beispielsweise die Komponente *Airport* sein, die eine Instanz von *Tower* und beliebige Instanzen von *A300* enthält. Dieser Sachverhalt ist in der folgenden Abbildung dargestellt. (*Ports* dürfen an *Parts* gezeichnet und dann mittels *Connectors* verbunden werden, wenn sie an dem zum *Part* gehörigen *Classifier* definiert sind.)

Abbildung 4.65: Komponente Airport mit über Ports verbundenen Parts

Solche Verbindungen lassen sich aber noch detaillierter spezifizieren. Insbesondere ist die Verteilung eines an einer *Port*-Instanz eintreffenden Aufrufs an einen internen Bestandteil einer Klassen-Instanz mittels *Connectors* beschreibbar.

Innerhalb der Komponente *A300* sollen Signale, die über den *Port towercom* eintreffen, an die Cockpit-Besatzung weitergeleitet werden. Das kann nun ebenfalls durch *Ports* und *Connectors* erreicht werden, wie in Abbildung 4.66 zu sehen ist. Es können aber auch *Ports* direkt mit *Parts* verbunden werden, deren *Classifier* keine *Ports* besitzen. Dies ist ebenfalls in der Abbildung dargestellt als Verbindung des *Ports* an *CockpitCrew* mit dem *Captain-Part*.

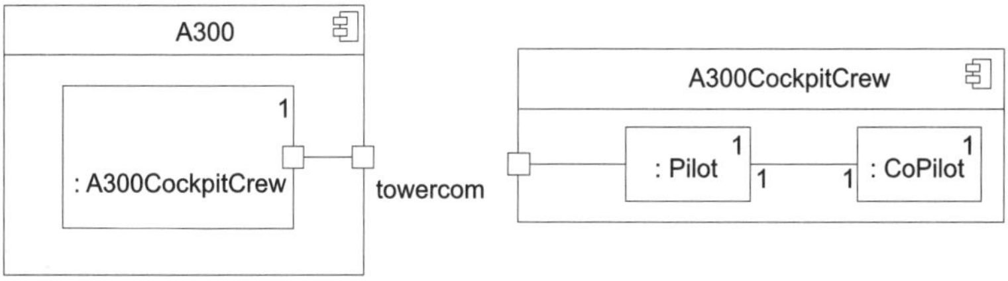

Abbildung 4.66: Connectors zwischen Ports und Parts

Die Semantik des Verteilens von Aufrufen an *Port*-Instanzen ist wie folgt definiert:

- Ist ein *Port* mit einem *Part* entweder über einen *Port* des *Classifier* des *Part* oder aber direkt durch einen *Connector* verbunden, so werden Aufrufe an Instanzen dieses *Port* von außerhalb entsprechend des spezifizierten *Connector* verteilt. Umgekehrt werden Aufrufe von *Parts* über die *Ports* nach außen entsprechend den spezifizierten *Connectors* verteilt.

- Ist ein *Port* nur teilweise (einseitig) verbunden, so werden Aufrufe nicht weitergeleitet, sondern sie terminieren an diesem *Port*.
- Sind mehrere *Connectors* an einem *Port* angegeben, so ist die Weiterleitung ein *Semantic Variation Point*. Möglich ist es, eine Weiterleitung auf einer zufällig gewählten Verbindung vorzunehmen oder aber auf allen möglichen Verbindungen. Es kann auch entschieden werden, welche der Verbindungen überhaupt in der Lage ist, den Aufruf zu bearbeiten. Als Beispiel können wir uns vorstellen, dass der *Port* an *CockpitCrew* auch mit dem *Pilot-Part* verbunden ist (vgl. Abbildung 4.67).

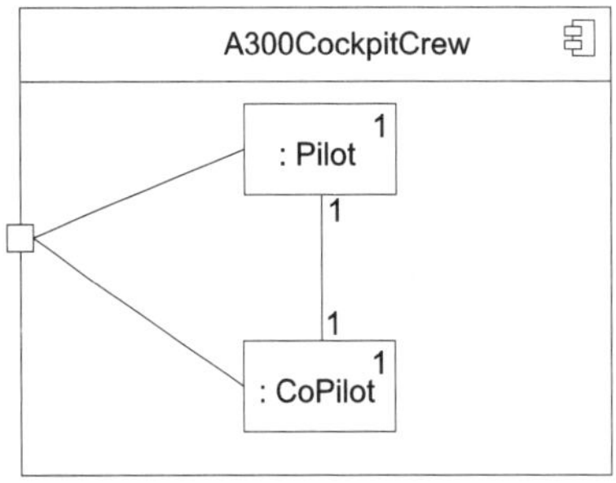

Abbildung 4.67: Mehrere Connectors für einen Port

Sollen Aufrufe an einem *Port* nicht durch einen *Part* bearbeitet werden, so kann der *Port* als so genannter *Behavior-Port* spezifiziert werden. In diesem Fall sind die Instanzen des *Classifier*, der den *Port* definiert, für die Bearbeitung von Aufrufen selbst zuständig. Der Aufruf wird dann vom so genannten *Classifier*-Verhalten erbracht. Das kann beispielsweise ein Zustandsautomat sein, der für den *Classifier* spezifiziert worden ist. Ein *Behavior-Port* wird mittels eines Zustandssymbols kenntlich gemacht. Wir können beispielsweise den *Port* mit dem Namen *towercom* der Komponente *Tower* als *Behavior-Port* definieren, da hier der Aufruf nicht weiter verteilt wird. Das ist in Abbildung 4.68 dargestellt.

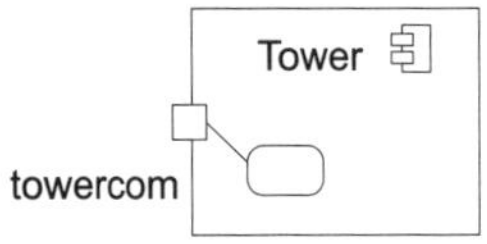

Abbildung 4.68: Behavior-Port für Tower

Falls ein *Classifier* kein Verhalten definiert, so ist jeder Aufruf an einem seiner *Behavior-Ports* verloren.

Zum Ende dieses Abschnitts wollen wir noch zwei Eigenschaften näher betrachten, die aus der Definition von *Ports* als spezielle strukturelle Features resultieren. Ebenso wie andere strukturelle Features, können auch *Ports* vererbt werden. Damit ist es uns beispielsweise möglich, den *Port towercom* bereits an der Klasse *Aircraft* zu spezifizieren, anstatt wie oben an der Klasse *A 300*. Zudem können wir *Ports* in Spezialisierungen des *Classifier*, der den Port besitzt, re-definieren. In einer Re-Definition eines *Port* dürfen zusätzliche Interfaces als angeboten oder benutzt spezifiziert werden oder sie lassen sich durch Spezialisierungen austauschen.

Ein typischer Anwendungsfall von *Ports* und *Connectors* sind so genannte *Assemblies* von Komponenten. Hierbei wird ein System als ein *Assembly* von Komponenteninstanzen beschrieben, deren *Ports* mittels *Connectors* verbunden sind. Die Weiterleitung an die internen Bestandteile einer Komponente, die als *Parts* beschrieben sind (in diesem Fall meistens Instanzen von Klassen), erfolgt wiederum durch *Connectors* von den *Ports* zu diesen *Parts*. Mit solchen *Assemblies* haben wir ein verteiltes System schon recht umfangreich beschrieben. Nun müssen wir es nur noch in Betrieb nehmen.

4.2 Installations- und Konfigurationsbeschreibung

Ein wesentliches Ziel des Einsatzes von UML 2 ist die Modellierung von komplexen Softwaresystemen, die wiederum aus einer Vielzahl von Komponenten bestehen. Die Komponenten lassen sich zu Systemen zusammensetzen – hierfür geeignete Konzepte wurden in den vorangegangenen Abschnitten betrachtet. Insbesondere die Konfigurationsmöglichkeiten von Komponenten über deren Ports stellten, verglichen mit der Vorgängerversion, eine entscheidende Erweiterung der UML 2 dar. Betrachtet man den Entwicklungszyklus von komponentenbasierten Systemen, so können wir mit den bisher betrachteten Konzepten bezogen auf einen Entwicklungszyklus relativ viele Phasen abdecken. Anforderungen an ein System lassen sich ebenso beschreiben wie Abläufe, internes Verhalten, logische Strukturen und eben die Aufteilung in Komponenten. Ist damit bereits alles erreicht oder müssen wir weitere Aspekte in unser Modell einbeziehen und brauchen dafür möglicherweise neue Konzepte? Zur Beantwortung dieser Frage verlassen wir zunächst einmal für kurze Zeit die Welt des Modells und begeben uns in die »reale« Welt der Software und Hardware zur so genannten Ausführungszeit.

Zur Ausführungszeit eines Softwaresystems werden verschiedene physikalische Artefakte benötigt, die auf geeigneter Hardware in einer bestimmten Konfiguration vorliegen müssen. Selbst für ein nicht verteiltes Softwaresystem wie Microsoft Word, mit dem dieses Buch geschrieben wurde, sind viele solcher Artefakte notwendig: ausführbare Dateien, Bibliotheken, Einträge in der Registrierung des Betriebssystems, Dokumentvorlagen etc. Im Falle des Softwaresystems Word werden diese Komponenten alle auf einem Computer installiert und die Software lässt sich dann auf diesem Computer ausführen. Stellen wir uns ein komplizierteres Softwaresystem wie z.B. ein Buchungssystem für Flugreisen vor, so gehören zu diesem ebenfalls eine Vielzahl von Artefakten. Diese werden zudem auch noch auf unterschiedlichen, miteinander vernetzten Computern und Geräten benötigt. Im Extremfall müssen sogar mobile Kleingeräte wie z.B. Handys in die Konfiguration eines solchen verteilten Softwaresystems einbezogen werden. Man kann sich leicht vorstellen, dass die Installation aller Artefakte auf den verschiedenen Geräten, ihre Konfiguration sowie die Inbetriebnahme eines komplizierten verteilten Systems eine komplexe und vor allem zeitraubende Aufgabe ist (diese Aufgabe wird auch als *Deployment* bezeichnet). Das *Deployment* ist die letzte Entwicklungsphase vor dem Betrieb eines Softwaresystems.

Haben wir unsere Systemkomponenten mit UML 2 entworfen, so wissen wir schon eine ganze Menge über die Zusammenhänge zwischen unseren Komponenten und ihre vielfältigen Konfigurationsmöglichkeiten. Könnten wir dieses Wissen nicht nutzen, um das *Deployment* zu unterstützen, und lassen sich nicht weitere Konzepte definieren, damit wir unser Modell um zusätzliche Informationen anreichern können, die für eben diese Aufgabe notwendig sind?

In UML 2 wurden die Konzepte für das *Deployment* von Artefakten verteilter Softwaresysteme auf heterogene Ausführungsumgebungen gegenüber den vorherigen Versionen von UML entscheidend erweitert und verbessert. Mit den *Deployment*-Konzepten ist es nun möglich, komplexe Ausführungsumgebungen zu modellieren, die aus verschiedenen Geräten und deren grundlegender Software (beispielsweise Applikationsservern) bestehen können. Hierarchische Strukturen in diesen Umgebungen lassen sich ebenfalls definieren. Weiterhin gibt es Konzepte, mit denen sich die im Entwicklungsprozess entstehenden physikalischen Artefakte im Modell erfassen lassen. Dabei wird festgelegt, wie sich die bereits bekannten Modellelemente (Klassen, Komponenten) den Artefakten zuordnen lassen, d.h. wie sie sich in diesen manifestieren. Letztlich werden beide Aspekte – die Beschreibung physikalischer Artefakte als Resultat von Entwicklungszyklen und die Ausführungsumgebung – zusammengeführt, um bereits im Modell festzulegen, welche Artefakte welchen Bestandteilen der Ausführungsumgebung zugeordnet werden.

Welchen Nutzen haben solche *Deployment*-Modelle, wie wir sie eben skizziert haben? Einerseits lassen sich ganz konkret die physikalischen Artefakte (in der Mehrzahl Dateien) erfassen, die zu einem System gehören. Diese Information ist extrem wichtig: Stellen Sie sich vor, ein Kunde eines Flugbuchungssystems fragt, wie viel Speicherplatz er auf seinem Computer reservieren muss – wäre es da nicht schön, die Dateien zu kennen, die installiert werden müssen? Auch für moderne Applikationsserver sind Konfigurationsdaten in Form von *Deployment*-Deskriptoren bereitzustellen. Diese Dateien lassen sich ebenfalls aus einem Modell mit *Deployment*-Informationen gewinnen. Andererseits ist es auch wichtig, die Ausführungsumgebung beschreiben zu können, um die Verteilung bestimmter Dateien auf bestimmte Elemente dieser Umgebung zu spezifizieren. So könnten z.B. spezielle Treiber für einen Kartenleser erforderlich sein, der an unser Buchungssystem angeschlossen werden soll. Diese Treiber müssen natürlich genau auf dem Kartenleser installiert werden und nicht auf einem anderen am System beteiligten Computer.

Weitere Beispiele lassen sich finden, die die Nützlichkeit von *Deployment*-Information in Modellen untermauern. Wir wollen uns im Folgenden den Konzepten zuwenden, die man zur Hinterlegung solcher Informationen in Modellen verwendet. Die direkt im UML-2-Standard enthaltenen Konzepte decken die in der Praxis am häufigsten vorkommenden Szenarien ab. Sie sind jedoch allgemein formuliert und spezielle Domänen mit spezifischen Anforderungen sind in der Lage, diese allgemeinen Konzepte zu spezialisieren und zu verfeinern. Solche Verfeinerungen können z.B. für den Bereich der eingebetteten Systeme notwendig sein, da hier die Zahl der beteiligten Hardwarebausteine und die darauf benötigten Artefakte sehr groß werden kann.

4.2.1 Artefakte und Manifestation

Beginnen wir unseren Einstieg in die Welt des *Deployment* mit dem Konzept *Artefakt*. Artefakte sind physikalisch repräsentierte, informationstragende Elemente, also z.B. Dateien. Sie entstehen als Folge von Entwicklungsschritten (ein *Binary* entsteht zum Beispiel, wenn man einen *Linker*-Lauf durchführt) oder aber sie werden für einen Entwicklungsschritt gebraucht (ein Kompilierungsschritt setzt z.B. eine Quelldatei voraus). Beispiele für solche Artefakte sind vielfältig: Modelldateien, Quelldateien, Skripte und ausführbare Binärdateien, Tabellen in Datenbanken, ein Word-Dokument oder eine elektronische Nachricht.

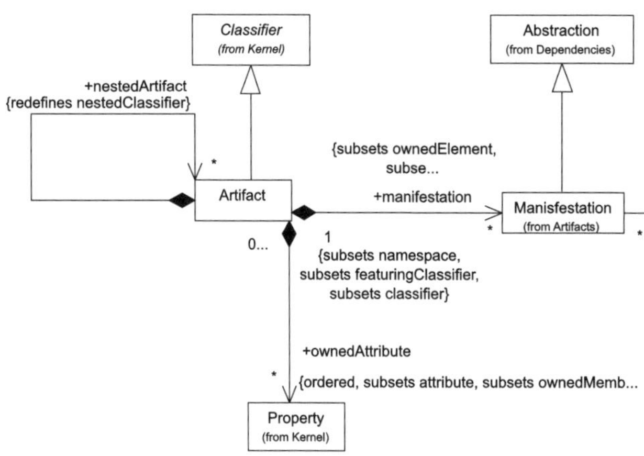

Abbildung 4.69: Klasse Artifact im Metamodell

Betrachten wir das UML-2-Metamodell, so sehen wir, dass Artefakte (Metaklasse *Artifact*) als Spezialisierung von *Classifier* definiert sind. Daran erkennt man, dass es offensichtlich Instanzen von Artefakten geben muss – *Artifact* hat ja *Classifier*-Eigenschaften. Diese Vorstellung ist durchaus richtig – wir können uns die Instanzen als konkrete Kopien ein und desselben Artefakts (Dateien) auf verschiedenen Rechnern vorstellen.

Weiterhin kann man aus der Definition von *Artifact* als Spezialisierung von *Classifier* folgern, dass Artefakte Operationen und Attribute besitzen dürfen. Diese Möglichkeit erfuhr auch keine Einschränkungen durch *Constraints*. Attribute dienen der Aufnahme von Werten, die für jede Artefakt-Instanz (konkrete Kopie) unterschiedlich sein können. Ein Beispiel wäre hier ein Zeitstempel, der ja für jede Kopie einer Datei auf einem Rechner oder auf verschiedenen Rechnern unterschiedliche Werte haben kann. Auch andere Informationen, die man der konkreten Kopie eines Artefakts zuordnen kann, lassen sich in dessen Attributen unterbringen.

Ein weiteres Merkmal, welches Artefakte als spezielle *Classifier* von diesen übernehmen, ist die Fähigkeit, lokale Definitionen (*Nested Classifiers*) besitzen zu können. So ist es zulässig, innerhalb eines Artefakts weitere Artefakte zu notieren. Dieses Konstrukt wird beispielsweise eingesetzt, um Zip-Archive als Artefakte zu modellieren, die eben weitere Files enthalten. Weiterhin kann man sich vorstellen, dass eine ausführbare Datei, die eine Komponente implementiert, die Komponentenbeschreibung in Form eines Deskriptors gleich mit beinhaltet. Dieser Deskriptor ist dann ebenfalls ein enthaltenes Artefakt.

Artefakte werden mit der *Classifier*-Notation in einem Modell notiert. Zusätzlich wird das Schlüsselwort <<*artifact*>> benutzt oder ein Dokument-Icon in die obere rechte Ecke des Artefaktsymbols gesetzt. Instanzen von Artefakten werden mit der üblichen Instanznotation `<Instanzname> : <Artefaktname>` notiert. Da es sich bei Artefaktinstanzen wie erwähnt um konkrete Kopien handelt, darf auf die Instanznotation verzichtet werden, wenn der Kontext aus dem Zusammenhang erkennbar ist. Abbildung 4.70 zeigt einige Artefakte, die bei der Entwicklung eines Flugbuchungssystems entstehen könnten.

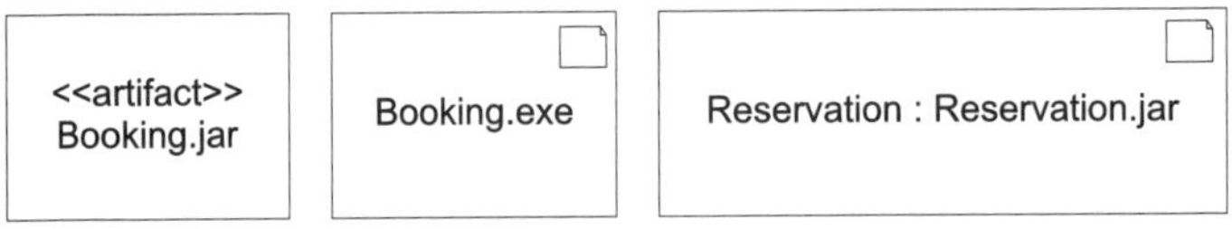

Abbildung 4.70: Notation von Artefakten und Artefaktinstanzen

Grund für die Beschreibung von Artefakten in einem Modell war, die Zuordnungen von abstrakteren Modellelementen zu diesen Artefakten zu beschreiben und damit deren konkrete Manifestation zu erklären. Ein Blick auf das Metamodell von UML 2 zeigt, dass man über das Konzept *Manifestation* Artefakte mit Instanzen von *PackageableElement* verbinden kann. Manifestation ist dabei eine spezielle *Abstraction*-Abhängigkeit (vgl. Abschnitt 4.1.2). Mit anderen Worten, wir können einem Artefakt beliebig viele Modellelemente zuordnen, die Instanzen von *PackageableElement* sind, und damit erklären, dass sie durch das Artefakt manifestiert werden. Wie wir bereits wissen, gehören viele der behandelten Konzepte zur Klasse *PackageableElement*, unter anderem Klassen und Komponenten. Mit der *Manifestation*-Beziehung drückt man also beispielsweise aus, dass eine bestimmte Klasse oder Komponente im Modell durch eine bestimmte Datei implementiert wird. So implementiert das Artefakt *Booking.jar* die *Booking*-Komponente in unserem Reservierungssystem.

Aus den Definitionen im Metamodell (vgl. Abbildung 4.69) erkennt man, dass ein Artefakt mehrere Modellelemente manifestieren darf, und umgekehrt, dass ein Modellelement durch mehrere Artefakte manifestiert werden kann. Es kann also auch noch ein *Booking.exe*-Artefakt für unsere *Booking*-Komponente geben und wir könnten ein Artefakt *Reservations.jar* besitzen, das außer der *Booking*-Komponente auch noch die *TripPlanning*-Komponente manifestiert.

Die Manifestation wird durch einen Pfeil ähnlich wie eine Abstraktion notiert, mit offener Spitze und unterbrochener Line, ausgehend von dem Artefakt zu dem manifestierten Element. An dem Pfeil wird zusätzlich das Schlüsselwort <<*manifest*>> notiert. Die Pfeilrichtung lässt sich wiederum dem Metamodell entnehmen: Die Manifestation ist eine *Abstraction*-Abhängigkeit, für diese war die Richtung vom Klienten zum *Supplier* der Abhängigkeit festgelegt und *PackageableElement* hat hier die *Supplier*-Rolle.

Abbildung 4.71 enthält Beispiele von Modellelementen, die in Artefakten manifestiert sind.

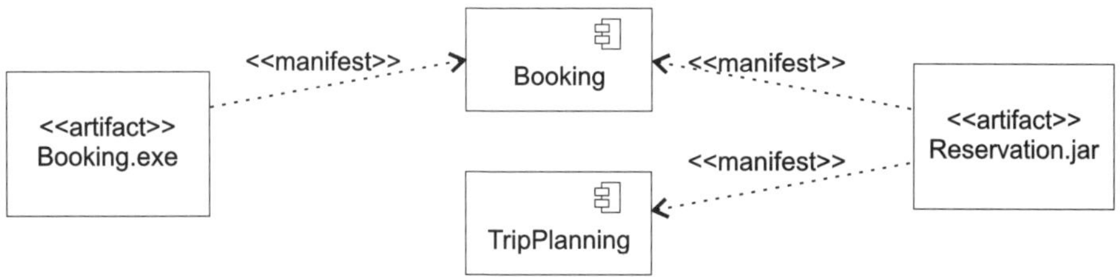

Abbildung 4.71: Notation von Manifestationen der Komponente Booking

4.2.2 Knoten und Topologien

Soll ein (verteiltes) Softwaresystem in Betrieb genommen werden, so müssen die dazu notwendigen Artefakte (z. B. die Bibliothekmodule und ausführbaren Dateien) in eine geeignete Ausführungsumgebung gebracht und dort eventuell noch passend konfiguriert werden. Unter Ausführungsumgebung verstehen wir hier eine Infrastruktur aus Rechnern, Geräten und Basissoftware (z. B. Betriebssysteme oder Applikationsserver), die den Artefakten die notwendigen Vorausetzungen für deren Ausführung bereitstellen. Um die physikalische Verteilung der Artefakte auf die Elemente der Ausführungsumgebung in einem Modell beschreiben zu können, fehlen uns noch die notwendigen Konstrukte zur Erfassung der Ausführungsumgebung selbst. Führen wir solche Konstrukte ein, können wir in Modellen beispielsweise beschreiben, dass die Klientensoftware (eine Anzahl von Artefakten) eines Flugbuchungssystems auf die Rechner *Office1*, *Office2* und *Office3* eines Reisebüros installiert werden soll.

In UML 2 sind eine Reihe von Basiskonstrukten eingeführt worden, die die Beschreibung von einfachen Ausführungsumgebungen gestatten.

Das Basiskonstrukt zur Modellierung einer beliebigen *Computing*-Ressource ist in UML 2 der Knoten (*Node*). Knoten stellen Artefakten notwendige Rechenkapazität für deren Ausführung bereit. Aufgrund dieser sehr allgemeinen Definition kann das Konzept *Node* für die Modellierung verschiedener realer Dinge benutzt werden: PCs, Großrechenanlagen, Drucker, Mobiltelefone, Terminals oder eingebettete Geräte, aber auch nicht greifbare Dinge wie die notwendige Basissoftware auf Computern.

Werfen wir einen Blick auf Abbildung 4.72, die das Metamodell für Knoten darstellt, so sehen wir, dass die Metaklasse *Node* eine Spezialisierung von *Class* ist. Wir können also Knoten klassifizieren (beispielsweise die Klasse *Officecomputer* beschreiben) und dann Instanzen davon bilden (*Office1*, *Office2*, *Office3*).

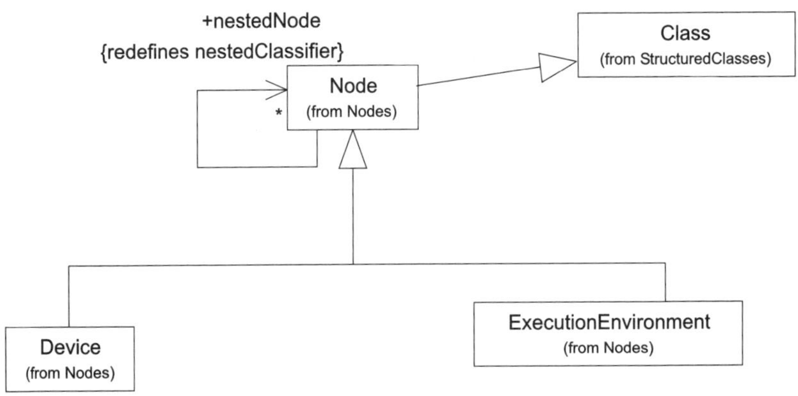

Abbildung 4.72: Metamodellausschnitt für Node

Die Unterscheidung zwischen Knotenklassen und Knoteninstanzen ist insbesondere dann nützlich, wenn wir uns die unterschiedlichen Rollen und Arbeitsschritte beim *Deployment* verdeutlichen. Versetzen wir uns in die Rolle eines Entwicklers unseres Flugbuchungssystems. Der Entwickler kennt natürlich die konkreten Instanzen der Officerechner in einem bestimmten Reisebüro nicht. Er kann also im Allgemeinen nicht festlegen, dass die Infrastruktur aus *Office1*, *Office2* und *Office3* besteht. Er kann aber bereits beschreiben, dass es Arbeitsplatzrechner mit bestimmten Eigenschaften geben muss. Also könnte er eine (Knoten)-Klasse *OfficePC* definieren. Später ließe sich im Modell die konkrete Situation in unserem Reisebüro abbilden, also *Office1*, *Office2*, *Office3* als Instanzen von *OfficePC* definieren. Eine solche Spezifikation einer realen Topologie ist einerseits zu Dokumentationszwecken sinnvoll, andererseits macht es natürlich auch die Fehlerfindung einfacher, weil man einen Entwickler sehr schnell über die tatsächliche Situation »vor Ort« präzise informieren kann.

Knoten werden in Diagrammen als Quader notiert. Die Unterscheidung von Instanzen (konkreten Knoten) und Klassen von Knoten erfolgt – wie bei *Classifiers* üblich – durch `<Instanzname>:<Knotenklassenname>`. In Abbildung 4.73 sehen wir Beispiele für Knoten und Instanzen von Knoten.

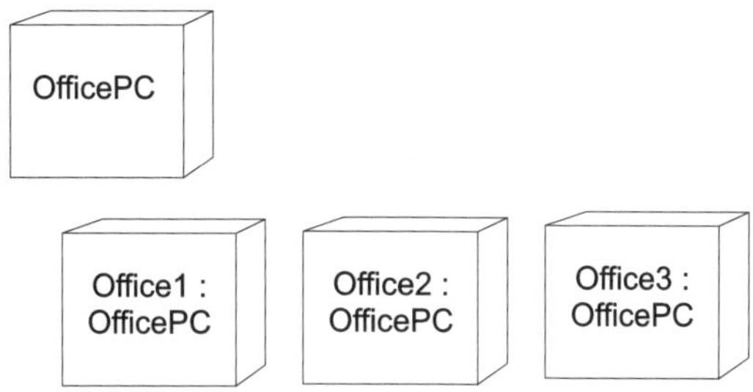

Abbildung 4.73: Notation einer Knotenklasse und von Knoteninstanzen

Die Definition von Knoten als spezielle Klassen bietet noch weitere Vorteile: Klassen können ja bekanntlich eine interne Struktur aufweisen und sie können Beziehungen zu anderen Klassen eingehen. Beide Aspekte sind nützlich in Bezug auf Knoten.

Schauen wir unseren *OfficePC*-Knoten an. Wäre es nicht sinnvoll, wenn wir beschreiben könnten, dass dieser Knoten ein CD-Laufwerk und ein Kartenlesegerät beinhalten soll? Diese Eigenschaften lassen sich mithilfe einer internen Struktur des Knotens *OfficePC* ausdrücken – wir definieren einfach CD-Laufwerk und Kartenlesegerät als Knoten und legen dann für *OfficePC* die interne Struktur in Form von *Parts* fest, wobei die *Parts* gerade vom Typ *CDDrive* und *CardReader* sind. Hierbei können wir sogar noch die Vielfachheit beschreiben, uns also beispielsweise wünschen, dass *OfficePC* zwei CD-Laufwerke enthält. Abbildung 4.74 zeigt das Beispiel dargestellt mit verschachtelten Knoten.

In der Sprachdefinition wird explizit gefordert, dass die *Parts* von Knoten selbst wiederum immer vom Typ Knoten sein müssen, d.h. Knoten sind ausschließlich aus Knoten aufgebaut. Alternativ zur Definition von interner Struktur durch *Parts* lässt sich die Verschachtelung von Knoten auch durch die Verwendung der Aggregationsbeziehung (Komposition) darstellen. Letztere Variante lässt aber keine weitergehende Modellierung, wie z.B. das Verbinden von enthaltenen *Parts*, zu.

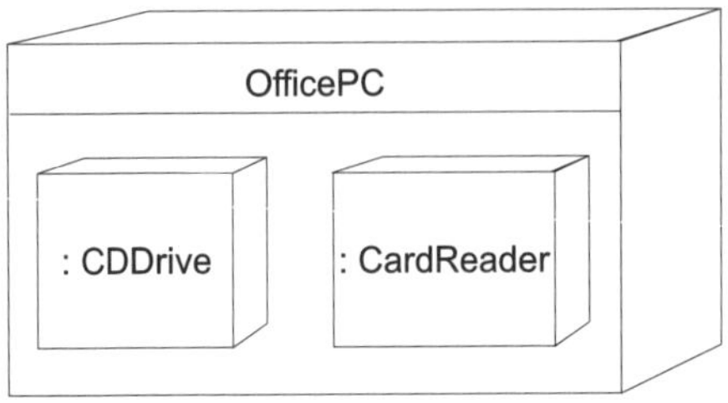

Abbildung 4.74: Verschachtelte Knoten

Die zweite Eigenschaft von Klassen, die in Bezug auf Knoten genutzt wird, ist die Fähigkeit, Assoziationen untereinander zu besitzen. So ist es zusätzlich zur Modellierung von Rechnern, Geräten und Basissoftware als Knoten möglich, deren Vernetzung zu beschreiben, also eine ganze Hard- und Softwaretopologie im Modell abzubilden. In unserem Beispiel könnte es darauf ankommen, dass *Office1*, *Office2* und *Office3* vernetzt sind und auch eine Verbindung zum *Gateway*-Rechner der Fluggesellschaft (*Gateway1*) besteht.

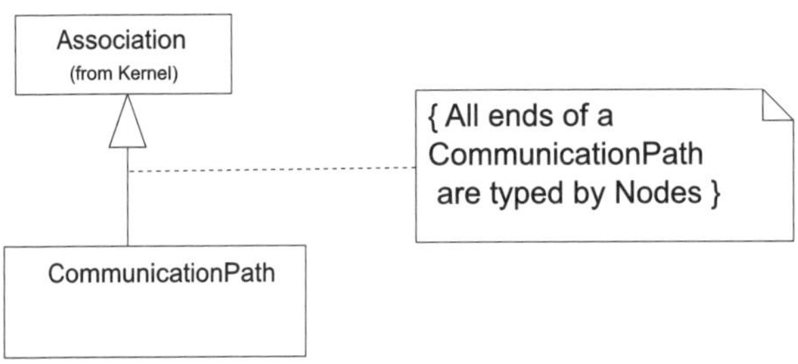

Abbildung 4.75: Metamodellausschnitt für CommunicationPath

Schauen wir ins Metamodell, so sehen wir unsere Vermutung bestätigt: Kommunikationsverbindungen zwischen Knoten werden als Assoziationen modelliert. Das Konzept hierfür heißt *CommunicationPath* und ist eine Spezialisierung der Metaklasse *Association*. Sind Knoten über einen *Communication Path* verbunden, so kann zwischen ihnen Kommunikation in Form von Nachrichten- und Signalaustausch stattfinden. Zusätzlich ist festgelegt, dass alle Enden einer Assoziation vom Typ *CommunicationPath* als Typ wiederum Knoten besitzen müssen.

Das Konzept *CommunicationPath* besitzt keine eigene Notation, es wird also wie eine »normale« Assoziation notiert. In Abbildung 4.76 sehen wir unser Reisebüro-Beispiel erweitert um Kommunikationspfade zwischen Knoten. Konkrete Kommunikationsverbindungen zwischen Instanzen von Knoten sind natürlich Links der *CommunicationPath*-Assoziation.

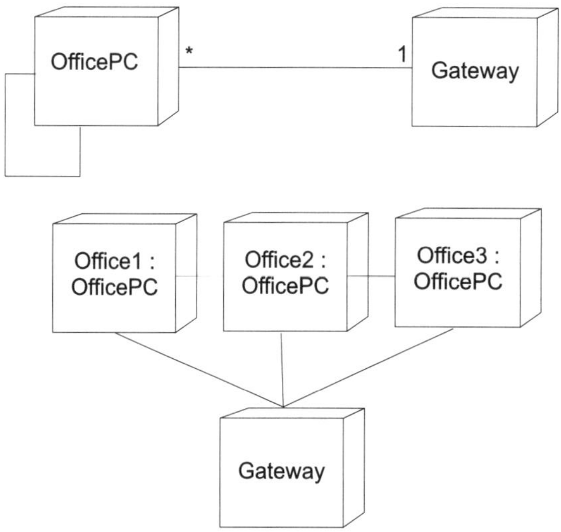

Abbildung 4.76: Kommunikationspfade im Reisebüro

Zu Beginn dieses Abschnitts stand die Überlegung, dass es verschiedene Arten von Knoten gibt, um eine komplexe Hard- und Softwareinfrastruktur als Ausführungsumgebung zu beschreiben. Dabei sind uns zwei Spezialfälle aufgefallen:

- Geräte, als spezielle Art von Knoten zur Modellierung von Dingen wie Drucker, Kartenleser oder eingebetteten Geräten
- Softwareumgebungen für spezielle Komponententypen zur Modellierung von beispielsweise Applikationsservern für Enterprise Java Beans oder Containern für CORBA-Komponenten

Da diese beiden Fälle häufig auftreten, fasste man den Entschluss, entsprechende Konzepte als Spezialisierung von Knoten in UML 2 einzuführen. Die Metaklassen *Device* und *ExecutionEnvironment* sind als Spezialisierungen der Metaklasse *Node* definiert (vgl. Abbildung 4.72).

Das Konzept *Device* dient der Modellierung von physikalischen Elementen, die Rechenressourcen (beliebiger Natur) zur Verfügung stellen. Sie treten typischerweise als Bestandteile von komplexeren Knoten auf. (Erinnern wir uns an unseren *OfficePC*: Das enthaltene CD-Laufwerk kann präziser als *Device* modelliert werden, anstatt das allgemeinere Konzept *Node* zu verwenden.)

Das Konzept *ExecutionEnvironment* dient der Modellierung von Basissoftware, die auszuführenden Komponenten bestimmte Services bereitstellt, die diese für ihre Ausführung benötigen. Ein Beispiel sind Betriebssysteme, ohne deren Services sicher gar keine Komponenten auf einem Rechner ausführbar sind. Aber auch Applikationsserver oder eine virtuelle Java-Maschine könnten in Modellen unter Anwendung des

Konzepts *ExecutionEnvironment* abgebildet werden. Da Software nicht ohne eine geeignete Hardware existieren kann, treten Modellelemente der Art *ExecutionEnvironment* immer als Bestandteile von anderen Knoten (entweder Hardware oder wiederum Software) auf. Wir können unseren *OfficePC* beispielsweise mit dem Betriebssystem *Linux* versehen, auf dem sich eine virtuelle Java-Maschine befindet.

Wir hatten gesagt, dass ein Merkmal des Konzepts *ExecutionEnvironment* darin besteht, dass Komponenten Services zur Verfügung gestellt werden. In den meisten Fällen sind diese Services implizit, d.h., es wird im Modell nicht erfasst, um welche konkreten Services es sich dabei handelt. Wird beispielsweise das Betriebssystem Windows als *ExecutionEnvironment* in einem Modell erfasst, so sind die bereitgestellten Services (also beispielweise Dateisystemzugriff) implizit klar. In anderen Fällen ist diese Aussage nicht so ohne weiteres möglich. Stellen wir uns einen Container für CORBA-Komponenten als *ExecutionEnvironment* vor, so kann dieser Container einen *Notification*-Service anbieten, muss dies aber nicht unbedingt tun. Es kann daher notwendig sein, in einem Modell explizit die unterstützten Services für eine *ExecutionEnvironment* anzugeben. In UML 2 ist dies unter Verwendung des Konzepts *Interface* möglich. Die angebotenen Services werden in diesem Fall als Interfaces beschrieben und dann von der *ExecutionEnvironment* unterstützt.

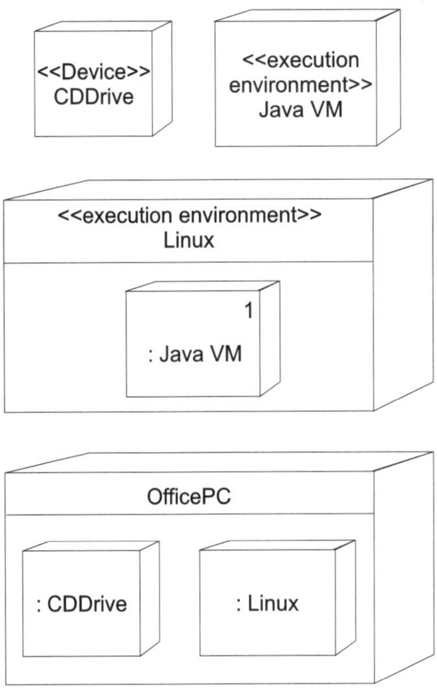

Abbildung 4.77: Verfeinerung des Knotens OfficePC

Zur Darstellung der speziellen Knotenarten wird die Knotennotation unter Verwendung der zusätzlichen Schlüsselwörter *<<Device>>* und *<<ExecutionEnvironment>>* verwendet. Unser verfeinerter *OfficePC* ist in Abbildung 4.77 dargestellt.

Nachdem wir nun in der Lage sind, die zu einem Softwaresystem gehörigen Artefakte im Modell ebenso zu beschreiben wie Ausführungsumgebungen, die aus (eventuell verbundenen) Hardware- und Basissoftwarebausteinen bestehen, bleibt die Frage, wie man die Zuordnung von Artefakten auf diese Bausteine ausdrückt. Diese Zuordnung ist ja letztlich das Modell des *Deployment* selbst bzw. die Vorlage, nach der das *Deployment* ausgeführt werden soll.

4.2.3 Deployment

Das Konzept von UML 2 zur Zuordnung von Artefakten zu Knoten ist das *Deployment*. Werfen wir einen Blick auf Abbildung 4.78, die den entsprechenden Ausschnitt aus dem Metamodell darstellt, so sehen wir, dass *Deployment* eine Spezialisierung von *Dependency* ist, also eine Beziehung zwischen zwei anderen Modellelementen abbildet. Das hatten wir so erwartet. Aber welches sind diese anderen Modellelemente? Intuitiv nehmen wir an, es handelt sich um Artefakte und Knoten, denen die Artefakte mittels *Deployment* zugeordnet werden.

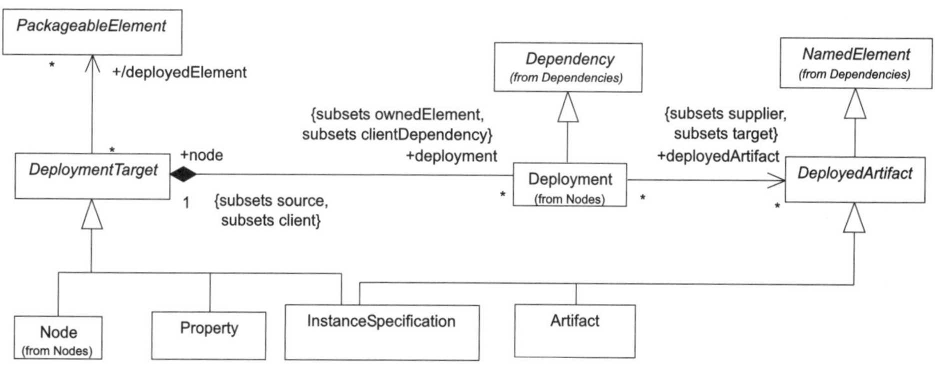

Abbildung 4.78: Metamodellausschnitt für Deployment

Tatsächlich sehen wir zwei abstrakte Metaklassen *DeployedArtifact* und *DeploymentTarget*. *DeploymentTarget* beschreibt das Ziel des *Deployments*, *DeployedArtifact* das Element, welches *deployed* wird. Da es sich um abstrakte Metaklassen handelt, müssen wir uns deren Spezialisierungen anschauen, also die konkreten, in Modellen verwendbaren Ausprägungen.

Zunächst finden wir – wie erwartet – die Metaklasse *Artifact* als spezielles *DeployedArtifact* und die Metaklasse *Node* als spezielles *DeploymentTarget*. Damit dürfen Knoten Artefakte zugeordnet werden. Weiterhin finden wir als Spezialisierung von *DeploymentTarget* die Metaklasse *Property*. Hier müssen wir uns vergegenwärtigen, dass Knoten eine interne Struktur haben können, die ihrerseits durch *Parts* beschrieben wird. *Parts* sind aber gerade *Properties*. Wollen wir also Artefakte auch auf interne Bestandteile eines Knotens verteilen, die als *Parts* im Modell beschrieben sind, so muss *Property* ein *DeploymentTarget* sein. Weiterhin finden wir im Metamodell die Klasse *InstanceSpecification* sowohl als Spezialisierung von *DeploymentTarget* als auch als Spezialisierung von *DeployedArtifact*. Damit wird erlaubt, dass wir Instanzen von Artefakten auf Knoteninstanzen verteilen.

Anhand der Vielfachheiten der *Deployment*-Beziehung im Metamodell erkennen wir, dass ein und dieselbe Instanz von *DeployedArtifact* mehreren Instanzen von *DeploymentTarget* zugeordnet werden kann. Darüber hinaus wird deutlich, dass sich jeder Instanz von *DeploymentTarget* mehrere Instanzen von *DeployedArtifact* zuordnen lassen. Das entspricht der natürlichen Vorstellung: Wir könnten beispielsweise das *Booking.exe*-Artefakt auf allen drei PCs (*Office1*, *Office2*, *Office3*) installieren.

Zur Notation der *Deployment*-Beziehung kann das *Deployed*-Artefakt direkt in das *Deployment*-Ziel hineingezeichnet werden. Es kann aber auch als Bestandteil einer Aufzählungsliste innerhalb des *Deployment*-Ziels dargestellt werden, wobei jedes Listenelement namentlich auf ein *Deployed*-Artefakt verweist. Eine weitere Alternative bietet die Verwendung des *Dependency*-Symbols (Pfeil mit gestrichelter Line und offener Spitze), welches vom *Deployment*-Ziel zum *Deployed*-Artefakt führt. Beispiele für die Verwendung der Notation sind in Abbildung 4.79 dargestellt.

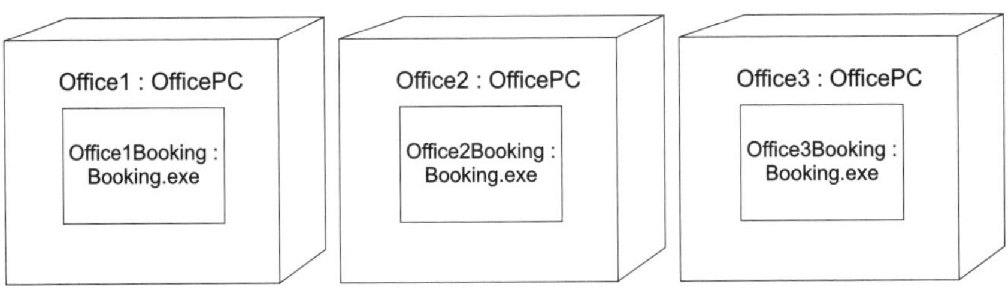

Abbildung 4.79: Deployed-Artefakte

Nachdem wir nun festgestellt haben, dass man *Deployment* sowohl auf Instanz- als auch auf Typniveau beschreiben kann, wollen wir uns noch einmal die Konsequenzen und die jeweiligen Anwendungsfälle verdeutlichen.

Deployment auf Typniveau bedeutet, dass wir im Modell eine Klasse von gleichartigen Knoten beschreiben, denen wir Artefakte zuordnen. Später können wir diese Knotenklasse instanzieren, wobei dann auf jeder entstehenden Instanz eine Kopie der zuvor zugeordneten Artefakte vorhanden ist. Es können sogar mehrere Kopien des gleichen Artefakts angelegt werden. Wir erinnern uns – Kopien sind die Instanzen von Artefakten. Bezogen auf unser Beispiel heißt das, wir legen bereits im Modell fest, dass *Booking.exe* der Knotenklasse *OfficePC* zugeordnet wird. Wann immer wir dann eine konkrete Instanz von *OfficePC* erzeugen, können wir mindestens eine Kopie von *Booking.exe* darauf erwarten.

Deployment auf Instanzniveau heißt einfach, dass wir eine konkrete reale Situation im Modell abbilden. Wir ordnen also Kopien von *Booking.exe* den konkreten Rechnern *Office1*, *Office2* und *Office3* zu.

Eine Zuweisung auf Typniveau wird also dann erfolgen, wenn man die konkrete Spezifikation der Ausführungsumgebung noch nicht kennt, aber bereits grundlegende Aussagen über die Zuordnung von Instanzen zu Knoten machen möchte. Eine Zuweisung auf Instanzniveau wird vorgenommen, wenn man entweder eine reale Situation im Modell abbilden will oder das Modell für den Aufbau einer realen Infrastruktur als Vorlage benutzen möchte.

4.2.4 Deployment-Spezifikation

Ein Sonderfall des *Deployment* von Artefakten auf Knoten gilt es noch zu analysieren: das *Deployment* von Artefakten für Komponenten, die in speziellen Knoten der Art *ExecutionEnvironment* ausgeführt werden sollen. In diesem Spezialfall sind beim *Deployment* oftmals noch spezifische Parameter anzugeben, die die Art und Weise der Ausführung der Komponenten beeinflussen. So können beispielsweise *Threading-*, Transaktions-, oder Persistenzeigenschaften von Komponenten erst beim *Deployment* durch Setzen von entsprechenden Parametern festgelegt werden. Applikationsserver oder Container für CORBA-Komponenten erlauben diese Art der Konfiguration durch so genannte *Deployment*-Deskriptoren – oftmals XML-Dokumente, die die konkreten Parameter enthalten.

Für *Deployment*-Modelle bedeutet das, dass wir das *Deployment* auf Knoten der Art *ExecutionEnvironment* optional um zusätzliche Modellelemente anreichern wollen, die die Festlegung von Parametern gestatten. Das entsprechende Konzept zur Lösung dieser Aufgabe heißt *Deployment*-Spezifikation. Wie immer gilt unser erster Blick dem Metamodell. In der Abbildung sehen wir, dass *DeploymentSpecification* selbst eine Spezialisierung der Metaklasse *Artifact* ist und dass zu einem *Deployment* (Zuordnung von *Deployed*-Artefakt zu einem *Deployment*-Ziel) mehrere *Deployment*-Spezifikationen gehören können.

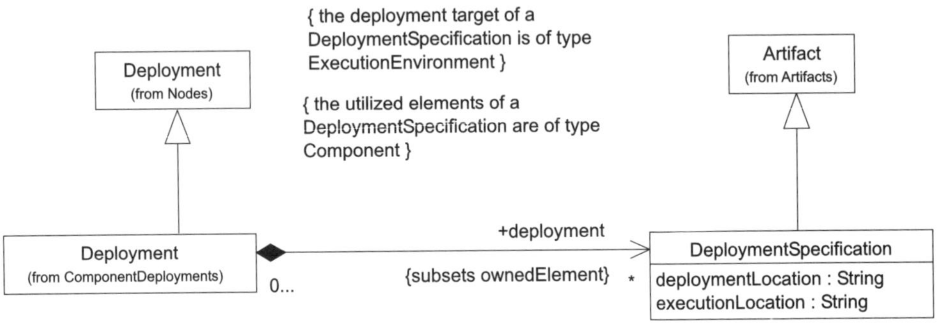

Abbildung 4.80: Metamodell-Ausschnitt für Deployment-Spezifikation

Deployment-Spezifikationen tauchen in der Praxis (wie bereits dargestellt) meist in Form von Deskriptoren auf, sie sind also Dateien mit speziellem Inhalt. Aus dieser Sicht ist die Definition als spezielles Artefakt konsequent. Auch Fälle, in denen die *Deployment*-Spezifikation als Bestandteil eines anderen Artefakts – z.B. einer .NET-Komponente – auftaucht, lassen sich in Modellen abbilden. Hierfür wird dann das Konzept von verschachtelten Artefakten benutzt. Wir wissen weiterhin, dass Artefakte spezielle Klassen sind und daher Attribute besitzen dürfen. Diese Attribute können wir nun auch für *Deployment*-Deskriptoren spezifizieren und damit die konkreten *Deployment*-Parameter definieren. Wollen wir die Werte dieser Parameter im Modell erfassen, so verwenden wir das Konzept von *Slots* für diese Attribute an Instanzen von *Deployment*-Spezifikationen.

Durch die Zuordnung von *Deployment*-Spezifikationen zum *Deployment* von Artefakten auf Knoten legen wir präzise fest, welche Spezifikationen für das konkrete *Deployment* anzuwenden sind – wiederum entweder auf Typniveau durch Spezifikation der Parameter oder auf Instanzniveau durch konkrete Belegungen dieser Parameter.

Deployment-Spezifikationen werden in Modellen unter Verwendung der allgemeinen Klassennotation mit dem zusätzlichen Schlüsselwort *<<deployment spec>>* notiert. Die Zuordnung einer *Deployment*-Spezifikation zu einer *Deployment*-Relation geschieht durch die Verwendung der *Dependency*-Notation zwischen der *Deployment*-Spezifikation und dem am *Deployment* beteiligten jeweiligen *Deployed*-Artefakt. In der folgenden Abbildung sind Beispiele für die Verwendung von *Deployment*-Spezifikationen dargestellt.

Deployment-Spezifikationen dürfen nur mit solchen *Deployment*-Beziehungen verbunden werden, in denen das beteiligte *Deployment*-Ziel vom Typ *ExecutionEnvironment* ist. Ebenso müssen die an einem solchen *Deployment* beteiligten *DeployedArtifact*-Elemente ausschließlich Elemente vom Typ *Component* manifestieren. Das heißt, eine *Deployment*-Spezifikation beschreibt stets konkrete Parameter für das *Deployment* von Komponenten in deren (Software-)Ausführungsumgebungen.

4.3 Beschreibung dynamischer Aspekte

Neben der Definition der Struktur ist die Verhaltensspezifikation die zweite große Aufgabe bei der Modellierung. Verhalten ist beobachtbar in Veränderungen der Eigenschaften der beteiligten Elemente (Zustandsänderung) oder auch in Veränderungen der Struktur des Gesamtsystems. Bewirkt werden diese Änderungen durch Aktionen der beteiligten Objekte als Reaktion auf Ereignisse. Verhalten existiert nicht per se, sondern ist immer an konkrete Objekte gebunden.

Eine Verhaltensbeschreibung in UML spezifiziert vollständig oder partiell das gewünschte oder auch das unerwünschte Verhalten eines *Classifier*. Zur Unterstützung unterschiedlicher Sichten auf das Verhalten wie auch zur Unterstützung unterschiedlicher Einsatzziele für Verhaltensbeschreibungen bietet UML vier Grundformen der Verhaltensbeschreibung an. Im Metamodell prägt sich dies durch die Bereitstellung von vier entsprechenden Paketen aus, die wiederum durch ein *Merge* allgemeine Verhaltensbeschreibungskonzepte aus dem Paket *Common Behaviors* spezialisieren.

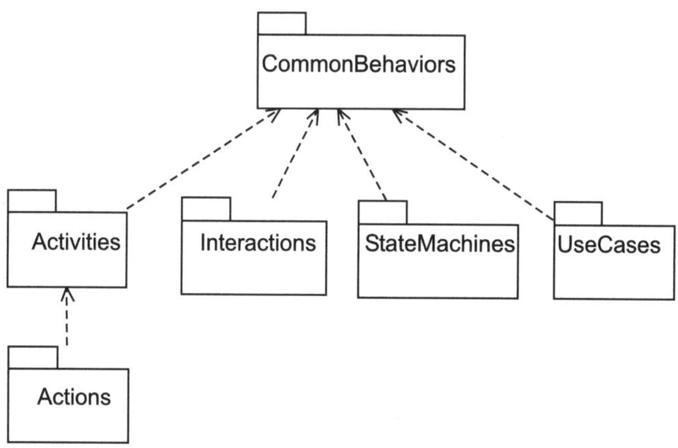

Abbildung 4.81: Struktur der UML-Verhaltensbeschreibung

Die Formen der Verhaltensbeschreibung sind:

- Zustands- und Protokollautomaten (*State Machines*)
- Aktivitäten und Aktionen (*Activities*)
- Interaktionen (*Interactions*)
- Anwendungsfälle (*Use Cases*)

4.3.1 Grundlagen der Verhaltensbeschreibung

Durch das Paket *Common Behaviors* werden die grundlegenden Mechanismen und Konzepte für die Verhaltensbeschreibung sowie die Beziehungen zwischen Struktur- und Verhaltensbeschreibungen definiert. Jegliches Verhalten ist die direkte Konsequenz von Aktionen mindestens eines Objekts und manifestiert sich in der Änderung des Zustands der beteiligten Objekte.

In UML kann Verhalten in zwei unterschiedlichen Formen auftreten. Ausführungsverhalten (*executing behavior*) ist direkt an ein konkretes Objekt gebunden, von dem es abgearbeitet wird (*Host*), sowie an ein weiteres Objekt das zu diesem Verhalten geführt hat (*Invoker*). Diese Ausführung kann durch den Ruf eines Verhaltensmerkmals dieses Objekts durch ein anderes Objekt, ein Ereignis oder auch durch die Erzeugung des Objekts veranlasst werden. Sichtbares Verhalten (*emergent behavior*) bezieht sich dagegen auf die Interaktionen zwischen ein oder mehreren beteiligten Objekten. Es bietet somit eine externe und abstraktere Sicht auf das gemeinsame Verhalten einer Konfiguration von Objekten, ohne dass angegeben wird, welches Objekt etwas auslöst und welches Objekt Aktionen ausführt. Realisiert wird das auftretende Verhalten im Endergebnis aber durch die Summe des Ausführungsverhaltens der beteiligten Objekte. In Abbildung 4.82 ist der Metamodellausschnitt für Verhalten dargestellt.

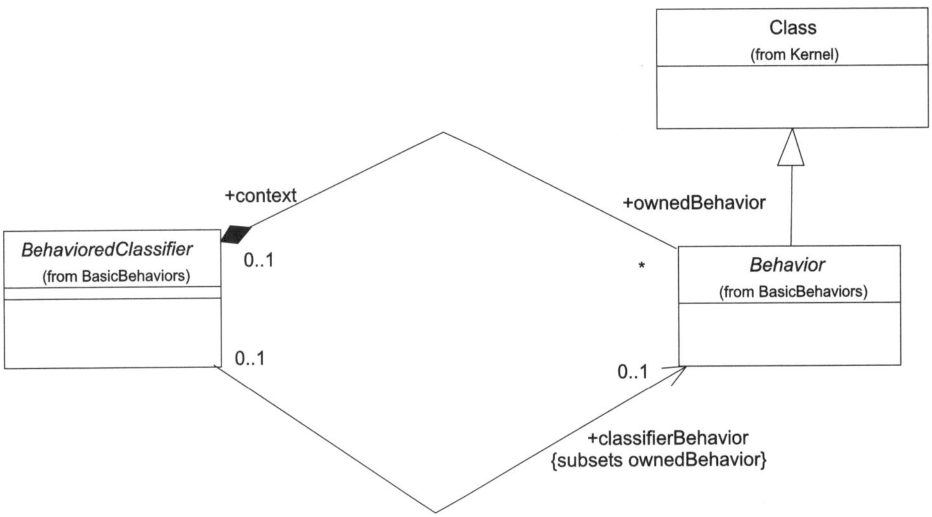

Abbildung 4.82: Metamodellausschnitt für Verhalten

- Als eine Klasse kann Verhalten eigenständig in einem Paket definiert werden, eine Verhaltensbeschreibung kann aber auch innerhalb eines anderen *Classifier* definiert sein (ownedBehavior). Dieser Classifier bildet den Kontext für die Definition mit der Konsequenz, dass Struktur- und Verhaltensmerkmale des Kontext-*Classifier* dem Verhalten zugänglich sind.

- Einem Kontext-*Classifier* kann genau eine Verhaltensspezifikation als »sein« Verhalten zugeordnet werden. Man spricht dann auch von einem BehavioredClassifier. Im Gegenzug kann eine Verhaltensspezifikation maximal einem Kontext-*Classifier* zugeordnet sein.
- Neben *Classifiers* kann Verhalten auch Verhaltensmerkmalen (d.h. Operationen) zugeordnet sein. In diesem Fall implementiert das Verhalten die Operation, es ist also eine Methode der Operation. Die Operation ist im Gegenzug eine Spezifikation des Verhaltens. Die Verhaltensbeschreibung einer Operation erfolgt im Kontext des *Classifier* der diese Operation besitzt (direkt oder über Vererbung).

Obwohl die nachfolgend detailliert vorgestellten Verhaltensbeschreibungsformen sich in ihrem Fokus wie auch in ihrem semantischen Modell zum Teil deutlich voneinander unterscheiden, gibt es eine Reihe von grundlegenden Verhaltenskonzepten, die allen Formen gemeinsam sind.

Aufrufmodell

UML verfolgt grundsätzlich eine ereignisorientierte Sicht auf das Verhalten:

- Das Auftreten eines Ereignisses kann die Ausführung von Verhalten nach sich ziehen.
- Jede Verhaltensausführung wird durch ein Ereignis verursacht.

Die Verhaltensausführung kann wiederum zu neuen Ereignissen führen, wobei zwei Ereignisse bei jeder Ausführung auftreten: ein Startereignis zu Beginn der Ausführung und ein Terminierungsereignis nach Beendigung der Verhaltensausführung.

Unterschiedliche Ereignisarten können unterschiedliche Verhaltensausführungen als Effekt nach sich ziehen. Prinzipiell wird zwischen Verhaltensaufrufereignissen und Auslöser- oder Trigger-Ereignissen unterschieden. Hinter Ersteren verbirgt sich das direkte Starten des Verhaltens, bei Trigger-Ereignissen erfolgt das Starten dagegen indirekt. Trigger-Ereignisse können spontan (Änderung eines beobachteten Werts, Erreichen eines Zeitpunkts etc.) oder als Ergebnis einer Kommunikation (Nachrichtenempfang, Empfang eines Operationsrufs) auftreten. Tritt ein Trigger-Ereignis ein, so wird es in einem Ereignispool (*Event Pool*), der dem *Classifier* zugeordnet ist, abgelegt. Die weitere Behandlung, d.h. die Verarbeitung des Ereignisses sowie die Regeln zum Bewirken eines Effekts, sind abhängig von der konkreten Spezifikation des *Classifier* sowie der Form der Verhaltensbeschreibung (vgl. *Zustandsautomaten*).

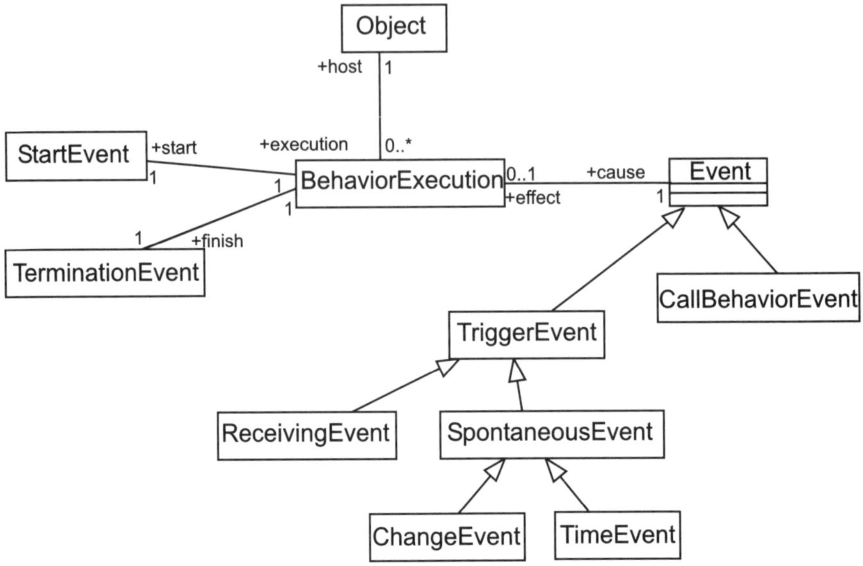

Abbildung 4.83: Aufrufmodell

Kommunikationsmodell

Ausgehend von der ereignisorientierten Sicht auf Verhalten gibt das Kommunikationsmodell die Grundregeln für die Kommunikation zwischen Objekten eines Systems vor. Die zentrale Idee hierbei ist die logische Trennung zwischen dem Sender/Rufer, dem Empfänger, dem eigentlichen Ruf und dem das Effektverhalten ausführenden Objekt.

Der Ruf einer Operation und das Senden einer Nachricht sind Ereignisse (*Invocation Events*), die im Senderobjekt stattfinden. Als Ergebnis entsteht für jeden Empfänger ein eigenes Rufobjekt (*Request*). Dieses *Request*-Objekt wird zum Empfänger übertragen. Der Empfänger kann das gleiche Objekt wie der Sender, ein lokales Objekt, aber auch ein entferntes Objekt sein. Die Form der Übertragung, die Dauer der Übertragung, der Übertragungsweg sowie die Reihenfolge der Ankunft unterschiedlicher *Requests* beim Empfänger sind nicht vorgegeben.

Das Eintreffen eines *Request* beim Empfänger verursacht dort ein Empfangsereignis (*Receiving Event*), das wiederum die Ausführung von Verhalten nach sich ziehen kann. Der Kontext der Verhaltensausführung (Host) ist das Empfängerobjekt. Das *Request*-Objekt stellt den Zusammenhang zwischen der Ursache (d.h. das *Invocation Event*) und der Wirkung (d.h. die Verhaltensausführung) her und enthält ausreichende Informationen, um bei einem Operationsruf eine Antwort vom Empfänger an den Sender zurückzusenden.

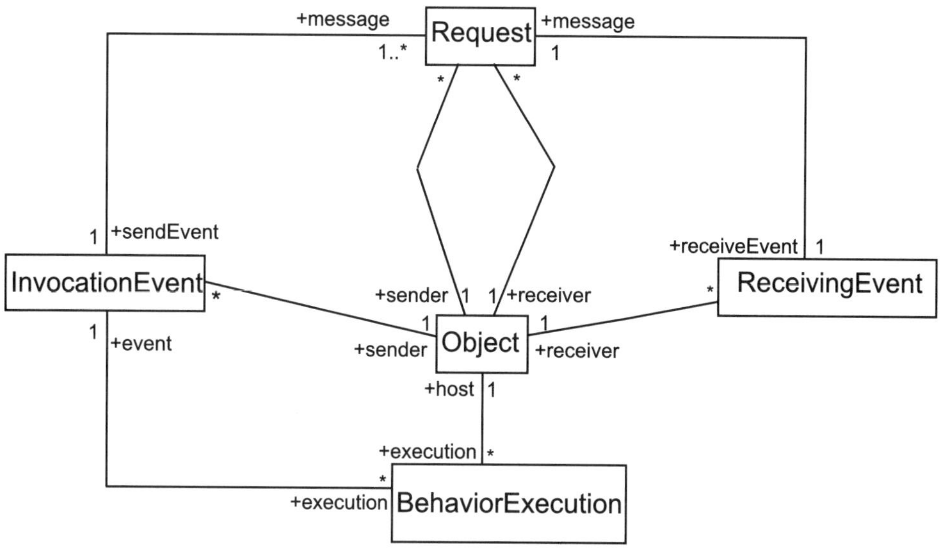

Abbildung 4.84: Kommunikationsmodell

Allgemeine Verhaltenskonzepte

Als *Classifier* ist Verhalten spezialisierbar. Die genauen Regeln sind dabei von der konkreten Form der Verhaltensbeschreibung abhängig. In der Regel findet die Spezialisierung von Verhalten in einer Spezialisierung des Kontext-*Classifier* statt.

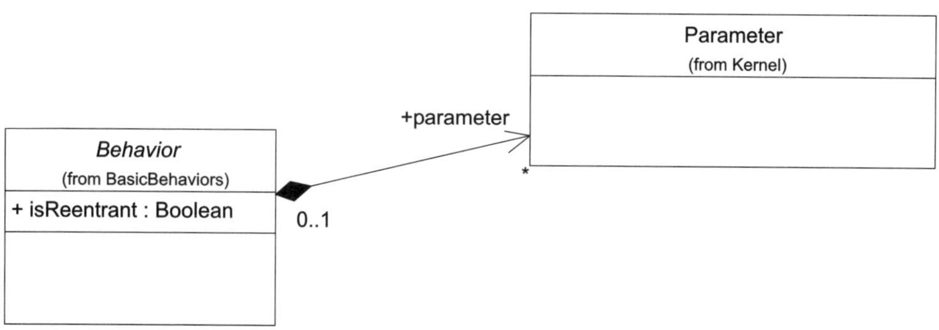

Abbildung 4.85: Metamodellausschnitt für Verhalten im Detail

Schauen wie noch einmal in das Metamodell: Eine Verhaltensspezifikation kann Eingabe- und Ausgabeparameter besitzen. Beim Aufruf von Verhalten werden die Argumente des Aufrufs dem Verhalten über seine Eingabeparameter verfügbar gemacht, die Ausgabeparameter werden nach Beendigung des Verhaltens mit Werten belegt.

Durch Vor- und Nachbedingungen können zusätzliche Einschränkungen an den Aufruf und die Ausführung von Verhalten angegeben werden.

Auch das Attribut *isReentrant* schränkt die Aufrufmöglichkeiten ein: Ist der Wert *false* angegeben, so ist ein Aufruf des Verhaltens erst dann möglich, wenn alle vorherigen Aufrufe beendet wurden. Anderenfalls kann das Verhalten mehrfach gleichzeitig aufgerufen werden.

Eine Klasse, die ein *BehavioredClassifier* ist und einen eigenständigen Kontrollfluss besitzt, wird als aktiv bezeichnet. Ein Objekt einer aktiven Klasse startet nach seiner Erzeugung sein Verhalten und existiert, bis dieses Verhalten beendet ist oder das Objekt explizit beendet wird. Ein aktives Objekt reagiert eigenständig und unabhängig von anderen Objekten auf Ereignisse. Eine aktive Klasse kann durch die Angabe *isActive=true* oder durch ein abgewandeltes Klassensymbol dargestellt werden.

Das Verhalten eines nichtaktiven Objekts wird dagegen im Kontrollfluss eines anderen (aktiven) Objekts ausgeführt. Für Verhaltensmerkmale von Klassen kann angegeben werden, wie gleichzeitige Rufe eines Verhaltensmerkmals zu behandeln sind. Die folgenden Arten sind zulässig:

- *sequential*: Mit der Operation ist kein implizites Management gleichzeitiger Rufe verbunden. Falls Konflikte auftreten können, muss eine explizite Koordination der aufrufenden Instanzen erfolgen
- *guarded*: Von gleichzeitigen Rufen führt zu jedem Zeitpunkt genau ein Ruf zur Verhaltensausführung, alle anderen Rufe bleiben zwischenzeitlich blockiert. Die Behandlung von Verklemmungen obliegt dem Entwickler.
- *concurrent*: Gleichzeitige Rufe werden simultan und unabhängig ausgeführt.

Wie bereits eingehend erwähnt, kann Verhalten nicht nur durch einen Operationsruf, sondern auch durch den Empfang einer Nachricht ausgelöst werden. Der Typ derartiger *Requests* wird mit Signalen beschrieben. Ein Signal definiert in seinen Attributen die mit dem *Request* zu übertragenden Werte. Als *Classifier* können Signale in einer Spezialisierungshierarchie angeordnet werden. Ausnahmen (*Exceptions*) sind eine Spezialform von Signalen.

Signalinstanzen können nur an aktive Objekte gesandt werden. Die Fähigkeit, auf ein Signal zu reagieren, wird in der Definition der aktiven Klasse durch zusätzliche Verhaltensmerkmale angegeben. Der Empfang ist in der Verhaltensspezifikation zu berücksichtigen (entweder im *ClassifierBehavior* oder durch eine Methode).

Kann eine Klasse eine Signalinstanz empfangen, so akzeptiert sie auch Instanzen aller Spezialisierungen des entsprechenden Signals!

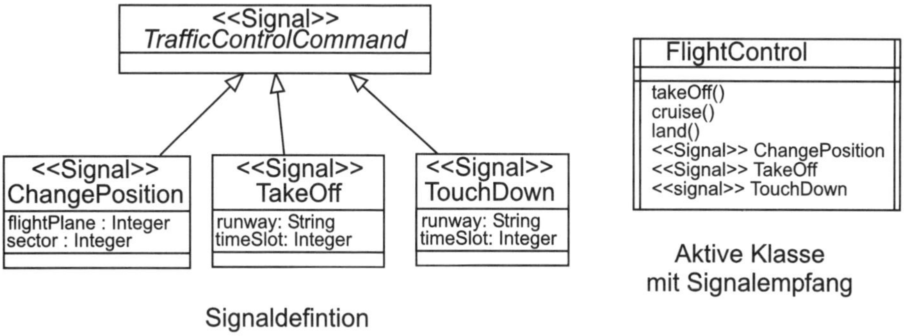

Abbildung 4.86: Signale

UML umfasst ein einfaches Zeitmodell, das zum einen für die unterschiedlichen Verhaltensbeschreibungsformen weiter präzisiert wird und für das zum anderen durch den Entwickler zusätzliche Restriktionen angegeben werden können.

Ein Zeitpunkt kann durch eine Observierungsaktion (`t = `*now*) oder durch einen Zeitausdruck bestimmt werden (z.B. `t = t +5`), die konkrete Semantik eines solchen Datums ist nicht festgelegt. Eine Zeitdauer ist der Abstand zwischen zwei Zeitpunkten, die mit ein oder zwei Ereignissen oder Aktionen verbunden sind. Bei einem Ereignis ist die Dauer stets der Zeitraum vom Beginn bis zum Ende des Ereignisses, bei zwei Ereignissen kann für jedes Ereignis festgelegt werden, ob der Beginn oder das Ende der für die Messung zu berücksichtigende Zeitpunkt ist. Da Zeitangaben keine vorgegebene Semantik haben, gilt dies auch für die Zeitdauer, in der Regel ist eine Angabe in »Ticks« üblich. Die Zeitdauer kann ebenfalls durch eine Observierungsaktion (`d = `*duration*`(action)`) oder durch einen Zeitausdruck bestimmt werden (z.B. `d = t1 - t2`). Auf der Grundlage von Zeitpunkten und Zeitdauerangaben lassen sich zusätzliche Einschränkungen an Verhaltenspezifikationen definieren.

4.3.2 Zustandsautomaten

Ein Zustandsautomat beschreibt das vollständige Verhalten eines *Classifier* oder eines seiner Verhaltensmerkmale in Form eines Graphen aus Knoten und gerichteten Kanten. Die Knoten des Graphen entsprechen dabei den möglichen Zuständen des spezifizierten Elements, die Kanten dagegen den möglichen Zustandsänderungen. Abbildung 4.87 zeigt einen Ausschnitt aus dem Metamodell mit den Elmenten für Knoten und Kanten des Graphen.

Zustandsautomaten werden als Modellelemente innerhalb eines *Classifier* definiert und durch eigene Diagramme dargestellt, dadurch werden sie in die Lage versetzt, auf Struktur- und Verhaltensmerkmale des *Classifier* Bezug zu nehmen. Für die Zuordnung eines Zustandsautomaten als Verhaltensbeschreibung des *Classifier* oder eines seiner Verhaltensmerkmale ist in UML keine spezielle Notation vorgesehen, sie kann jedoch werkzeugspezifisch erfolgen.

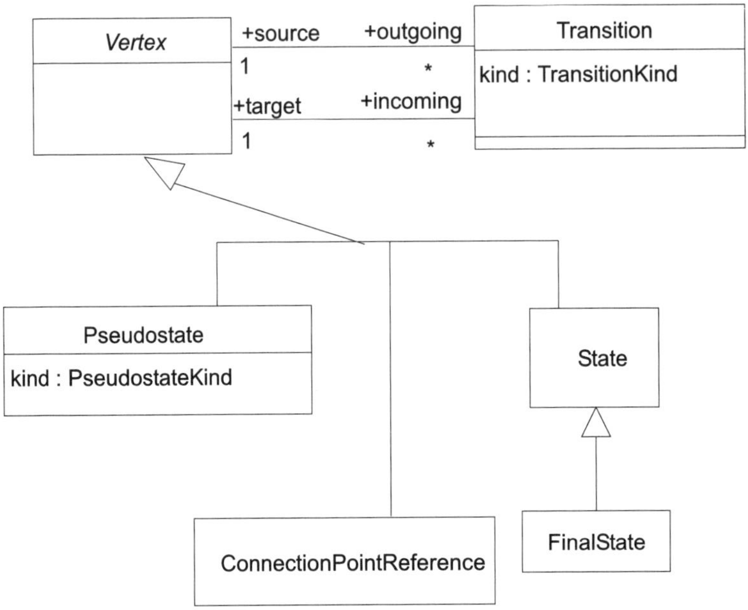

Abbildung 4.87: Knoten und Kanten von Zustandsmaschinen im Metamodell

Ein Zustand modelliert eine Situation, in der eine üblicherweise implizite Invariante gültig ist. Er kann sowohl statischer (z.B. eine vorgegebene Belegung der Strukturmerkmale oder das Warten auf ein Ereignis) als auch dynamischer Natur sein (z.B. Ausführung einer Aktivität). Eine Transition beschreibt den Übergang von einem Zustand in einen neuen Zustand. Sie kann zusätzlich mit einem auslösenden Ereignis (Trigger) und Aktivitäten, die während des Übergangs ausgeführt werden, assoziiert sein.

Einfache Zustandsautomaten

Ein (einfacher) Zustand wird durch ein Rechteck mit abgerundeten Ecken dargestellt, das den Namen des Zustands enthält, Transitionen reflektieren sich durch Verbindungen zwischen den Zustandssymbolen. Die Richtung eines Zustandsübergangs wird dabei durch eine Pfeilspitze markiert.

Ein erstes einfaches Diagramm eines Zustandsautomaten sehen Sie in Abbildung 4.88.

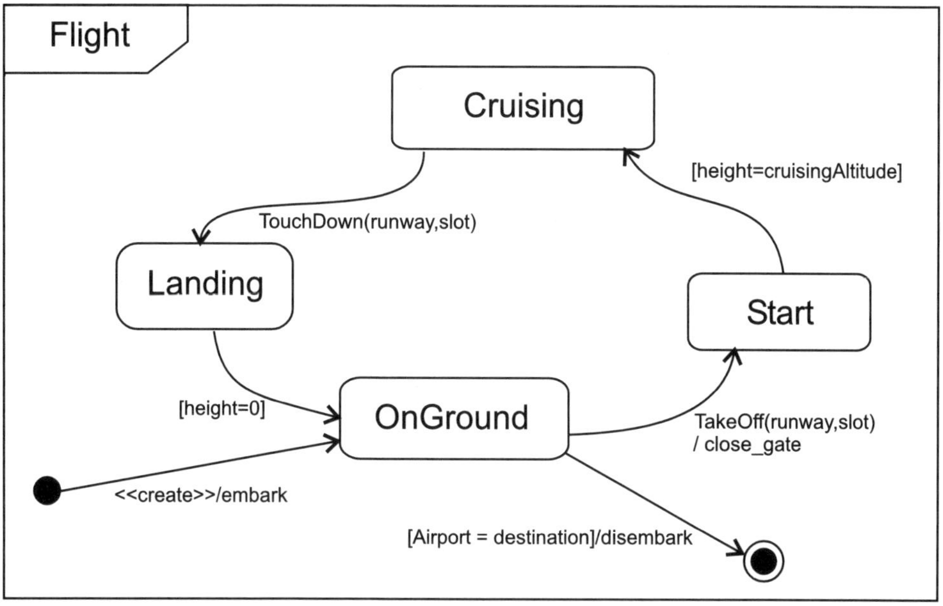

Abbildung 4.88: Flight-Zustandsautomat

Eine Instanz von *Flight* kann die folgenden vier Zustände einnehmen: *OnGround, Start, Cruising* und *Landing*. Nach der Erzeugung einer Instanz (durch die initiale Transition mit dem Schlüsselwort *create* dargestellt) wird das Signal *embark* ausgelöst und die Instanz geht in den Zustand *OnGround* über. Erfolgt durch das Signal *TakeOff* die Startfreigabe, so löst die *Flight*-Instanz ein Signal zum Schließen des Gate aus und tritt in den Zustand *Start* ein. Ist die Reiseflughöhe erreicht (*cruisingAltitude*), so erfolgt der Wechsel in den Zustand *Cruising*. In diesem Zustand verbleibt die Instanz, bis eine Landeaufforderung eintrifft (*TouchDown*), die zum Übergang in den Zustand *Landing* führt. Analog zum Startzustand ist dieser Zustand aktiv, bis die Höhenbedingung erfüllt ist. Im Endergebnis tritt die Instanz wieder in den Zustand *OnGround* ein. Wurde der endgültige Zielort erreicht (*destination*), so wird eine Aufforderung zum Aussteigen ausgelöst (*disembark*) und die Instanz anschließend beendet. Wurde der Zielort dagegen nicht erreicht, so wartet die Instanz auf eine erneute Startaufforderung.

Neben den bereits vorgestellten Zustands- und Transitionsymbolen kommen zwei weitere Symbole in dem Diagramm zum Einsatz. Sie dienen dazu, so genannte Pseudozustände zu charakterisieren:

- Der Initialzustand beschreibt den Einstiegspunkt in den Zustandsautomaten. Aus diesem Grund ist in einem Zustandsautomaten höchstens ein Initialzustand zulässig, von dem wiederum maximal eine Transition (Initialtransition) ihren Ausgang nehmen darf. Ausgelöst wird die Initialtransition unmittelbar durch die *Create*-Aktion, die das durch den Zustandsautomaten beschriebene Objekt erzeugt. Eine Angabe dieses Auslösers mit dem Schlüsselwort `<<create>>` an der Initialtransition ist optional. Ein Initialzustand wird durch einen ausgefüllten Kreis symbolisiert.

- Ein Finalzustand spezifiziert den Abschluss des Verhaltens des Zustandsautomaten. Haben alle einem *Classifier* zugeordneten Zustandsautomaten ihr Verhalten abgeschlossen, so terminiert auch der *Classifier* (d.h., er wird gelöscht). Ein Finalzustand besitzt nur eingehende Transitionen. Das Symbol für einen Finalzustand besteht aus zwei konzentrischen Kreisen, bei denen der innere Kreis ausgefüllt ist.

Wird ein Zustand bei der Ausführung des Verhaltens durch eine Transition betreten, so ist dieser Zustand aktiv. Er bleibt aktiv, bis er durch eine Transition wiederum verlassen wird.

Transitionen werden durch ein auslösendes Ereignis, zusätzliche Randbedingungen und verbundene Aktionen spezifiziert. Diese Angabe erfolgt als Text unter Anwendung der nachfolgenden Syntax:

```
Auslöser (Parameterübernahme) [ Randbedingung ] / Aktionsfolge
```

Alle drei Angaben sind dabei optional. Bei der Auswertung der Randbedingungen dürfen keine Nebeneffekte auftreten. Soll eine Transition durch unterschiedliche Ursachen aktivierbar sein, so ist auch die Angabe einer Liste aller potenziellen Auslöser möglich. Eine Übernahme von Parametern ist in diesem Fall nur möglich, wenn die unterschiedlichen Auslöser die gleiche Parametersignatur besitzen.

Die folgenden Ereignisformen können eine Transition auslösen:

- Der Empfang von Nachrichten, die an den *Classifier* des Zustandsautomaten gesandt werden. Dies können sowohl asynchrone Nachrichten (Signale) als auch Aufrufnachrichten (Operationsrufe) sein. Sind mit einer Nachricht Parameter verbunden, so ist eine Übernahme dieser Werte in Attribute des *Classifier* möglich. Nachrichten als Auslöser von Transitionen werden durch den Namen der Nachricht dargestellt. Soll eine Transition unabhängig vom Typ der Nachricht ausgelöst werden, so kann als Auslöser das Schlüsselwort *all* verwendet werden. Dies entspricht der Liste aller in einem Zustand zulässigen Nachrichten abzüglich der Nachrichten, für die explizite Transitionen definiert wurden.

- Zeitereignisse definieren einen relativen oder absoluten Zeitpunkt, zu dem eine Transition ausgelöst werden kann. Relative Zeiten beziehen sich auf die Dauer des Verharrens in einem Zustand und werden mit dem Schlüsselwort *after* gefolgt von dem Zeitwert gekennzeichnet. Absolute Zeitpunkte können in Abhängigkeit von der verwendeten Zeitsemantik z. B. in einer Datumsnotation angegeben werden.

- Änderungen an beobachteten Werten von Attributen oder Assoziationen. Die zu einer eventuellen Transitionsauslösung führende Änderung wird dazu durch einen logischen Ausdruck beschrieben (z.B. `[Number > 5]`). Die Form der Beobachtung der betroffenen Werte (z.B. kontinuierlich, periodisch oder einmalig bei Zustandseintritt) wird in UML nicht vorgeschrieben.
- Beendigung einer Aktivität in einem Zustand. Dies bezieht sich auf Zustände, die dynamischer Natur sind und sich demzufolge über die Ausführung einer Aktivität definieren. Die Beendigung dieser Aktivität führt zu einem Beendigungsereignis, das die Auslösung einer Transition veranlassen kann. Da dieses Ereignis implizit ist, erhält die zu aktivierende Transition keine Auslöserangabe. Ein Beendigungsereignis kann mehrere unterschiedliche Transitionen auslösen, diese müssen sich dann jedoch in ihren Randbedingungen unterscheiden. Ein Beendigungsereignis wird vor allen anderen Ereignissen behandelt.

Für die Beschreibung eines Zustands stehen dem Modellierer drei weitere Sprachmittel zur Verfügung, die das Verhalten bei Eintritt in den Zustand, bei Verharren in dem Zustand und bei Austreten aus dem Zustand beschreiben. Diese sind in dem Metamodellausschnitt in Abbildung 4.89 zu erkennen.

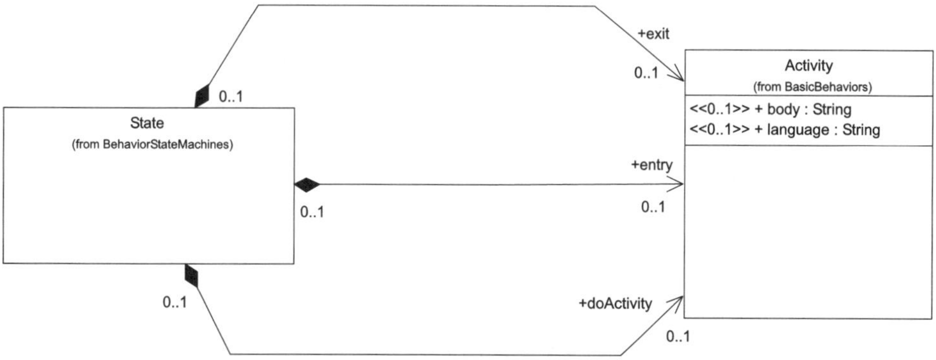

Abbildung 4.89: Metamodellausschnitt für Zustandsaktivitäten

Da diese Angaben sich direkt auf den Zustand beziehen, werden sie auch innerhalb des Zustandssymbols dargestellt. Das Symbol ist dazu in zwei oder mehr übereinander angeordnete Sektionen unterteilt, die oberste Sektion enthält in diesem Fall den Namen des Zustands.

Jeder Zustand kann maximal eine Eingangsaktivität besitzen. Diese wird immer dann ausgeführt, wenn der Zustand in Folge einer Transition neu betreten, d.h. aktiviert wird. Eine Eingangsaktivität wird durch das Schlüsselwort *entry* gekennzeichnet. Als Gegenstück dazu wird eine Ausgangsaktivität immer dann ausgeführt, wenn der

Zustand durch eine Transition verlassen werden soll. Auch hier ist maximal eine Aktivität zulässig, die durch das Schlüsselwort *exit* gekennzeichnet wird.

Die einen dynamischen Zustand charakterisierende Aktivität wird durch das Schlüsselwort *do* eingeleitet. Diese Aktivität wird ausgeführt, solange der Zustand aktiv ist oder aber bis zu dem Zeitpunkt, zu dem sie sich aus ihrer eigenen inneren Logik beendet. Im letzteren Fall wird ein Beendigungsereignis ausgelöst.

Eine Verarbeitung von Ereignissen, die nicht zu einem Verlassen und somit einer Deaktivierung des Zustands führen soll, wird durch interne Transitionen beschrieben. Die Notation für Auslöser und Randbedingungen interner Transitionen entspricht der normaler Transitionen, sie werden jedoch – wie auch *entry-*, *exit-* und *do-*Aktivitäten – innerhalb des Zustandssymbols dargestellt.

Eine detaillierte Version des Zustandsautomaten aus Abbildung 4.88 unter Nutzung der zusätzlichen Konzepte ist in Abbildung 4.90 dargestellt.

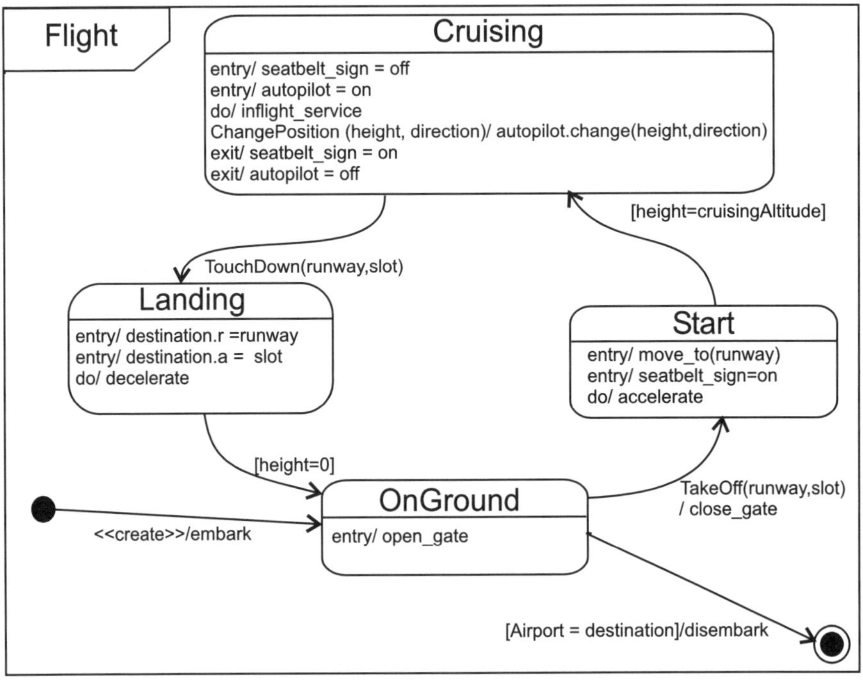

Abbildung 4.90: Detaillierte Zustandsbeschreibungen

Durch *entry-* und *exit-*Aktionen wird detailliert beschrieben, welche Handlungen beim Betreten bzw. Verlassen eines Zustands auszuführen sind. So führt das Erreichen der Reiseflughöhe und damit der Übergang in den Zustand *Cruising* dazu, dass die Zeichen zum Anlegen der Sicherheitsgurte abgeschaltet werden und dass der Autopilot eingeschaltet wird. Länger andauernde Aktivitäten sind durch das Schlüsselwort *do* gekennzeichnet (z.B. das Beschleunigen in der Startphase: *do/ accelerate*). Befindet sich die Instanz im Zustand *Cruising*, so werden Signale zur Änderung der Position (*changePosition*) durch eine interne Transition akzeptiert und verarbeitet, ohne dass der Zustand verlassen wird. Aus diesem Grund wird bei einer Positionsänderung auch nicht der Service unterbrochen und auch die Anschnallzeichen werden nicht angeschaltet.

Ereignisauswertung und Transitionsauslösung

Alle Ereignisse, die sich durch einen Zustandsautomaten verarbeiten lassen, werden in dem Ereignispool seines Kontextobjekts (der durch den Zustandsautomaten spezifizierte *Classifier* oder der *Classifier*, zu dem das durch den Zustandsautomaten spezifizierte Verhaltensmerkmal gehört) gespeichert. Eingehende Ereignisse werden im Ereignispool gespeichert und an den Zustandsautomaten weitergeleitet. UML gibt keine konkreten Mechanismen für die Verwaltung des Ereignispools vor, mögliche Strategien sind u. A. First-In/First-Out-Warteschlangen, prioritätsgesteuerte Weiterleitung an den Zustandsautomaten oder auch eine begrenzte Speicherdauer im Ereignispool. Auch die Dauer des Aufenthalts eines Ereignisses im Ereignispool, d.h. die Zeit vom Eintreffen des Ereignisses bis zum Weiterleiten an den Zustandsautomaten, wird von UML nicht vorgegeben.

Die Weiterleitung der Ereignisse aus dem Pool an den Zustandsautomaten erfolgt nur, wenn der Automat sich in einem aktiven Zustand befindet, während der Ausführung einer Transition dagegen werden die Ereignisse gepuffert. Dies bedeutet, das eine Transition von einem aktiven Zustand zu einem neuen aktiven Zustand inklusive aller *entry*- und *exit*-Aktionen und aller mit der Transition verbundenen Aktionen ohne Unterbrechung abgearbeitet wird (*Run-To-Completion*-Semantik). Die Reihenfolge der dabei auszuführenden Aktionen entspricht der Richtung der Transition:

- Zunächst werden alle *exit*-Aktionen des aktuellen Zustands bzw. der aktuellen Zustandskonfiguration mit dem innersten Zustand beginnend ausgeführt (siehe Dekomposition von Zuständen).
- Wurde die Transition durch ein Aufrufereignis ausgelöst, so wird anschließend die dem Auslöser entsprechende Methode ausgeführt.
- Als Nächstes werden die mit der Transition verbundenen Aktivitäten in der Reihenfolge ihrer Angabe abgearbeitet.
- Abschließend werden für den Zielzustand bzw. die Zielkonfiguration von außen nach innen bis zum Erreichen des Zielzustands die entsprechenden *entry*-Aktionen abgearbeitet und die *do*-Aktivitäten gestartet.

Wird innerhalb eines solchen Ausführungsschritts eine synchrone Operation gerufen (z.B. durch eine Transitionsaktion, so wird der Ausführungsschritt erst nach der Rückkehr aus dieser Operation beendet.

Befindet sich ein Zustandsautomat in einem aktiven Zustand, so werden Ereignisse aus dem Ereignispool sequentiell an den Automaten weitergeleitet und einzeln wie folgt behandelt:

- Zunächst wird geprüft, ob durch den aktiven Zustand ein Beendigungsereignis ausgelöst wurde und es für den Zustand eine oder mehrere Transitionen gibt, die dieses Ereignis als Auslöser besitzen. Anschließend werden die Randbedingungen dieser Transitionen ausgewertet und diejenige Transition ausgelöst, für die die Randbedingungen wahr sind. Konnte keine entsprechende Transition für das Beendigungsereignis bestimmt werden, so wird das Ereignis verworfen. Eine Beendigungstransition wird automatisch und unmittelbar nach dem Auftreten des Beendigungsereignisses ausgeführt.
- In allen anderen Fällen wird eine Liste von potenziellen Transitionen gebildet, die aus denjenigen Transitionen des aktiven Zustands besteht, die das Ereignis als Auslöser besitzen. Anschließend werden alle Transitionen der Liste, für die die Randbedingungen nicht gelten, aus der Liste entfernt. Besteht die Liste danach aus genau einer Transition, so wird diese ausgelöst. Sind mehrere potenzielle Transitionen vorhanden, so wird eine beliebige Transition der Liste ausgelöst. Ist die Liste dagegen leer, so wird das Ereignis verworfen und aus dem Ereignispool entfernt.

Wurde eine Transition ausgelöst, so wird das dazu führende Ereignis aus dem Ereignispool entfernt. Konnte für das aktuelle Ereignis keine Transition ausgelöst werden, so wird dieses verworfen und der gleiche Ablauf mit dem nächsten Ereignis ausgeführt.

In einigen Fällen kann es notwendig sein, dass ein Ereignis, das im aktuellen aktiven Zustand nicht zu einer Transition führt, nicht verworfen, sondern in einem späteren Zustand verarbeitet werden soll. Durch eine Kennzeichnung mit dem Schlüsselwort *defer* werden diese Signale von der Weiterleitung an den Zustandsautomaten ausgeschlossen und verbleiben bis zu einem Zustandswechsel im Ereignispool. Die Aufbewahrung solcher Ereignisse bezieht sich stets nur auf den Zustand, in dem die *defer*-Anweisung enthalten ist.

Bei der Auswahl der auszulösenden Transition können Konflikte auftreten, d.h., es kann potenziell mehr als eine Transition ausgelöst werden. Diese Konflikte werden wie folgt gelöst:

- Eine Beendigungstransition besitzt eine höhere Priorität als eine durch ein anderes Ereignis ausgelöste Transition.

- Bei zwei oder mehr Transitionen mit dem gleichen Auslöserereignis, deren Randbedingungen alle erfüllt sind, wird zufällig eine Transition aus dieser Menge ausgewählt.
- Interne Transitionen mit dem gleichen Auslöser müssen unterschiedliche Randbedingungen besitzen.
- Existiert für eine potenziell auslösbare Transition eine zusätzliche *defer*-Anweisung, so wird Letztere ignoriert und die Transition ausgeführt.

Um die zufällige Auswahl einer Transition zu vermeiden, sollten bei Transitionen mit gleichem Auslöser stets nicht überlappende Randbedingungen angegeben werden!

Die Anwendung von einfachen Zustandsautomaten kann bei der Beschreibung von komplexen Verhaltensvorgängen sehr schnell zu großen und unübersichtlichen Diagrammen führen. Um diesem vorzubeugen und auch zur besseren Strukturierung von zustandsautomatenbasierten Verhaltensbeschreibungen bietet UML die folgenden drei Mechanismen zur Dekomposition von Zustandsautomaten wie auch von Zuständen an:

- Darstellung eines Zustands als eine Komposition lokaler Subzustände und Transitionen (*Composite State*)
- Orthogonale Dekomposition eines Zustandsautomaten oder eines Zustands in Regionen
- Spezifikation eines Zustands durch einen eigenen Zustandsautomaten (*Statemachine State*).

Dekomposition von Zuständen

Die Dekomposition eines Zustands in eine Menge von Subzuständen und Transitionen dient der detaillierten Beschreibung des Verhaltens innerhalb dieses Zustands. Alle Sprachmittel, die UML zur Beschreibung eines Zustandsautomaten anbietet, können auch zur Beschreibung des Verhaltens eines dekomponierten Zustands herangezogen werden. Das bedeutet insbesondere, dass Subzustände wiederum durch Dekomposition in weitere Subzustände zerlegt werden können. Visuell präsentiert sich die Dekomposition durch eine Einbettung der Subzustände in den durch sie dekomponierten Zustand.

Abbildung 4.91 beschreibt das Verhalten einer Gate-Instanz. Zunächst sind die drei Grundzustände *Close*, *Boarding* und *Unboarding* zu erkennen, die den Abläufen an einem Gate entsprechen. Der Zustand *Boarding* ist durch zusätzliche Subzustände strukturiert. Wird dieser Zustand durch das Eintreffen eines *embark*-Signals betreten, so erfolgt zunächst eine entsprechende Ansage (*announcement*) und die Anzeigetafel wird aktiviert (*display*). Anschließend wird der Subzustand *Wait* betreten. Da das Gate noch nicht geöffnet ist, werden eintreffende Passagiere zum Warten aufgefordert. Sowie das Signal *open_gate* eintrifft (vgl. Abbildung 4.90), erfolgt der Übergang in den Subzustand *Open*. Dieser Zustand ist wiederum in Subzustände strukturiert und behandelt die eintreffenden *passenger*-Signale. Im Zustand *Open* verbleibt das Gate für 30 Minuten, danach erfolgt der Übergang in den Terminierungszustand von *Boarding*. Als Konsequenz daraus wird die Beendigungstransition des Zustands *Boarding* ausgeführt und in den Zustand *Closed* übergegangen. Trifft während des Einsteigevorgangs (d.h. im Zustand *Boarding* oder einem seiner Subzustände) das Signal *close_gate* ein, so wird ebenfalls der Einsteigevorgang beendet und in den Zustand *Closed* übergegangen. Der Zustand *Unboarding* ist ebenfalls in Subzustände strukturiert, wird jedoch durch ein eigenes Diagramm beschrieben. Das Dekompositionssymbol im Zustandssymbol weist auf diese Eigenschaft hin.

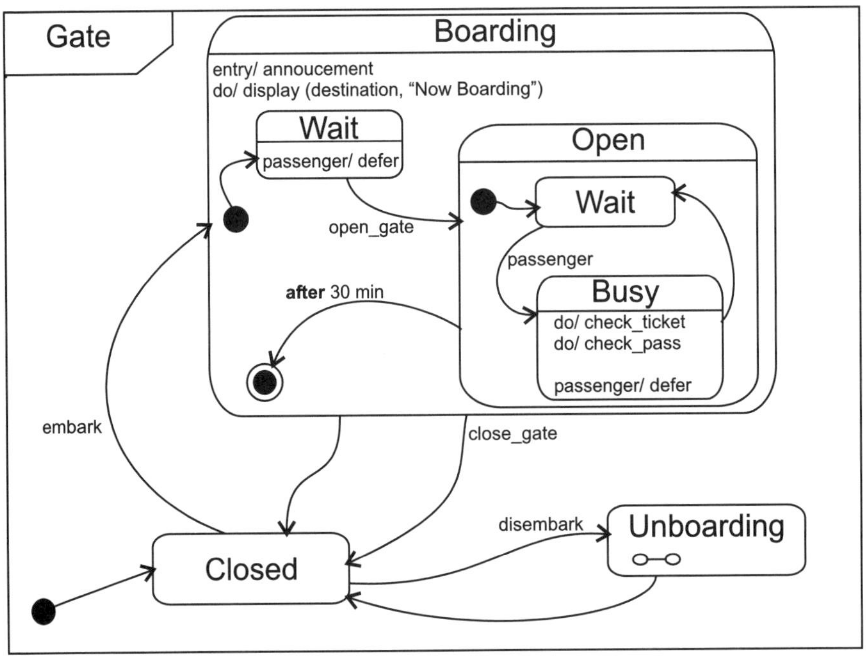

Abbildung 4.91: Dekomposition von Zuständen

Ein einfacher Zustand ist ein Zustand, der keine Subzustände enthält.

Ein dekomponierter Zustand kann maximal einen Initialzustand mit genau einer initialen Transition sowie einen finalen Zustand enthalten. Die Initialtransition besitzt keinen Auslöser und keine Randbedingung. Durch einen zusätzlichen Pseudozustand kann die Terminierung des gesamten Verhaltens eines Objekts angegeben werden. Ein in einem dekomponierten Zustand enthaltener finaler Zustand bedeutet dagegen, dass das durch die Dekomposition beschriebene Verhalten beendet ist. Der Terminierungszustand wird durch ein Kreuz symbolisiert.

Sobald in einem Zustandsautomaten eine Transition zum Terminierungszustand ausgeführt wird, werden alle Aktivitäten des zugeordneten Objekts sofort beendet und das Objekt wird gelöscht.

Besitzt ein dekomponierter Zustand keine *do*-Aktivität, so löst eine Transition zu einem in ihm enthaltenen finalen Zustand ein Beendigungsereignis aus. Ist eine *do*-Aktivität vorhanden, so muss auch diese abgeschlossen sein, bevor das Beendigungsereignis ausgelöst wird.

Wird ein dekomponierter Zustand durch eine Transition verlassen und soll bei einem späteren Neueintritt das Verhalten an der Stelle (d.h. also bei dem zuletzt aktiven Subzustand) fortgesetzt werden, an der das Verlassen stattfand, so ist eine statische Beschreibung des Eintrittspunkts durch einen Initialzustand nicht ausreichend. Aus diesem Grund wurde in UML mit dem History-Pseudozustand ein dynamischer Einstiegspunkt in das Verhalten eines dekomponierten Zustands bereitgestellt. Ein History-Zustand kann beliebig viele eingehende Transitionen, aber maximal eine ausgehende Transition, die keinen Auslöser hat, besitzen. Es werden zwei verschiedene Formen von History-Zuständen unterschieden:

- Tiefe History-Zustände berücksichtigen den Fakt, dass ein Subzustand eines dekomponierten Zustands wiederum dekomponiert sein kann. Wird ein derartiger Zustand über einen tiefen History-Zustand betreten, so wird das Verhalten auf der tiefsten Dekompositionsebene fortgesetzt, auf der es bei der letzten Deaktivierung verlassen wurde.
- Flache History-Zustände beziehen sich dagegen immer auf den sie direkt enthaltenden dekomponierten Zustand. Das Verhalten wird in dem direkten Subzustand des dekomponierten Zustands fortgesetzt, in dem es bei der letzten Deaktivierung verlassen wurde.

Jeder dekomponierte Zustand darf maximal direkt jeweils einen tiefen und flachen History-Zustand besitzen. Wurde ein dekomponierter Zustand über einen History-Zustand betreten, ohne dass er vorher jemals aktiv war, so wird das Verhalten mit dem Zustand fortgesetzt, der über die aus dem History-Zustand ausgehende Transition erreicht wird. Ist eine derartige Transition nicht definiert, so tritt ein Fehler auf.

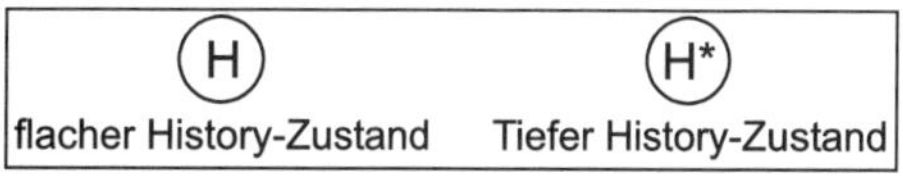

Abbildung 4.92: History-Zustandssymbole

Besitzt ein Zustandsautomat dekomponierte Zustände, so kann mehr als ein Zustand aktiv sein, aus diesem Grund wird hier auch von einer aktiven Zustandskonfiguration gesprochen. Eine derartige Konfiguration besteht aus genau einem aktiven und einfachen (Sub-)Zustand und alle ihn direkt oder indirekt enthaltenden dekomponierten Zuständen. In einem Zustandsautomaten, der dekomponierte Zustände enthält, sind die folgenden Formen von Zustandsübergängen möglich:

1. Transitionen von einem externen Zustand zu einem dekomponierten Zustand

   Nach der Ausführung der mit der Transition verbundenen Aktivitäten wird zunächst die *entry*-Aktivität des dekomponierten Zustands ausgeführt und anschließend seine initiale Transition mit ihren Aktivitäten. Die aktive Zustandskonfiguration besteht danach aus dem dekomponierten Zustand und dem durch die Initialtransition erreichten Subzustand. Ist dieser wiederum dekomponiert, so wird dieses Verfahren fortgesetzt, bis ein einfacher Zustand erreicht wird.

2. Transitionen von einem externen Zustand zu einem Subzustand eines dekomponierten Zustands

   Nach der Ausführung der mit der Transition verbundenen Aktivitäten wird zunächst die *entry*-Aktivität des dekomponierten Zustands ausgeführt und danach der Endzustand der Transition betreten. Ist dieser Zustand wiederum dekomponiert, so wird entsprechend (1) fortgesetzt.

3. Transitionen von einem internen oder externen Zustand zu einem History-Zustand eines dekomponierten Zustands

   Nach der Ausführung der mit der Transition verbundenen Aktivitäten wird die zuletzt aktive Zustandskonfiguration ermittelt (entsprechend der History-Form). Anschließend werden sequentiell von außen nach innen alle mit der Zustandskonfiguration verbundenen optionalen *entry*-Aktivitäten ausgeführt. Die Zustandskonfiguration wird danach aktiviert.

4. Transitionen von einem dekomponierten Zustand oder einem Subzustand zu einem externen Zustand

   Wird eine derartige Transition ausgelöst, so werden zunächst sequentiell von innen nach außen für alle Zustände der aktiven Zustandskonfiguration die optionalen *exit*-Aktivitäten ausgeführt. Danach wird die Konfiguration als inaktiv gekennzeichnet und es werden mit der Transition verbundene Aktivitäten ausgeführt.

5. Transitionen von einem Subzustand zu seinem umfassenden dekomponierten Zustand

   Zunächst werden für alle Zustände der aktiven Konfiguration außer für den Zielzustand der Transition sequentiell die optionalen *exit*-Aktivitäten ausgeführt. Anschließend werden diese Zustände als inaktiv gekennzeichnet, eventuell mit der

Transition verbundene Aktivitäten abgearbeitet und die initiale Transition des dekomponierten Zustands ausgeführt. Die aktive Zustandskonfiguration ergibt sich wie im Fall (1).

6. Transitionen vom dekomponierten Zustand zu einem Subzustand oder zum dekomponierten Zustand (lokale Transition)

   Auch hier werden für alle Zustände der aktiven Konfiguration außer für den Zielzustand der Transition sequentiell die optionalen *exit*-Aktivitäten ausgeführt. Anschließend erfolgen die Ausführung der mit der Transition verbundenen Aktivitäten und der Eintritt in den Zielzustand. Die aktive Konfiguration ergibt sich entsprechend (4).

7. Transitionen von einem Subzustand zum finalen Zustand des umfassenden dekomponierten Zustands

   Es werden die mit der Transition verbundenen Aktivitäten ausgeführt und ein Beendigungsereignis ausgelöst. Die aktive Konfiguration besteht danach nur noch aus dem dekomponierten Zustand. Besitzt der dekomponierte Zustand eine Transition, die das Beendigungsereignis als Auslöser hat, so wird die entsprechende Transition ausgelöst.

8. Interne Transitionen

   Interne Transitionen werden wie im Falle einfacher Zustände ausgeführt, sie ziehen weder eine Änderung der Zustandskonfiguration noch das Ausführen von *entry*- oder *exit*-Aktivitäten nach sich.

Die Auswahl der in einer aktiven Zustandskonfiguration eines dekomponierten Zustands auszulösenden Transition erfolgt nach dem gleichen Prinzip wie bei einfachen Zuständen:

- Zunächst erfolgt die Prüfung, ob für die aktive Zustandskonfiguration ein Beendigungsereignis vorliegt und dieses zur Auslösung einer Transition führen kann.
- Anderenfalls wird für die gesamte aktive Zustandskonfiguration die Liste aller potenziell auslösbaren Transitionen bestimmt und entsprechend dem Vorgehen bei einfachen Zuständen eine Transition ausgelöst bzw. das aktuelle Ereignis ohne Zustandsübergang aus dem Ereignispool entfernt.

Durch die Verschachtelung von Zuständen können zusätzliche Konflikte bei der Auswahl der auszulösenden Transition auftreten, da das gleiche Ereignis Auslöser von Transitionen an einem Subzustand wie auch einen diesen umfassenden dekomponierten Zustand sein kann. In diesem Fall besitzen die Transitionen des Subzustands eine höhere Priorität.

Orthogonale Zerlegung von Zuständen

Bei einer Dekomposition eines Zustandsautomaten oder eines Zustands in zwei oder mehr Regionen wird das Verhalten durch entsprechend viele voneinander unabhängige quasiparallele Teilautomaten definiert. Ein derartig zerlegter Zustand wird auch als orthogonaler Zustand bezeichnet. Jeder seiner Teilautomaten besitzt eine eigene Zustandsmenge sowie eigenen Transitionen. Auf der Notationsebene repräsentiert sich die Dekomposition in Regionen durch die Unterteilung des Zustandsymbols in einzelne Abteilungen, die durch eine gestrichelte Linie voneinander getrennt sind.

Abbildung 4.93 zeigt einen Ausschnitt aus dem Metamodell für Regionen und Zustände.

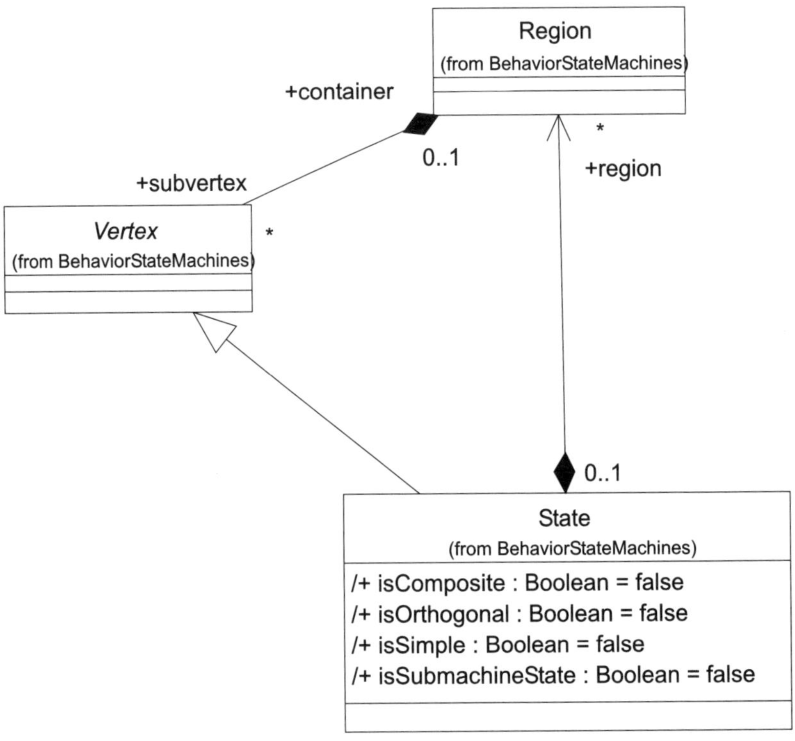

Abbildung 4.93: Metamodellausschnitt für Regionen von Zuständen

Ein einfacher Zustand und ein (direkt) dekomponierter Zustand besitzen jeweils genau eine Region.

Für jede einzelne Region eines orthogonalen Zustands gelten die gleichen Bedingungen wie für die Dekomposition eines Zustands in Subzustände. Das bedeutet dass jede Region wiederum maximal einen Initialzustand mit genau einer initialen Transition sowie maximal je einen finalen Zustand, einen flachen und einen tiefen History-Zustand besitzen kann.

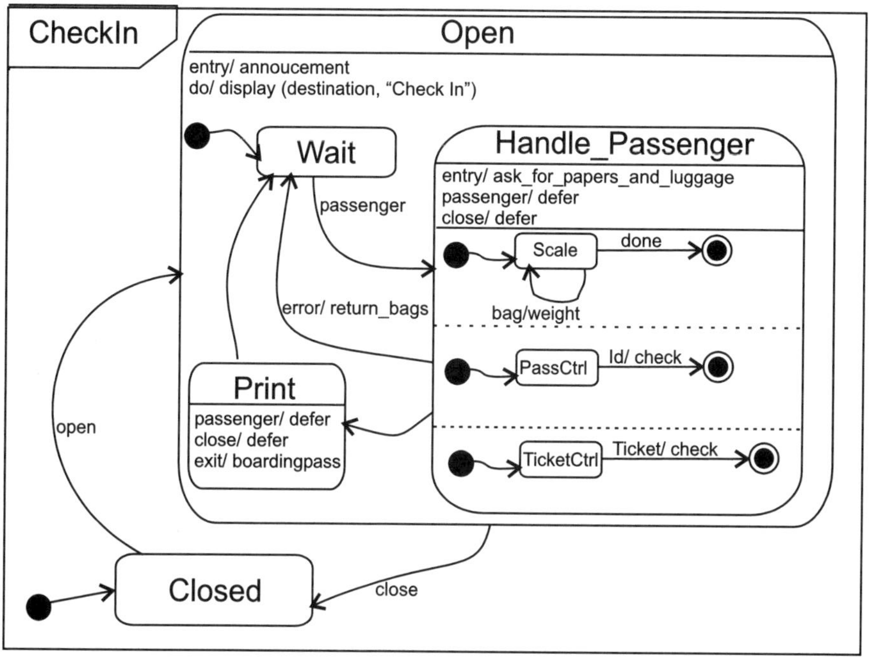

Abbildung 4.94: Zustandsdekomposition mit Regionen

Abbildung 4.94 beschreibt das Verhalten eines Check-In-Counters. Nach dem Öffnen des Counters erfolgt ein Übergang in den Subzustand *Wait*, in dem auf Passagiere gewartet wird. Nach dem Eintreffen eines Passagiers werden drei zusammengehörige Tätigkeiten ausgeführt: die Kontrolle des Tickets, die Kontrolle des Ausweises sowie die Annahme des Gepäcks. Die Reihenfolge der Tätigkeiten ist dabei irrelevant, insbesondere können sie auch gleichzeitig ausgeführt werden. Aus diesem Grund ist der Subzustand *Handle_Passenger* in drei Regionen unterteilt. Die erste Region dient der Gepäckbehandlung, es werden Gepäckstücke entgegengenommen und das Gewicht bestimmt, das Signal *done* teilt mit, dass alle Gepäckstücke entgegengenommen wurden. Die beiden weiteren Regionen dienen der Ausweis- bzw. Ticketkontrolle. Sind alle drei Regionen beendet (d.h., sie sind in ihren finalen Zustand eingetreten), so wird die Beendigungstransition zum Zustand *Print* ausgelöst. Für die Signale *passenger* und *close* ist eine *defer*-Aktion angegeben. Die Abfertigung eines Passagiers muss also beendet sein, bevor der Counter geschlossen oder aber ein weiterer Passagier abgefertigt wird. Erfolgt während der Abfertigung eine Fehlermitteilung (*error*), so wird die Abfertigung abgebrochen und das Gepäck zurückgegeben.

Durch die Zerlegung eines Zustands in einzelne Regionen wird der Begriff Zustandskonfiguration nochmals erweitert. Die aktive Zustandskonfiguration eines orthogonalen Zustands wird durch die Vereinigung der aktiven Zustandskonfigurationen aller seiner Regionen gebildet. Jede Region enthält dabei direkt oder indirekt mindestens einen einfachen aktiven Subzustand. Während bei einer reinen Anwendung von Zustandsdekomposition die Zustände der aktiven Konfiguration eine lineare Liste entsprechend der Verschachtelungsstruktur formen, wird die aktive Zustandskonfiguration eines orthogonalen Zustands durch einen Baum repräsentiert (bzw. im Falle einer Zerlegung des gesamten Automaten in Regionen durch eine Menge von Bäumen). Die Wurzel des Baums bildet der orthogonale Zustand, die Blätter entsprechen den nicht weiter zerlegten einfachen Subzuständen.

Für Transitionen von bzw. zu einem orthogonalen Zustand gelten zusätzlich zu den bereits für dekomponierte Zustände vorgestellten Prinzipien die folgenden Regeln:

1. Eine Transitionen zu einem orthogonalen Zustand führt (nach der Ausführung seiner *entry*-Aktion) zur parallelen Auslösung der initialen Transitionen aller Regionen dieses Zustands. Die gesamte Ausführung vom Auslösen der Transition bis zum Erreichen einer stabilen aktiven Zustandskonfiguration erfolgt dabei in einem Arbeitsschritt.

2. Eine Transition von einem orthogonalen Zustand wird auf alle seine Regionen angewendet. Hierbei werden in einem Arbeitsschritt von innen nach außen die *exit*-Aktivitäten der aktiven Subzustände in allen Regionen, die *exit*-Aktivität des orthogonalen Zustands und anschließend die Transitionsaktivitäten und der Eintritt in die neue aktive Zustandskonfiguration ausgeführt.

3. Eine Transition, die von außen direkt zu einem Subzustand oder einem History-Zustand in einer Region eines orthogonalen Zustands führt, aktiviert auch alle anderen Regionen dieses Zustands durch Auslösung ihrer Initialtransitionen entsprechend (1).

4. Eine Transition von einem Subzustand in einer Region eines orthogonalen Zustands zu einem Zustand außerhalb des orthogonalen Zustands führt zum Verlassen aller Regionen des Zustands entsprechend (2).

5. Tritt eine Region eines orthogonalen Zustands in den finalen Zustand ein, so beendet sie ihre Aktivitäten und löst ein Beendigungsereignis aus. Ein Beendigungsereignis für den gesamten orthogonalen Zustand wird ausgelöst, wenn alle seine Regionen ein Beendigungsereignis ausgelöst haben und seine *do*-Aktivität abgeschlossen ist.

6. Transitionen zwischen Zuständen unterschiedlicher Regionen des gleichen orthogonalen Zustands sind nicht erlaubt.

Für die Auswahl der in einer aktiven Konfiguration auszulösenden Transitionen und zur Vermeidung von Konflikten gelten folgende zusätzliche Regeln:

- Enthält die Liste der potenziellen Transitionen eine Menge von Transitionen, die den gleichen Auslöser besitzen und sich alle in unterschiedlichen Regionen befinden, so werden alle diese Transitionen innerhalb des gleichen Ausführungsschritts ausgelöst. Das bedeutet, dass in jedem Teilbaum der aktiven Zustandskonfiguration, der nicht weiter in Regionen unterteilt ist, eine Transition ausgeführt werden kann.
- Enthält die aktive Konfiguration in einer Region einen Zustand, in dem für das aktuelle Ereignis eine *defer*-Anweisung angegeben ist, und in einem Zustand einer anderen Region eine Transition, so wird die *defer*-Anweisung ignoriert.

In einem orthogonalen Zustand werden also durch das aktuelle Ereignis eine einzelne, keine oder eine ganze Gruppe von Transitionen (wobei sich jede Transition in einer anderen Region befindet) ausgelöst.

> Da alle parallelen Transitionen eines orthogonalen Zustands in einem Arbeitsschritt ausgeführt werden, sollten Abhängigkeiten zwischen den mit diesen Transitionen verbundenen Aktivitäten vermieden werden, da andererseits unerwünschte Nebeneffekte auftreten könnten!

Strukturierte Transitionen

Für den koordinierten Eintritt in bzw. Austritt aus einem orthogonalen Zustand gibt es zwei zusätzliche Pseudozustände:

- Durch einen Fork-Pseudozustand wird eine zu einem orthogonalen Zustand führende Transition in eine Menge von Einzeltransitionen aufgespalten, die jeweils zu einem Zustand in einer anderen Region führen. Diese Einzeltransitionen besitzen weder Auslöser noch Randbedingungen, vielmehr wird der Gesamtvorgang durch den Auslöser und die Randbedingungen der in den Fork-Pseudozustand führenden Transition gesteuert.
- Ein Join-Pseudozustand besitzt eine Gruppe von eingehenden Transitionen, die in Subzuständen unterschiedlicher Regionen eines orthogonalen Zustands beginnen, und vereinigt diese zu einer einzigen ausgehenden Transition. Die eingehenden Transitionen besitzen weder Auslöser noch Randbedingungen, der Ablauf wird durch die Angaben an der ausgehenden Transition gesteuert. Die Transition kann nur dann ausgelöst werden, wenn alle ihre Ausgangszustände in der aktiven Zustandskonfiguration enthalten sind.

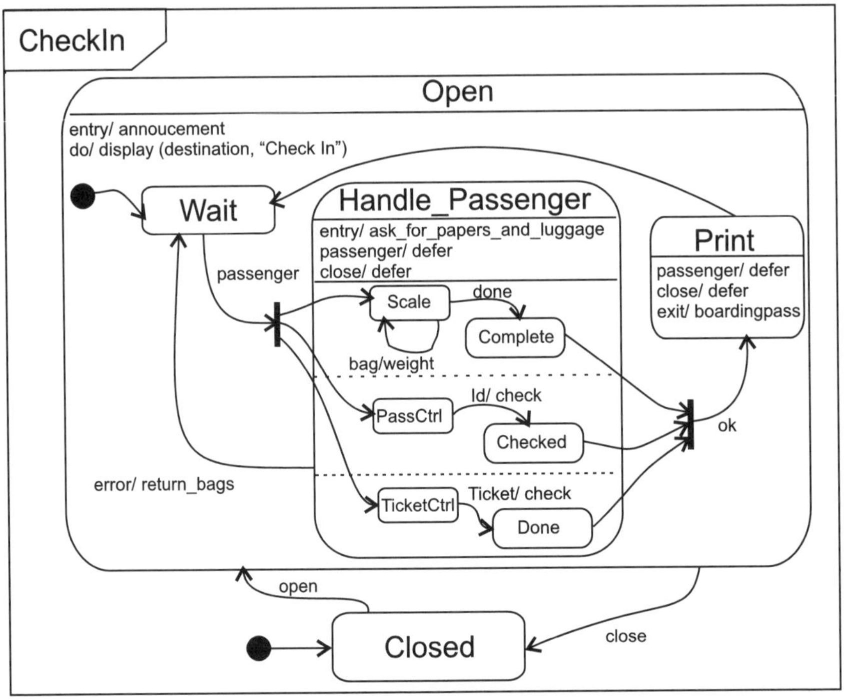

Abbildung 4.95: Fork- und Join-Pseudozustände

Diese modifizierte Variante des bisherigen Zustandsautomaten in Abbildung 4.95 nutzt einen Fork-Pseudozustand zum koordinierten Betreten der Regionen, die lokalen Initialzustände der Regionen können aus diesem Grund entfallen. Zu beachten ist, dass aber auch in diesem Fall die *entry*-Aktion des Zustands *Handle_Passenger* ausgeführt wird. Die von dem Join-Pseudozustand ausgehende, mit *ok* gekennzeichnete Transition wird ausgelöst, wenn die Subzustände *Complete*, *Checked* und *Done* in der aktuellen Zustandskonfiguration enthalten sind und das Signal *ok* vorliegt. Die Behandlung des Fehlersignals *error* erfolgt dagegen wie bereits in der vorhergehenden Variante unabhängig davon, in welchen Zuständen sich die einzelnen Regionen befinden.

Eine beliebige Transition eines Zustandsautomaten kann zyklenfrei aus mehreren einzelnen Segmenten zusammengesetzt sein, wobei zwei oder mehr Transitionen gemeinsame Segmente besitzen können. Diese Verknüpfung von Transitionssegmenten wird durch drei weitere Pseudozustände beschrieben.

- Ein Junction-Pseudozustand dient als Endpunkt eines oder mehrerer Segmente unterschiedlicher Transitionen und als Ausgangspunkt für ein oder mehrere alternative gemeinsame Segmente dieser Transitionen. Die Auswahl des zu nutzenden ausgehenden Segments erfolgt auf der Grundlage statischer Bedingungen, sie ist also nicht abhängig von der Verhaltensausführung. Die Bedingungen für die ausgehenden Segmente dürfen sich nicht überlappen. Ist eine Transition in der Liste der potenziell auslösbaren Transitionen und enthält sie einen Junction-Pseudozustand, bei dem kein ausgehendes Segment bestimmt werden kann, dessen Bedingung wahr ist, so wird diese Transition aus der Liste der potenziellen Transitionen entfernt. Um dies zu vermeiden, kann ein zusätzliches Ausgangssegment mit der Bedingung *else* angegeben werden. Dieses wird immer dann ausgewählt, wenn die Bedingungen aller anderen ausgehenden Segmente falsch sind.

- Ein Choice-Pseudozustand ähnelt strukturell dem Junction-Pseudozustand, er ermöglicht jedoch eine dynamische Auswahl eines ausgehenden Segments. Die mit den ausgehenden Segmenten verbundenen Bedingungen haben keinen Einfluss auf die Auslösung einer Transition, sondern nur auf die Auswahl des neuen Zustands. Bei der Ausführung einer Transition, die einen Choice-Pseudozustand enthält, werden zunächst alle Aktionen ausgeführt, die mit Segmenten vor dem Choice-Pseudozustand verbunden sind. Danach werden die mit den ausgehenden Segmenten verbundenen Bedingungen überprüft. Gilt die Bedingung von genau einem Segment, so wird die Abarbeitung mit den Aktionen dieses Segments fortgesetzt und in den so erreichbaren Zustand gewechselt. Sind die Bedingungen mehrerer ausgehender Segmente gültig, so wird zufällig ein Segment ausgewählt. Besitzt dagegen kein ausgehendes Segment eine gültige Bedingung, so ist das weitere Verhalten undefiniert. Auch bei einem Choice-Pseudozustand kann ein Segment mit der Bedingung *else* genutzt werden.

Die Zerlegung einer Transition in einzelne Segmente hat keinen Einfluss auf die *Run-To-Completion*-Semantik. Wird eine zusammengesetzte Transition ausgelöst, so werden nacheinander alle Segmente dieser Transition in einem einzigen Arbeitsschritt ausgeführt, bis ein neuer Zustand aktiv wird. Alle nicht auf diesem Pfad liegenden Segmente bleiben unberücksichtigt.

Der Ausschnitt aus einem Zustandsautomaten in Abbildung 4.96 nutzt einen Choice-Pseudozustand, um mit dem Ticket verbundene Informationen auszuwerten. Ist auf dem Ticket bereits die Frequent-Flyer-Nummer des Passagiers enthalten, so erfolgt ein Übergang zum Zustand *Miles&More*, anderenfalls in den Zustand *Verify*. Der Choice-Pseudozustand wird durch eine Raute dargestellt, die Entscheidungsfrage ist entweder in diesem Symbol oder in einer zugeordneten Textbox enthalten.

Ein *Junction*-Pseudozustand wird durch einen ausgefüllten Kreis dargestellt. In dem Beispiel dient er dazu, die von den Zuständen *Verify* und *Miles&More* ausgehenden Transitionen zusammenzuführen. In Abhängigkeit von der Art des Flugs (national oder international) ist der Zielzustand entweder *PassCtrl* oder *Done*. Die Auswahl ist dabei statisch, da sie vom Flug und nicht von einem konkreten Transitionsauslöser abhängig ist.

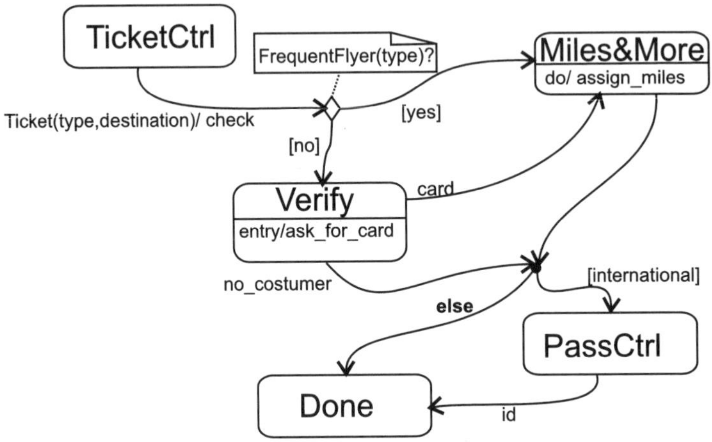

Abbildung 4.96: Choice-Pseudozustand

Teilautomaten und Teilautomatenzustände

Da die Dekomposition eines Zustands wiederum aus vielen Subzuständen und zugehörigen Transitionen bestehen kann, erlaubt UML die Darstellung dieser Dekomposition durch ein eigenes Diagramm. Zur Kennzeichnung dieser Auslagerung der Dekomposition und zur Unterscheidung eines solchen Zustands von einfachen Zuständen wird er mit einem Dekompositionssymbol markiert (vgl. Abbildung 4.91).

Besitzen mehrere Zustände eines Automaten die gleiche oder eine sehr ähnliche Dekomposition, so empfiehlt es sich, diese Dekomposition als einen eigenständigen Teilautomaten zu definieren. Die Spezifikation eines Teilautomaten erfolgt ebenfalls innerhalb des *Classifier* und folgt prinzipiell den gleichen Regeln, wie sie zur Spezifikation des gesamten Zustandsautomaten angewendet werden. Zusätzlich besitzt ein Teilautomat zwei weitere Pseudozustände, die Eintritts- und Austrittspunkte für den Teilautomaten beschreiben:

- Ein *Entry*-Pseudozustand ist ein zusätzlicher, mit einem Namen versehener Eintrittspunkt in einen Teilautomaten. Ein Eintrittspunkt besitzt keine eingehende Transition, aber ein oder mehrere ausgehende Transitionssegmente. Diese entsprechen den ausgehenden Segmenten bei einem Junction-Pseudozustand (bzw. bei einem Fork-Pseudozustand bei einem orthogonalen Teilautomaten), d.h., sie besitzen keinen Auslöser.
- Ein *Exit*-Pseudozustand ist ein zusätzlicher, mit einem Namen versehener Austrittspunkt für einen Teilautomaten. Ein Austrittspunkt besitzt ein oder mehrere eingehende Transitionssegmente und keine ausgehenden Transitionen. Die Bedeutung des eingehenden Segments entspricht wiederum der Bedeutung dieses Segments bei einem Join-Pseudozustand bzw. bei einem Join-Pseudozustand.

Die Eintritts- und Austritts-Pseudozustände werden immer auf der obersten Ebene eines Teilautomaten und dort entweder innerhalb des Teilautomatendiagramms oder auf seiner Außenkante angegeben.

Unabhängig von der Existenz von Eintrittspunkten sollte ein Teilautomat stets einen Initialzustand mit einer initialen Transition besitzen!

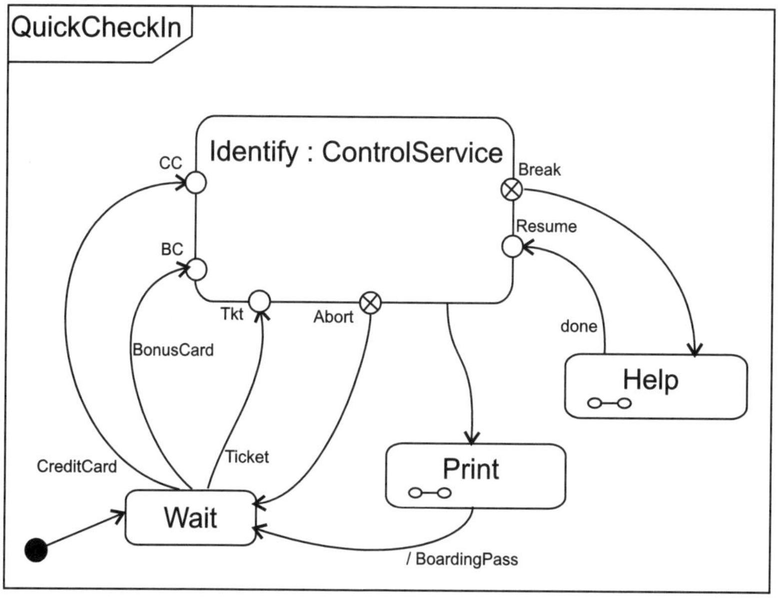

Abbildung 4.97: Nutzung eines Teilautomatenzustands

Abbildung 4.97 zeigt die Zustandsmaschine eines auf Flughäfen häufig anzutreffenden *Quick-Check-In*-Terminals. Dieses Gerät erwartet die Eingabe einer Kreditkarte, Bonuskarte oder eines maschinell lesbaren Tickets und druckt für den Nutzer entsprechende Bordkarten aus. Der Zustand *Identify* ist ein Teilautomatenzustand, der auf dem Teilautomat *ControlService* basiert. Von *Wait* aus kann dieser Zustand in Abhängigkeit vom aktuellen Signal über die Eintrittspunkte *CC, BC* oder *Tkt* betreten werden, vom Zustand *Help* (der ein dekomponierter Zustand ist) über den Eintrittspunkt *Resume.* Wird der Zustand *Identify* über die Austrittspunkte *Break* oder *Abort* verlassen, so erfolgt ein direkter Übergang in den Zustand *Help* bzw. *Wait.* Die Beendigung der Aktivitäten in *Identify* führt andererseits zum Auslösen der Beendigungstransition und zum Übergang in den Zustand *Print.*

Bei der Verwendung eines Teilautomaten wird der Name des Teilautomaten als zusätzliche Typangabe für einen Zustand genutzt. Die Ein- und Austrittspunkte werden auf der Kante des Zustandssymbols dargestellt.

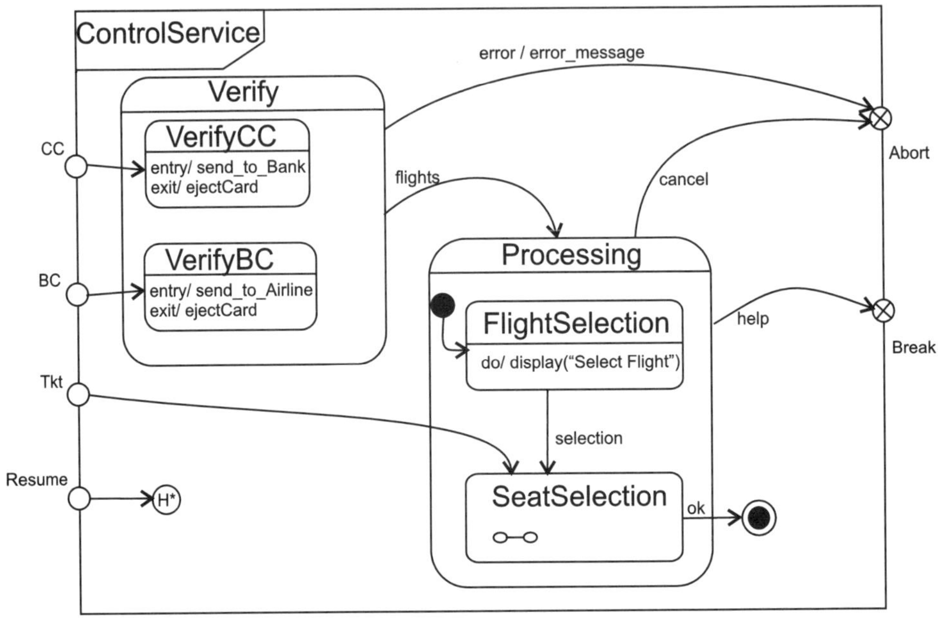

Abbildung 4.98: Teilautomatendefinition

In der Definition des Teilautomaten ist die Anbindung der Eintritts- und Austrittspunkte an seinen internen Zuständen zu erkennen. Während von *BC* und *CC* aus zunächst eine Überprüfung der jeweiligen Karte erfolgt, resultiert eine zu *Tkt* führende Transition in dem Übergang in den Subzustand *SeatSelection*. Da auf eine Kredit- oder Bonuskarte darüber hinaus auch mehrere Flüge gebucht werden können, ist auch eine Auswahl des Flugs, für den die Bordkarten gedruckt werden sollen, notwendig (*FlightSelection*). Der Austrittspunkt *Abort* wird durch einen Fehler bei der Kartenverarbeitung (*error*) oder aber durch einen Nutzerwunsch (*cancel*) ausgelöst. Sendet der Nutzer im Zustand *Processing* ein *help*-Signal, so erfolgt eine Transition über den Austrittspunkt *break*. Wie in Abbildung 4.97 zu erkennen ist, kann daran eine Hilfefunktion angebunden werden. Damit nach der Nutzung der Hilfefunktion die Eingabe der Daten nicht neu erfolgen muss, kann über den Eintrittspunkt *Resume* eine Transition zu einem tiefen History-Zustand angebunden werden. Das Quick-Check-In-Terminal setzt die Arbeit an der Stelle fort, an der er durch *help* unterbrochen wurde.

Ein Teilautomat kann beliebig oft in einem Zustandsautomaten verwendet werden. Jede Verwendung besitzt dabei einen eigenen Namen und verweist auf eine eigene Instanz des Teilautomaten.

Für Transitionen von und zu einem Teilautomatenzustand gelten die gleichen Regeln wie für einen dekomponierten Zustand mit den folgenden Ergänzungen:

- Transitionen zu einem Eintrittspunkt eines Teilautomatenzustands werden durch ein entsprechendes Transitionssegment innerhalb der Teilautomateninstanz fortgesetzt. Ein Eintrittspunkt eines Teilautomatenzustands ist niemals Ausgangspunkt einer Transition.
- Transitionen von einem Austrittspunkt eines Teilautomaten sind die Fortsetzung eines entsprechenden Transistionssegments innerhalb des Teilautomaten. Ein Austrittspunkt eines Teilautomatenzustands ist niemals Endpunkt einer Transition.

Da Eintritts- und Austrittspunkte in ihrer Bedeutung *Junction-* bzw. *Fork-/Join-*Pseudozuständen entsprechen, kann eine Transition, die von einem Austrittspunkt ausgeht, keinen Auslöser haben. Wird ein Teilautomatenzustand nicht durch einen Eintrittspunkt betreten, so wird die Transition mit der initialen Transition der Teilautomateninstanz fortgesetzt.

Teilautomatenzustände sollten außer in Ausnahmesituationen nur über Austrittspunkte oder über Beendigungstransitionen verlassen werden!

Weitere Konzepte, Mechanismen und Notationselemente

Da Zustandsautomaten entsprechend dem UML-Metamodell *Classifier* sind, können sie auch re-definiert bzw. spezialisiert werden. Der Kontext dafür wird durch eine Spezialisierung des *Classifier* gegeben, der den Zustandsautomaten enthält.

Ein spezialisierter Zustandsautomat erbt alle Element des Ausgangsautomaten (z.B. Zustände und Transitionen), er kann zu diesen neue Elemente hinzufügen und er kann geerbte Elemente re-definieren. Der spezialisierte Zustandsautomat wird durch das Schlüsselwort <<*extended*>> gekennzeichnet

Das in Abbildung 4.97 dargestellte *Quick-Check-In-*Terminal war lediglich in der Lage, Bordkarten zu drucken. Durch die Spezialisierung des Zustandsdiagramms erhält er jetzt zusätzlich die Möglichkeit, einen Kontoauszug für *Frequent-Flyer-*Konten auszudrucken. Hierzu werden zwei neue Zustände hinzugefügt (*ServiceSelection* und *PrintAccnt*), die über Transitionen an die vorhandenen Zustände angebunden sind. Die in dem Ursprungsdiagramm vorhandene, durch *BonusCard* ausgelöste und zum Eintrittspunkt *BC* des Zustands *Identify* führende Transition wurde re-definiert: Sie führt jetzt zum Zustand *ServiceSelection*. Nach der Eingabe seiner Bonuskarte muss sich der

Kunde zunächst entscheiden, welche Handlung er durchführen will. Entsprechend seiner Auswahl (*statement* oder *boardpass*) erfolgt jetzt der Kontoausdruck oder aber der Druck der Bordkarten (wie in Abbildung 4.99 spezifiziert).

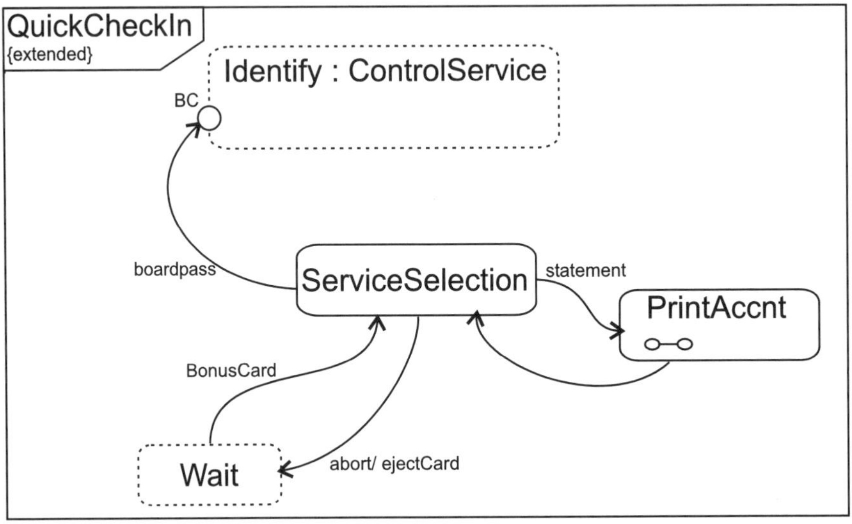

Abbildung 4.99: Spezialisierung eines Zustandsautomaten

Wird bei der Erweiterung Bezug auf geerbte Elemente genommen, so werden diese durch gestrichelte Linien dargestellt. Werden Elemente re-definiert, so erhalten sie das Schlüsselwort <<*extended*>> (siehe Abbildung). Die folgenden Spezialisierungen und Re-Definitionen sind zulässig:

- Ein einfacher Zustand kann durch einen dekomponierten oder durch einen orthogonalen Zustand ersetzt werden.
- Orthogonale und dekomponierte Zustände lassen sich durch neue Regionen erweitern.
- In einem dekomponierten oder einem orthogonalen Zustand können neue Transitionen und Subzustände eingefügt werden.
- In einem Teilautomatenzustand kann der genutzte Teilautomat ausgetauscht werden. Der neue Teilautomat muss mindestens alle Ein- und Austrittspunkte umfassen, die der ursprüngliche Teilautomat besitzt.
- Eine Transition kann durch eine neue Transition ersetzt werden. Die neue Transition besitzt den gleichen Ausgangszustand und den gleichen Auslöser wie die Originaltransition. Zielzustand sowie optional mit der Transition verbundene Aktionen und Randbedingungen müssen jedoch neu definiert werden.

- Geerbte Zustände und Transitionen, die mit *{final}* gekennzeichnet sind, können nicht re-definiert werden.

Transitionen werden allein durch den Ausgangszustand und ihren Auslöser bestimmt, eine Re-Definition von Transitionen, die sich nur in ihrer Randbedingung unterscheiden, ist also nicht möglich!

Wird ein *Classifier* durch eine Mehrfachvererbung aus mehreren *Classifiers* gebildet, so erhält er einen orthogonalen Zustandsautomaten, der für jeden geerbten Zustandsautomaten eine eigene Region enthält.

Steht bei der Darstellung des Verhaltens mittels Zustandsautomaten das bei einer Transitionsausführung auftretende Verhalten im Mittelpunkt, so bietet UML eine zusätzliche alternative Notation an. Hierbei werden spezielle Symbole zur Auszeichnung des Auslösers, von Aktionen und Aktionssequenzen, von Ein- und Austrittspunkten sowie von Choice-Pseudozuständen eingesetzt.

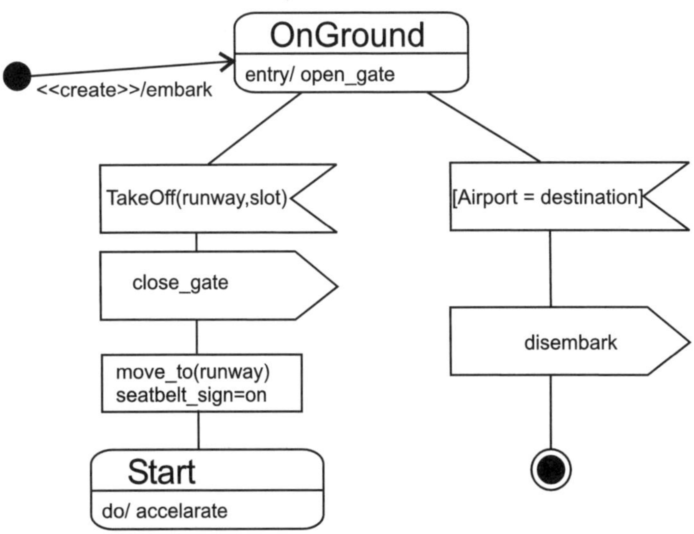

Abbildung 4.100: Transitionsorientierte Darstellung (Auszug)

Abbildung 4.100 nutzt eine transitionsorientierte Form zur Darstellung der vom Zustand *OnGround* ausgehenden Transitionen (vgl. Abbildung 4.90). Die verwendeten Symbole visualisieren den Empfang (*TakeOff*) und das Senden von Nachrichten (z.B. *close_gate*), zusammengehörige Aktionen werden in einem Rechteck dargestellt.

Diese transitionsorientierte Darstellungsform ist an die Modellierungssprache SDL [SDL 2000] angelehnt und wird vor allem im Telekommunikationsbereich eingesetzt.

4.3.3 Protokollautomaten

Protokollautomaten sind eine spezialisierte Form der Zustandsautomaten, die zur Beschreibung auftretenden Verhaltens eingesetzt wird. Sie beschreiben die legalen Transitionssequenzen (Aufruffolgen und Randbedingungen), die durch einen *Classifier* ausgelöst werden können, nicht jedoch das damit eventuell verbundene Verhalten in Form von Aktionen und Aktivitäten. Protokollautomaten besitzen als Kontext immer einen *Classifier*, nicht jedoch ein einzelnes Verhaltensmerkmal. Typische Anwendungsgebiete von Protokollautomaten sind die Spezifikation des Lebenszyklus von Objekten und von Verhaltenskontrakten. Aus diesem Grund können Protokollautomaten zusätzlich mit Interfaces und Ports assoziiert werden.

Das Ausführungsverhalten eines *Classifier* kann zusätzlich zu einer Vorgabe der legalen Transitionen in Form eines Protokollautomaten mit den anderen Verhaltensbeschreibungsmitteln von UML (z.B. Zustandsautomaten oder Aktivitätsdiagramme) spezifiziert werden. Die Beziehung dieser Verhaltensbeschreibungen zum vorgegebenen Protokoll wird als Protokollkonformität bezeichnet.

Zur Unterscheidung von normalen Zustandsautomaten werden Diagramme für Protokollautomaten mit dem Schlüsselwort *{protocol}* markiert. Ein Metamodellausschnitt für Protokollautomaten ist in der Abbildung 4.101 präsentiert.

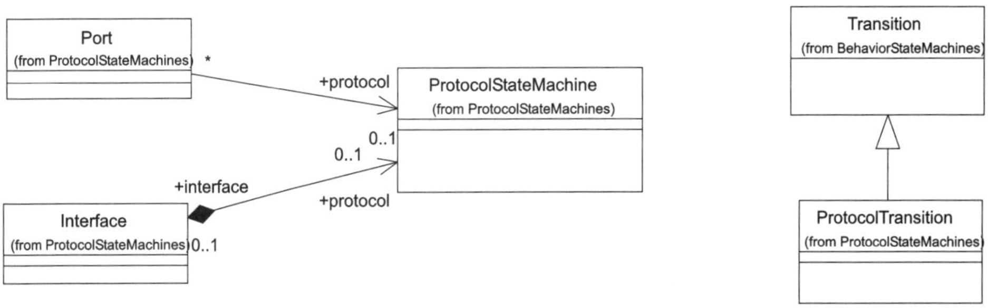

Abbildung 4.101: Metamodellausschnitt für Protokollautomaten

Protokolltransitionen

Ein Protokollautomat ist ein Zustandsautomat, der nur Protokolltransitionen enthält. Eine Protokolltransition wird durch die folgenden Angaben beschrieben:

- Ausgangszustand
- Vorbedingung
- Auslöserereignis

- Nachbedingung
- Zielzustand

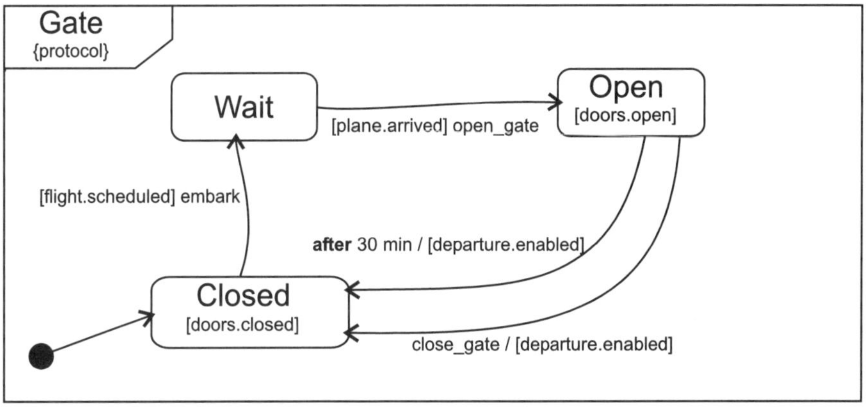

Abbildung 4.102: Protokollautomat

In der Abbildung 4.102 ist ein Protokollautomat für ein *Gate* dargestellt. Zusätzliche Randbedingungen schränken das Auslösen von Transitionen ein. So kann vom Zustand *Wait* zum Zustand *Open* nur dann übergegangen werden, wenn das Signal *open_gate* vorliegt und die Vorbedingung, dass ein Flugzeug am Gate angekommen ist (*plane.arrived*), erfüllt ist. Wird der Zustand *Open* wieder verlassen (durch *close_gate* bzw. nach Ablauf der Zeit), so muss danach der Abflug des Flugzeugs möglich sein (*departure.enabled*). Die Zustandsinvarianten in *Open* und *Closed* geben an, dass entsprechend des Zustands des Gate auch die Türen geöffnet bzw. geschlossen sein sollen.

Mit einer Protokolltransition sind niemals Aktionen verbunden. Für das Aufrufen einer Methode an einem durch einen Protokollautomaten beschriebenen Objekt gelten die folgenden Regeln:

1. Das Objekt muss sich in einem Zustand befinden, der den Ausgangszustand einer Protokolltransition darstellt, die die Operation als Auslöser besitzt.
2. Die Vorbedingungen der Transition müssen erfüllt sein.
3. Nach dem Schalten der Transition gelten die angegebenen Nachbedingungen.
4. Nach dem Schalten ist der Zielzustand der aktuelle Zustand.

Operationen eines *Classifier*, für die keine Protokolltransition definiert wurde, können in jedem Zustand ausgelöst werden. Neben dem Zustandsübergang besitzt eine Protokolltransition keinen expliziten Effekt (durch Aktionen oder Aktivitäten). Eine Protokolltransition, die durch ein Aufrufereignis ausgelöst und ausgeführt wird, impliziert jedoch die Ausführung der entsprechenden Methode. Alle Operationen, für die in dem Protokollautomaten keine Protokolltransition vorgegeben ist, können ohne weitere Randbedingungen in jedem Zustand ausgelöst werden und führen zurück in den gleichen Zustand.

Zustände in Protokollautomaten

Auch die Zustände eines Protokollautomaten sind mit keinen Aktivitäten verbunden, d.h., es sind weder *entry-/exit*-Aktionen noch *do*-Aktivitäten zulässig. Zusätzlich ist es jedoch möglich, eine Zustandsinvariante für den Zustand anzugeben. Diese Invariante ist eine zusätzliche Nachbedingung für das Schalten einer zu dem Zustand führenden Protokolltransition. Die Zustände eines Protokollautomaten sind für den Nutzer des zugeordneten *Classifier* sichtbar (entweder direkt oder indirekt bestimmbar).

Unter Einhaltung der oben genannten Einschränkungen können alle Stukturierungsmechanismen für Zustände in Zustandsautomaten wie die Dekomposition oder die Zerlegung in orthogonale Regionen auch bei Protokollautomaten angewandt werden.

Protokollkonformität

Protokollkonformität beschreibt die Relation eines Zustandsautomaten eines *Classifier* zu einem Protokollautomaten des gleichen *Classifier*. Bei der Ausführung des Zustandsautomaten dürfen keine Transitionen auftreten, die nicht durch den Protokollautomaten vorgegeben sind. Es dürfen weder die Vor- und Nachbedingungen noch die Zustandsinvarianten verletzt werden. Abbildung 4.103 zeigt die Protokollkonformität als gerichtete Beziehung.

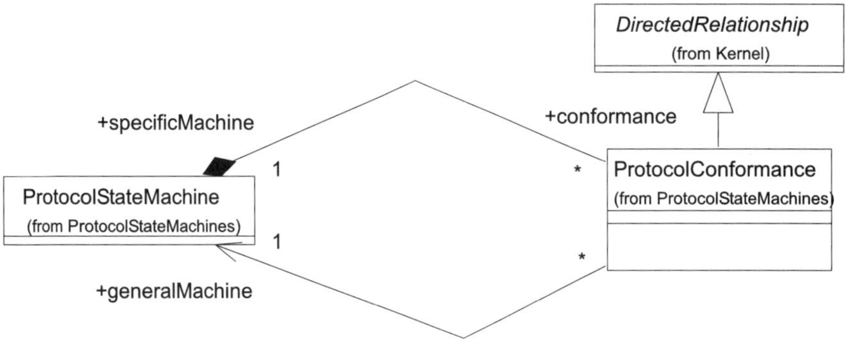

Abbildung 4.103: Metamodellausschnitt für Protokollkonformität

Die folgenden Konfliktsituationen können auftreten:

- In einem Zustand wird eine Operation aufgerufen, für die es in diesem Zustand keine Protokolltransition gibt bzw. deren Protokolltransition keine gültige Vorbedingung besitzt. In UML wird für diesen Fall keine Vorgabe gemacht, das Verwerfen des Auslöserereignisses, das Auslösen einer Ausnahme, das Aufbewahren des Ereignisses für einen Folgezustand (*defer*) oder aber auch die Beendigung des Verhaltens (Fehler) sind zulässige Lösungsvarianten.
- Die Ausführung der Transition führt zu ungültigen Nachbedingungen, es wird ein nicht vorgegebener Zielzustand erreicht oder aber die Zustandsinvariante des Zielszustands wird verletzt. In diesem Fall wurde der *Classifier* fehlerhaft implementiert und sollte beendet werden.

Die Strategie zur Lösung von Konflikten sollte explizit im Modell vorgegeben werden und einheitlich innerhalb des gesamten Modells sein!

Durch die Zuordnung von Protokollautomaten zu Interfaces und Ports können zusätzliche Bedingungen in die Kontrakte zur Nutzung und Implementierung dieser Elemente aufgenommen werden. Ein *Classifier*, der ein Interface implementiert, muss nicht nur die entsprechenden strukturellen und Verhaltensmerkmale, die durch das Interface vorgegeben sind, realisieren, sondern darf Operationsrufe nur in der durch den Protokollautomaten vorgegebenen Reihenfolge akzeptieren. Ebenso müssen die Protokollautomaten der Interfaces zweier verbundener Ports zueinander komplementär sein.

Protokollautomaten bieten eine globale Sicht auf die Aufrufbedingungen von Operationen eines *Classifier*. Sie können mit lokalen, operationsbezogenen Vor- und Nachbedingungen ergänzt werden. Vor einem Aufruf einer Operation müssen dann sowohl die lokalen Vorbedingungen als auch die Vorbedingungen der zugeordneten Protokolltransition gültig sein. Nach der Operationsausführung müssen sowohl die lokalen Nachbedingungen als auch die Nachbedingungen der Protokolltransition erfüllt sein.

Die durch einen Protokollautomaten vorgegebenen Aufrufbedingungen einer Operation lassen sich auch vollständig in lokale Bedingungen dieser Operation überführen. Dabei wird für jede Protokolltransition, in der die Operation als Auslöser auftritt, eine lokale Ausführungsbedingung angelegt, deren

- Vorbedingung durch eine logische Und-Verknüpfung aus den lokalen Vorbedingungen der Operation, den Vorbedingungen der Transition, der Zustandsinvariante des Ausgangszustands sowie der Forderung, dass der *Classifier* sich in dem Ausgangszustand der Protokolltransition befindet, gebildet wird und

- deren Nachbedingung durch eine logische Und-Verknüpfung aus den lokalen Nachbedingungen der Operation, den Nachbedingungen der Transition, der Zustandsinvariante des Zielzustands sowie der Forderung, dass der *Classifier* sich in dem Zielzustand der Protokolltransition befindet, gebildet wird.

Diese neuen lokalen Ausführungsbedingungen werden alle durch eine logische Oder-Verknüpfung verbunden.

4.3.4 Aktivitäten

Aktions- und Aktivitätsdiagramme sind diejenigen Verhaltensbeschreibungsmittel von UML mit dem breitesten Anwendungsspektrum. Ihr Einsatz reicht von einer globalen Darstellung in Form von Kontroll- und Objektflussdiagrammen bis hin zu einer detaillierten Spezifikation von Anweisungen und Operationen ähnlich zu Programmiersprachen. Im Standard sind aus diesem Grund die zur Aktions- und Aktivitätsbeschreibung einzusetzenden Sprachmittel in mehreren, zum Teil aufeinander aufbauenden Paketen organisiert.

Durch eine Aktivität wird auf der Grundlage von Kontroll- und Datenflussmodellen die Koordination der Ausführung untergeordneten Verhaltens beschrieben. Aktionen sind die kleinsten Ausführungseinheiten einer Aktivität. Beispiele für Aktionen sind unter anderem

- arithmetische Funktionen,
- Aufrufe von Operationen,
- Senden und Empfangen von Nachrichten,
- Zugriff auf und Veränderung von Daten und Objekten.

Aktivitäten können einem Kontextelement (*Classifier* oder Operation) zugeordnet sein und beschreiben in diesem Fall das Verhalten dieses Elements. Dies bedeutet aber nicht, dass alle Aktionen der Aktivität durch dieses Kontextelement ausgeführt werden müssen. Besitzt eine Aktivität kein explizites Kontextelement, so wird sie als autonom bezeichnet.

> Autonome Aktivitäten dienen zur Beschreibung von globalen Verhaltensabläufen wie zum Beispiel von Geschäftsprozessen.

Eine Aktivität wird durch einen Graphen beschrieben, der aus Knoten und Kanten besteht. Knoten stehen dabei für Aktionen und Objekte, Kanten für den Kontroll- und Datenfluss. Die Interpretation einer Aktivitätsbeschreibung beruht auf dem Fluss von Tokens zwischen den Knoten und entlang der Kanten nach dem folgenden Grundprinzip:

- Eine Aktion kann erst dann ausgeführt werden, wenn auf allen Anfangsknoten der eingehenden Kanten ein Token zur Verfügung steht.
- Zu Beginn der Aktionsausführung werden alle benötigten Tokens über die eingehenden Kanten gleichzeitig konsumiert.
- Die Aktion wird anschließend bis zu ihrer Beendigung ausgeführt.
- Nach Beendigung der Aktion werden an allen ausgehenden Kanten Tokens zur Verfügung gestellt.

Tokens verbleiben auf einem Knoten, bis sie durch nachfolgende Aktionen konsumiert werden. Hieraus resultiert, dass sich auch mehrere Tokens auf einem Knoten ansammeln können. Der an Petri-Netze angelehnte Interpretationsmechanismus von Aktivitäten kann durch Randbedingungen, Gewichtungen und andere Sprachmittel zusätzlich beeinflusst werden. Hierauf wird später noch detaillierter eingegangen. Durch Gewichtsangaben an den Kanten lässt sich festlegen, dass mehr als ein Token gleichzeitig für die Ausführung der Aktion benötigt wird. Die Gewichtsangabe kann durch einen konstanten Wert oder einen Ausdruck angegeben werden und muss einen nichtnegativen ganzzahligen Wert ergeben. Immer wenn ein neues Token an der eingehenden Kante zur Verfügung steht, wird die Gewichtsangabe neu berechnet. Das Null-Literal *all* als Gewichtsangabe bedeutet, dass alle verfügbaren Tokens konsumiert werden.

Da die Ausführung einer Aktivität allein von der Verfügbarkeit von Tokens auf ihren eingehenden Kanten abhängt, kann die gleiche Aktivität auch mehrfach gestartet werden. In der Regel wird dazu eine eigenständige und unabhängige Ausführungsinstanz verwendet. Dadurch gibt es keine Beeinflussung zwischen den zu den Aktivitätsinstanzen führenden Tokens. Durch die Kennzeichnung einer Aktivität als *singleExecution* kann der Start neuer Aktivitätsinstanzen verhindert werden, alle Tokens werden durch eine Instanz verarbeitet (entsprechend ihrer Ausführungssemantik sequentiell oder miteinander verwebt).

> Die *singleExecution*-Eigenschaft ist für physikalische Systeme typisch, die nicht dynamisch erzeugt werden können, wie z. B. Softwarekomponenten!

Basisbeschreibungsmittel

Ein erstes einfaches Aktivitätsdiagramm ist in Abbildung 4.104 dargestellt.

In diesem Diagramm wird die Aktivität *Flight* als eine Sequenz von Einzelaktionen dargestellt. Sie beginnt mit dem Kauf eines Tickets (*Buy Ticket*) als erster Aktion und wird nach dem Abholen des Gepäcks (*Pick up Bags*) beendet. Obwohl das Diagramm optisch einem Zustandsdiagramm ähnelt, gibt es jedoch inhaltlich wesentliche Unterschiede. Die Texte in den einzelnen Symbolen beschreiben hier Aktionen und keine Zustände!

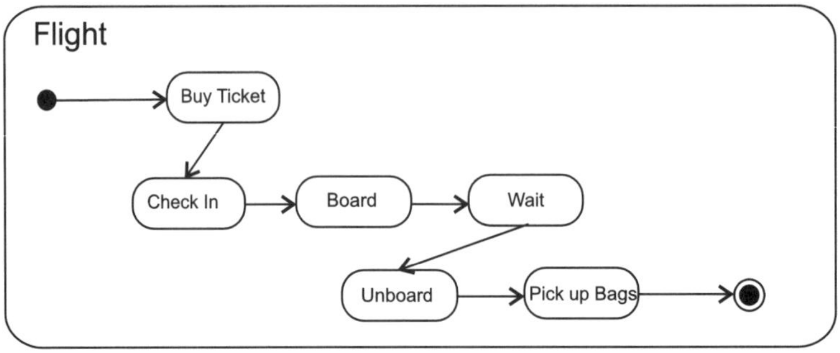

Abbildung 4.104: Aktivitätsdiagramm

Wir sehen hier bereits die Anwendung der wesentlichen Sprachmittel für die Beschreibung von Aktivitäten:

- Aktionsknoten enthalten den Namen der Aktion oder auch eine detaillierte Beschreibung der Aktion. Sie werden durch abgerundete Rechtecke dargestellt.
- Der Kontrollfluss wird durch Pfeile repräsentiert, die Aktionsknoten miteinander verbinden.

Zusätzliche, den Ablauf beeinflussende Knoten sind die Kontrollknoten. Der initiale und der finale Knoten, die auch in der Abbildung verwendet werden, sind die ersten Formen von Kontrollknoten. Beim Starten einer Aktivität wird auf dem initialen Knoten ein Token für alle ausgehenden Kanten zur Verfügung gestellt. Eine Aktivität kann einen, keinen oder mehrere initiale Knoten besitzen. Wird dagegen ein finaler Knoten einer Aktivität erreicht, so wird die Aktivität vollständig beendet, eventuell noch vorhandene Tokens auf anderen Knoten werden zerstört und durch die Aktivität gebundene Ressourcen können freigegeben werden. Besitzt eine Aktivität mehrere finale Knoten, so wird die Terminierung bei Erreichen des ersten dieser Knoten durchgeführt.

Durch *Fork*-Knoten lässt sich der Kontrollfluss in mehrere parallele Kontrollflüsse aufspalten, *Join*-Knoten dagegen führen parallele Kontrollflüsse zu einem Kontrollfluss zusammen. *Fork*- und *Join*-Knoten sind, wie auch alle anderen folgenden Kontrollknoten, transient. Aus diesem Grund können sich keine Tokens auf diesen Knoten ansammeln, Tokens auf den Eingangsknoten von Kontrollknoten werden durch Knoten an den ausgehenden Kanten des Kontrollknotens konsumiert.

Ein Token auf einem Eingangsknoten eines Fork wird für alle ausgehenden Kanten dupliziert. Jede ausgehende Kante startet also eine unabhängige und parallele Teilaktivität. Einem Folgeknoten eines Join wird im Gegenzug erst dann ein Token zur Verfügung gestellt, wenn auf allen Eingangsknoten des Join ein Token verfügbar ist.

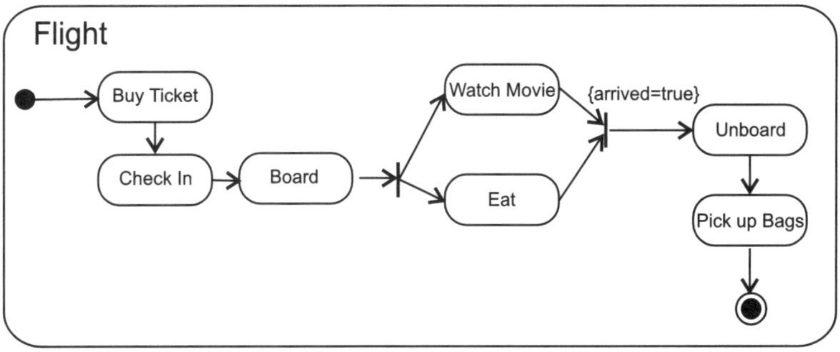

Abbildung 4.105: Aktivität mit Fork- und Join-Knoten

Die Aktivität aus Abbildung 4.104 wurde in Abbildung 4.105 erweitert. Anstelle des Wartens werden hier während des Flugs zwei Aktionen (*Eat* und *Watch Movie*) parallel ausgeführt. Durch den Fork-Knoten werden entsprechende Tokens zur Verfügung gestellt. Über den sich anschließenden Join-Knoten kann dagegen erst dann ein Token an die Aktion *Unboard* weitergeleitet werden, wenn die zugehörige Bedingung erfüllt ist, d.h. wenn der Flug seinen Zielort erreicht hat (*arrived=true*).

Soll ein Kontrollfluss beendet werden, ohne dass die gesamte ihn enthaltende Aktivität terminiert, so können dazu Flussendknoten genutzt werden. Ein Flussendknoten konsumiert alle Tokens auf seinen Eingangsknoten.

Ein Aktionsknoten mit mehreren eingehenden Kanten enthält einen impliziten Join-Knoten für alle eingehenden Kanten; ein Aktionsknoten mit mehreren ausgehenden Kanten enthält ein implizites Fork für diese Kanten!

Alternativen im Ablauf werden durch Decision- bzw. Entscheidungsknoten beschrieben. Ein Entscheidungsknoten besitzt eine eingehende Kante und mehrere ausgehende Kanten. Ein Token wird vom Eingangsknoten an einen der Ausgangsknoten weitergereicht. Die Entscheidung, welcher der Ausgangsknoten das Token konsumiert, wird durch zusätzliche Randbedingungen an den Ausgangskanten getroffen.

In diesem Beispiel (Abbildung 4.106) wurde die Aktivität *Flight* um eine Unterscheidung in *First-Class-* und *Economy*-Passagiere erweitert. Nach dem Erwerb eines Tickets schließen sich in der Abhängigkeit vom Status des Passagiers unterschiedliche Aktionen an, so warten unter anderem die *First-Class*-Passagiere auf das Boarding in einer Lounge (Aktion *Wait in Lounge*).

Die Entscheidungsfrage bezieht sich auf das Objekt-Token an der Eingangskante des *Decision*-Knotens, komplexe Entscheidungsfragen können in einer Textbox mit dem Schlüsselwort *decisionInput* angegeben werden.

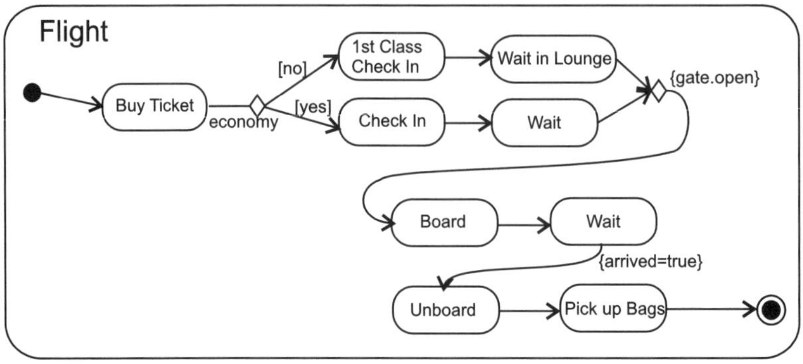

Abbildung 4.106: Decision- und Merge-Knoten

Die Randbedingungen für die ausgehenden Kanten eines *Decision*-Knotens müssen nicht disjunkt sein. Dies kann aber zu einer Konkurrenzsituation führen, die wiederum eine zufällige Auswahl einer Ausgangskante nach sich ziehen kann!

Immer wenn ein Nachfolgeknoten einer Entscheidung ein Token konsumieren möchte, wird die Entscheidungsfrage berechnet. Um unerwünschte Effekte bei der Mehrfachberechnung zu vermeiden, muss die Entscheidungsfrage ohne Nebeneffekte sein.

Durch den *Merge*-Knoten werden unterschiedliche alternative Abläufe wieder zusammengeführt. Ein auf einen *Merge*-Knoten folgender Aktionsknoten kann ein Token konsumieren, wenn auf einem der Eingangsknoten des *Merge* ein Token verfügbar ist.

Der Kontrollfluss kann durch zusätzliche Randbedingungen beschränkt werden:

- Mittels Guards an den Kanten wird angegeben, unter welchen Bedingungen ein Token vom Anfangs- zum Endknoten der Kante transportiert werden kann.
- Vor- und Nachbedingungen an Aktionsknoten legen fest, wann die Ausführung der mit dem Knoten verbundenen Aktionen korrekt ist. Sie werden durch die Schlüsselworte *localPrecondition* bzw. *localPostcondition* gekennzeichnet.

Alle Randbedingungen werden jedes Mal, wenn ein Token an der betreffenden Kante zur Verfügung steht, geprüft. Aus diesem Grund dürfen sie keine Nebeneffekte besitzen.

Bis jetzt haben wir uns auf eine reine kontrollflussorientierte Darstellung konzentriert, bei der die Beendigung einer oder mehrerer Aktionen die Voraussetzung für den Start einer nächsten Aktion darstellt. Die zweite Form der Ablaufsteuerung, die sich in Aktivitätsdiagrammen widerspiegelt, ist der Objektfluss.

Zur Beschreibung von Objektflüssen wird ein zusätzlicher Knotentyp herangezogen:

- Objektknoten werden durch Rechtecke dargestellt, die den Namen des Objekttyps enthalten, und repräsentieren Objekte des angegebenen Typs. Für Signaltypen kann auch ein Pfeilsymbol genutzt werden.
- Pfeile von oder zu Objektknoten geben dagegen den Objektfluss wieder. Über sie werden Objekt-Tokens, d.h. Instanzen des Typs, auf den Objektknoten abgelegt.

Enthält ein Objektknoten keine Typangabe, so können beliebige Objekt-Tokens dort abgelegt werden. Andererseits lässt sich die Menge der zulässigen Tokens auch noch weiter einschränken, indem angegeben wird, in welchem Zustand sich die Objekte befinden müssen. Die Vorgabe zulässiger Zustände erfolgt in eckigen Klammern unterhalb des Typnamens.

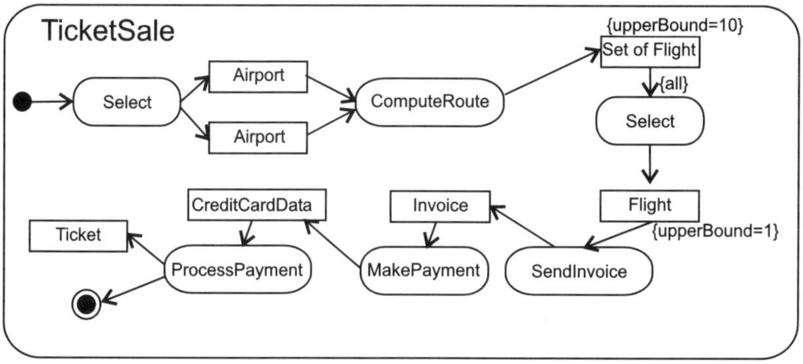

Abbildung 4.107: Aktivitätsdiagramm mit Objektknoten

Abbildung 4.107 beschreibt den Ticketverkauf als Geschäftsprozess unter Nutzung von Objektknoten. Nach der *Select*-Aktion werden Datenobjekte zur Verfügung gestellt, die Ausgangs- und Zielort des gewünschten Flugs beschreiben. Diese dienen als Eingabe für die *ComputeRoute*-Aktion, die wiederum eine Liste möglicher Flüge erstellt (maximal zehn). Nach der Auswahl eines konkreten Flugs erfolgt anschließend die Rechnungsstellung, die nachfolgende Zahlung führt zur Erzeugung eines *Ticket*-Objekts und beendet den Geschäftsprozess.

Objektknoten wirken als Speicher für eingehende Objekt-Tokens. Die Reihenfolge, in der Tokens dort abgelegt werden, entspricht der Reihenfolge, in der sie konsumiert werden können (FIFO). Durch zusätzliche Anotationen lässt sich die Ordnung der Konsumierung auf die folgenden Werte einstellen:

- *unordered* – die Reihenfolge des Token-Eingangs hat keinen Einfluss auf die Reihenfolge der Konsumtion.

- *ordered* – der Modellierer kann eine explizite Ordnungsrelation (*selection*) festlegen.
- *FIFO* – Tokens werden in der Reihenfolge ihres Eingangs konsumiert (Standard).
- *LIFO* – zuletzt eingegangene Tokens werden zuerst konsumiert.

Durch die Angabe einer Obergrenze (*upperBound*) kann die maximale Anzahl gleichzeitig in dem Objektknoten speicherbarer Tokens angegeben werden. Ist die Obergrenze erreicht, so verbleiben die Tokens auf den Anfangsknoten von Kanten, die zum Objektknoten führen. Der Standardwert *null* entspricht einer unbegrenzten Anzahl Tokens auf einem Objektknoten.

Der Objektfluss gibt an, wie Tokens auf Objektknoten abgelegt werden und wie diese von dort wieder konsumiert werden. Eine *selection*-Klausel an einer Kante von einem Objektknoten zu einem Aktionsknoten gibt für diese Kante eine spezielle Konsumierungsordnung vor, die an Stelle der für den Knoten definierten Ordnung angewendet wird (siehe Abbildung 4.113). Hiermit lassen sich zum Beispiel von einem Knoten mit *FIFO*-Ordnung Tokens mit einer zusätzlichen Prioritätsangabe in der Reihenfolge ihrer Priorität konsumieren.

Die Transformationsklausel wird eingesetzt, wenn nicht das Objekt-Token selbst, sondern ein mit diesem verbundenes anderes Element (z. B. ein Attribut) durch den Aktionsknoten konsumiert werden soll. Transformationsklauseln wie auch *selection*-Klauseln müssen stets frei von Nebeneffekten sein!

Effektangaben an einer Kante zwischen einem Objekt- und einem Aktionsknoten beschreiben die Form der Token-Produktion bzw. -Konsumierung. Die folgenden Aktionen können zu einem Effekt führen:

- *create* – Erzeugung einer neuen Instanz über eine eingehende Kante
- *delete* – Zerstörung einer Instanz über eine ausgehende Kante
- *read* – Lesen einer Instanz über eine ausgehende Kante
- *update* – Aktualisierung einer vorhandenen Instanz

Strukturierte Beschreibung von Aktivitäten

Aktivitäten können hierarchisch organisiert sein, d.h., hinter einem Aktionsknoten kann sich wiederum eine komplexe Aktivität verbergen, die entweder eingebettet oder durch ein separates Diagramm dargestellt werden kann. Die Anbindung von Objektflüssen von oder zu einem solchen strukturierten Aktivitätsknoten erfolgt durch spezielle Anschlusspunkte (*Pins*) oder durch Parameterknoten. UML bietet unterschiedliche Darstellungsoptionen für Pins. In der Regel werden sie als kleines Rechteck auf der Kante des Aktivitätssymbols dargestellt. Ein Pin kann (bezogen auf seine Aktivität) entweder ein Eingangs-Pin oder ein Ausgangs-Pin sein, jedoch niemals beides gleichzeitig. Die Art des Pins ergibt sich aus den angebundenen Objektflüssen, kann aber auch durch einen Pfeil in dem Pin-Rechteck explizit notiert werden (vgl. Ausgabe-Pin *Ticket* in Abbildung 4.108). Ein Pin besitzt als Objektknoten einen zugeordneten Namen, der wiederum den Typ des Objekts angibt.

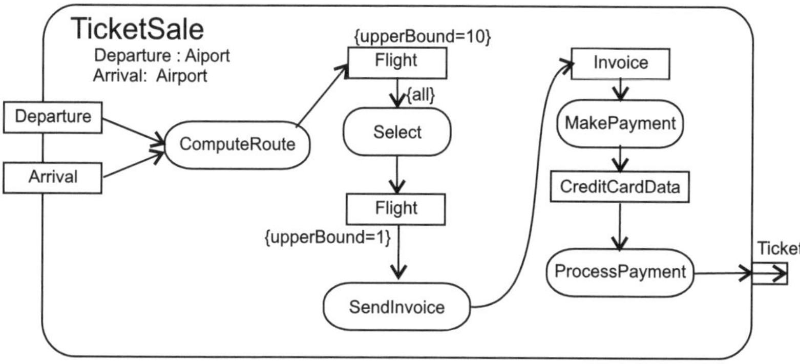

Abbildung 4.108: Strukturierte Aktivität mit Ein- und Ausgabe-Pins

Die Aktivität *TicketSale* aus Abbildung 4.107 wurde in Abbildung 4.108 in eine strukturierte Aktivität umgewandelt, die wiederum in anderen Aktivitätsbeschreibungen eingesetzt werden kann (vgl. Abbildung 4.109). Statt der Objektknoten, die den Ausgangs- und Zielpunkt der Reise beschreiben, werden hier zwei Eingangs-Pins eingeführt, die durch eine Parameterdefinition genauer spezifiziert sind. Für den Aufruf der Aktivität sind entsprechende Objekt-Tokens auf den Pins *Arrival* und *Departure* notwendig. Die Aktivität besitzt einen Ausgangs-Pin (Ticket), auf dem vor Beendigung der Aktivität ein Token abgelegt wird, das anschließend späteren Aktivitäten zur Verfügung steht.

Ein Werte-Pin ist eine Spezialform der Eingangs-Pins. Sie besitzen keine eingehenden Kanten und stellen keine Tokens zur Konsumierung bereit. Ein Werte-Pin wird durch eine Wertspezifikation beschrieben: Fordert ein nachfolgender Aktionsknoten ein Token von einem Werte-Pin an, so wird dieser Wert entsprechend der Spezifikation berechnet und an den Aktionsknoten weitergegeben.

Werte-Pins können niemals alleinige Vorgängerknoten für einen Aktionsknoten sein, über mindestens einen weiteren Knoten muss ein Token konsumierbar sein.

Parameterknoten stehen für die Eingabe- und Ausgabeparameter einer Aktivität oder Aktion. Parameter werden im Kopf der Aktivitätsbeschreibung angegeben (Name und Typ des Parameters) und zusätzlich in Pin-Notation mit dem Namen des Parameters dargestellt. Für den Start einer parametrisierten Aktivität sind Objekt-Tokens auf allen Parameterknoten notwendig.

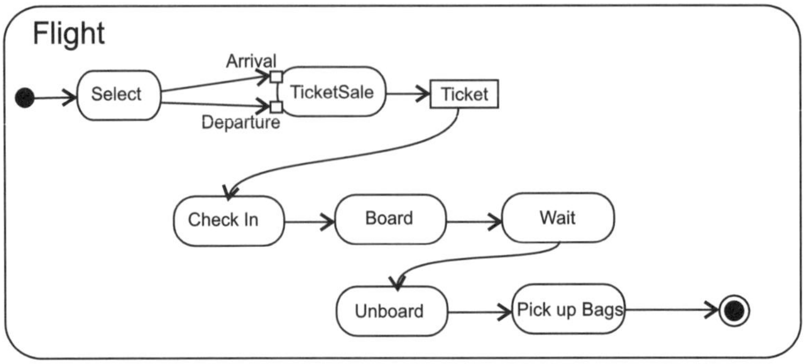

Abbildung 4.109: Nutzung einer parametrisierten Aktivität

Die Aktivität *Flight* aus Abbildung 4.104 wurde unter Nutzung der Aktivität *TicketSale* in Abbildung 4.109 neu definiert. Nach der Aktion *Select*, die die Informationen über den Ausgangs- und Zielpunkt der Reise bestimmt, wird *TicketSale* mit diesen Informationsobjekten aufgerufen. Als Ergebnis wird ein Ticket-Objekt zur Verfügung gestellt, das Voraussetzung für die weiteren Aktionen ist. Wie in der Abbildung zu erkennen ist, kann die Bereitstellung von Objekt-Tokens sowohl durch die Nutzung der Pin-Notation als auch durch die Anwendung von Objektknoten erfolgen.

Ein Kontrollfluss innerhalb einer strukturierten Aktivität kann erst dann gestartet werden, wenn die Voraussetzungen für den Start der Aktivität selbst gegeben sind (Konsumierung von Tokens auf den eingehenden Kanten). Ebenso stellt eine strukturierte Aktivität ihren ausgehenden Kanten erst dann Tokens zur Verfügung, nachdem alle intern vorhandenen Tokens konsumiert wurden.

Parametersets fassen ein oder mehrere Parameterknoten zusammen und bieten damit alternative Aufruf- bzw. Ergebniskonfigurationen. In diesem Fall ist für den Start der Aktivität lediglich die Verfügbarkeit von Objekt-Token auf allen Parameterknoten eines Parametersets notwendig. Die Überlappung von Parametersets ist zulässig.

Strukturierte Aktivitätsknoten, deren interne Struktur in Form von Knoten und Kanten durch ein separates Diagramm beschrieben wird, können durch das Schlüsselwort *structured* markiert werden.

Ein Aktionsknoten, der in einer strukturierten Aktivität enthalten ist, darf in keiner anderen Aktivität enthalten sein.

Aktivitäts- und Verhaltenszuordnung

Die Knoten und Kanten eines Aktivitätsdiagramms lassen sich einzelnen Partitionen zuordnen. Eine Partition ist ein Repräsentant für ein für das Verhalten verantwortliches Element. Partitionen können ineinander verschachtelt oder überlappend sein.

Dimensionen sind speziell ausgezeichnete Partitionen. Eine Dimension kann niemals in einer anderen Partition enthalten sein, sie bildet also stets die Wurzel einer orthogonalen Verschachtelungshierarchie.

UML gibt vier verantwortliche Elementformen vor, die zusätzlich die Möglichkeiten der Verschachtelung begrenzen:

- *Classifier*: Instanzen des *Classifier* sind verantwortlich für die Ausführung der Aktionen und Aktivitäten. So müssen z.B. Operationsrufe durch diese Instanzen ausgeführt werden. Ist eine *Classifier*-Partition in eine andere *Classifier*-Partition eingebettet, so muss zwischen beiden *Classifiers* eine strenge Kompositionsassoziation bestehen oder aber der Classifier der eingebetteten Partition muss in dem übergeordneten Classifier definiert sein (*nested*).
- Instanz: Während bei der *Classifier*-Verantwortlichkeit eine oder mehrere beliebige Instanzen des *Classifiers* Träger des Verhaltens sind, ist dies bei der Instanzverantwortlichkeit stets die gleiche konkret festgelegte Instanz.
- *Part*: Für das Verhalten sind Instanzen verantwortlich, die die Rolle des *Part* einnehmen. Damit gelten zusätzlich auch die Bedingungen einer *Classifier*-Partition. Ist eine *Part*-Partition in einer Dimension eingebettet, so müssen alle anderen direkt in die Partition eingebetteten Partitionen ebenfalls direkte *Parts* des gleichen *Classifier* repräsentieren. Eine enthaltende Partition muss entweder den *Classifier* repräsentieren, der das *Part* enthält, oder den *Classifier*, der den Typ des *Parts* spezifiziert.

  Wird ein *Part* zur Laufzeit durch mehrere Objekte realisiert, so werden Operationsrufe parallel an alle Objekte weitergegeben. Der Operationsruf ist erst dann beendet, wenn alle Objekte aus der Operation zurückgekehrt sind.
- Attribut und Attributwerte: Ist ein Attribut verantwortlich für eine Partition, so können unterschiedliche Werte für dieses Attribut verantwortlich für eingebettete Partitionen sein.

Die typische Darstellungsweise für Partitionen ist die so genannte Schwimmbahn-Notation. Eine Schwimmbahn enthält den Namen des verantwortlichen Elements sowie die zugeordneten Aktivitätsknoten und Kontrollflusskanten oder aber eingebettete Partitionen.

In Abbildung 4.110 haben wir die Aktivität *TicketSale* aus Abbildung 4.107 um Angaben zur Verantwortlichkeit für die enthaltenen Aktionen und Aktivitäten erweitert. Wie zu erkennen ist, liegen die Auswahl der Reiseroute sowie des gewünschten Flugs in der Verantwortung von *Costumer*, Gleiches gilt natürlich auch für die Bezahlung (*MakePayment*). Alle weiteren Aktivitäten dagegen gehören zum Verantwortungsbereich von *Airline*, wobei dort eine weitere Unterteilung in Verkauf (*Sale*) und Buchhaltung (*Accounting*) erfolgt.

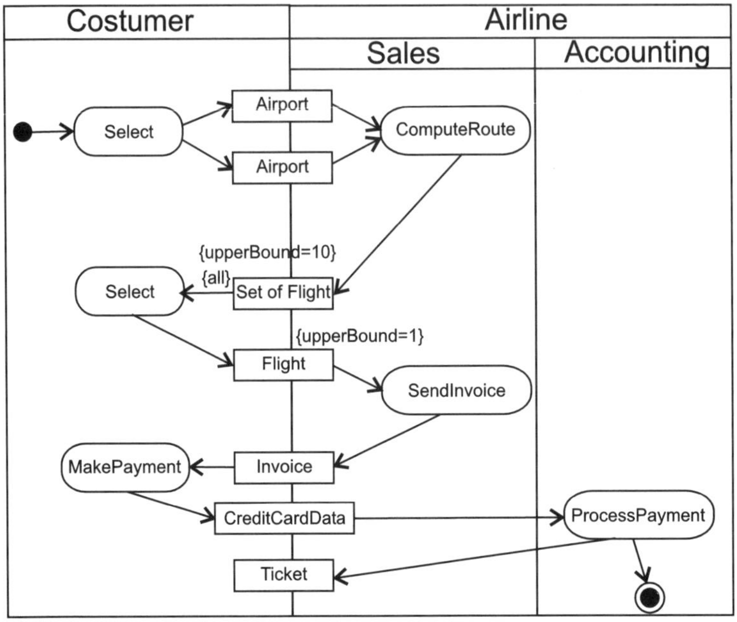

Abbildung 4.110: Zuordnung von Aktionen und Aktivitäten

Aktivitätsknoten, die außerhalb der Partitionsstruktur liegen, können in Partitionen mit dem Schlüsselwort *external* zusammengefasst werden. Objektknoten sind kein Verhalten, sie können sowohl innerhalb einer Partition als auch auf der Trennlinie zwischen Partitionen (zur Visualisierung des Objektflusses) dargestellt werden.

In einigen Fällen kann die Schwimmbahndarstellung zu unübersichtlichen Diagrammen führen oder aber aus anderen Gründen nicht praktikabel sein (bei mehr als zwei Dimensionen). Aus diesem Grund kann der Name derjenigen Partition, der ein Aktivitätsknoten zugeordnet sein soll, auch in dem Knoten direkt angegeben werden.

Die direkte Angabe der Partition im Aktivitätsknoten ist für externe Partitionen auch in der Schwimmbahndarstellung möglich. Sie ersetzt in diesem Fall für den Knoten alle aus den Schwimmbahnen abzuleitenden Zuordnungen des Knotens!

Eine Partition mit *Classifier-* oder *Part-*Verantwortlichkeit kann für eine Menge von Instanzen stehen. Soll ein Objektfluss nicht an eine einzelne Instanz, sondern an alle Instanzen dieser Partition gerichtet sein, so wird er mit dem Schlüsselwort *multicast* markiert. Mit *multireceive* markierte Objektflüsse führen Objektflüsse, die von Einzelinstanzen einer *Part-* oder *Classifier-*Partition kommen, wieder in einem Objektknoten zusammen.

Ausnahmebehandlung und Unterbrechungen

Ausnahmen und Unterbrechungen sind Abweichungen vom normalen Kontrollfluss einer Aktivität.

Ausnahmen können implizit durch Fehler bei der Verhaltensausführung oder explizit durch entsprechende *raise*-Aktionen ausgelöst werden. Eine parametrisierte Aktivität kann ihrer Umgebung das Auftreten von Ausnahmeverhalten aber auch durch einen speziellen Ausgabeparameter mitteilen. Ausnahmebehandlungsknoten sind spezielle Aktivitätsknoten, die einen anderen Aktivitätsknoten bei Auftreten einer Ausnahme vertreten bzw. schützen.

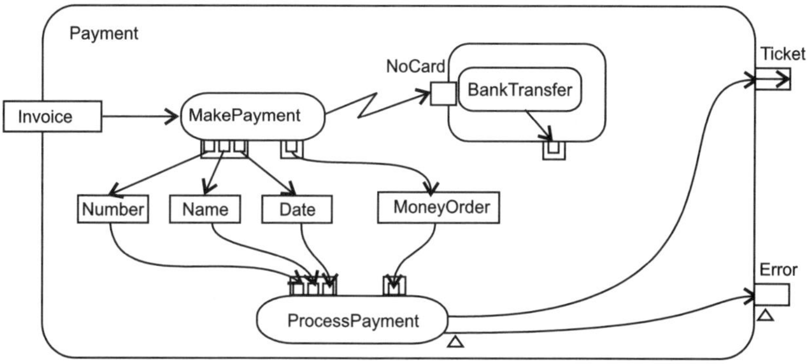

Abbildung 4.111: Ausnahmebehandlung und Ausnahmeausgabeparameter

In Abbildung 4.111 haben wir den Vorgang des Bezahlens vom Vorliegen einer Rechnung (*Invoice*) bis hin zum Versand des Tickets als eine Aktivität spezifiziert. Das eigentliche Bezahlen erfolgt (durch den Kunden) mittels *MakePayment*, wobei die Kreditkartenzahlung der Standardfall ist. Diese Aktivität wiederum besitzt zwei Parametersets, die entweder die Kreditkarteninformationen oder aber eine Überweisung als Ausgabeobjekte zur Verfügung stellen. Die Aktivität *ProcessPayment* besitzt dementsprechend auch zwei Eingabeparametersets zur Verarbeitung der Zahlung. Besitzt ein Kunde keine Kreditkarte, so wird eine *NoCard*-Exception ausgelöst und der zugeordnete Ausnahmebehandlungsknoten aktiviert. Er führt die Aktion *BankTransfer* aus und legt ein entsprechendes *MoneyOrder*-Objekt auf dem Ausgabe-Pin von *MakePayment* ab. Auch bei *ProcessPayment* können Ausnahmen auftreten (z.B. ungültige Kreditkarte), deren Behandlung ist in diesem Diagramm aber nicht sichtbar. *ProcessPayment* besitzt aber einen Ausnahmeausgabeparameter, über den die Umgebung über alternatives Verhalten informiert wird. Im Ergebnis davon wird die Aktivität *Payment* nicht mit dem Versand eines Tickets, sondern mit einer Fehlermeldung (*Error*) beendet.

Ein Ausnahmebehandlungsknoten besitzt keine eigenen ein- oder ausgehenden Kanten, er übernimmt die ausgehenden Kanten des durch ihn zu vertretenden Knotens. Die Ausgangspins eines Ausnahmebehandlungsknotens müssen aus diesem Grund den Ausgangspins des zu vertretenden Knotens entsprechen. Ein spezieller Eingabeknoten gibt den Typ (*Classifier*) der Ausnahme an, die der Behandlungsknoten verarbeiten kann. Über diesen Knoten wird der Ausnahmebehandlungsknoten an den oder die zu schützenden Aktivitätsknoten angebunden.

Tritt bei der Ausführung eines Aktivitätsknotens eine Ausnahme auf, so wird zunächst geprüft, ob der Knoten einen zugeordneten Ausnahmebehandlungsknoten besitzt. Entspricht der Typ der Ausnahme dem Eingabeknoten der Ausnahmebehandlung (direkt oder als Subtyp), so wird ein Token auf dem Eingabeknoten abgelegt. In den anderen Fällen werden alle Tokens in dem aktuellen Aktivitätsknoten vernichtet und die Ausnahme wird an die umgebende Aktivität propagiert. Kann auf keiner Ebene ein Ausnahmebehandlungsknoten aktiviert werden, so ist das weitere Verhalten undefiniert.

Wurde ein Token auf einem Eingabeknoten einer Ausnahmebehandlung abgelegt, so wird das Verhalten mit den dort spezifizierten Aktionen fortgesetzt. Der Behandlungsknoten tritt vollständig an die Stelle des durch ihn zu schützenden Aktivitätsknotens. Insbesondere werden nach Beendigung der Ausnahmebehandlung auch Tokens auf allen Ausgängen des Originalknotens abgelegt.

Die Ausführung einer Ausnahmebehandlung ist für nachfolgende Aktivitäten nicht feststellbar. Durch Ausnahmeausgabeparameter kann explizit auf ein alternatives Verhalten hingewiesen werden. Legt eine Aktivität ein Objekt-Token auf einem ihrer Ausnahmeausgabeparameter ab, so werden alle innerhalb der Aktivität vorhandenen Tokens sowie auf allen anderen Ausgabeknoten eventuell schon abgelegte Objekt-Token vernichtet und die Aktivität wird beendet.

Ausnahmeausgabeparameter werden durch ein an dem Parameter- bzw. Pin-Symbol angebrachtes Dreieck markiert und können als Ausgangspunkt für Objektflüsse dienen.

Durch unterbrechbare Regionen lassen sich Teilgraphen eines Aktivitätsdiagramms definieren. Eine Region besitzt eine oder mehrere Unterbrechungskanten, die von einem Knoten innerhalb der Region zu einem Knoten außerhalb der Region führen. Ein Aktivitätsknoten kann zu unterschiedlichen, sich überlappenden unterbrechbaren Regionen gehören. Wie auch bei den Ausnahmeausgabeparametern bedeutet der Transfer eines Tokens über eine Unterbrechungskante die Zerstörung aller Tokens innerhalb der Region und die Beendigung aller Aktivitäten und Kontrollflüsse in der Region.

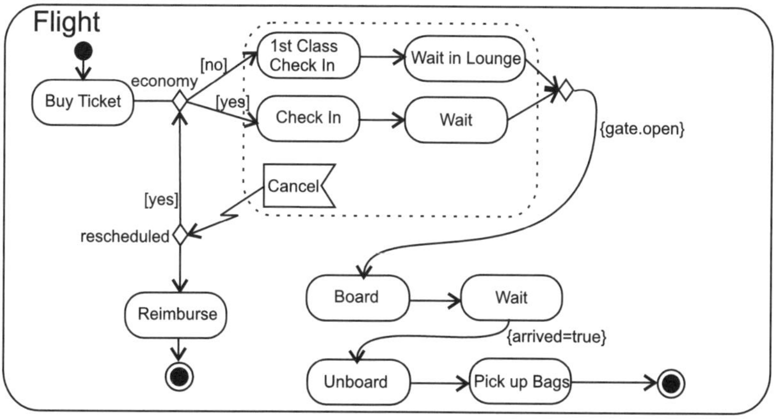

Abbildung 4.112: Unterbrechbare Regionen

Die bisherigen Beispiele zum Ablauf eines Flugs (z.B. in Abbildung 4.106) sind von einem idealen Zustand ausgegangen: Nach dem Kauf eines Tickets und dem Einchecken findet der Flug auch tatsächlich statt. In der Praxis kann es dagegen vorkommen, dass ein Flug verschoben oder sogar ganz und gar gestrichen wird. Aus diesem Grund wurden in Abbildung 4.112 die Aktionen *Check in, 1st Class Check in* sowie *Wait* und *Wait in Lounge* zu einer unterbrechbaren Region zusammengefasst. Trifft während einer dieser Regionen ein Signal *Cancel* ein, so wird der normale Ablauf abgebrochen. Nach der Prüfung, ob der Flug verschoben oder gestrichen wurde, wird die Aktivität *Flight* entweder mit einem neuen Einchecken fortgesetzt oder aber nach einer Kostenrückerstattung (*Reimbursement*) beendet.

Aktivitätsknoten mit Ausnahmeausgabeparametern und Aktivitätsknoten in unterbrechbaren Regionen sollten nicht die Eigenschaft *singleExecution* besitzen, da die Token-Zerstörung bei einer Ausnahme oder Unterbrechung nicht nur die fehlerhafte, sondern alle geteilten Aktivierungen dieser Knoten betrifft!

Zusätzliche Sprachmittel

Zwei spezielle Formen von Objektknoten dienen der zentralisierten Verwaltung von Objektflüssen. Pufferknoten sind Objektknoten, deren eingehende Kanten wiederum in Objektknoten beginnen und deren ausgehende Kanten in Objektknoten enden. Durch sie können Objektflüsse, die in unterschiedlichen Teilaktivitäten gebildet werden, zusammengefasst und auch wieder auf unterschiedliche Teilaktivitäten aufgespalten werden. Zur Unterscheidung von allein stehenden Pins zwischen zwei Aktivitätsknoten werden Pufferknoten mit dem Schlüsselwort *centralBuffer* gekennzeichnet.

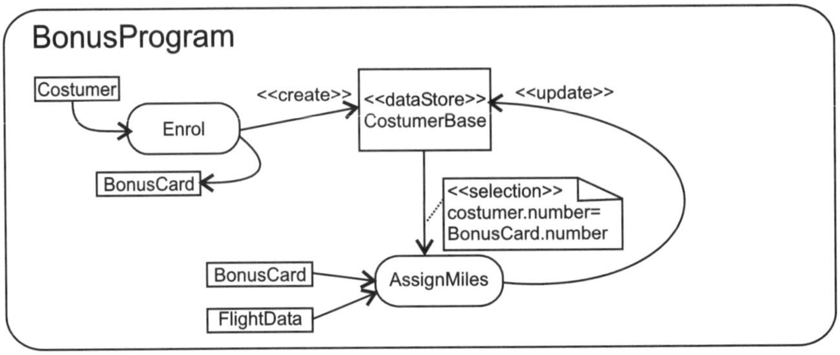

Abbildung 4.113: Einsatz von Pufferknoten

Die Aktion *Enrol* legt einen neuen Eintrag in der zentralen Datenbank des Bonusprogramms an und liefert gleichzeitig eine Bonuskarte als Ergebnis (s. Abbildung 4.113). Wendet sich jetzt ein Kunde mit seiner Bonuskarte und Angaben über seinen Flug an das Bonusprogramm, so wird aus der Datenbank der dem Kunden entsprechende Eintrag ausgelesen, die Bonusmeilen für den Flug werden eingetragen und anschließend erfolgt die Aktualisierung der Datenbank.

Pufferknoten mit dem Schlüsselwort *dataStore* besitzen darüber hinaus eine den Datenbanken entsprechende Funktionalität. Eingehende Objekte werden dauerhaft gespeichert, ist ein Objekt bereits vorhanden, so wird es aktualisiert. An allen ausgehenden Kanten werden Kopien der Objekte des Datenspeichers in Tokens zur Verfügung gestellt. Die Objekte verlassen den Datenspeicher also nicht.

Durch die Nutzung von *selection*-Klauseln an einem Datenspeicher und an den Kanten, die von diesem Speicher ausgehen, lassen sich Datenbankanfragen modellieren.

Das bisherige Interpretationsmodell ist davon ausgegangen, dass zum Start einer Aktivität über alle eingehenden Kanten Tokens zur Verfügung stehen und dass die entsprechende Anzahl an Tokens (entweder ein Token pro Kante oder die durch die Gewichtsangabe bestimmte Anzahl) vor dem Start konsumiert wird. Soll die fortlaufende Konsumierung von Tokens als ein Objektstrom auch nach dem Start einer Aktivität beschrieben werden, so können dazu *stream*-Parameter zum Einsatz kommen.

In Abbildung 4.114 sind die Abläufe in einem Flughafen unter Nutzung von Datenströmen dargestellt. *Check In* und *Boarding* sind beides Aktionen, die *stream*-Parameter besitzen. Nach dem Start von *GroundProcedures* nimmt *Check In* den Strom an Passagieren entgegen. Die Passagiere werden entsprechend der Reihenfolge ihres Eintreffens bedient, First-Class-Passagiere erfahren dabei aber eine bevorzugte Behandlung (*selec-*

tion-Klausel). Nach dem Einchecken entstehen zwei neue Datenströme, die entsprechend dem Status des jeweiligen Passagiers in unterschiedlichen Pufferknoten zwischengespeichert werden (entspricht dem Warten auf das Einsteigen). Voraussetzung für den Beginn der Aktion *Boarding* ist der Start von *GroundProcedures* sowie die Aufforderung zum Einsteigen (*Board*). *Boarding* bezieht seine Eingabeströme aus den beiden Pufferknoten. Ist das Einsteigen abgeschlossen und die Abflugszeit erreicht (*DepartureTime*), so wird die ganze Aktivität *GroundProcedures* beendet.

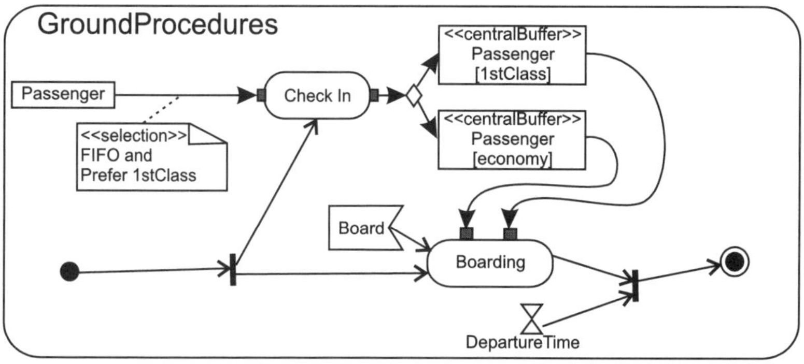

Abbildung 4.114: stream-Parameter und Objektströme

Neben der Markierung durch das Schlüsselwort *stream* können Objektströme auch durch ausgefüllte Pfeilspitzen an den Kanten sowie durch ausgefüllte Pin-Symbole gekennzeichnet werden. Für den Start der Aktivität sind Tokens auf allen normalen Eingangs-Pins sowie die geforderte Mindestanzahl an Tokens auf den *stream*-Eingabe-Pins erforderlich.

Aktivitäten mit *stream*-Parametern müssen die Eigenschaft *singleExecution* besitzen, da sonst nicht unterschieden werden kann, welche der Aktivitätsausführungen die Tokens aus dem Strom erhalten soll!

Ein weiteres typisches Problem bei der Beschreibung von Verhalten ist die Verarbeitung von Elementlisten, Vektoren oder Matrizen. Eingabeparameter einer solchen Aktivität ist eine Sequenz oder Sammlung von Objekten, für alle Einzelobjekte werden die gleichen Aktivitäten durchgeführt und als Ergebnis wird wiederum eine Sammlung von Objekten produziert. Die Spezifikation derartiger Verhaltensabläufe wird in UML durch Expansionsregionen unterstützt.

Eine Expansionsregion ist eine geschlossene Gruppe von Aktivitäts- und Objektknoten und Kanten, die ihre Ein- und Ausgaben über Expansionsknoten tätigt. Diese speziellen Ein- und Ausgabe-Pins sind dadurch charakterisiert, dass der ihnen zugrunde liegende Typ eine Sammlung von Objekten beschreibt. Sind mehrere Eingabe-Pins bzw. Ein- und Ausgabe-Pins vorhanden, so muss die Form der Sammlung (z. B. geordnete Liste, Menge, Bag) bei allen Pins gleich sein. Wird eine Expansionsregion gestartet, so wird für jede Elementposition auf den Eingabe-Pins eine eigene Ausführung gestartet, die aus allen Eingabe-Pins die Tokens auf dieser Position erhält. Die Ausgaben, die die einzelnen Ausführungen produzieren, werden ebenfalls auf der entsprechenden Position in den Ausgabe-Pins abgelegt. Die Ausgabe-Pins einer Expansionsregion können also maximal so viele Elemente enthalten wie das kürzeste Eingabe-Pin.

Bei mehreren Eingabe-Pins sollte die Länge der Sammlungen der Eingabe-Pins einer Expansionsregion in der Regel gleich sein!

Expansionsregionen werden durch gestrichelte Aktivitätssymbole dargestellt.

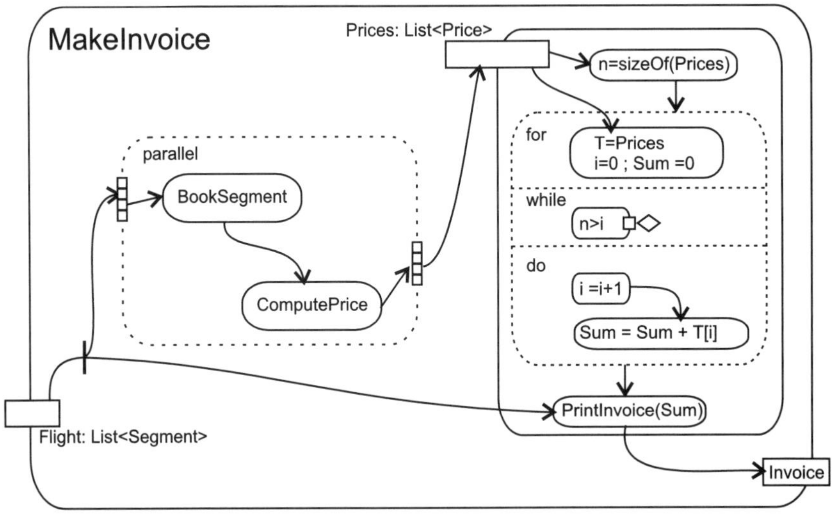

Abbildung 4.115: Expansionsregionen und Loop-Knoten

In einer Reihe von vorangehenden Beispielen (z. B. Abbildung 4.108) wurde eine *MakeInvoice*-Aktivität benutzt, die als Eingabe ein *Flight*-Datenobjekt erhält und als Ergebnis eine entsprechende Rechnung (*Invoice*) produziert. Jetzt sehen wir uns diese Aktivität etwas genauer an. Als Erstes können wir feststellen, dass Flight eine Liste von einzelnen Segmenten ist. In der Regel sind dies zwei (Hin- und Rückflug) oder mehr Segmente (bei Zwischenlandungen). Für die Rechnungsstellung ist es notwendig, alle Segmente zu buchen und den Preis der einzelnen Segmente zu bestimmen. Dies erfolgt in Abbildung 4.115 parallel und gleichzeitig für alle Segmente, indem die Aktionen *BookSegment* und *ComputePrice* in einer Expansionsregion zusammengefasst werden. Als Ergebnis wird eine List mit den Preisen aller Segmente zurückgeliefert (*Prices*). Diese Liste dient wiederum als Eingabe für einen Loop-Knoten: Durch Iteration über die Liste wird die Summe der Einzelpreise berechnet. Abschließend wird auf der Grundlage der Flugdaten (*Flight*) und des berechneten Gesamtpreises eine Rechnung erzeugt (*PrintInvoice*).

Zur Verdeutlichung der Vielfachheit der Ein- und Ausgabepins werden diese durch Rechtecke mit mehreren Abteilungen symbolisiert. Nach außen erscheinen die Pins als Sammlung von Objekten eines Typs, nach innen, d.h. für die Einzelausführungen, als Einzelobjekte des Typs!

Für die Relation der Einzelausführungen zueinander sind die folgenden drei Varianten vorgesehen:

- *parallel* – alle Ausführungen sind unabhängig und können gleichzeitig oder in beliebiger Reihenfolge stattfinden.
- *iterative* – die Ausführungen finden nacheinander und in der Reihenfolge der Elemente statt.
- *stream* – aus der Sammlung von Elementen wird ein Objektstrom erzeugt, der als Eingabe für eine einzige Ausführung dient.

Die Form der Ausführung wird durch das entsprechende Schlüsselwort innerhalb der Expansionsregion notiert. Besteht eine Expansionsregion aus genau einem Aktivitätsknoten, der an alle Ein- und Ausgabepins der Region angebunden ist, so kann das Regionssymbol entfallen, die Pins der Aktivität werden jedoch durch die Vielfachheits-Pin-Symbole dargestellt.

In vielen Fällen lassen sich bedingte Abläufe und Zyklen durch *Decision*-Kontrollknoten und entsprechende Rückführungen von Kontroll- oder Objektflusskanten beschreiben. Sind aber sehr viele Alternativen vorhanden und ist die Berechnung der Entscheidungsfrage wiederum eine Aktivität mit eventuellen Nebeneffekten, so sind zusätzliche Konstrukte notwendig.

Ein bedingter strukturierter Aktivitätsknoten (Conditional-Knoten) folgt semantisch den aus Programmiersprachen bekannten `if-then-else`-Konstruktionen. Ein *Conditional*-Knoten besteht aus einer oder mehreren Segmenten (Klauseln), jede Klausel wiederum aus einem (jeweils optionalen) Testteil und Ausführungskörper (*Body*). Sowohl Testteil als auch *Body* werden durch Aktivitätsknoten und Kanten beschrieben.

Wird ein *Conditional*-Knoten betreten, so werden zunächst die Testteile aller Klauseln ausgeführt (gleichzeitig oder in beliebiger Reihenfolge). Anschließend wird der Body derjenigen Klausel ausgeführt, deren Testteil den Wert *true* ergeben hat. War dies bei mehreren Klauseln der Fall, so wird eine zufällige Auswahl unter diesen durchgeführt.

Zwischen den Klauseln kann zusätzlich eine Ordnungsrelation aufgestellt werden, in diesem Fall werden sie nacheinander und entsprechend der angegebenen Reihenfolge überprüft.

Der Testteil wird durch das Schlüsselwort *if* (bzw. *else if* bei geordneten Klauseln) gekennzeichnet, der *Body* durch das Schlüsselwort *then*. Wie auch in Programmiersprachen wird ein mit *else* markierter *Body* immer dann ausgewählt, wenn keine explizite Alternative genutzt werden kann.

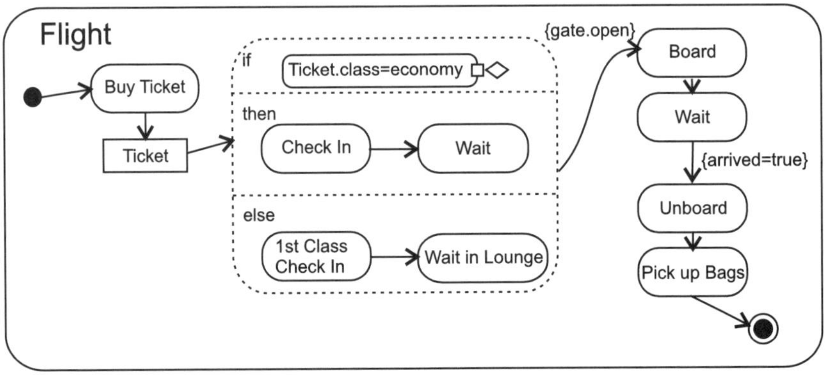

Abbildung 4.116: Aktivität mit Conditional-Knoten

Abbildung 4.116 entspricht inhaltlich der Abbildung 4.106. Anstelle eines *Decision*-Knotens zur Unterscheidung zwischen *First-Class-* und *Economy*-Passagieren findet hier jedoch ein *Conditional*-Knoten Einsatz.

Besitzt ein *Conditional*-Knoten Ausgabe-Pins, so müssen aus allen Klauseln entsprechende Kanten zu diesen Pins führen und dort Tokens ablegen, da ansonsten undefinierte Werte gebildet werden könnten. Der Ausgabe-Pin des Testteils, der das Entscheidungsergebnis enthält, wird durch ein Rautensymbol gekennzeichnet.

Es ist zulässig, eingehende Kanten von außerhalb direkt zu Aktionsknoten im Body einer oder mehrerer Klauseln zu führen. Dies sollte jedoch vermieden werden! Explizite Eingabe-Pins für den *Conditional*-Knoten sind zu bevorzugen.

Die Beschreibung von zyklischen Abläufen mit *Loop*-Knoten basiert auch auf einer Unterteilung einer strukturierten Aktivität in mehrere Sektionen mit unterschiedlicher Bedeutung. Hier werden die folgenden Segmente unterschieden:

- Initialisierungssegment – dieses Segment wird einmalig nach dem Start des *Loop*-Knotens betreten. Das Initialisierungssegment wird mit dem Schlüsselwort *for* gekennzeichnet und sollte immer an oberster Position im *Loop*-Knoten stehen.

- Testsegment – entsprechend seiner Position wird dieses Segment am Beginn oder am Ende eines jeden Zyklus ausgeführt. Es enthält in Analogie zum Testteil eines *Conditional*-Knotens die Bestimmung eines logischen Werts, der darüber entscheidet, ob der *Loop*-Knoten verlassen werden soll oder ob das *Body*-Segment ausgeführt wird. Das Testsegment wird mit dem Schlüsselwort *while* markiert.
- *Body*-Segment – dieses Segment enthält die zyklisch zu wiederholenden Aktionen. Es wird mit dem Schlüsselwort *do* markiert.

Ein Beispiel für einen *Loop*-Knoten ist in Abbildung 4.115 angegeben. Zunächst wird die Anzahl der Elemente in der Liste *Prices* berechnet. In dem Initialisierungssegment des *Loop*-Knotens werden die Variablen *i*, *Sum* und *T* initialisiert. Vor jeder Ausführung des *Body*-Segments wird die Laufbedingung, ob das Ende der Liste erreicht wurde, überprüft. Innerhalb des *Body*-Segments wird der Gesamtpreis *Sum* um den Preis des aktuellen Flugsegments *T[i]* erhöht und die Laufvariable *i* weitergesetzt.

Jedes Segment kann Aktivitätsknoten enthalten, die keine eingehenden oder ausgehenden Kanten besitzen. Beim Aktivieren des jeweiligen Segments erhalten diese Knoten ein implizites Kontroll-Token. Ein Segment ist beendet, wenn alle Aktivitätsknoten ohne ausgehende Kanten ihre Aktivität beendet haben und auch kein Token innerhalb des Segments zum Starten einer neuen Aktivität zur Verfügung steht.

Werden durch das *Body*-Segment Ausgabewerte produziert, so werden diese bis zum vollständigen Verlassen des *Loop*-Knotens temporär gespeichert. Jeder neue Zyklus führt zu einer Aktualisierung dieser temporären Werte. Beim Verlassen des *Loop*-Knotens werden die temporären Werte als Tokens in den Ausgangs-Pins abgelegt.

4.3.5 Detaillierte Aktionsbeschreibung

Aktionen sind die elementaren Bausteine für eine Verhaltensbeschreibung. Eine Aktion im allgemeinen Fall erhält eine Menge von Eingaben über ihre Eingabe-Pins und bildet daraus eine Menge von Ausgaben auf ihren Ergebnis-Pins, sowohl Eingaben als auch Ausgaben können dabei optional sein. Zusätzlich können Aktionen den Zustand des Systems, in dem sie ausgeführt werden, verändern. Der Kontext einer Aktion ist die Aktivität, in der sie enthalten ist.

Die bisherigen Abschnitte haben sich darauf konzentriert zu beschreiben, in welcher Ordnung die Aktionen eines Systems ausgeführt werden und woher sie ihre Eingabewerte erhalten. Die detaillierte Aktionsbeschreibung stellt dagegen die unterschiedlichen Aktionsformen und ihre Anforderungen in den Mittelpunkt.

In UML wird lediglich die Konzeptwelt für eine detaillierte Beschreibung von Aktionen vorgegeben, in den meisten Fällen aber keine grafische oder textliche Notation. Geeignete konkrete Notationsmittel für Aktionsbeschreibungen sind Programmiersprachen wie C, C++ oder Java oder aber andere Spezifikationstechniken wie SDL.

Aktionsbeschreibungen reflektieren sich durch in ein grafisches UML-Modell eingebettete Programmfragmente. Soll aus dem Modell später Code generiert werden, so ist eine Teilsprache der Zielsprache eine geeignete Aktionsnotation!

Im Folgenden werden die unterschiedlichen Aktionsformen mit ihren Eigenschaften thematisch geordnet vorgestellt.

Primitive Aktionen

- *ApplyFunction* ist eine Aktion zum Aufruf einer elementaren Funktion. Neben den Ein- und Ausgabeparameterlisten besitzt sie als dritten Parameter die anzuwendende Funktion. Die Aktion besitzt keine Nebeneffekte, arbeitet lediglich auf ihren Eingabe- und Ausgabewerten und hat keinen Zugriff auf Objekte. Bestimmte Eingabewerte können eine Ausnahme auslösen. Während der Ausführung ist keine Kommunikation oder Interaktion möglich.

  Beispiele: Aufrufe mathematischer Funktionen wie sinus, cosinus oder tangens.

- *RaiseException* ist eine Aktion zum expliziten Auslösen einer Ausnahme. Sie besitzt einen Eingabeparameter. Der Wert dieses Parameters wird als Ausnahme weitergereicht (direkt als Wert bzw. Objekt oder aber als Kopie). Durch die Aktion wird die sie unmittelbar enthaltende Aktivität beendet und die Suche nach einem Ausnahmebehandlungsknoten aufgenommen (s. Aktivitäten).

  Beispiel: `raise (BufferOverflow)`

Kommunikationsbezogene Aktionen

Die kommunikationsbezogenen Aktionen basieren auf dem in der Einführung zu diesem Kapitel dargestellten Grundkommunikationsmodell mit der Aufteilung in *Request, Invocation* und *Reception.*

- *SendObject* und *SendSignal* sind Aktionen, die zu einem Request führen. Als Argumente besitzen sie das Empfängerobjekt und das zu sendende Objekt bzw. ein Signal sowie bei Letzterem die dazugehörigen Argumentwerte. Nach der Aktion setzt der Aufrufer seine Arbeit fort. Auf der Empfängerseite des Request kann Verhalten ausgelöst werden. Eventuelle Antworten werden jedoch vom Aufrufer ignoriert. Während der Request-Übertragung kann das betreffende Objekt bzw. Signal kopiert werden, eine Identität kann demzufolge nicht garantiert werden.

  Beispiel: `OUTPUT MySignal (5,“abc“) TO Rec` oder `Rec.send (anObject)`

- *BroadcastSignal* entspricht der *SendSignal*-Aktion, es werden jedoch Signalinstanzen an mehrere Empfänger gleichzeitig gesandt. Die Festlegung der Empfängermenge ist ein *Semantic Variation Point,* sie kann sowohl explizit als auch implizit erfolgen.

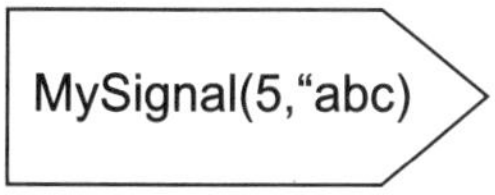

Abbildung 4.117: Grafische Variante von SendSignal

- *CallBehavior* und *CallOperation* führen wie die vorhergehenden Aktionen zu einem Request. In diesem Fall ist jedoch die Ausführung von Verhalten inklusive einer (optionalen) Rückmeldung an den Aufrufer das Ziel. Durch *CallBehavior* wird direkt auszuführendes Verhalten (z.B. eine Aktivität) adressiert, durch *CallOperation* dagegen ein Verhaltensmerkmal (d.h. eine Operation). Voraussetzung ist für beide, dass die Argumente der Aktion und die entsprechenden Parameter der Operation bzw. des adressierten Verhaltens kompatibel sind (Anzahl der Argumente, Typverträglichkeit etc.).

  CallBehavior und *CallOperation*-Aktionen können synchron oder asynchron sein, nur die synchrone Form darf Ausgabeparameter besitzen. Ein asynchroner Ruf ist beendet, wenn das adressierte Verhalten bzw. die Operation gestartet wird (bzw. es gesichert ist, dass der Start stattfinden wird). Alle von dem Aktionsknoten ausgehenden Kanten werden nach der Beendigung Tokens zur Verfügung gestellt. Ein synchroner Ruf blockiert, bis das Verhalten oder die Operation beendet ist. Nach Beendigung werden Ausgabewerte der Operation oder des Verhaltens durch Tokens an allen ausgehenden Kanten entsprechend den Ergebnis-Pins der Aktion zur Verfügung gestellt (als Kopien). Wird bei der Verhaltens- bzw. Operationsausführung eine Ausnahme ausgelöst und es ist ein Ausnahmeausgabeparameter vorhanden, so wird ein entsprechendes Token auf diesem Pin abgelegt. Anderenfalls wird die Ausnahme entsprechend den im Abschnitt *Aktivitäten* angegebenen Regeln weiter propagiert.

  Beispiel: `CALL AnOperation (abc,5) TO Rec`

- *AcceptCall* und *AcceptEvent* sind Aktionen, mit denen die Reaktion auf Ereignisse spezifiziert wird. *AcceptEvent* besitzt als Eingabeparameter den Ereignistyp (Trigger) und liefert in Abhängigkeit von der Art des Auslösers als Resultat das empfangene Objekt, einen Zeitwert oder kein Ergebnis (z.B. bei Änderungsereignissen). *AcceptEvent*-Aktionsknoten, die keine eingehenden Kanten besitzen, sind im Gegensatz zur bisherigen Semantik von Aktionsknoten immer aktiv! Zusätzlich zu asynchronen Nachrichten kann die Aktion auch auf synchrone Aufrufereignisse ohne Parameter reagieren und liefert in diesem Fall sofort ein parameterloses *Reply*.

  Mit *AcceptCall* werden synchrone Aufrufereignisse verarbeitet, Eingabeparameter ist ein Aufrufauslöser, Ausgabeparameter sind die Parameter des Rufs sowie ein Pin zur Aufnahme eines Tokens mit Informationen für die Ergebnisrückmeldung. Ein *AcceptCall*-Aktivitätsknoten ist der Anfangsknoten einer (Teil)-Aktivität, die die im Auslöser angegebene Operation realisiert.

Die Bereitstellung von Ereignissen für *AcceptEvent* und *AcceptCall* sowie die Behandlung des gleichzeitigen mehrfachen Auftritts dieser Aktionen ist eine *Semantic Variation Point* (vgl. *Grundlagen der Verhaltensbeschreibung* und *Zustandsautomaten*).

Besitzt eine Klasse für eine Operation eine Methode, so wird bei einem Aufruf der Operation die Methode ausgeführt und kein Aufrufereignis ausgelöst!

Abbildung 4.118: Grafische Variante AcceptEvent (Signal-Event bzw. Time-Event)

- Mit der *Reply*-Aktion wird eine Operationsausführung, die durch ein *AcceptCall* begonnen wurde, beendet. Als Eingabeparameter erhält sie das vom *AcceptCall* bereitgestellte Ergebnis-Token, Ausgabeparameter entsprechen den Ergebnisparametern der Operation. Die Details der Übermittlung des Ergebnisses (Transport, Kodierung etc.) sind transparent im Modell. Auf ein *AcceptCall* folgend ist die Ausführung maximal einer zugehörigen *Reply*-Aktion zulässig. Findet diese nicht statt oder wird das Ergebnis nicht an den Aufrufer übermittelt, so bleibt dieser blockiert.

Objektbezogene Aktionen

Diese Aktionen beziehen sich auf konkrete Objekte und deren *Classifier*:

- Durch die *CreateObject*-Aktion wird genau ein Objekt entsprechend dem angegebenen *Classifier* erzeugt und an ihrem Ausgabe-Pin zur Verfügung gestellt. Der Classifier darf keine Assoziationsklasse und auch nicht abstrakt sein. Durch die *DestroyObject*-Aktion wird die Klassifikation des als Eingabeparameter übergebenen Objekts aufgehoben und dieses anschließend zerstört.

  Beispiel: `new Flight` und `destroy flight`

- Das Verhalten eines Objekts kann explizit mit *StartOwnedBehavior* gestartet werden. Argument der Aktion ist das Objekt, dessen Verhalten ausgeführt werden soll. Der *Classifier* des Objekts muss eine zugeordnete Verhaltensspezifikation (z.B. Zustandsautomat oder Aktivität) besitzen.

  Beispiel: `flight.start()`

- *ReadExtent* bestimmt zu einem vorgegebenen Classifier die Menge der zum Aufrufzeitpunkt existierenden Instanzen und gibt diese in seinem Ausgabe-Pin zurück.

Aus praktischen Gründen wird die Bestimmung der Menge der Instanzen auf die Ausführungsumgebung der Aktion beschränkt bleiben.

- Mit den Testaktionen *ReadIsClassifiedObject* und *TestIdentity* können Eigenschaften eines Objekts getestet werden. *ReadIsClassifiedObject* überprüft, ob das als Argument übergebene Objekt durch den angegebenen *Classifier* klassifiziert wird, und gibt über einen Ausgabe-Pin entsprechend den Wert *true* oder *false* zurück. Ist die zusätzliche Einschränkung *isDirect* gesetzt, so muss das Objekt direkt klassifiziert sein, anderenfalls ist auch eine indirekte Klassifizierung zulässig. Mit *TestIdentity* werden zwei beliebige Eingabeobjekte auf Identität geprüft. Repräsentieren beide Eingabewerte das gleiche Objekt, so wird über das Ausgabe-Pin der Wert *true* geliefert, anderenfalls *false*.

  Beispiel: `is (JetPlane, a300Köln)` oder `testIdentity(f1.pilot, f2.pilot)`

- Die *ReadSelf*-Aktion erlaubt es einer Aktivität, zu bestimmen, welches Objekt die aktuelle Aktion ausführt. Das Objekt wird als Ausgabewert zurückgegeben. *ReadSelf* ist nur in nicht autonomen Aktivitäten zulässig, ist der Kontext der Aktivität die Methode einer Operation, so darf die Operation nicht statisch sein.

  Beispiel: `self` oder `this`

- Mittels *ReclassifyObject* kann der *Classifier* eines als Argument übergebenen Objekts dynamisch geändert werden. Die Aktion ist verbunden mit einer Menge neu hinzuzufügender und einer Menge zu entfernender *Classifier.* Ist die Bedingung *isReplaceAll* gesetzt, so werden zunächst die alten *Classifier* entfernt, bevor die neuen hinzugefügt werden. Anderenfalls erfolgt das Entfernen nach dem Hinzufügen. Die *Classifier* dürfen nicht abstrakt sein und nach der Aktion muss das Objekt mindestens einen *Classifier* besitzen.

Die dynamische Reklassifikation wird in der Regel von Programmiersprachen nicht oder nicht in dem hier angegebenen Umfang unterstützt und sollte deshalb vermieden werden!

Variablen- und strukturmerkmalbezogene Aktionen

Attribute, Variablen und strukturelle Features beschreiben die Möglichkeit, Werte abzulegen und auf diese Werte zuzugreifen. Die folgende Gruppe von Aktionen umfasst Lese- und Schreiboperation für diese Werte.

- Mit den Aktionen *AddStructuralFeatureValue* und *AddVariableValue* kann einem strukturellen Feature oder einer Variable ein Wert zugewiesen werden. Da in diesen Elementen in Abhängigkeit von ihrer Multiplizität auch mehrere Werte gespeichert werden können, wird durch *replaceAll* angegeben, ob die alten Werte entfernt werden sollen. Ist für die Variable oder das strukturelle Feature eine Ordnung vorgegeben, so wird über einen zusätzliche Eingabeparameter *insertAt* die Einfügeposition für den neuen Wert angegeben, Der Wert *infinity* bezeichnet dabei das Einfügen am Ende. Das Überschreiten der Multiplizitätsgrenzen, das Einfügen an der Position Null oder einer außerhalb der Obergrenze liegenden Position führt zu undefinierter Semantik. Ein Unterschreiten der Untergrenze (z.B. bei *replaceAll*) ist zulässig. Für den Fall, dass für die betroffenen Elemente die Eigenschaft *readOnly* oder *addOnly* gesetzt ist, ist die Semantik dagegen undefiniert.

AddVariableValue enthält einen Verweis auf die zu verwendende Variable, *AddStructuralFeatureValue* einen Verweis auf das Objekt und auf das strukturelle Feature.

Beispiel: `flight.destination.name = „San Francisco“`

- Durch die Aktionen *ClearStructuralFeature* bzw. *ClearVariable* werden in einem Schritt *alle* Werte, die in der Variablen oder dem strukturellen Feature gespeichert sind, gelöscht. Ein Unterschreiten der Untergrenze (z.B. bei *replaceAll*) ist zulässig. Für den Fall, dass für die betroffenen Elemente die Eigenschaft *readOnly* oder *addOnly* gesetzt ist, ist die Semantik dagegen undefiniert.

  Beispiel: `flight.destination.name = undefined` oder `flight.destination.name.clear()`

- Das gezielte Entfernen einzelner Werte von einer Variablen oder einem strukturellen Feature erfolgt mit den Aktionen *RemoveStructuralFeature* bzw. *RemoveVariable*. Sie erhalten als Aufrufargument den zu entfernenden Wert.

  Beispiel: `flight.destination.name.remove(„San Francisco“)`

- Um einen gespeicherten Wert zu lesen, finden die Aktionen *ReadStructuralFeature* bzw. *ReadVariable* Einsatz. Der bzw. die im betroffenen Element gespeicherten Werte werden im Ausgabe-Pin zurückgegeben, die Multiplizität des Pins muss der Multiplizität des Elements entsprechen (oder größer sein).

  Beispiel: `flight.pilot = crew.head`

Linkbezogene Aktionen

Die letzte Gruppe an Aktionen betrifft die verbindenden Elemente und Objekte an den jeweiligen anderen Enden der Verbindungen. Das Grundprinzip dieser Aktionen sowie potenzielle Fehlerquellen (Multiplizität, Sichtbarkeit, Zugriffsrechte) sind ähnlich denen der vorhergehenden Gruppe.

- Die Aktionen *CreateLink* und *CreateLinkObject* erzeugen eine Instanz einer Assoziation (d.h. einen Link) bzw. einer Assoziationsklasse. Als Eingabe-Pins erhalten die Aktionen die zu verbindenden Objekte. Zusätzlich wird ein Verweis auf die Assoziation bzw. genauer auf die Assoziationsenden und die Zuordnung der Eingabeobjekte zu den Objekten benötigt. Für jedes Ende des Links sind alle Informationen zu so genannten *LinkEndCreationData* zusammengefasst, die auch Angaben zur

Behandlung von Ordnungen (*insertAt*) und zum Überschreiben (*replaceAll*) enthalten. *CreateLinkObject* gibt über seinen Ausgabe-Pin das entsprechende neu erzeugte oder wieder verwendete Link-Objekt zurück, *CreateLink* hat keine Ausgabe-Pins.

Beispiel: `Plane.schedule.flights += flight`

- Mit *DestroyLink* wird ein Link zwischen den durch *LinkEndData* beschriebenen Objekten aufgehoben. Diese Aktion ist einheitlich für Links und Link-Objekte. Sollen für ein Objekt alle zu einer Assoziation gehörigen Links in einem Schritt aufgehoben werden, so kann dies mit der *ClearAssociation*-Aktion erfolgen. Diese hat als Eingabeparameter das betreffende Objekt und einen Verweis auf die Assoziation. Beide Aktionen haben keine Ausgabe-Pins.

  Beispiel: `Plane.schedule.flights -= flight`

- Drei verschiedene Aktionen dienen dazu, durch Navigation entlang eines Links ein Endobjekt zu bestimmen. *ReadLink* erhält durch *LinkEndData* eine entsprechende Information über die Assoziation und für alle Assoziationsenden bis auf das zu bestimmende Ende entsprechende Objekte als Input-Pins. Als Ausgabe-Pin werden die Objekte an dem offenen Ende des Links zurückgegeben. Bei *ReadLinkObjectEnd* erfolgt die Navigation von einem Link-Objekt aus, das als Argument übergeben wird. Als Ergebnis wird das Endobjekt zurückgegeben, das durch einen zweiten Eingabeparameter statisch als Assoziationsende angegeben wird. Die dritte Aktion, *ReadLinkObjectEndQualifier*, ermittelt wiederum ausgehend von einem Linkobjekt, aber jetzt unter Nutzung eines Qualifikators das diesem entsprechende Endobjekt des Links und gibt dieses im Ausgabe-Pin zurück.

  Beispiel: `name = flight.destination.name` oder `passenger = flight.plane[seat]`

4.3.6 Interaktionen und Abläufe

Bei den bisherigen Formen der Verhaltensbeschreibung lag der Schwerpunkt auf den innerhalb von Instanzen auftretenden Zustandsänderungen sowie den durch die Instanzen auszuführenden Aktionen und Aktivitäten. Bei Interaktionen und Abläufen tritt der dritte Aspekt der Verhaltensbeschreibung, die Kommunikation, in den Vordergrund.

Sequenzdiagramme beschreiben Interaktionen als das sichtbare Verhalten einer Konfiguration von Instanzen durch deren Kommunikationsabläufe bzw. -sequenzen. Bis auf Sende- und Empfangsaktionen treten dabei alle anderen Aktionen und Aktivitäten in den Hintergrund. Interaktionsbeschreibungen sind *Classifiers* zugeordnet und beziehen sich auf die Kommunikation zwischen den in diesem Container-*Classifier* enthaltenen Elementen sowie die Kommunikation mit der Umgebung des *Classifier*. Voraussetzung für die Kommunikation ist dabei, dass die Elemente miteinander verbunden sind.

Ein weiterer wesentlicher Unterschied zu automaten- und aktionsorientierten Darstellungen ist die exemplarische Art der Darstellung auf der Grundlage konkreter Instanzkonfigurationen gegenüber einer vollständigen Beschreibung bei den bisherigen Formen. Eine Interaktionsbeschreibung besteht aus einer Menge gültiger und einer Menge nicht zulässiger Abläufe in Form von mehreren Sequenzdiagrammen. Für Abläufe, die nicht in diesen Diagrammen erfasst sind, kann keine Aussage über ihre Gültigkeit gemacht werden.

Einfache Sequenzdiagramme

Ein erstes einfaches Sequenzdiagramm ist in Abbildung 4.119 gegeben.

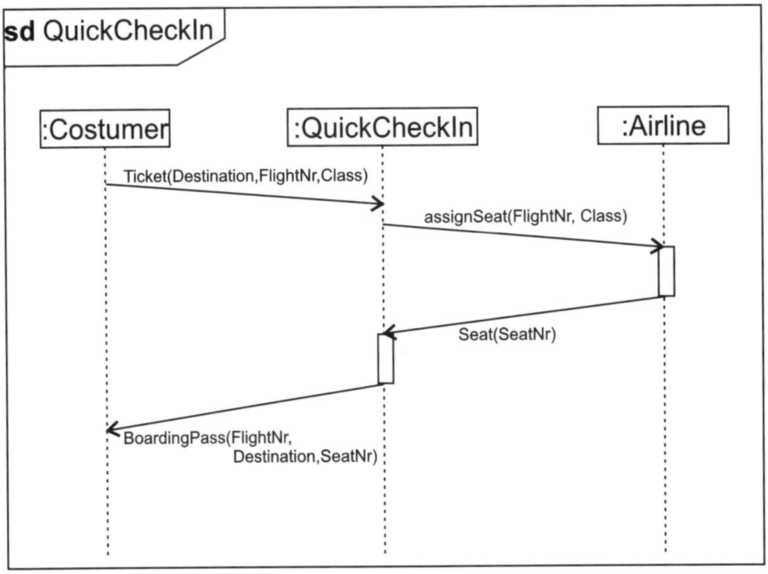

Abbildung 4.119: Einfaches Sequenzdiagramm

In diesem Diagramm ist die externe Sicht auf die Abläufe an einem Quick-Check-In-Terminal dargestellt (vgl. Abbildung 4.97 und Abbildung 4.99). Wir erkennen drei beteiligte Instanzen: den Kunden (Instanz von *Costumer*), den Automaten (Instanz von *QuickCheckIn*) und die Fluggesellschaft (Instanz von *Airline*). Die Instanzen sind anonym, da sowohl unterschiedliche Kunden als auch unterschiedliche Automaten das gleiche Verhalten erbringen müssen. Das Diagramm visualisiert einen positiven, d.h. gewünschten Ablauf: Nach der Eingabe eines elektronisch lesbaren Flugscheins (*Ticket*) erhält der Kunde am Ende eine Bordkarte entsprechend seinem Reiseziel und seiner Buchungsklasse.

Zwei verschiedene grafische Elemente sind hier zu erkennen:

- Lebenslinien repräsentieren die an der Interaktion beteiligten Instanzen. (Genauer gesagt sind dies Instanzen von *Connectable Elements* innerhalb des *Classifier*, dem das Interaktionsdiagramm zugeordnet ist). In dem Rechteck am Kopf der Lebenslinie sind der Name der Instanz sowie zusätzliche Angaben zur Klasse oder zum Typ der Instanz enthalten. Eine Lebenslinie steht für den zeitlichen Ablauf (in der Regel von oben nach unten).
- Nachrichten stehen für die Kommunikation zwischen den Instanzen. Sie werden als Pfeile von der sendenden Instanz zur empfangenden Instanz dargestellt. Zusätzlich werden die Art der Nachricht und Parameterwerte angegeben. Nachrichten können einander überholen, in diesem Fall kreuzen sich die Nachrichtenpfeile.

Ein Sequenzdiagramm wird mit dem Schlüsselwort *sd* gekennzeichnet.

> *Self* als Name einer Lebenslinie repräsentiert eine Instanz desjenigen *Container*-Classifier, dem das Sequenzdiagramm zugeordnet ist.

Für den durch das Diagramm dargestellten zeitlichen Ablauf gelten die folgenden Regeln:

- Die Abfolge von Sende- und Empfangsaktionen auf der gleichen Lebenslinie beschreibt deren zeitliche Abfolge. Hierbei ist aber nur die Anordnung der Ereignisse entscheidend, dagegen lassen sich aus der Länge des vertikalen Abstands zwischen Ereignissen keine Informationen über die abgelaufene Zeit ableiten.
- Die Sendeaktion einer Nachricht findet stets vor der Empfangsaktion für diese Nachricht statt. Auch hier gibt das Diagramm nur die Reihenfolgeinformation wieder, eine Ableitung der Zeitdauer zwischen Senden und Empfangen ist nicht möglich.

Für viele Anwendungen sind die reinen Reihenfolgeangaben von Ereignissen aber nicht ausreichend, so spielen Antwort-, Übertragungs- und Verarbeitungszeiten in Echtzeitsystemen eine entscheidende Rolle. Aus diesem Grund können Lebenslinien und Nachrichten mit zusätzlichen Zeitangaben verbunden werden:

- Zeitdauerinformationen geben den konkreten zeitlichen Abstand zwischen zwei Aktionen an. Diese Angaben können sich sowohl auf eine Nachricht (d.h. die Zeit zwischen Senden und Empfangen einer Nachricht) als auch auf zwei beliebige Aktionen auf einer Lebenslinie beziehen.
- Zeitpunktinformationen geben an, wann eine Aktion ausgeführt wird. Sie sind somit immer an eine konkrete Aktion angebunden.

Da solche Zeitangaben oft abhängig von der Dauer oder dem Zeitpunkt anderer Aktionen sind, stehen auch Aktionen zur Bestimmung eines Zeitpunkts (*now*) und der Dauer eines Ablaufs (*duration*) zur Verfügung.

Zeitpunktinformationen sollten immer in Relation zu einem vorher bestimmten Zeitpunkt angegeben werden.

Die bisherigen Beispiele haben durch Senden und Empfangen von Nachrichten eine einfache asynchrone Kommunikation zwischen den beteiligten Instanzen widergespiegelt. Insgesamt werden die folgenden Kommunikationsformen grafisch unterschieden:

- Asynchroner Nachrichtenaustausch wird durch offene Pfeilspitzen gekennzeichnet.
- Synchrone Kommunikation wird durch ausgefüllte Pfeilspitzen an der Ruf-Nachricht sowie durch gestrichelte Pfeile für die Rückkehr-Nachricht dargestellt.
- Die Erzeugung einer Instanz durch eine *Create*-Operation wird ebenfalls durch einen gestrichelten Pfeil beschrieben.
- Geht eine Nachricht verloren bzw. ist der Sender einer Nachricht nicht bekannt (»gefundene« Nachricht), so dient ein kleiner ausgefüllter Kreis als End- bzw. Anfangspunkt des Nachrichtenpfeils.

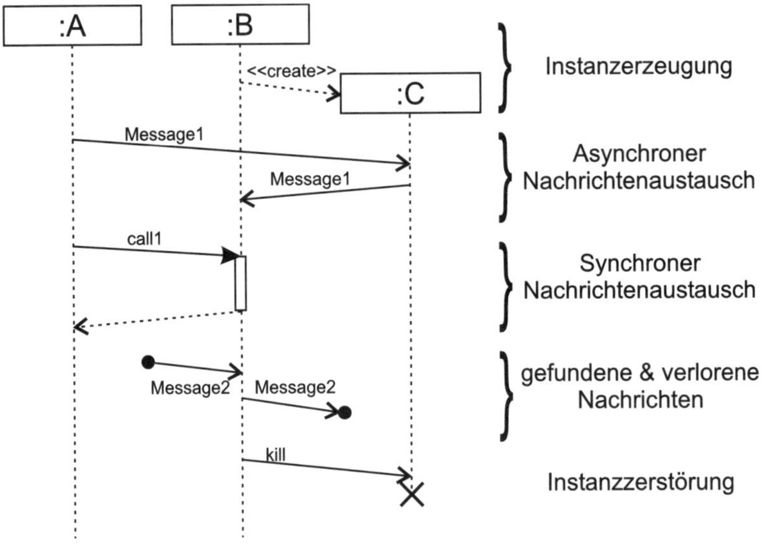

Abbildung 4.120: Nachrichtenformen in Sequenzdiagrammen

Obwohl die konkreten Aktionen, die eine Instanz beim Empfang einer Nachricht oder eines Operationsaufrufs ausführt, in Sequenzdiagrammen keine Rolle spielen, kann die Tatsache, dass etwas ausgeführt wird und wie lange dies dauert, von Bedeutung für die weiteren Interaktionen sein. Durch Markierung der Lebenslinie durch aufgelagerte Rechtecke können Zeiträume hervorgehoben werden, in denen Aktionen und Aktivitäten ausgeführt werden (Ausführung).

Eine andere Variante zur Darstellung des Einflusses von Aktionen und Aktivitäten auf den Ablauf ist die Anwendung von Zustandsinvarianten. Eine Zustandsinvariante ist eine logische Bedingung, die auf der Lebenslinie angegeben wird. Ein auf diese Invariante folgendes Ereignis kann nur dann ausgeführt werden, wenn die Bedingung wahr ist. Bei der Spezifikation der Invariante kann unter anderem auf Zeitmessungen und Attribute Bezug genommen werden. Ist für den *Classifier*, auf den sich die Lebenslinie bezieht, ein Zustandsautomat definiert, so kann auch direkt auf die Namen von Zuständen im Automaten verwiesen werden. In diesem Fall wird an Stelle einer textuellen Angabe der Bedingung ein entsprechendes Zustandssymbol auf der Lebenslinie platziert.

Grundsätzlich bedeutet die Lebenslinie, dass eine Instanz während der gesamten Ausführung des Ablaufs existiert und zur Verfügung steht. Stellt eine Instanz ihre Existenz zu einem früheren Zeitpunkt ein, so ist dies durch ein Stopp-Symbol auf der Lebenslinie zu kennzeichnen. Die Lebenslinie führt in diesem Fall nicht über das Stopp-Symbol hinaus.

> Durch eine *Create*-Operation kann die Erzeugung einer Instanz explizit sichtbar gemacht werden, die Lebenslinie sollte in diesem Fall erst mit dem Empfang der *Create*-Operation beginnen!

Nachrichten, deren Sender oder Empfänger außerhalb der betrachteten Konfiguration liegen, werden durch Pfeile von bzw. zur Außenkante des Sequenzdiagramms dargestellt. Sie stellen die Anschlusspunkte für die Umgebung dar (Gates).

Strukturierte Sequenzdiagramme

Die lineare Form der Darstellung in Sequenzdiagrammen kann bei komplexen Abläufen schnell zu unübersichtlichen Diagrammen führen. Zusätzlich tauchen auch bestimmte Teilabläufe wie z.B. Initialisierungsphasen in allen Sequenzdiagrammen auf oder aber Abläufe sind bis auf eine kleine Menge von Abweichungen identisch. Aus diesen Gründen bietet UML zwei Mechanismen an, um Sequenzdiagramme besser zu strukturieren und Teilabläufe wieder zu verwenden.

Innerhalb eines Sequenzdiagramms kann durch eine Referenz auf ein anderes Sequenzdiagramm verwiesen werden, das einen Teilablauf beschreibt. Alle Lebenslinien, die von der Referenz überdeckt sind, müssen auch in dem zusätzlichen Diagramm auftreten. Dieses kann aber darüber hinaus noch weitere Lebenslinien enthalten.

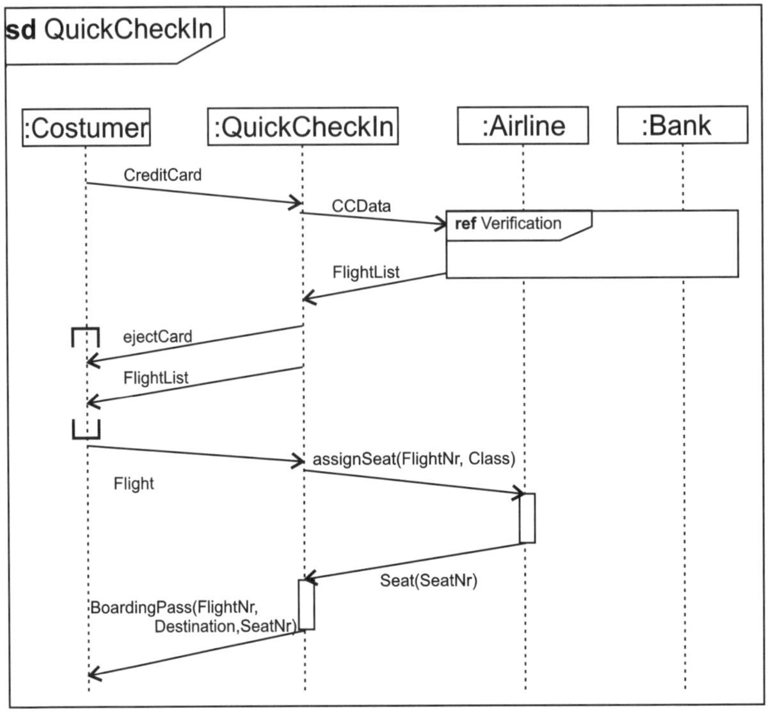

Abbildung 4.121: Referenzieren von Sequenzdiagrammen

In Abbildung 4.121 sehen wir ein weiteres Sequenzdiagramm des Check-In-Automaten, das die Abläufe bei der Eingabe einer Kreditkarte darstellt. Die Überprüfung der Kreditkarte sowie die Bereitstellung einer Liste aller mit dieser Karte gebuchten Flüge wird durch ein separates Diagramm beschrieben, das referenziert wird (*ref Verification*). Die Reihenfolge der Verarbeitung der Ereignisse *ejectCard* und *FlightList* durch den Kunden ist irrelevant, deshalb werden sie in einer Ko-Region zusammengefasst.

Die Interpretation dieses Diagramms ist es, die Referenz durch die in dem zusätzlichen Sequenzdiagramm enthaltenen Abläufe zu ersetzen. Wie in der Abbildung zu erkennen ist, können auch von Lebenslinien, die nicht von der Referenz überdeckt werden, Nachrichten an das eingebettete Sequenzdiagramm gesandt werden bzw. von diesem empfangen werden. Für alle diese Nachrichten muss das zusätzliche Sequenzdiagramm entsprechende Gates besitzen.

Durch Referenzen kann eine Interaktionsbeschreibung in beliebig vielen anderen Sequenzdiagrammen wieder verwendet werden.

Steht eine Referenz für das innere Verhalten einer Teilstruktur, so kann für diese Teilstruktur eine eigene Lebenslinie genutzt werden. Die Referenz auf die zusätzlichen Abläufe wird dann im Kopf der Lebenslinie angegeben.

Operatoren erlauben es auf der anderen Seite, ähnliche Abläufe innerhalb eines Sequenzdiagramms darzustellen. Dabei werden durch den Operator diejenigen Abschnitte gekapselt, die die Einzelabläufe voneinander unterscheiden.

Ein Operator wird durch ein Rechteck dargestellt, das horizontal alle Lebenslinien überdeckt, die von diesem Operator betroffen sind und in seiner linken oberen Ecke den Namen des Operators trägt. Alle Kommunikationsaktionen (Senden und Empfangen von Nachrichten), die unter Kontrolle des Operators ablaufen, werden innerhalb des Operator-Rechtecks dargestellt. Der Operator kann wiederum mehrere einzelne Sektionen enthalten, die durch eine gestrichelte waagerechte Linie voneinander abgetrennt sind. Die Interpretation der Einzelsektionen ist unterschiedlich in Abhängigkeit von der Form des Operators.

Die einfachste Form eines Operators ist der *opt*-Operator. Mit ihm werden optionale Teilabläufe markiert. Ein *opt*-Operator umfasst nur eine Sektion.

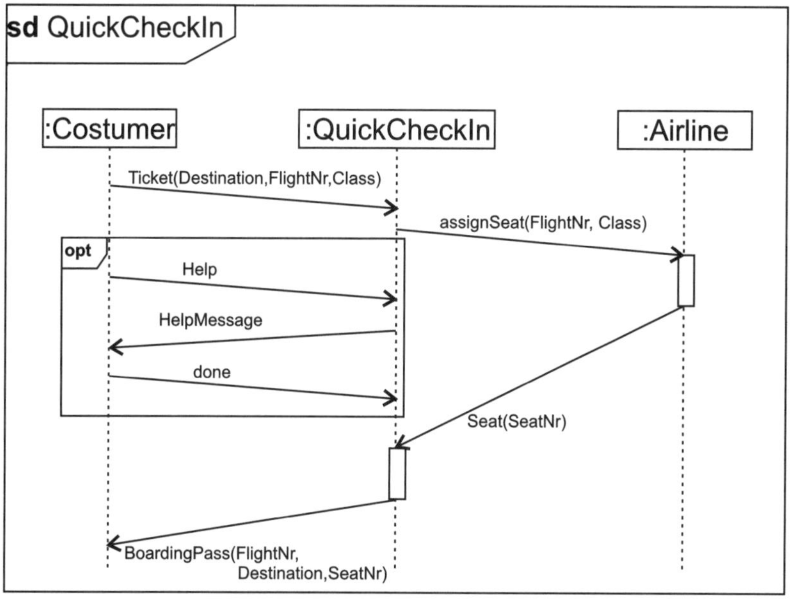

Abbildung 4.122: Anwendung des opt-Operators

Bei der Benutzung des *Quick-Check-In*-Terminals soll der Nutzer die Möglichkeit haben, von dem System Hilfe anzufordern. Durch die Erweiterung des einfachen Sequenzdiagramms aus Abbildung 4.119 um die entsprechenden Interaktionen und deren Kapselung mit einem *opt*-Operator wird der Ablauf der Nutzung des Automaten sowohl mit als auch ohne Einsatz der Hilfefunktion in einem Diagramm dargestellt (Abbildung 4.122).

Durch den *loop*-Operator wird dies verallgemeinert: Der durch den Operator gekapselte Teilablauf kann gar nicht, einmal oder mehrfach nacheinander ausgeführt werden. Der *loop*-Operator besitzt zwei optionale Argumente, die die minimale und maximale Anzahl an Wiederholungen angeben, sowie eine ebenfalls optionale Bedingung, die angibt, wann der Operator beendet ist. Bevor die Bedingung geprüft wird, wird zunächst die vorgeschriebene Mindestanzahl an Wiederholungen ausgeführt. Vor jeder weiteren Wiederholung wird dann geprüft, ob die Bedingung wahr ist und ob die maximale Zahl an Wiederholungen noch nicht erreicht wurde, und gegebenenfalls der Operator verlassen.

Wird die Maximalzahl an Wiederholungen nicht angegeben, so ist die Maximalanzahl gleich der Minimalanzahl. Sind beide Werte nicht angegeben, so ist die Minimalanzahl gleich Null, die Maximalanzahl dagegen unendlich!

Durch einen *alt*-Operator werden verschiedene alternative Abläufe in einem Sequenzdiagramm zusammengefasst. Ein *alt*-Operator besitzt zwei oder mehrere Sektionen, die den einzelnen Alternativen entsprechen. Die Auswahl der zu nutzenden Alternative erfolgt auf der Grundlage einer entsprechenden Bedingung, die zur Ausführung der Sektion wahr sein muss. Eine Sektion kann dabei durch *else* gekennzeichnet werden. Sie wird immer dann ausgewählt, wenn keine der mit expliziten Bedingungen versehenen Sektionen genutzt werden kann.

Eine andere Form der Alternativauswahl beruht auf Fortsetzungsbedingungen, die mehrere Lebenslinien überdecken. Steht eine Fortsetzungsbedingung am Anfang eines alternativen Segments, so ist die Erfüllung dieser Bedingung Voraussetzung für die Auswahl der Alternative. Steht eine Fortsetzungsbedingung dagegen am Ende eines Ablaufs, so bedeutet dies, dass nach Ausführung des Ablaufs diese Bedingung gültig ist.

In Abbildung 4.121 wurde lediglich der »gutartige« Ablauf des Check-In unter Nutzung einer Kreditkarte dargestellt. In der Realität sind jedoch eine Reihe weiterer Varianten möglich, die in dieser Weiterentwicklung des Diagramms dargestellt werden. Zunächst wurde die Verifikation der Karte in ein eigenständiges Diagramm ausgelagert (*Verification*). Dort werden sowohl die Gültigkeit der Karte als auch das Vorhandensein von Buchungen, die mit dieser Karte getätigt wurden, überprüft. Sind diese beiden Voraussetzungen nicht erfüllt, so wird die Fortsetzungsbedingung auf *not ok* gesetzt und als Ergebnis des Ablaufs eine Begründung für diese Entscheidung geliefert. Der weitere Ablauf ist mit einem *alt*-Operator geklammert (Abbildung 4.123): Für den *not-ok*-Fall wird lediglich eine Fehlermeldung gesendet und die Karte wieder ausgegeben, im *ok*-Fall entspricht der Ablauf wiederum dem in Abbildung 4.121 dargestellten Verhalten.

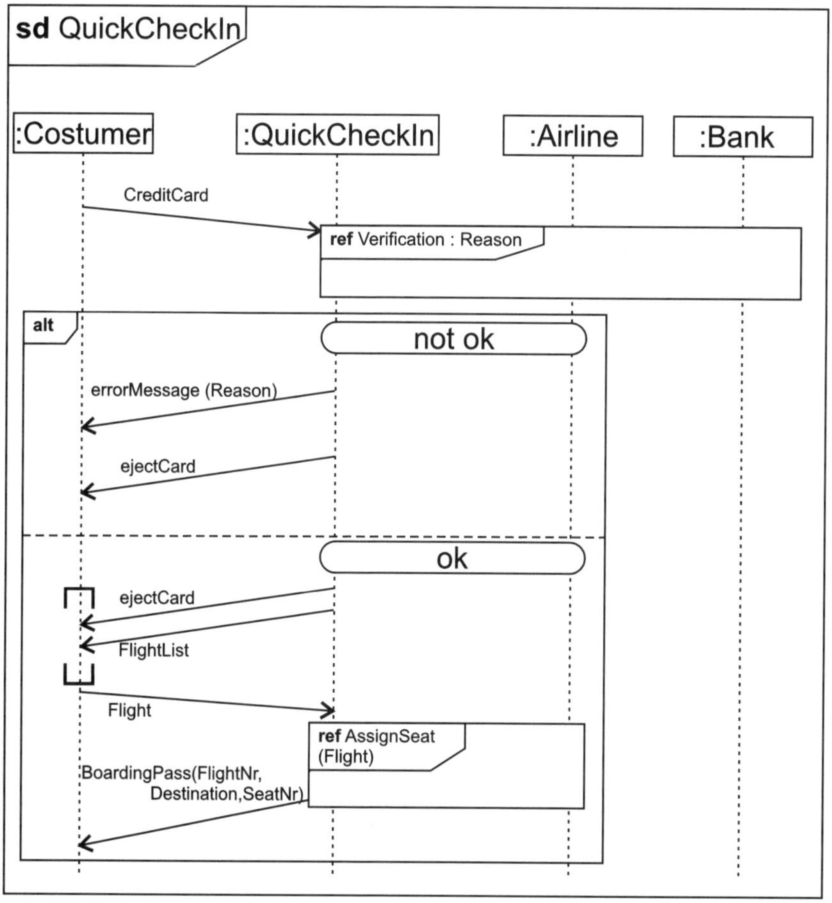

Abbildung 4.123: Anwendung des alt-Operators

Der Verifikationsvorgang wird durch eine parametrisierte Interaktion beschrieben (Abbildung 4.124). Als Ergebnis liefert die Ausführung dieses Diagramms die Ursache der Ablehnung als eine Zeichenkette zurück (*Reason*). *CreditCard* ist eine Nachricht, die von außen an diese Interaktion gesandt wird, der entsprechende Pfeil beginnt deshalb auch an der Außenkante des Diagramms (so genanntes Gate). In zwei ineinander verschachtelten *alt*-Operatoren zeigen sich die unterschiedlichen Abläufe. Die Fortsetzungsbedingungen und der Rückgabewert *Reason* werden dementsprechend gesetzt.

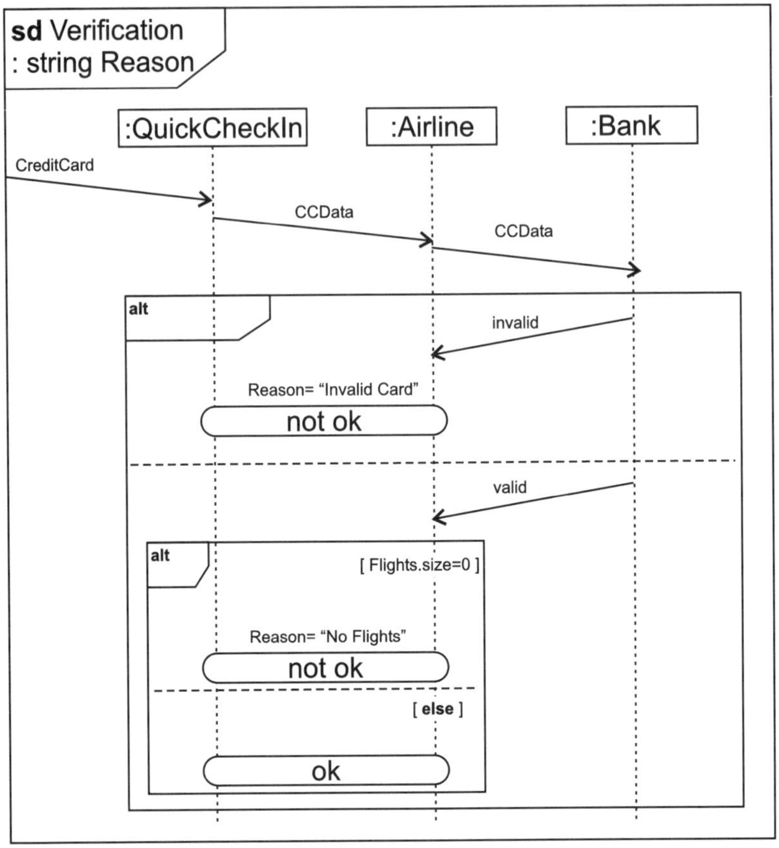

Abbildung 4.124: Parametrisiertes Sequenzdiagramm

Insgesamt drei Operatoren dienen dazu, paralleles oder genauer überlappendes Ausführen von Teilabläufen zu spezifizieren. Der *par*-Operator erlaubt eine beliebige Vermischung der Sende- und Empfangsaktionen aus verschiedenen Sektionen. Gefordert wird lediglich, dass die Reihenfolgenordnung bezogen auf die Einzelsektion eingehalten wird.

> Um zu beschreiben, dass Ereignisse auf einer Lebenslinie in beliebiger Reihenfolge auftreten dürfen, können Ko-Regionen genutzt werden!

Der *seq*-Operator schränkt demgegenüber die möglichen Reihenfolgevarianten zusätzlich ein: Aktionen unterschiedlicher Sektionen, die die gleiche Lebenslinie betreffen, dürfen nur in der Reihenfolge auftreten, in der die Sektionen definiert sind (schwache Sequenzialisierung).

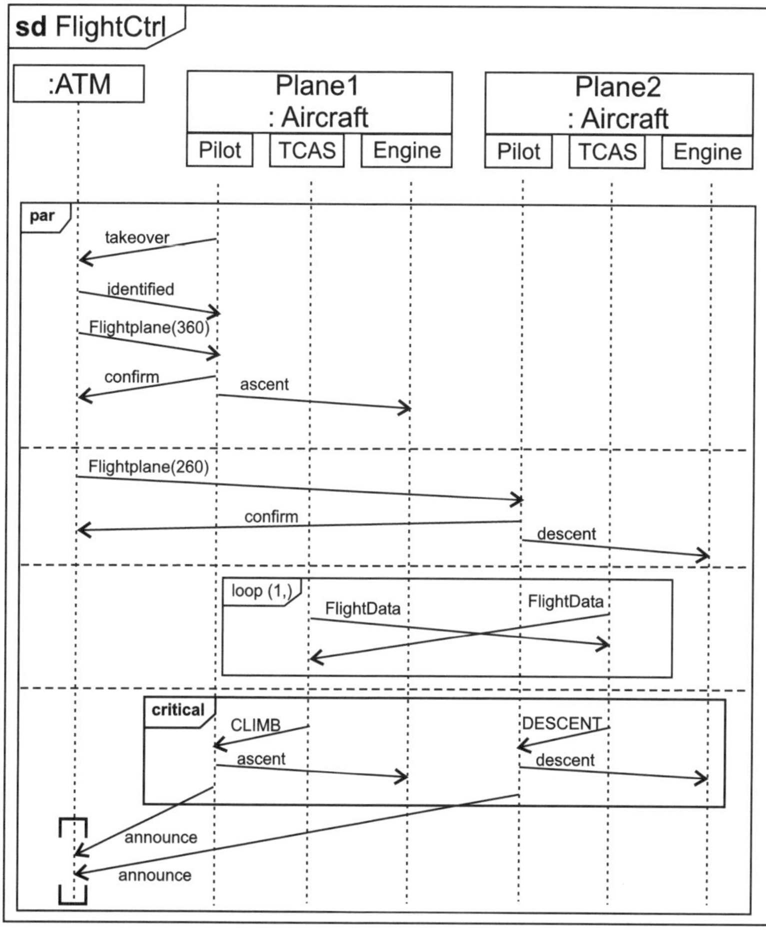

Abbildung 4.125: Anwendung der par-, loop- und critical-Operatoren

Abbildung 4.125 zeigt einen Ablauf aus der Flugüberwachung. Neben der Bodenkontrolle *ATM* (Air Traffic Management) sind daran die Flugzeuge *Plane1* und *Plane2* beteiligt. Für beide Flugzeuge sind die für den Ablauf relevanten Bestandteile dargestellt: der Pilot, die Flugzeugsteuerung (vereinfacht als *Engine* zusammengefasst) sowie das Antikollisionssystem *TCAS* (Traffic Alert/Collision Avoidance System). Der gesamte Ablauf gliedert sich in eine Reihe von parallelen und relativ unabhängigen Abläufen, die durch den *par*-Operator zusammengefasst sind. Beide Piloten erhalten Angaben zu der vorgegebenen Flugebene (*Flightplane*) vom Kontrollzentrum, sie bestätigen diese Vorgaben (*confirm*) und führen die entsprechenden Befehle aus (*ascent* bzw. *descent*). Da *Plane1* den überwachten Luftraum neu betreten hat, meldet es sich vorher bei der Bodenkontrolle an (*takeover*) und erhält auch darüber eine Bestätigung (*identified*). Die dritte parallele Komponente betrifft allein die *TCAS*-Geräte: Sie tauschen zyklisch untereinander Flugdaten (*FlightData*) wie z.B. Höhe, Geschwindigkeit, Flugrichtung aus. Auf der Grundlage dieser Daten können diese Geräte bestimmen, ob die beiden Flugzeuge sich auf Kollisionskurs befinden. Falls diese Situation eintritt, geben sie entsprechende akustische Kommandos zur Vermeidung eines Zusammenstoßes aus (*CLIMB* bzw. *DESCENT*). Jetzt besteht natürlich die wichtigste Aufgabe des Piloten darin, diese Befehle sofort auszuführen, denn jegliche Verzögerung könnte zu einer Katastrophe führen! Die Klammerung der entsprechenden Aktionsfolgen durch einen *critical*-Operator sorgt dafür, dass sie ohne Unterbrechung durch Nachrichten in den anderen parallelen Sektionen ablaufen.

Der *strict*-Operator ist der am stärksten eingeschränkte Parallelitätsoperator. Er bedingt eine starke Sequenzialisierung der einzelnen Sektionen. Innerhalb des *strict*-Operators ist die vertikale Position von Sende- und Empfangsereignissen nicht nur separat für jede einzelne Lebenslinie, sondern für alle Lebenslinien gleichzeitig signifikant!

In einigen Fällen wird zwar die große Vielfalt an Reihenfolgevarianten, die mit dem *par*- und dem *seq*-Operator ausgedrückt werden kann, erwünscht, gleichzeitig wird aber für einige Teilabläufe innerhalb einer Sektion gefordert, dass sie nicht mit anderen Abläufen vermischt werden dürfen. Durch die Anwendung des *critical*-Operators können diese Abläufe als atomar gekennzeichnet werden. Wird solch eine kritische Sektion betreten, so sind nur noch Ereignisse, die in dieser Sektion auftreten, zulässig.

Mit den komplementären Operatoren *ignore* und *consider* wird die Menge der in der Sektion zu nutzenden Nachrichten begrenzt. Beide Operatoren erhalten aus diesem Grund in geschweiften Klammern eine Liste von Nachrichtentypen als Parameter:

- Alle in einem *ignore*-Operator als Parameter übergebenen Nachrichtentypen werden bei der Ausführung der Interaktion nicht berücksichtigt. Das bedeutet, dass sie den Ablauf nicht beeinflussen und, obwohl nicht explizit angegeben, jederzeit während des Ablaufs auftreten können.
- Alle in einem *consider*-Operator als Parameter übergebenen Nachrichtentypen sind relevant für die Ausführung der Interaktion. Alle weiteren Nachrichten, deren Typ nicht in der Parameterliste enthalten ist, werden ignoriert.

Zusätzlich zu dieser Begrenzung der relevanten Nachrichtenmenge kann durch den *assert*-Operator eine zwingend notwendige Ablauffolge angegeben werden.

Der *neg*-Operator ist die letzte der verschiedenen Operatorformen. Wie bereits in der Einführung zu diesem Abschnitt erwähnt wurde, können mit einem Sequenzdiagramm auch unerwünschte bzw. unzulässige Abläufe spezifiziert werden. Mit dem *neg*-Operator gekapselte Abläufe entsprechen genau diesen unzulässigen Abläufen.

Operatoren können miteinander kombiniert werden. In diesem Fall werden alle anzuwendenden Operatornamen gleichzeitig in dem Operatorrahmen angegeben (z. B. *assert consider* oder *opt alt*). Operatoren, die nur eine Sektion enthalten, können auch auf ein gesamtes Sequenzdiagramm angewendet werden. In diesem Fall steht der Operator dann im Diagrammkopf (z. B. *sd* <name> *neg* oder *sd* <name> *ignore* {...}).

Hierarchische Sequenzdiagramme

Zu einem *Classifier* gehören in der Regel mehrere Sequenzdiagramme, die zusammen die Menge der beschriebenen Interaktionen bilden. Die Beziehungen zwischen diesen Diagrammen können zum einen durch die oben dargestellten Operatoren und zum anderen durch spezielle Übersichtsdiagramme spezifiziert werden.

Ein Übersichtsdiagramm verbindet Notationselemente der Sequenzdiagramme mit einfachen Ablaufbeschreibungsmitteln der Aktivitätsdiagramme.

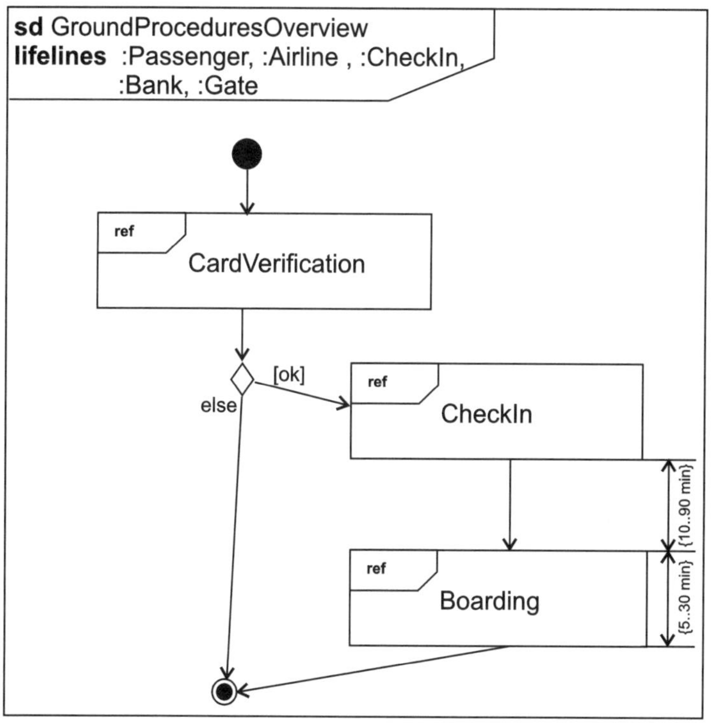

Abbildung 4.126: Übersichtsdiagramm

In Abbildung 4.126 sehen wir ein Übersichtsdiagramm über die Abläufe an einem Flughafen. Nach der Prüfung der Kundenkarte (*CardVerification*) erfolgt der eigentliche Check-In-Vorgang am Selbstbedienungsterminal (d.h. Ausgabe einer Bordkarte). Wird die Karte dagegen nicht anerkannt, so wird der Ablauf beendet. Nach *CheckIn* schließt sich das Einsteigen an (*Boarding*). Dies dauert zwischen 5 und 30 Minuten, zwischen *CheckIn* und *Boarding* können 10 bis 30 Minuten vergehen.

Die Lebenslinien spielen in einem Übersichtsdiagramm nur eine untergeordnete Rolle. Anstelle einer expliziten grafischen Darstellung werden sie deshalb lediglich im Kopf des Diagramms nach dem Schlüsselwort *lifelines* aufgezählt.

An die Stelle von Aktivitätsknoten treten in Übersichtsdiagrammen eingebettete Sequenzdiagramme oder Referenzen auf Sequenzdiagramme.

Eingebettete Sequenzdiagramme sollten in Übersichtsdiagrammen nur dann verwendet werden, wenn sie sehr kurze Abläufe beschreiben. Im Regelfall sollten Referenzen auf Sequenzdiagramme eingesetzt werden.

Die folgenden Knotenformen aus Aktivitätsdiagrammen werden eingesetzt, um den Kontrollfluss über mehrere Diagramme darzustellen:

- *Decision*- und *Merge*-Knoten beschreiben alternative Abläufe in Analogie zum *alt*-Operator.
- *Fork*- und *Join*-Knoten beschreiben parallele Abläufe in Analogie zum *par*-Operator.
- *Zyklen* im Kontrollfluss entsprechen der Anwendung des *loop*-Operators.
- *Initiale* und *finale* Knoten zeigen den Beginn und das Ende des Ablaufs an.

Weitere Kontrollflussknoten sind einsetzbar, es sollten dabei aber die Regeln zur Konstruktion von Sequenzdiagrammen eingehalten werden. Die Elemente eines Übersichtsdiagramms können zusätzlich mit Zeitpunkt- und Zeitdauerinformationen versehen werden.

Alternative Diagrammformen

Neben der bisher dargestellten Form von Sequenzdiagrammen werden durch UML zusätzliche Diagrammformen zur Beschreibung von Interaktionen unterstützt. Während die Interpretation bei allen Diagrammen gleich ist, unterscheiden sie sich zum Teil deutlich in ihrer grafischen Repräsentation.

Kommunikationsdiagramme heben zusätzlich zur Darstellung von Abläufen die Architektur der betrachteten Konfiguration hervor. Im Mittelpunkt stehen bei diesen Diagrammen die miteinander kommunizierenden Elemente der Instanzkonfiguration und die zur Kommunikation genutzten Verbindungen.

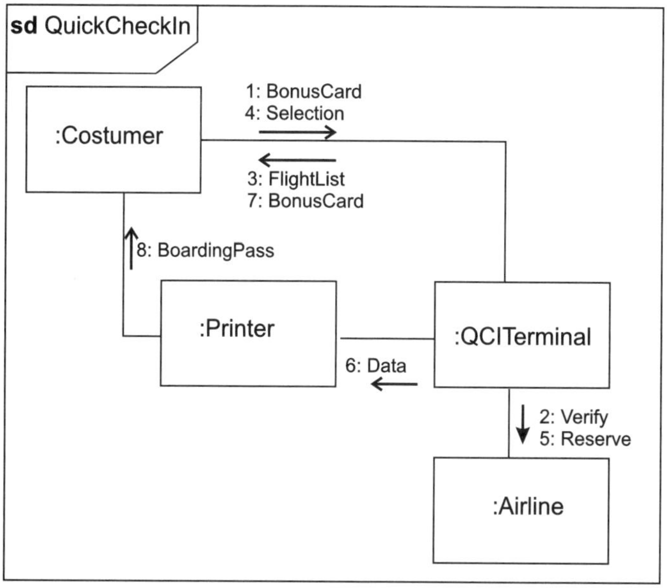

Abbildung 4.127: Kommunikationsdiagramm

Das Kommunikationsdiagramm in Abbildung 4.127 stellt die Abläufe zwischen einer Instanzenkonfiguration aus den vier verbundenen Elementen *Costumer, QCITerminal, Airline* und *Printer* dar. Die Reihenfolge der Nachrichten ergibt sich aus den vorangestellten Nummern, die Richtung der Kommunikation aus den Pfeilen. Die ausgefüllte Pfeilspitze an den Nachrichten *Verify* und *Reserve* zeichnet diese als synchrone Kommunikation aus (z.B. Methodenrufe).

Da in diesen Diagrammen keine Zeitachse existiert, reduzieren sich die Lebenslinien als Repräsentant der beteiligten Instanzen auf ihren Kopf. Die zwischen den Instanzen ausgetauschten Nachrichten werden als Anotation an den Verbindungen zwischen den Instanzen angegeben. Pfeile geben in Analogie zur Sequenzdarstellung die Richtung und Art der Kommunikation an.

Für die Beschreibung von Reihenfolgebeziehungen zwischen Nachrichten werden spezielle Sequenzausdrücke verwendet, die den Nachrichten vorangestellt sind und nach folgender Syntax gebildet werden:

```
<sequenceexpression> ::= <sequenceterm> ( '.' <sequenceterm>)* ':'
<sequenceterm> ::= ( <integer> | <name> ) [ <recurrence> ]
<recurrence> ::= ('*' '[' <iterationclause> ']') | '[' <guard> ']'
```

Mit jedem `<sequenceterm>` in einem Sequenzausdruck wird eine neue Verschachtelungsebene eröffnet. Zahlen beschreiben dabei die zeitliche Aufeinanderfolge von Nachrichten, Namen entsprechen parallelen Abläufen.

Ein Wiederholungsausdruck (<recurrence>) kann nur im letzten Term eines Sequenzausdrucks auftreten. Hierdurch können Wiederholungen von Nachrichten oder Randbedingungen für Nachrichten angegeben werden. Die Iterationsklausel bzw. die Randbedingung können informal oder in Pseudocode angegeben werden, eine Darstellung in Analogie zum *loop*-Operator ist empfehlenswert.

Das Beispiel in Abbildung 4.128 verdeutlicht die Anwendung von Sequenzausdrücken.

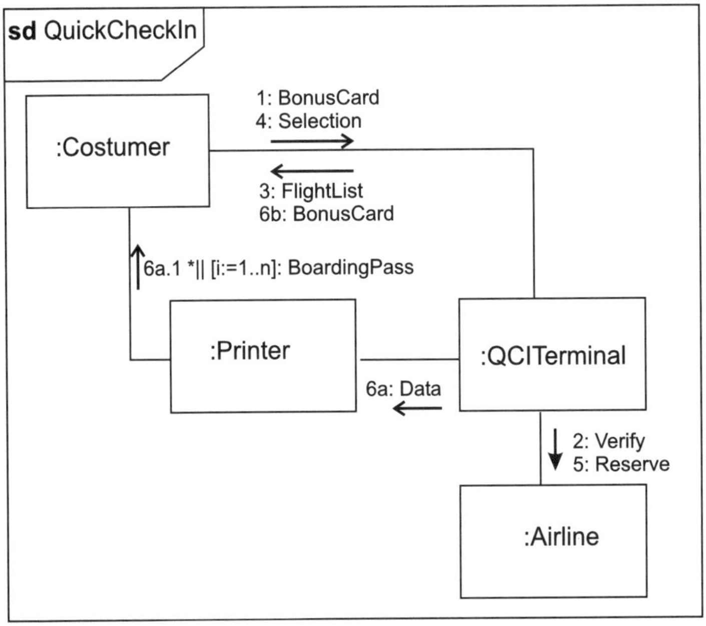

Abbildung 4.128: Sequenzausdrücke in Kommunikationsdiagrammen

Während Abbildung 4.127 den Vorgang an einem Quick-Check-In-Terminal vollständig sequenziell dargestellt hatte (beginnend mit der Eingabe der Bonuskarte und endend mit der Ausgabe der Bordkarte), werden in dieser Abbildung mögliche Parallelisierungen berücksichtigt. Nach der Reservierung der Plätze (*Reserve*) durch QCITerminal werden die Rückgabe der Bonuskarte und die Datenübermittlung an den Drucker gleichzeitig ausgelöst (kenntlich durch die Sequenzausdrücke 6a und 6b). Die Ausgabe der Bordkarten schließt sich an die Datenübermittlung an den Drucker an. Da ein Flug aus mehreren Segmenten bestehen kann, stellen der Druck und die Kartenausgabe einen iterativen Vorgang dar. Der Wiederholungsausdruck gibt an, dass dies ein- bis n-mal passieren kann, die Ausgabe der Karten erfolgt dabei gleichzeitig.

Da in Kommunikationsdiagrammen die Reihenfolge von Nachrichten strikt hierarchisch beschrieben wird, die entsprechenden Sende- und Empfangsaktivitäten jedoch nicht visualisiert werden, ist ein Überholen von Nachrichten nicht darstellbar.

Die Anwendung von Operatoren ist in Kommunikationsdiagrammen nicht möglich.

In Zeitdiagrammen stehen zeitliche Aspekte und Zustandswechsel der beteiligten Instanzen im Vordergrund. Typische Einsatzgebiete sind Echtzeitapplikationen oder Anwendungen, bei denen häufig Zustandsänderungen durch Zeitereignisse veranlasst werden.

Im Gegensatz zur Sequenzdarstellung sind bei Zeitdiagrammen die Zeitachse und die Lebenslinien horizontal angeordnet: Jeder Lebenslinie entspricht ein horizontaler Abschnitt des Diagramms.

In den Lebenslinienabschnitten sind die für das Diagramm signifikanten Zustände sowie die Übergänge der Instanz von einem Zustand in einen anderen Zustand angegeben.

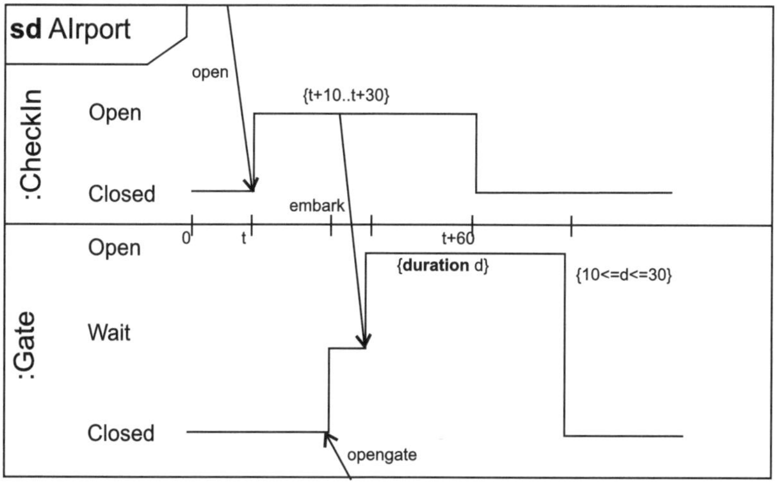

Abbildung 4.129: Zeitdiagramm

Viele Abläufe an einem Flughafen unterliegen zeitlichen Restriktionen. In Abbildung 4.129 ist zu erkennen, dass der Check-In-Counter und das Gate nach einer Aufforderung (*open* bzw. *embark*) geöffnet werden und in die Zustände *Open* bzw. *Wait* übergehen. Zehn bis maximal dreißig Minuten nach dem Beginn des Eincheckens wird dem Gate eine zusätzliche Nachricht übermittelt, dass das Einsteigen beginnen kann. Die Dauer des Einsteigens soll wiederum dreißig Minuten nicht übersteigen.

In dieser Diagrammform reflektiert der Abstand zwischen Zustandsänderungen sowie zwischen Aktionen (Senden, Empfangen) den jeweiligen zeitlichen Abstand. Die Angabe einer Zeitskala oder von expliziten Zeitangaben präzisieren diese Informationen.

Nachrichtenaustausch wird wie bei der Sequenzdarstellung durch Pfeile notiert. Zur Wahrung der Anschaulichkeit und zur Vermeidung vieler kreuzender Linien können diese Pfeile aber unterbrochen werden. Der Zusammenhang zwischen dem Senden einer Nachricht und deren Empfang wird in diesem Fall durch Markierungen (*labels*) hergestellt.

Noch kompakter kann ein Zeitdiagramm durch Anwendung von Wert-Zeitachsen dargestellt werden.

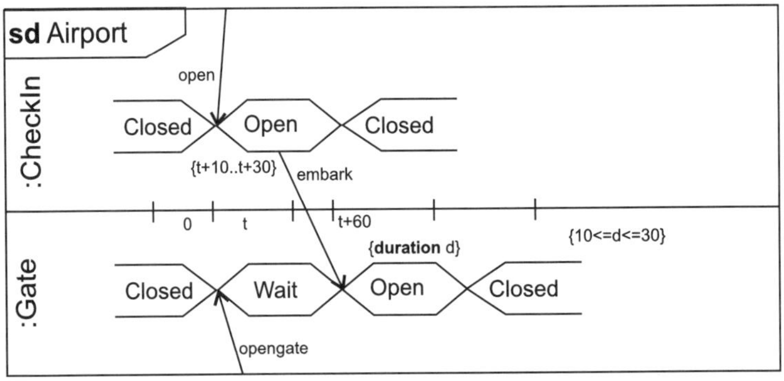

Abbildung 4.130: Zeitdiagramm mit Wert-Zeitachsen

4.3.7 Anwendungsfälle

Anwendungsfälle (*use cases*) sind sichtbares Verhalten und dienen der Spezifikation von Anforderungen an ein zu entwickelndes System. Drei Kernkonzepte sind mit der Darstellung von Anwendungsfällen verbunden:

- Ein Akteur ist ein Repräsentant für einen externen Nutzer des Systems. Dies kann sowohl ein menschlicher Nutzer als auch ein technisches System (Hardware, Software) sein, das sich außerhalb des zu entwickelnden Systems befindet. Die Definition des Akteurs bezieht sich dabei jedoch auf die Rolle, die der Nutzer gegenüber dem System einnimmt. Die gleiche Person kann also auch durch zwei oder mehrere Akteure repräsentiert werden.
- Ein Anwendungsfall ist eine vollständige Nutzung des Systems, bei der durch Aktionen des Systems und durch Kommunikation mit Akteuren ein beobachtbares Ergebnis entsteht, das für ein oder mehrere Akteure oder andere Teilhaber an dem System von Wert ist.

- Das Subjekt ist das System, dessen Nutzung durch die Anwendungsfälle beschrieben wird. Die Anwendungsfälle können direkt dem Subjekt untergeordnet sein, eine Organisation in Paketen ist jedoch auch möglich.

Anwendungsfalldiagramme dienen der Strukturierung der einzelnen Anwendungsfälle des Subjekts und visualisieren sowohl die Beziehungen zwischen den Anwendungsfällen als auch zwischen Anwendungsfällen und Akteuren.

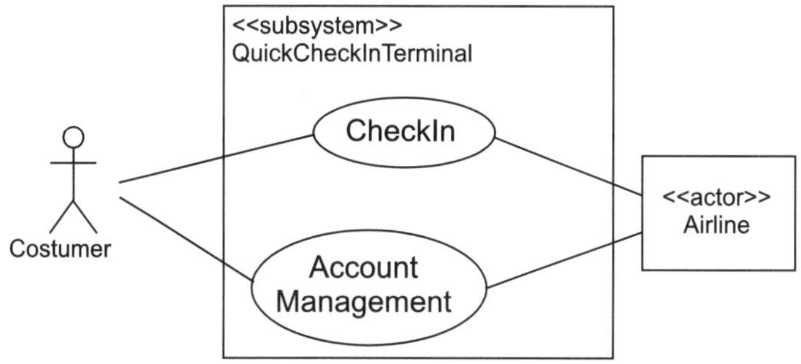

Abbildung 4.131: Einfaches Anwendungsfalldiagramm

Kehren wir noch einmal zu dem Beispiel eines Quick-Check-In-Terminals zurück. An diesem Gerät soll der Nutzer zwei unterschiedliche Aufgaben erledigen können: zum einen das Einchecken (also der Druck einer Bordkarte) und zum anderen die Verwaltung seines Bonusmeilenkontos. Wir sehen diese Aufgabenstellung in Abbildung 4.131 durch zwei Anwendungsfälle beschrieben (*CheckIn* und *Account Management*). Als Akteure für beide Anwendungsfälle treten der Kunde (*Costumer*) und die Fluggesellschaft (*Airline*) auf. Da der Kunde ein Mensch ist, wurde bewusst das Strichmännchen-Symbol genutzt. Hinter *Airline* verbirgt sich dagegen ein Computersystem. Ein Computersymbol oder aber ein einfaches Klassensymbol mit dem Schlüsselwort *actor* eignen sich hier besser.

Akteure werden im Normalfall durch Strichmännchen-Symbole oder aber andere geeignete Symbole und zusätzlich die Angabe des Akteurnamens dargestellt. Da Akteure *Classifier* sind, ist es zusätzlich möglich, Spezialisierungsbeziehungen zwischen Akteuren durch Vererbungspfeile zu beschreiben. Detailliertere Beschreibungen von Akteuren sind in der Regel nicht notwendig, denn sie befinden sich außerhalb des zu entwickelnden Systems.

Das Subjekt oder das zu entwickelnde System wird durch ein Rechteck mit dem Namen des Subjekts *Anwendungsfall* abgebildet. Akteure befinden sich außerhalb dieses Rechtecks, alle Anwendungsfälle, die durch das Subjekt angeboten werden, dagegen innerhalb des Rechtecks.

Die einzelnen Anwendungsfälle werden durch ihren Namen identifiziert, der in einem ovalen Kreis enthalten ist. Die Beteiligung von Akteuren an einem Anwendungsfall spiegelt sich in Assoziationen wider. Weil jeder Anwendungsfall eine vollständige Nutzung des Subjekts erfasst, sind Assoziationen zwischen Anwendungsfällen nicht zulässig.

Aus einem Anwendungsfalldiagramm lassen sich weder Informationen über die innere Struktur des Subjekts noch über die Art und Weise der Erbringung des Verhaltens ableiten. Es werden lediglich Aussagen darüber getroffen, welches Verhalten auftritt und wie das Subjekt dazu mit Elementen seiner Umgebung kommuniziert.

Ein Anwendungsfalldiagramm spezifiziert lediglich die Organisation von Anwendungsfällen, Subjekt und Akteuren! Zu jedem Anwendungsfall bedarf es einer zusätzlichen detaillierten Beschreibung als Text oder aber unter Nutzung anderer UML-Diagrammformen (Interaktionsdiagramme, Aktivitätsdiagramme, Zustandsautomaten)!

Weil Anwendungsfälle stets vollständige Nutzungen des Systems beschreiben, kann es vorkommen, dass unterschiedliche Anwendungsfälle gemeinsame Verhaltensbestandteile besitzen. Diese Verhaltensbestandteile lassen sich durch eine Faktorisierung herauslösen und durch einen eigenständigen Anwendungsfall beschreiben. Aus diesem Vorgehen ergeben sich zwei verschiedene Abhängigkeitsbeziehungen zwischen Anwendungsfällen eines Subjekts:

- Ein Anwendungsfall kann einen anderen Anwendungsfall erweitern. Der zu erweiternde Anwendungsfall beschreibt hier einen vollständigen Nutzungsablauf, in den optional an fest vorgegebenen Punkten (*extension points*) zusätzliches Verhalten eingebettet werden kann. Die Erweiterung kann dagegen ein unvollständiger oder nicht eigenständig ausführbarer Ablauf sein, der erst im Kontext des erweiterten Anwendungsfalls gültig ist. Ein Anwendungsfall kann beliebig viele andere Anwendungsfälle erweitern.
- Ein Anwendungsfall kann einen anderen Anwendungsfall einschließen. Der einschließende Anwendungsfall wird erst dadurch zu einer vollständigen Nutzungsbeschreibung. Der eingeschlossene Anwendungsfall kann dagegen auch ein eigenständiger Anwendungsfall sein.

Erweiterungs- und Einschlussbeziehungen zwischen Anwendungsfällen werden durch Abhängigkeitspfeile dargestellt, die das Schlüsselwort *extends* für Erweiterungen bzw. *includes* für das Einschließen tragen.

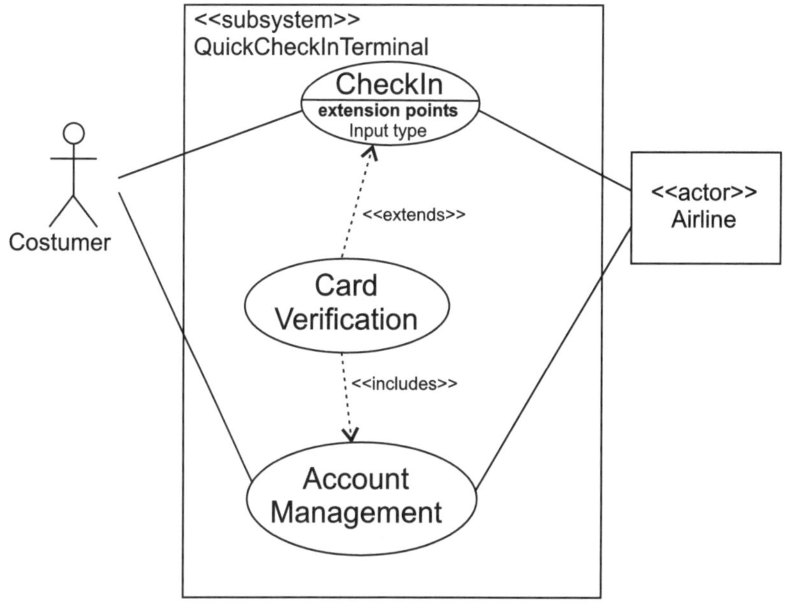

Abbildung 4.132: Erweiterung und Einschluss von Anwendungsfällen

In Abbildung 4.132 sehen wir den interessanten Fall, dass ein Anwendungsfall (*Card Verification*) von anderen Anwendungsfällen eingeschlossen wird (*Account Management*) oder aber diese erweitert (*Check In*). Die Ursache dafür liegt darin, dass die Überprüfung der Bonuskarte ein integraler Bestandteil und Voraussetzung für den Zugang zum Bonusmeilenkonto ist. Der *Check-In*-Anwendungsfall kann dagegen auch unter Einsatz eines elektronisch lesbaren Tickets ausgeführt werden, eine Bonuskarte wird dann nicht benötigt und die Ausführung des Anwendungsfalls benötigt die Kartenüberprüfung nicht.

InAbbildung 4.133 wir noch einmal den Anwendungsfall *Check In* und die ihn erweiternden Anwendungsfälle. Die Erweiterungen sind an Bedingungen geknüpft, so findet *Credit Card Verification* nur dann statt, wenn der Nutzer eine Kreditkarte (*input ==CC*) eingegeben hat. Die Erweiterungspunkte von *Check In* werden in einem separaten Diagramm spezifiziert (Abbildung 4.134)

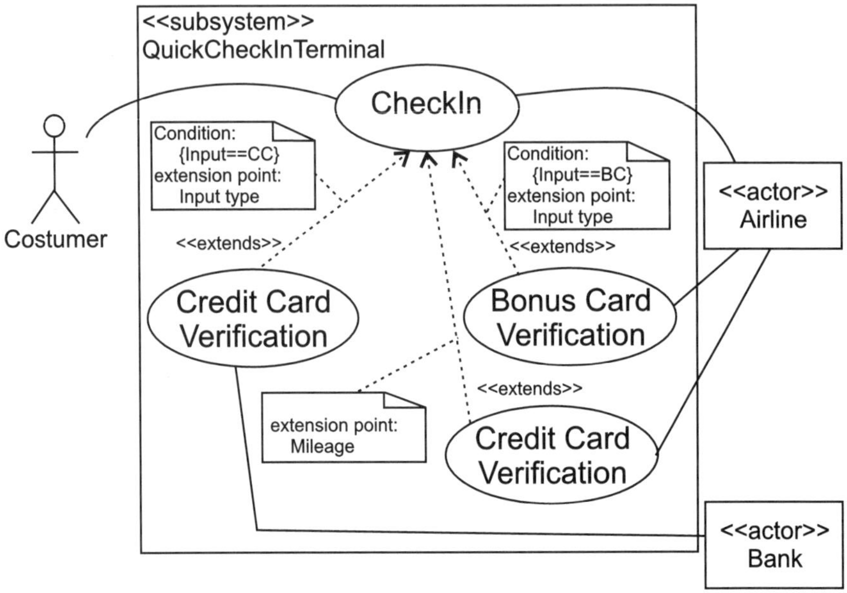

Abbildung 4.133: Erweiterungsbeziehungen mit Bedingungen

Die Erweiterung eines Anwendungsfalls kann an zusätzliche Bedingungen geknüpft sein, die in diesem Fall in einer Textbox an der Abhängigkeitslinie angegeben werden. Besitzt ein Anwendungsfall sehr viele Erweiterungspunkte, so kann dies auch unter Nutzung eines Klassensymbols dargestellt werden.

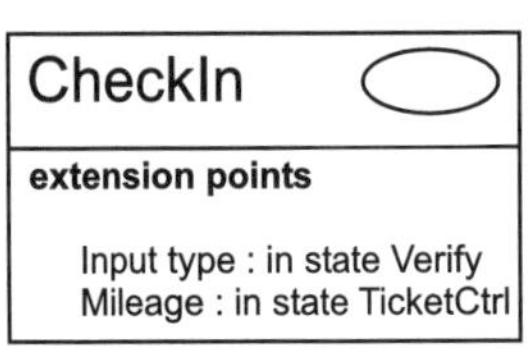

Abbildung 4.134: Definition von Erweiterungspunkten

Neben dem Namen der Erweiterungspunkte können zusätzliche informale Hinweise auf deren Lage gegeben werden (z. B. Zustandsname).

5 Weiterführende Konzepte

In diesem Kapitel wollen wir uns einige Sprachaspekte der UML 2 vergegenwärtigen, die die Nutzung und Anpassung der Sprache für sehr spezifische Einsatzgebiete ermöglichen. Wir werden zunächst diskutieren, wie man in die Sprache UML eigene Vokabeln integrieren kann, die nicht zum Standardwortschatz der Sprache gehören, aber zur Modellierung bestimmter Sachverhalte unerlässlich sind. Anschließend widmen wir uns der Modellierung von Mustern oder Vorlagen, mit denen eine bestimmte allgemeine Struktur oder Funktionalität unabhängig von einem konkreten Einsatzszenario beschrieben werden kann. Abgeschlossen wird das Kapitel mit den in UML 2 neuen Modellierungsaspekten zur Beschreibung von Informationsaustausch auf abstraktem Niveau.

5.1 Profile und Stereotypen

Zunächst befassen wir uns mit dem *UML-Profiling* genannten Mechanismus, der es erlaubt, die Sprache mittels Spezialisierungen zu erweitern. Sprachadaptionen sind zum einen natürlich durch die Erweiterung bzw. Änderung des UML-Metamodells möglich. Dies ist allerdings ein Weg, der im Allgemeinen einen Standardisierungsprozess in der OMG notwendig macht. Eine derartige anwenderspezifische UML-Metamodellerweiterung wird deshalb nicht prompt durch ein UML-Werkzeug unterstützt werden und ist für den Anwender der Sprache damit nicht von kurzfristigem Nutzen.

Es gibt aber einen weiteren, recht leichtgewichtigen Weg, um die Sprache UML an spezifische Einsatzzwecke anzupassen – die Definition eines UML-Profils. In einem UML-Profil werden Adaptionen von Konstrukten der Sprache mit einer bestimmten Zielstellung zusammengefasst. Es ist nicht möglich, das UML-Metamodell mit einem UML-Profil zu verändern, es ist lediglich möglich, ein eigenes Konstrukt als so genanntes Stereotyp eines UML-Metamodellelements zu definieren. Ein Stereotyp beschreibt, wie eine vorhandenen Klasse des UML-Metamodells oder aber ein bereits eingeführter Stereotyp genutzt werden kann, um ein spezielles Konzept eines spezifischen Einsatzbereichs der Sprache auszudrücken.

Nehmen wir an, wir wollen die Sprache UML zur Modellierung von Komponenten und Artefakten einer speziellen Softwarearchitektur einsetzen. In diesem Fall ist es zweckmäßig, die spezifischen Konstrukte dieser Softwarearchitektur als so genannte Metatypen zu beschreiben, die wiederum UML-Sprachkonstrukte als Basis nutzen und entsprechend spezialisieren. Ein Beispiel für eine solche Softwarearchitektur ist *Java 2 Enterprise Edition* ([J2EE 1.4]). J2EE führt das Konzept *Enterprise Bean* ein, das eine Softwarekomponente repräsentiert, die den Anforderungen der Java-2-Plattform entspricht. Die Charakteristika dieses Konzepts können durch eine Spezialisierung des UML-Konzepts *Komponente* in Form eines Stereotyps erfasst werden. Mit diesem Vorgehen definieren wir einen neuen Metatyp *EnterpriseBean*. Immer dann, wenn die Sprache UML zur Modellierung von Java-2-Komponenten eingesetzt wird, können wir jetzt Modellelemente mit diesem Typ auszeichnen. Dieser Metatyp ist Bestandteil eines UML-Profils für Enterprise Java Beans (EJB).

Die Definition eines UML-Profils erfolgt natürlich mit der Sprache UML selbst. Ein UML-Profil wird durch ein Paket ausgedrückt, das das Schlüsselwort *<<profile>>* erhält. Wir definieren also ein UML-Profil für EJB als UML-Paket *<<profile>> EJB*. Innerhalb dieses Pakets wird die UML-Sprachkonstrukte, die spezialisiert werden sollen, als Metaklasse aufgeführt, in unserem Beispiel also die Metaklasse *Component*. Der neue Metatyp *EnterpriseBean*, der das Schlüsselwort *<<stereotype>>* erhält, wird durch Definition einer UML-Klasse in unserem Profil angegeben. Die Erweiterungsbeziehung zwischen *EnterpriseBean* und der erweiterten Metaklasse *Component* wird durch einen *Extension*-Pfeil ausgedrückt. Damit ergibt sich die in Abbildung 5.1 vorgenommene Darstellung des UML-Profils.

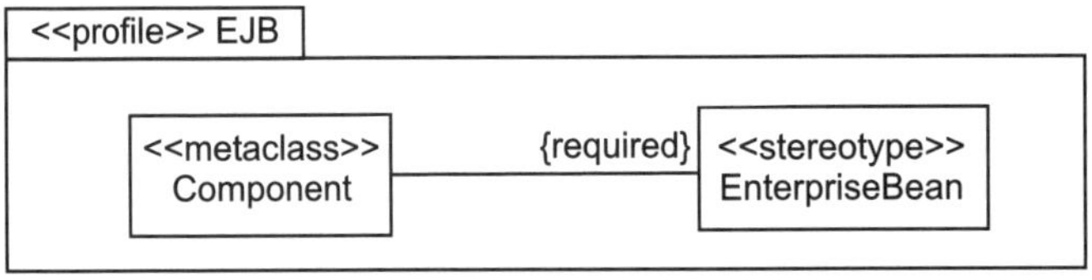

Abbildung 5.1: Definition eines UML-Profils für Java Enterprise Beans

Die Auszeichnung *{required}* am Erweiterungspfeil gibt dabei an, dass bei der Nutzung des Profils in einem Modell für eine Instanz der Metaklasse *Component* immer der Stereotyp *EnterpriseBean* genutzt werden muss.

Fehlt die Auszeichnung *{required}*, so steht es dem Modellierer frei, den im Profil definierten Stereotyp einsetzen, ist sie vorhanden, so muss er diesen oder eine Spezialisierung davon für alle Instanzen der erweiterten Metaklasse benutzen.

In unserem Beispiel darf also in dem Teil eines UML-Modells, der das Profil für EJB einsetzt, keine Komponentendefinition ohne die Auszeichnung *EnterpriseBean* vorkommen.

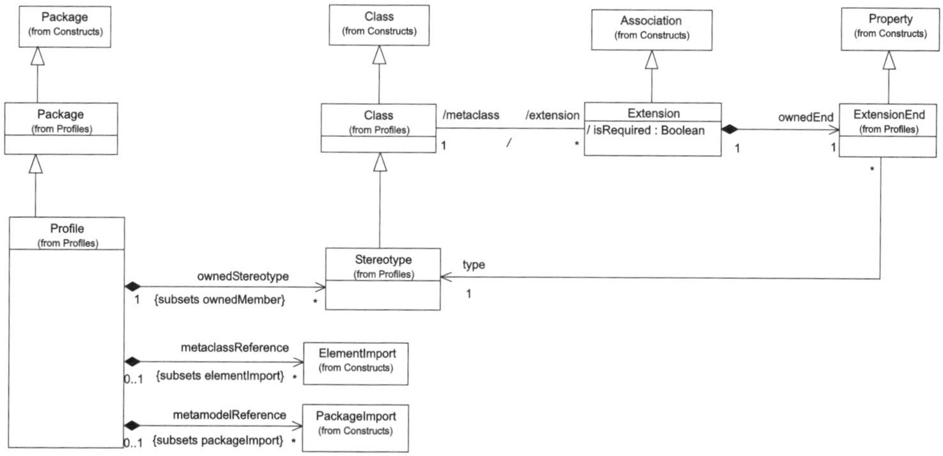

Abbildung 5.2: Metamodellauszug für UML-Profile

Im UML-Metamodell (vgl. Abbildung 5.2) können wir verfolgen, dass das Konzept *Profile* als Metaklasse im Paket *Profiles* als Spezialisierung der Metaklasse *Package* eingeführt wird, die Notation eines Profils als Paket ist also kanonisch. Ebenso können wir erkennen, dass die in einem Profil erweiterten Metaklassen bzw. Pakete des Metamodells über die Eigenschaften *metaclassReference* bzw. *metamodelReference* erfasst werden. In obigem Beispiel wird die Metaklasse *component* importiert, um durch den Stereotyp *EnterpriseBean* spezialisiert zu werden, *component* gehört folglich zur Menge *metaclassReference*. Die Eigenschaft *ownedStereotype* repräsentiert die Menge der in einem UML-Profil definierten Stereotypen, in unserem Beispiel gehört *EnterpriseBean* zu dieser Menge. Stereotyp selbst ist eine Spezialisierung der Metaklasse *Class*. Stereotypen haben darum Klasseneigenschaften und dürfen spezialisiert werden und *Properties* definieren.

Wir können die Möglichkeit der Spezialisierung von Stereotypen nutzen, um in unserem EJB-Beispiel zu erklären, dass *EnterpriseBeans* nur in den speziellen Varianten *Entity* und *Session* vorkommen. Dazu definieren wir den Stereotyp *EnterpriseBeans* als abstrakte Klasse und führen die zwei Spezialisierungen *Entity* und *Session* ein. *Properties* bezeichnen Eigenschaften eines Stereotyps, der durch Instanzen des Stereotyps mit Werten belegt werden kann – Attribute von Stereotypen werden auch als *tagged values* bezeichnet. Aus der J2EE-Welt wissen wir, das Java-Komponenten des Typs *Entity* immer zustandsbehaftet sein müssen, während Komponenten des Typs *Session* zustandsbehaftet sein können. In einem solchen Fall ist es sinnvoll, ein entsprechendes

Attribut für den Stereotyp *Entity* zu definieren und dieses durch Instanzen von *Entity* in Modellen mit einem Wert zu belegen. Insgesamt ergibt sich nun das in Abbildung 5.3 dargestellte verfeinerte Bild unseres EJB-Profils.

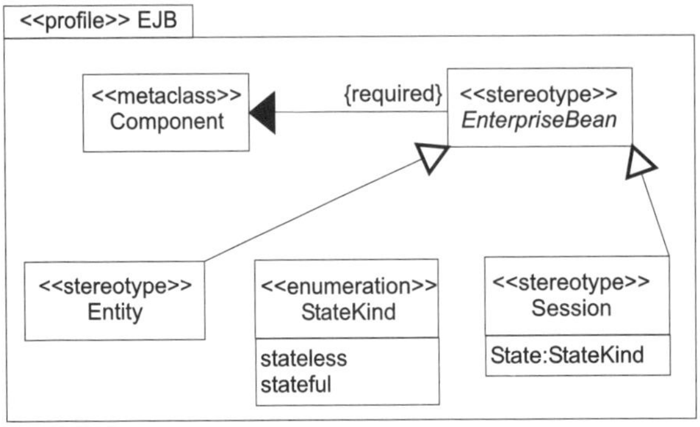

Abbildung 5.3: Erweiterung der UML-Profildefinition für EJB

Eine UML-Profildefinition kann neben Stereotypen zusätzlich Einschränkungen (*Constraints*) beinhalten, die in einer entsprechenden *Constraint*-Sprache formuliert werden.

Die Erweiterungsbeziehung ist im Metamodell eine spezielle Assoziation, was im Metamodell durch die Metaklasse *Extension* wiedergegeben wird, die wiederum eine Spezialisierung der Metaklasse *Association* ist. Zum einen verweist *Extension* auf eine durch einen Stereotypen erweiterte Klasse des Metamodells, zum anderen verweist sie mittels *ownedEnd* auf eine Metaklasse *ExtensionEnd*, die den erweiternden Stereotyp selbst repräsentiert. Diese Erweiterungsbeziehung ist immer binär. Nun ist es oftmals sinnvoll, Einschränkungen bezüglich der Eigenschaften der erweiterten Metaklasse zu formulieren. Dazu ist es notwendig, dem auf die Metaklasse verweisenden Ende der Erweiterungsbeziehung einen Namen zu geben. Wird kein Name angegeben, so kann der Standardname *baseClass* verwendet werden.

Um unser einfaches EJB-Profil noch etwas weiter zu vervollständigen, wollen wir die Konzepte *Home*- und *Remote*-Interface sowie das *Deployment*-Konzept *JAR* aufnehmen. Das *Remote*-Interface eines *Enterprise Bean* definiert alle öffentlichen, durch (potenziell entfernte) Klienten nutzbaren Methoden. Das *Home*-Interface dient zum Auffinden bzw. zur Erzeugung eines *Enterprise Bean*. Die *Remote*- und *Home*-Interfaces sowie die Implementierung des *Enterprise Bean* werden später durch einen Java-Compiler zu Java-Klassendateien übersetzt und gemeinsam mit einem *Deployment*-Deskriptor in einer *JAR*-Datei archiviert, die dann von einem EJB-Container verarbeitet werden kann.

Die Konzepte *Home*- und *Remote*-Interface werden als Stereotypen der Metaklasse *Interface* formuliert. Ein Java-Archiv beinhaltet Java-Ressourcen und weitere Dokumente, deren Struktur durch die J2EE-Spezifikation vorgegeben wird. Das damit nahe liegende UML-Sprachkonstrukt zur Modellierung dieses Konzepts ist *Artifact*. Wir bereichern also unser UML-Profil um einen Stereotyp *JAR*, der die Metaklasse *Artifact* erweitert, und erhalten das in Abbildung 5.4 dargestellte Modell.

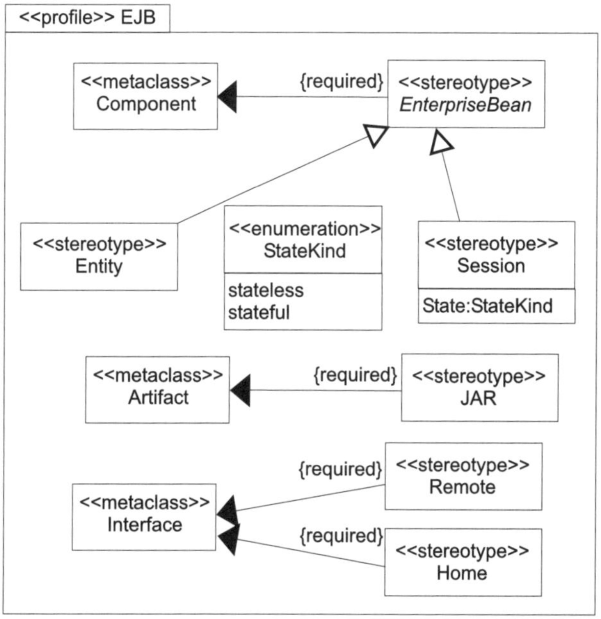

Abbildung 5.4: Vervollständigtes EJB-Profil

Nachdem wir unser einfaches Profil für EJB definiert haben, möchten wir es natürlich in einem UML-Modell anwenden. Dies Nutzung wird in UML durch eine spezielle Form des Import-Mechanismus mit dem Schlüsselwort *<<apply>>* ausgedrückt. Nehmen wir an, wir wollen die verschiedenen örtlich verteilten Komponenten eines Flugreservierungssystems durch *Enterprise Beans* realisieren. Wir definieren dazu ein UML-Paket *FlightReservation* und kennzeichnen die Nutzung des UML-Profils für EJB wie in Abbildung 5.5.

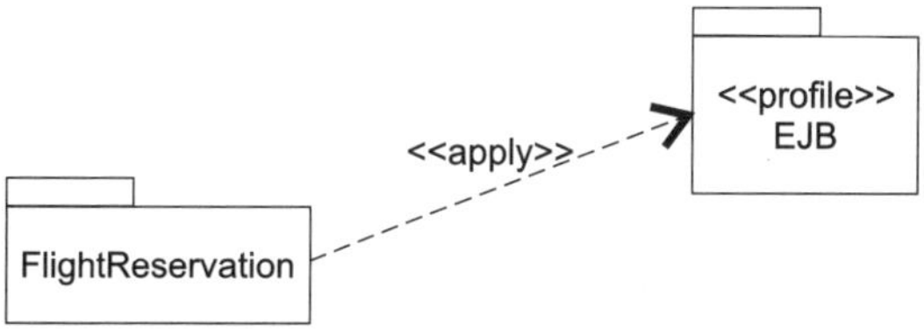

Abbildung 5.5: Anwendung eines UML-Profils

Im Paket *FlightReservation* sind damit alle Konstrukte des Profils EJB bekannt und dürfen als Metatypen für Elemente im Paket benutzt werden. Nehmen wir an, unsere simple Flugreservierung soll eine Komponente zur Flugsuche enthalten, die als *Session Bean* realisiert werden soll. Um dies zu beschreiben, nehmen wir in das Paket *FlightReservation* eine Komponente mit dem Namen *FlightSearch* auf und weisen dieser Komponente den Metatyp *Session* zu, der im Profil EJB definiert ist. Diese Zuweisung erfolgt in Form einer Stereotypangabe (siehe Abbildung 5.6).

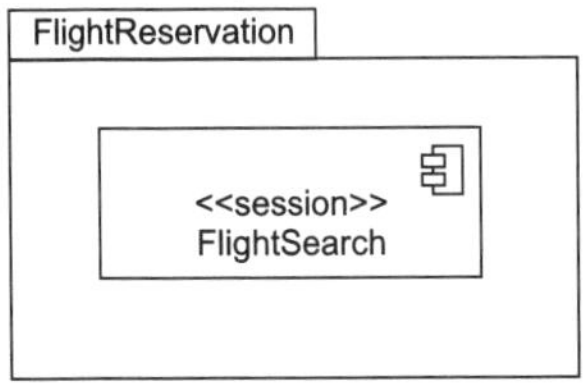

Abbildung 5.6: Benutzung eines Metatyps aus einem UML-Profil

Eine Stereotypangabe ist immer nur für dasjenige UML-Sprachkonstrukt einzusetzen, für das der entsprechende Metatyp im UML-Profil erklärt ist – in unserem Beispiel also das Konstrukt *Component*. Die Bezeichnung des Metatyps aus dem Profil wird bei der Stereotypangabe angewendet. Ein *Session Bean* muss entsprechend den Einschränkungen unseres UML-Profils (vgl. Abbildung 5.4) genau ein *Remote*- und ein *Home*-Interface realisieren. Es ist also notwendig, zwei Interfaces für *FlightSearch* zu definieren und zu erklären, dass diese Interfaces durch *FlightSearch* realisiert werden. Unserer Vorgehensweise folgend definieren wir zwei UML-Interfaces im Paket *FlightReservation* und weisen diesen die entsprechenden Stereotypen zu (vgl. Abbildung 5.7).

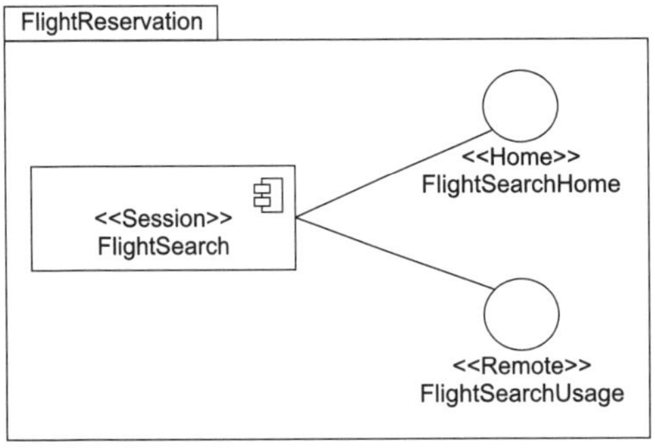

Abbildung 5.7: Definition von Home- und Remote-Interface

Für den Stereotyp *Session* ist in unserem UML-Profil ein Attribut *State* vom Aufzählungstyp *StateKind* definiert, der Persistenzeigenschaften der *Enterprise Java Beans* vom

Typ *Session* charakterisiert. Dieses Attribut kann bei der Benutzung des Stereotyps mit einem Wert belegt werden. Falls für ein Attribut eines Stereotyps kein Standardwert angegeben wird, so muss es sogar bei der Benutzung belegt werden! Die Notation für die Belegung eines Attributs erfolgt durch eine Anotation, die mit dem Stereotyp eingeleitet wird und Wertzuweisungen für die Attribute des Stereotyps umfasst. Wenn wir also festlegen möchten, dass die Benutzung von *FlightSearch* zustandslos (*stateless*) erfolgt, so wenden wir die in Abbildung 5.8 dargestellte Notation an.

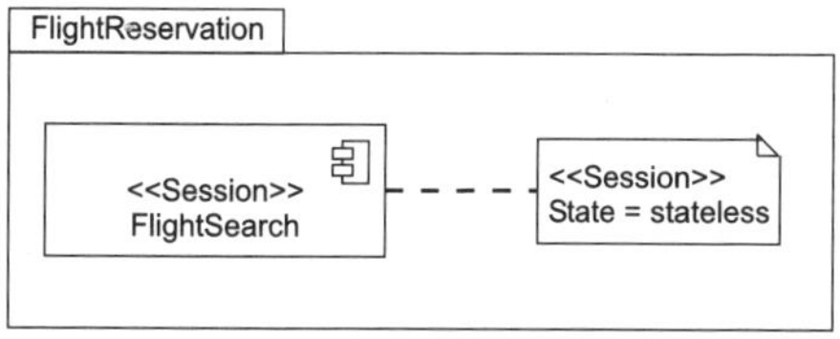

Abbildung 5.8: Wertzuweisung für Attribute eines Stereotyps

In UML 2 können mehrere UML-Profile gleichzeitig benutzt werden. Es dürfen für ein und dasselbe Modellelement sogar mehrere Stereotypen angegeben werden. Nehmen wir ein simples UML-Profil zur Angabe nichtfunktionaler Anforderungen an die Komponenten einer Anwendung. Dieses UML-Profil definiert einen Stereotyp *ResponsiveComponent*, der die Vorgabe einer maximalen Antwortzeit für Operationsrufe erlaubt. Diese Definition ist in Abbildung 5.9 dargestellt.

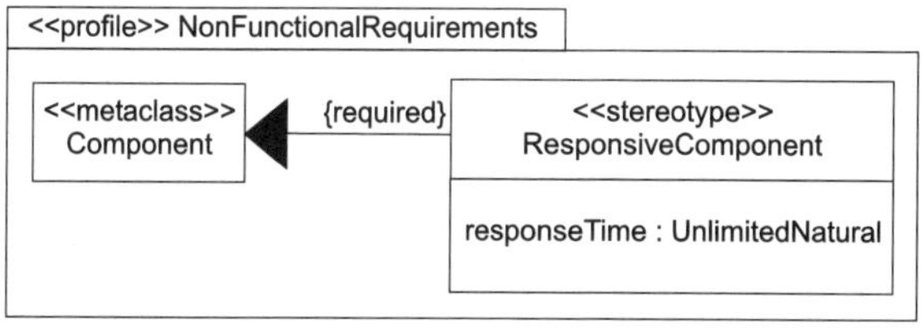

Abbildung 5.9: Definition eines weiteren UML-Profils

Unser Paket *FlightReservation* soll nun sowohl das UML-Profil für EJB als auch das soeben eingeführte Profil benutzen. Dies wird durch Angabe von zwei *<<apply>>*-Beziehungen notiert (vgl. Abbildung 5.10).

Nun können wir für unsere Komponente *FlightSearch* angeben, dass sie sowohl vom Typ *Session* aus dem EJB-Profil als auch vom Typ *ResponsiveComponent* aus dem UML-Profil für nichtfunktionale Anforderungen ist. Dies wird durch die Angabe beider Stereotypen, getrennt durch ein Komma, beschrieben. Die Attributbelegungen der Stereotypen (vgl. Abbildung 5.11) können in ein und derselben Anotation spezifiziert werden, jeweils eingeleitet durch Angabe des entsprechenden Stereotypnamens.

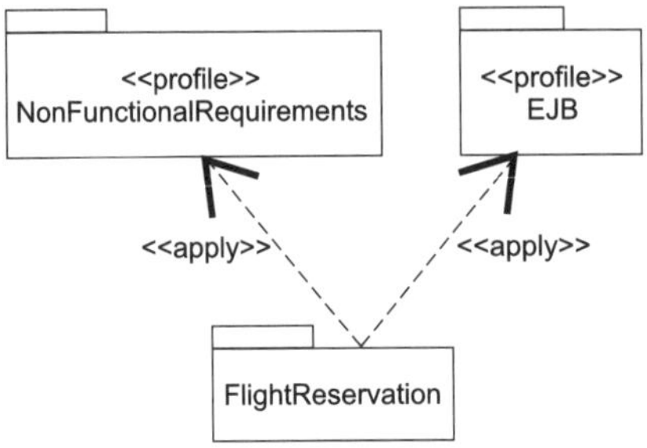

Abbildung 5.10: Nutzung von mehreren UML-Profilen

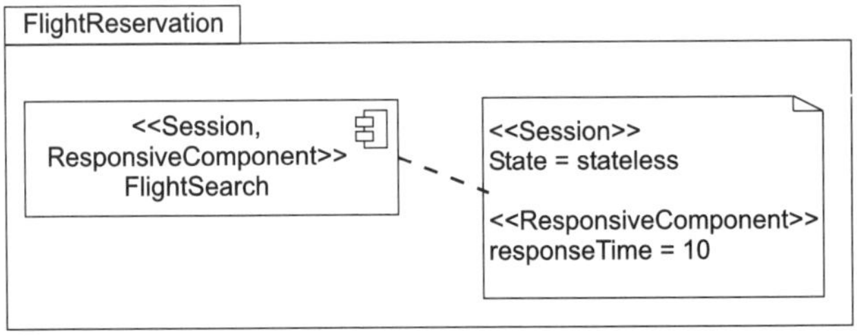

Abbildung 5.11: Definition einer Komponente mit zwei Stereotypen

Ein weiterer interessanter Aspekt von UML-Profilen ist die Möglichkeit, einen Stereotypen auf der Basis mehrerer Metaklassen zu definieren. Greifen wir zur Veranschaulichung noch einmal das simple UML-Profil für nichtfunktionale Aspekte auf. Es ist sicherlich sinnvoll, die Angabe von maximalen Antwortzeiten nicht nur für Komponenten zu gestatten, sondern beispielsweise auch für Klassen und Interfaces. Hierzu verändern wir unser UML-Profil und definieren einen Stereotyp *ResponsiveElement* auf der Grundlage der Metaklassen *Component*, *Class* und *Interface* wie in Abbildung 5.12 dargestellt.

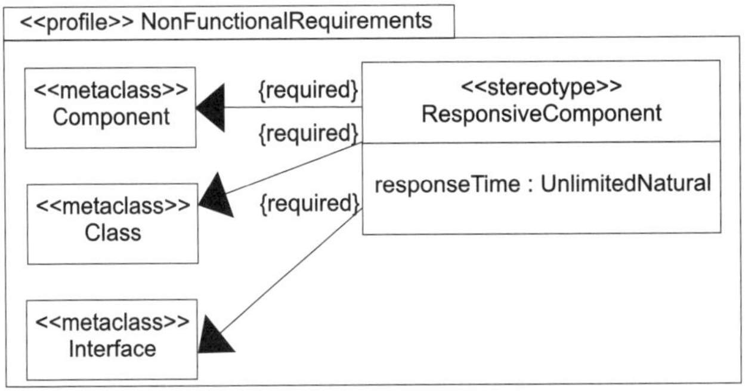

Abbildung 5.12: Stereotypdefinition auf der Basis mehrerer Metaklassen

Nun dürfen wir in einem Paket, das das UML-Profil für nichtfunktionale Anforderungen benutzt, sowohl für Klassen und Interfaces als auch für Komponenten Aussagen über maximale Antwortzeiten treffen.

Die Definition von UML-Profilen ist ein recht einfacher, aber sehr mächtiger Mechanismus, um die Sprache UML an spezifische Einsatzbedingungen anzupassen. Die Nutzung dieses Mechanismus ist angeraten, wenn:

- das Einsatzgebiet der Sprache eine spezifische Terminologie vorgibt, der die Elemente eines Modells folgen sollen (beispielsweise die durch den EJB-Standard vorgegebene Terminologie oder die Begriffswelt der Geschäftsprozessmodellierung),
- Sprachkonstrukte eingesetzt werden sollen, für die keine Notation durch den Sprachstandard vorgegeben ist (beispielsweise für *Actions*),
- die Semantik bestimmter benutzter Sprachkonstrukte gegenüber dem UML-Standard eingeschränkt werden soll (beispielsweise durch die Festlegung der Reihenfolge der Bearbeitung von eingehenden Signalen durch einen Zustandsautomaten) oder
- die Sprache um Konstrukte erweitert werden soll, die in der aktuellen Sprachdefinition nicht vorhanden sind (beispielsweise zur Definition verfeinerter Zeitaspekte).

Um auch visuell auf die durch Stereotypen in ihrer Bedeutung veränderten Modellelemente hinweisen zu können, erlaubt es UML, zu einer Stereotypdefinition ein separates Icon anzugeben. Diese Icon kann bei der Benutzung des Stereotyps anstelle der textuellen Standardnotation verwendet werden. Wenn man z. B. in einem spezifischen *Deployment*-Profil *Computer* als Stereotyp der Metaklasse *Node* definiert und zusätzlich ein Computericon als Notation festlegt, so darf dieses Icon anstelle des Knotensymbols benutzt werden.

Es ist kein leichtes Unterfangen, Richtlinien zu formulieren, die bei der Entscheidung helfen, wann und wie eine UML-Profildefinition angeraten ist. Wir wollen trotzdem versuchen, einige Fragestellungen zu formulieren, die den Entscheidungsprozess unterstützen.

1. Spezialisierung oder Metatyp?

   Sollen bestimmte Eigenschaften von Modellelementen modelliert werden, so beantworte man zunächst die Frage, ob diese Eigenschaften auf dem Abstraktionsniveau des Modells behandelt werden können, sich also beispielsweise durch Superklassen ausdrücken lassen, oder tatsächlich die Einführung eines neuen Metatyps notwendig machen. Immer dann, wenn die betreffenden Eigenschaften in ihrer Natur zusätzliche Informationen *über* Modellelemente sind, empfiehlt sich die Definition von Metatypen. Falls es sich um Informationen *von* Modellelementen handelt, so empfiehlt sich die Definition eines Elements, das diese Modellelemente generalisiert.

2. Vorhandenes oder neues UML-Profil?

   Die Mächtigkeit des UML-Profilmechanismus hat eine wahre Flut genormter bzw. in Normung befindlicher UML-Profile für die unterschiedlichsten Einsatzgebiete der UML hervorgebracht. Beispielsweise hat die *Object Management Group* UML-Profile für CORBA, für Echtzeitaspekte und für das Testen von Software verabschiedet. *Sun Microsystems* hat in ähnlicher Form ein UML-Profil für EJB veröffentlicht. Es ist ratsam, vor der Definition eines eigenen UML-Profils zunächst zu recherchieren, ob es bereits ein Profil oder sogar Normen für die zu erfassenden Aspekte gibt.

3. Eigene Sprache oder UML?

   Die Sprache UML ist zur Modellierung von objektorientierten Softwaresystemen entworfen. Natürlich kann man das Vokabular der Sprache auch verwenden, um Problemstellungen aus anderen Bereichen zu modellieren. Oftmals unterscheidet sich das Vokabular dieser Problemdomänen jedoch deutlich vom Vokabular der UML. In solchen Situationen ist es sinnvoll, das domänenspezifische Vokabular in einem separaten Metamodell zu erfassen. Wiederum sollte man prüfen, ob es für das verwendete Vokabular nicht bereits ein vorgefertigtes Metamodell – inklusive Werkzeugunterstützung – gibt. Sollen beispielsweise Informationsmanagementsysteme realisiert werden, so lohnt sich das Studium der ebenfalls durch die *Object Management Group* publizierten Norm *Common Warehouse Metamodel*. Die Definition eines eigenen Metamodells kann um ein UML-Profil erweitert werden, das als Notation der Vokabeln dieses Metamodells dient.

Einen interessanten Aspekt bezüglich der Definition von UML-Profilen offenbart das Studium des UML-Metamodells: Das Konzept UML-Profil ist in der *UML Infrastructure* definiert, also in dem Teil der Sprachdefinition, der die Sprache zur Sprachdefinition vorgibt. Die Konsequenz daraus ist, dass man nicht nur Profile für die Sprache UML angeben kann, sondern die Profildefinition auf beliebige Metamodelle anwendbar ist, die auf der Grundlage der *UML Infrastructure* definiert sind. Bezogen auf die in *Kapitel 1* angedeutete Harmonisierung der Technologien MOF und UML bedeutet dies, dass in Zukunft alle auf der Basis von MOF 2 formulierten Metamodelle an spezifische Einsatzgebiete derselben angepasst werden können.

5.2 Kollaborationen

Aus der Vorgängerversion 1.4 der Sprache UML ist der Ansatz übernommen, die Struktur zusammen arbeitender Objekte durch Kollaborationen (*Collaborations*) zu beschreiben. Eine Kollaboration beschreibt, wie Objekte, die in einem Szenario eine bestimmte Rolle einnehmen, gemeinsam ein bestimmtes Ziel erreichen. Die Aussagen, die über Objekte in einer Kollaboration getroffen werden, beziehen sich tatsächlich aber nur auf die Rolle, die diese Objekte in dem beschriebenen Szenario einnehmen. Wir erklären somit die Zusammenarbeit der Objekte unabhängig von weiteren Aussagen über den *Classifier* eines teilnehmenden Objekts und ebenso unabhängig von anderen Szenarien, an denen dieses Objekt eventuell zur gleichen Zeit teilnimmt.

Verdeutlichen wir uns dies wiederum an einem Beispiel: Eine Person nimmt beim Check-in für einen Flug die Rolle des Fluggastes ein, während eine andere Person die Rolle der Check-in Mitarbeiterin ausführt. Der Fluggast kann zur gleichen Zeit die Rolle eines Zuhörers in einem Gespräch und die Rolle eines Vorstandes im Kontext eines Unternehmens innehaben, für das Szenario des Check-in sind diese »anderen« Rollen aber irrelevant. Ebenso kann die Check-in Mitarbeiterin zur gleichen Zeit verheiratet sein, also im Szenario der Ehe die Rolle der Ehefrau einnehmen – auch dies ist beim Check-in irrelevant.

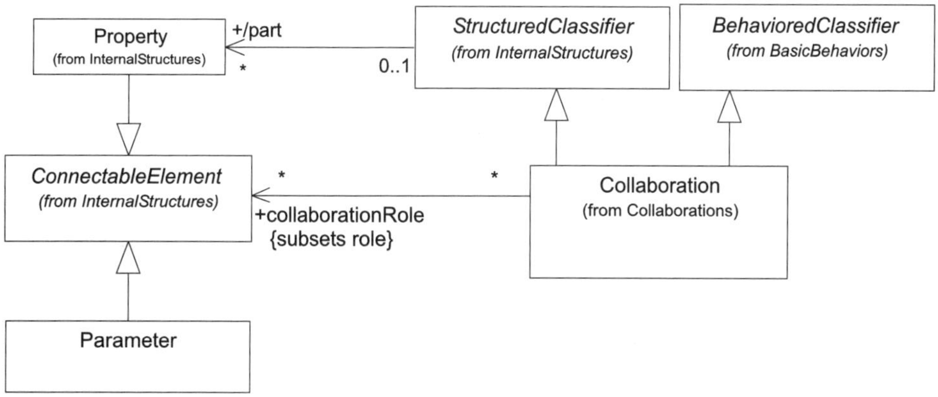

Abbildung 5.13: Metamodellauszug für Collaboration

Erinnern wir uns an die in Kapitel 4 geführte Diskussion der Konzepte *Structured Classifier* und *Part* sowie *Connectors* zwischen *Parts*. Dort haben wir kennen gelernt, dass die Aussagen über Instanzen als *Parts* eines strukturierten *Classifiers* sich ausschließlich auf diese Instanzen im Kontext des *Classifiers* beziehen und keine generellen Aussagen über den *Classifier* der Instanzen selbst treffen. Wenn wir dieses Prinzip auf die Beschreibung von Kollaborationen anwenden, so finden wir eine analoge Situation:

Die Aussagen über die Zusammenarbeit von Objekten in einem Szenario beziehen sich nur auf dieses Szenario, wobei das Szenario den umgebenden Kontext analog zu einem *Classifier*, der *Parts* besitzt, bildet.

Ein Blick in das Metamodell der Sprache UML 2 (vgl. Abbildung 5.13) verdeutlicht, dass sich diese Analogie in der Definition des Konzeptes Kollaboration niederschlägt: Die Metaklasse *Collaboration* ist eine Spezialisierung von *Structured Classifier*, Instanzen von *Collaboration* dürfen also *Parts* definieren und *Connectors* beinhalten. Die Rollen der Objekte, die an einer Kollaboration teilnehmen, werden als Parts der Kollaboration formuliert, *Connectors* zwischen diesen Parts spezifizieren die Kommunikationswege zwischen diesen Objekten in ihren Rollen.

Eine Kollaboration wird, um sie von *Classifiers* graphisch zu unterscheiden, durch eine gestrichelte Ellipse dargestellt. Die Bezeichnung des Szenarios, dass die Kollaboration modelliert, wird als Name der Kollaboration notiert. Die Rollen der an der Kollaboration beteiligten Objekte werden in *Part*-Notation in die Ellipse eingetragen. Eine alternative Darstellungsform ist die *Classifier*-Notation mit dem Schlüsselwort *<<collaboration>>*. Unser Check-in-Szenario würde sich nun wie in Abbildung 5.14 präsentieren.

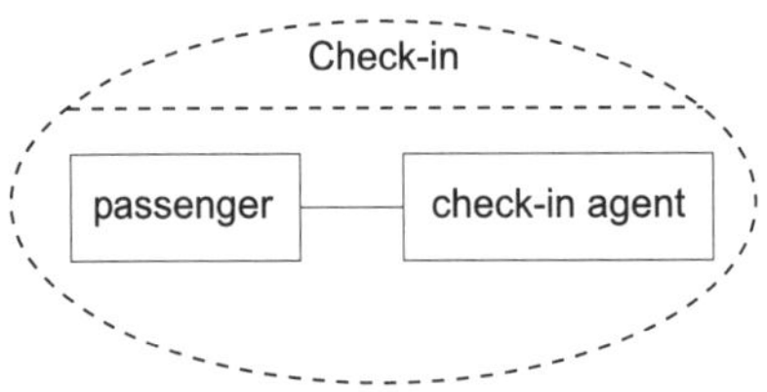

Abbildung 5.14: Check-in als Kollaboration

Wir wissen aus den Erläuterungen über strukturierte *Classifiers*, dass die *Parts* eines *Classifiers* einen Typ spezifizieren dürfen. Analog dazu darf durch die Angabe eines Typs für die Rolle eines Objektes in einer Kollaboration erklärt werden, über welche Features ein Objekt verfügen muss, um an dem spezifizierten Szenario teilnehmen zu können. Die gegenwärtige Sprachspezifikation ist etwas unpräzise darin, welche Arten von *Classifiers* als Typ einer Rolle in einer Kollaboration auftreten dürfen. Die Semantikdefinition in der aktuellen Norm erklärt, dass notwendige *Features* von Rollen durch Interfaces näher spezifiziert werden können. Es ist also möglich zu formulieren, dass ein Passagier beim Check-in ein Fugticket besitzen muss, wie in Abbildung 5.15 illustriert.

Kollaborationen dürfen – wie andere *Classifier* auch – spezialisiert werden, notiert durch den üblichen Generalisierungspfeil zwischen *Classifiers*. Dabei ist zu beachten, dass – falls für die Rollen einer Kollaboration Typen angegeben werden – die Typen der Rollen in der spezielleren Kollaboration konform zu den Typen der Rollen der generellen Kollaboration sein müssen.

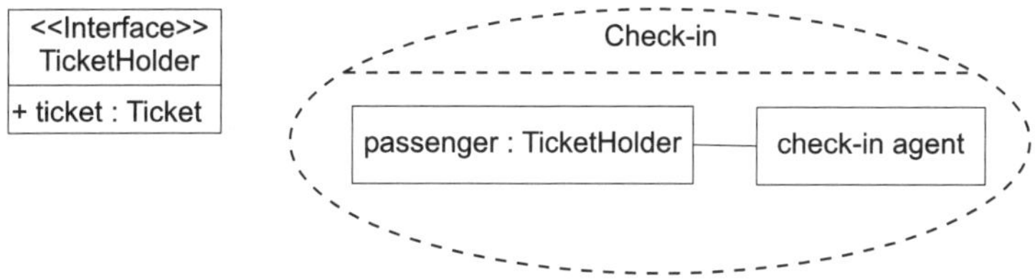

Abbildung 5.15: Kollaboration mit Angabe von notwendigen Features für Rollen

Kollaborationen werden im Allgemeinen verwendet, um bestimmte und oft auftretende Muster zu erfassen und – im Sinne einer Vorlage – im Modell verwenden zu können. Wir können also allgemeine Zusammenhänge, wie sie beispielsweise durch *Design Patterns* beschrieben, in UML durch Kollaborationen ausdrücken. Ein Aspekt, den wir uns in diesem Zusammenhang vergegenwärtigen wollen, ist der Metatyp der Rollen, die wir in einer Kollaboration verwenden können. Das Metamodell erklärt, dass in einer Kollaboration Instanzen der Metaklasse *ConnectableElement* verwendet werden können. Wir dürfen also neben *Parts* ebenso *Ports* in einer Kollaboration verwenden. Damit ist es möglich, neben Kollaborationen von Objekten ebenso Kollaborationen der Ports von Komponenten zu erfassen. Sinnvolle Einsatzmöglichkeiten ergeben sich mithin bei der Definition von Verbindungs- und Verteilungsmustern für Komponenten.

Die Anwendung eines durch eine Kollaboration erklärten Musters in einer konkreten Situation wird durch das Sprachkonzept *Collaboration Occurrence* ausgedrückt. Mit diesem Konzept können spezifische Klassen oder Objekte angegeben werden, die in einer Kollaboration bestimmte Rollen einnehmen sollen. So können wir beispielsweise ausdrücken, dass ein Objekt einer Klasse *Person* in der Check-in-Kollaboration die Rolle *passenger*, ein anderes die Rolle *check-in agent* einnehmen können. Dazu wird eine Instanz der Kollaboration in einer Ellipse dargestellt und diese mit gestrichelten Linien an die Klassen angeschlossen, deren Instanzen eine Rolle in der Kollaboration einnehmen. Die jeweils einzunehmende Rolle wird an der gestrichelten Linie bezeichnet (vgl. Abbildung 5.16).

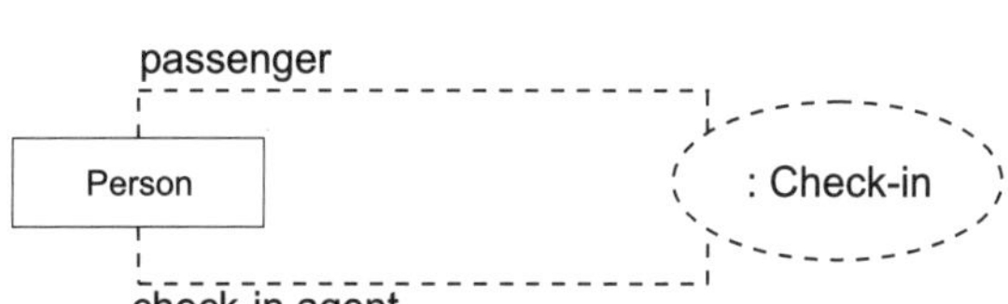

Abbildung 5.16: Bindung einer Kollaboration

Eine besonders interessante Anwendung von Kollaborationen ergibt sich, wenn man neben den strukturellen Aussagen über die beteiligten Rollen im Kontext der Kollaboration auch Aussagen über Verhaltensaspekte der Objekte trifft, die diese Rollen einnehmen. Auf diese Weise kann der genaue Ablauf des Check-in Vorgangs, also der Dialog und der Austausch von Dokumenten zwischen Passagier und Check-in-Mitarbeiterin festgehalten werden. Unter Verwendung der alternativen Kollaborationsnotation ergibt sich die Darstellung in Abbildung 5.17.

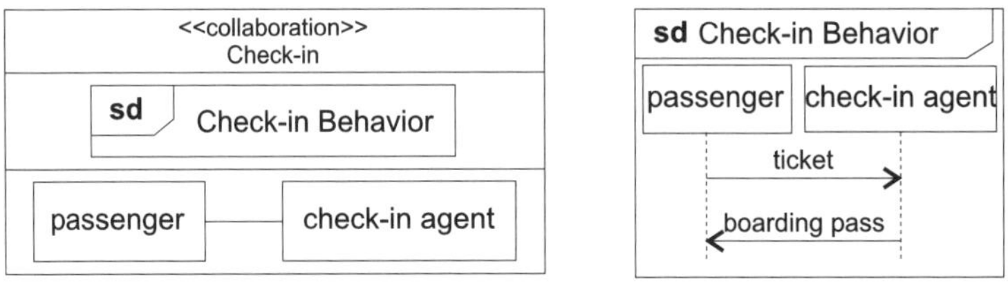

Abbildung 5.17: Definition einer Kollaboration mit Verhalten

Nun dürfen wir im Kontext eines umgebenden *Classifiers*, beispielsweise der Komponente *CheckInService*, formulieren, dass zwei Instanzen von *Person* die *Parts* der Komponente bilden. Sie werden an die Rollen der Kollaboration gebunden. In der Verhaltensbeschreibung der Komponente können wir die Verhaltensbeschreibung der Kollaboration mittels Referenz verwenden (vgl. Abbildung 5.18).

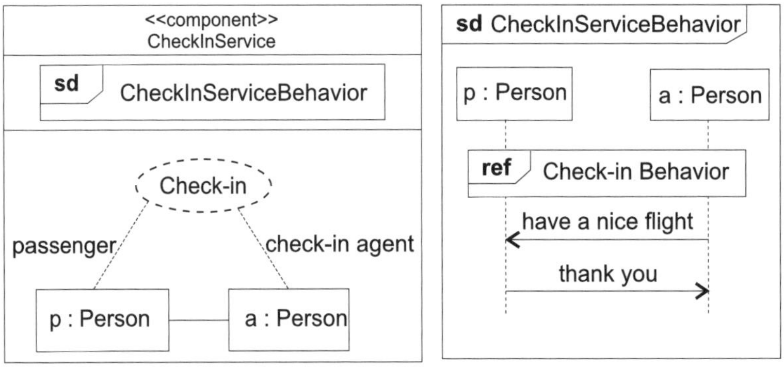

Abbildung 5.18: Verwendung einer Kollaboration mit Verhaltensspezifikation

Wir können also das von einem Muster zu erwartende Verhalten präzise spezifizieren und bei der spezifischen Nutzung des Musters erklären, wann dieses Verhalten eingesetzt werden soll. Nun wollen wir uns einer weiteren Form der Spezifikation von Vorlagen zuwenden, den sog. *Templates*.

5.3 Templates

Bei der Erstellung von Modellen – wie auch von Programmbibliotheken – steht man oft vor dem Problem, dass gewisse Schemata oder Funktionalitäten immer wieder zur Anwendung kommen und leider trotzdem oftmals mehrfach definiert werden (müssen). Nehmen wir die Programmiersprache C++ als Beispiel: Es gibt sicherlich unzählige Implementierungen von Klassen zur Verwaltung von Listen, Bäumen oder auch Kellerspeichern (*Stacks*). Glücklicherweise wurde in der Evolution der Sprache ein Mechanismus eingeführt, der es erlaubt, solche Klassen zu implementieren, ohne den konkreten Typ der Listen-, Baum- oder *Stack*-Elemente bei der Erstellung dieser Klassen kennen zu müssen. Der Mechanismus heißt in C++ *Template*-Klassen. Dieses aus C++ bekannte Prinzip wurde in die Sprache UML aufgenommen: Es ist mittels Templates möglich, Funktionalitäten zu entwerfen, *ohne* die konkreten Modellelemente zu kennen, auf die diese Funktionalitäten später angewendet werden.

Wir werden Ihnen den *Template*-Gedanken am Beispiel einer Liste von Elementen verdeutlichen. In unserer Beispieldomäne treffen wir sehr oft auf Listen: Passagierlisten, Ankunftslisten, Reparaturlisten, Preislisten – und leider auch Wartelisten. Zunächst gilt es zu überlegen, wie eine allgemeine Listenimplementierung ohne Einsatz des *Template*-Mechanismus funktioniert. Wir definieren eine Klasse *List*, die Operationen zur Verwaltung von Elementen der Klasse *ListItem* definiert, wie in Abbildung 5.19 dargestellt.

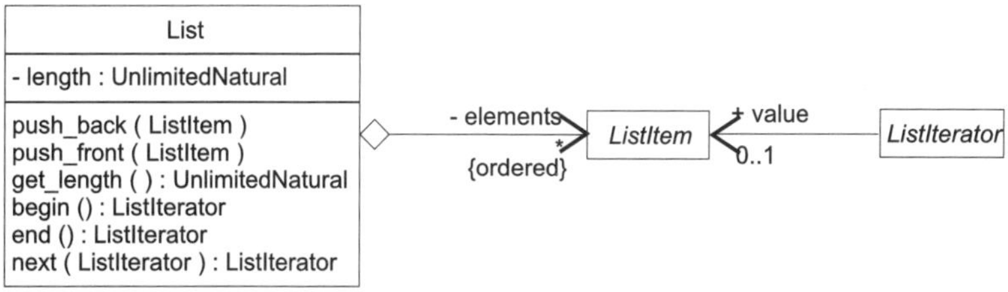

Abbildung 5.19: Listendefinition ohne Benutzung von Templates

Nun dürfen wir Spezialisierungen der Klasse *ListItem* wie die Klase *Passenger* bilden, um Listen von Passagieren, von Flügen etc. zu verwalten. Das Problem an dieser Konstruktion ist jedoch, dass Elemente einer Klasse *Passenger* nicht nur in Listen, sondern vielleicht auch in Feldern, Vektoren, Bäumen und Tabellen verwaltet werden, und dann eventuell auch eine Spezialisierung der Klassen *ArrayItem*, *VectorItem*, *TreeItem* und *TableItem* nötig wäre. Das scheint keine elegante Lösung zu sein. Verschlimmert wird eine solche Spezifikation dadurch, dass der durch die Klasse *Passenger* modellierte Aspekt eines Flugpassagiers im Kern nicht viel mit in Listen verwaltbaren Elementen zu tun hat, sondern ganz andere Eigenschaften besitzt.

Hier helfen UML-*Templates* aus der Zwickmühle: Wir dürfen unter Nutzung dieses Konzepts unsere Listenverwaltung unabhängig vom Typ der verwalteten Elemente entwerfen und später z.B. für Passagierlisten nutzen. Wir erklären zunächst *List* als *Template*-Klasse und spezifizieren, dass *List* über Elementen eines – unbekannten – Typs *T* arbeitet. *T* wird dabei als formaler *Template*-Parameter bezeichnet. Die Notation des formalen Parameters erfolgt durch einen gestrichelt gezeichneten Kasten, der die obere rechte Ecke der *Template*-Klasse überlappt. Es ergibt sich die in Abbildung 5.20 ersichtliche Darstellung der *Template*-Klasse *List*.

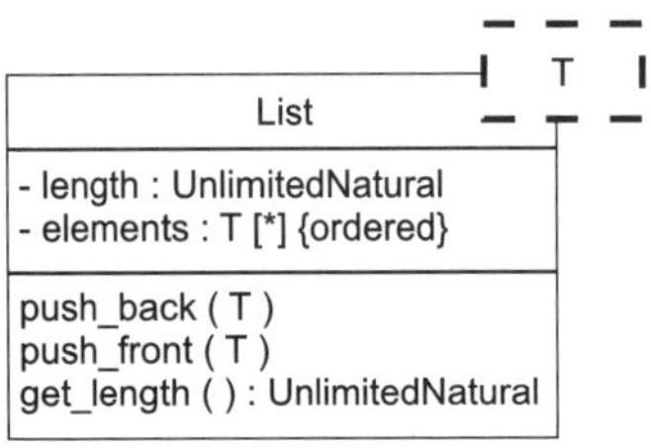

Abbildung 5.20: List als Template-Klasse

Wenn wir nun eine Klasse *Passenger* definieren, so können wir eine Passagierliste als Typ definieren, indem wir die *Template*-Klasse *List* instanzieren und die Klasse *Passenger* als aktuellen Parameter für *T* übergeben. Es wird eine neue Klasse *PassengerList* erzeugt, deren Eigenschaften durch die Vorlage *List* gebunden an den Typ *Passenger* definiert werden. Die zugehörige Notation zeigt die Abbildung 5.21.

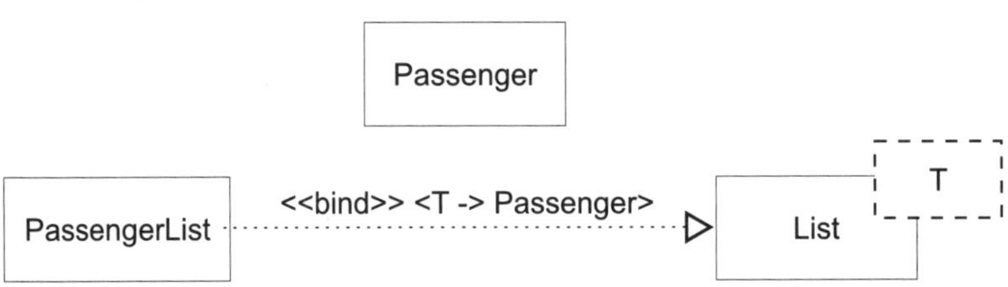

Abbildung 5.21: Instanzierung der Template-Klasse List mit Passenger

Natürlich darf eine *Template*-Definition mehr als einen formalen Parameter enthalten, mehrere dieser Parameterspezifikationen werden dann durch Kommata getrennt. Eine Parameterdefinition muss stets den Namen des formalen Parameters enthalten, darüber hinaus ist die Angabe einer Parameterart sowie eines Standardwerts für den aktuellen Parameter möglich. Als Parameterart tritt der Name derjenigen Metaklasse auf, die Typ eines aktuellen Parameters ist. Eine Klasse, die ein *Template* instanziert, darf weitere Features definieren. Wir illustrieren dies in Abbildung 5.22.

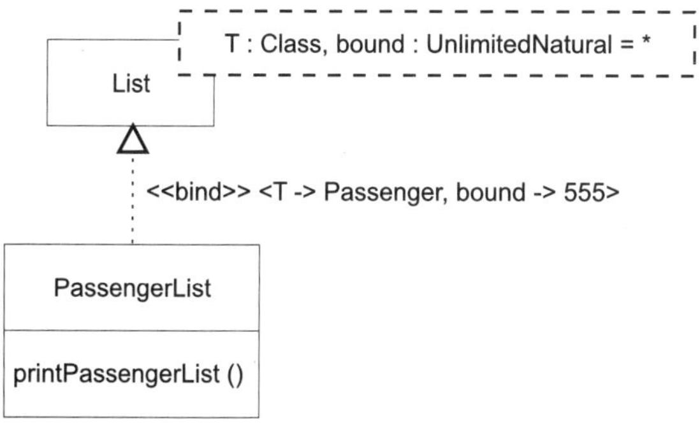

Abbildung 5.22: Template-Parameterart und Standardwert

Wir haben in obigem Beispiel unsere *Template*-Klasse *List* um den weiteren formalen Parameter *bound* erweitert, der vom Typ *UnlimitedNatural* ist und den Wert * als Standardwert vorsieht. Dieser Parameter spezifiziert die obere Grenze der Liste. Darüber hinaus ist für *List* jetzt festgelegt, dass der aktuelle Parameter für *T* den Metatyp *Class* haben muss, wir also *List* beispielsweise nicht mit einer Assoziation instanzieren dürfen. Ebenfalls ist zu erkennen, dass die Klasse *PassengerList* über die Features der Vorlage *List* hinaus eine Operation zum Drucken der Liste definiert. Der formale Parameter *bound* wird bei der Instanzierung mit dem Wert 555 als Instanz von *UnlimitedNatural* belegt, entsprechend der gegenwärtigen Spezifikation des Airbus A 380 die größte heutzutage bekannte Passagierzahl in einem Verkehrsflugzeug.

Template-Klassen können auch spezialisiert werden. Wenn wir also eine Template-Klasse für eine Liste definieren wollen, in der jedes Listenelement nur einmal vorkommt (*Unique List*), so würden wir dies vermutlich durch Spezialisierung sowie Re-Definition der Verwaltungsoperationen von *List* tun.

Das re-definierende *Template* erbt dabei die *Template*-Signatur vom ursprünglichen *Template*. Die Aussagen der aktuellen Sprachspezifikation über die Notation der *Template*-Signatur sind im Standard etwas unpräzise (»*Notation as for redefinition in general*«), wir gehen hier aber von einer analogen Notation aus (vgl. Abbildung 5.23), wie sie bei den *Template*-Klassen benutzt wurde: Die *Template*-Klasse *UniqueList* fügt der Liste der formalen Parameter der *Template*-Klasse *List* keinen weiteren Parameter hinzu, so dass der Kasten für die formalen Parameter für *UniqueList* leer bleibt. *UniqueList* ist somit eindeutig als *Template*-Klasse erkennbar. Dies ist eine konsequente Auslegung der Notation für *RedefinableTemplateSignature*. Die Sprachspezifikation legt weiterhin fest, dass die *Template*-Signatur des re-definierten *Template* nur erweitert und nicht re-definiert werden darf.

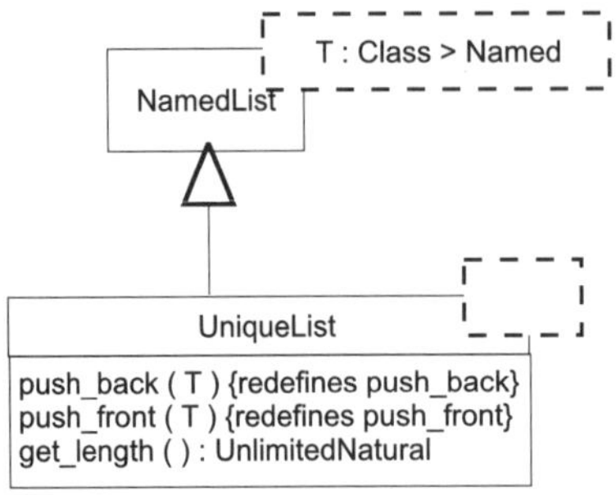

Abbildung 5.23: Spezialisierung der Template-Klasse List

Bei der Instanzierung einer *Template*-Klasse werden aktuelle Parameter für die durch ein *Template* definierten formalen Parameter angegeben. Es stellt sich die Frage, ob eigentlich alle formalen Parameter instanziert werden müssen oder ob es erlaubt ist, nur einige Parameter zu instanzieren (partielle Bindung). Letztere Option würde aus einem *Template* wiederum ein *Template* – aber mit weniger formalen Parametern – erzeugen. Wir haben des Öfteren über so genannte *Semantic Variation Points* in der UML-Sprachspezifikation berichtet und lernen auch an dieser Stelle, dass es einem Werkzeug, das die Sprache implementiert, frei gestellt ist, ob es die Ersetzung aller formalen Parameter durch aktuelle Parameter fordert oder ob es eine partielle Instanzierung von *Templates* unterstützt. Falls ein Werkzeug die letztgenannte Option realisiert, so werden bei der Bindung eines *Template* nur die jeweils zu bindenden Parameter angegeben. Wir können in dieser Form beispielsweise die Definition der verschiedenen Mengentypen *Bag, Set, List, Unique List* als partielle Bindung eines *Template Collection* angeben (vgl. Abbildung 5.24).

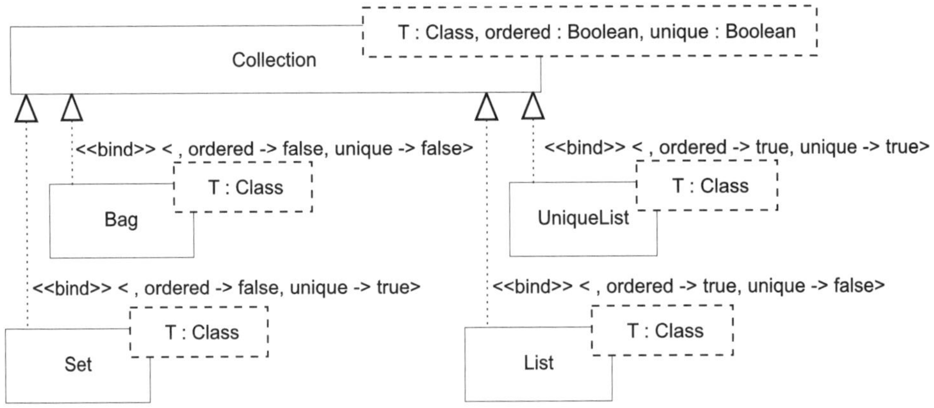

Abbildung 5.24: Mengentypen als partiell gebundene Templates

Ein weiteres nützliches Feature im Kontext von *Template*-Spezifikationen ist die Möglichkeit, Einschränkungen bezüglich der als aktueller Parameter übergebenen Typen zu erklären. Man darf beispielsweise formulieren, dass ein formaler *Template*-Parameter vom Typ *Class* mit einer in einem Modell angegebenen Klasse konform sein muss. Dies ist immer dann sinnvoll, wenn in der Realisierung der *Template*-Klasse auf Eigenschaften der formalen Parameterklasse Bezug genommen wird. Nehmen wir eine *Template*-Klasse *NamedList* als Beispiel, die über den Objekten einer Klasse *Named* arbeitet, die einen Namen tragen. Dann können wir fordern, dass diese *Template*-Klasse nur dann gebunden werden darf, wenn als aktueller Parameter eine Spezialisierung der Klasse *Named* angegeben wird. Eine solche Einschränkung wird durch Angabe der einschränkenden Klasse nach einem >-Symbol in der Liste der formalen Parameter des *Template* notiert (vgl. Abbildung 5.25).

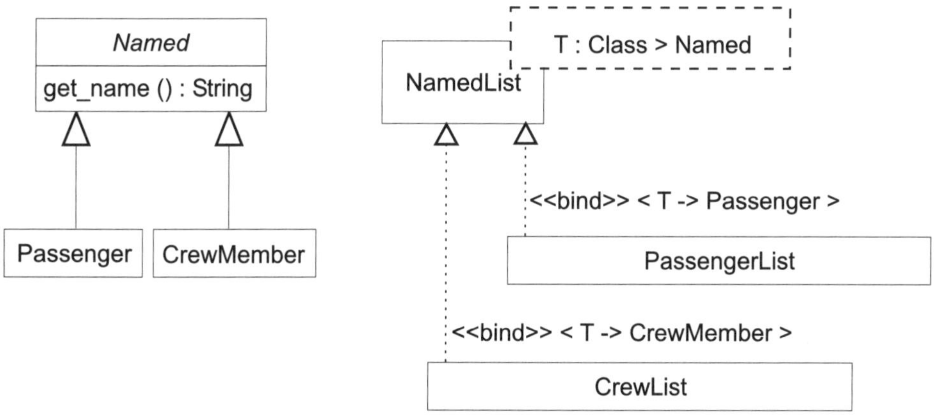

Abbildung 5.25: Einschränkung des Typs des formalen Parameters

Falls dem >-Symbol direkt der Bezeichner einer Klasse folgt, so muss der aktuelle Parameter diese Klasse sein oder mit dieser Klasse in einer Generalisierungsbeziehung stehen. Sofern dagegen die *Template*-Definition auch für einen aktuellen Parameter anwendbar sein soll, der den formalen Parameter lediglich substituiert, so nutzt man das Schlüsselwort *contract* in geschweiften Klammern vor dem Klassenbezeichner des formalen Parameters:

```
T : Class > { contract } Named
```

Es dürfen in diesem Fall auch Klassen als aktuelle Parameter an das *Template* übergeben werden, die mit *Named* in einer *Substitution*-Beziehung stehen. Eine Klasse darf mehr als ein Template instanzieren, in einer solchen Situation spricht man von *Multiple Template Binding*.

Nun drängt sich die Frage auf, für welche Metatypen eigentlich *Templates* definiert werden dürfen. In unserem Beispiel haben wir erfahren, dass mindestens *Class* ein solcher Metatyp ist. Wiederum bemühen wir das Metamodell, um diese Frage zu klären. Wenn wir das Paket *UML::AuxiliaryConstructs::Templates* studieren (vgl. Abbildung 5.26), so stellen wir fest, dass die Spezialisierungen der Metaklasse *TemplateableElement* als *Templates* in Modellen verwendet werden können.

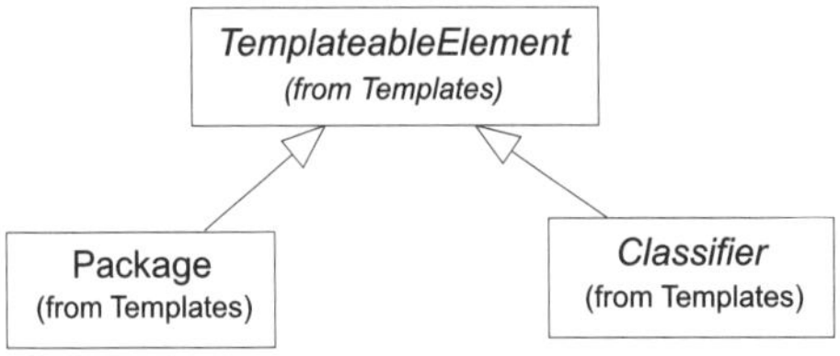

Abbildung 5.26: Spezialisierungen der Klasse TemplateableElement

Eine Spezialisierung von *TemplateableElement* ist die Metaklasse *Classifier*, die aus *UML::Kernel::Classifier* mittels *package merge* hervorgeht. Da es keine diesbezüglichen Einschränkungen gibt, kann jede Spezialisierung von *Classifier* als Typ eines *Template* verwendet werden: Wir dürfen über Klassen hinaus also auch beispielsweise Komponenten, Datentypen, Schnittstellen oder Signale als *Templates* formulieren. Dabei ist die Benutzung all jener Konzepte erlaubt, die wir am Beispiel *Class* kennen gelernt haben, denn alle hier bereits eingeführten Konzepte sind – wie schon des öfteren – nicht für das Konstrukt *Class* erklärt, das wir zur Veranschaulichung des *Template*-Gedankens genutzt haben, sondern natürlich für *Classifier*.

Versuchen wir, uns die Bedeutung der *Template*-Erklärung für *Classifier* am Beispiel von Anwendungsfällen zu erklären. Die Metaklasse *UseCase* ist eine Spezialisierung von *Classifier*, darf also zur Definition von *Templates* herangezogen werden. Stellen wir uns vor, wir wollten die Bestellung, Buchung, Bezahlung und Auslieferung von Waren verschiedenster Art als allgemeinen Anwendungsfall formulieren, der an die Art der Ware und die Art des Käufers bzw. Verkäufers gebunden werden kann. Wir können den Anwendungsfall als ein *Template* definieren, dessen Parameter genau die Klassen für die Ware und die Personen sind.

Nun wollen wir auch noch den Aspekt parametrisierter Pakete beleuchten. Das UML-Konstrukt *Package* ist eine weitere Spezialisierung von *TemplateableElement*, es dürfen damit Vorlagen für Pakete spezifiziert werden. In einem *Package*-Template können die formalen Parameter auf jedes Element verweisen, das Bestandteil des Pakets ist oder vom Paket benutzt wird. Ist also die Definition einer Klasse in einem *Package*-Template enthalten, so darf der Name dieser Klasse in der Liste der formalen Parameter eines *Package*-Template auftauchen. Man kann damit ganz allgemeine strukturelle Zusammenhänge in einem *Package*-Template erfassen. So ist es beispielsweise sinnvoll, die

Definition der allgemeinen Zusammenhänge beim Kauf von Waren in einem *Package*-Template zu erledigen und dieses für den Kauf von Flugtickets durch einen Passagier zu instanzieren. Ein weiterer sinnvoller Einsatz dieses Konzepts ist es, eine allgemeine Struktur für einen Plan zu formulieren und diese mit speziellen Klassen für einen Sitzplan in einem Flugzeug zu instanzieren, wie Abbildung 5.27 zeigt.

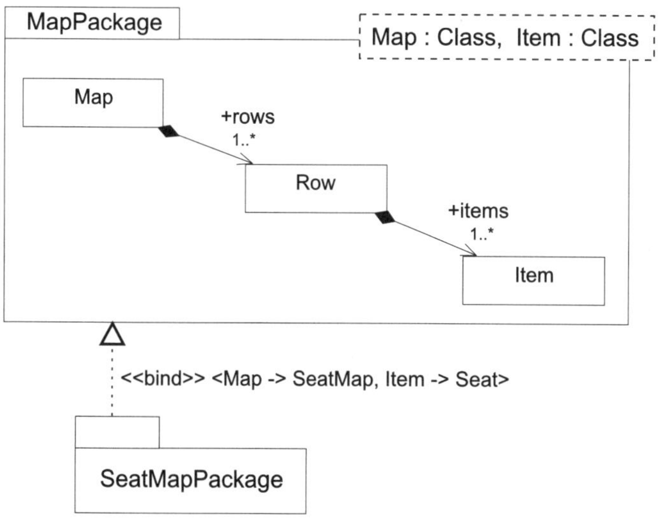

Abbildung 5.27: Definition eines Package-Template

SeatMapPackage definiert ein Paket, das die Klassen *SeatMap*, *Row* und *Seat* in die Struktur bringt, die durch das *Package*-Template *MapPackage* vorgegeben ist. Ein hässliches Detail ist aber noch, dass das *Property*, das auf die Sitze einer Reihe verweist, den Namen *items* und nicht – wie vielleicht einfacher zu verstehen – den Namen *seats* hat. Hier hilft uns eine weitere Metamodellkonstruktion: Die Metaklasse *NamedElement* ist zum Zwecke der Umbenennung von Namen in Templates um die Möglichkeit bereichert, einen String-Ausdruck zu beinhalten, der den Namen eines Modellelements spezifiziert. Immer dann, wenn ein *Template* gebunden wird, wird der Name des Modellelements aus dem String-Ausdruck berechnet. Nun dürfen wir unser *Package*-Template so formulieren, dass wir tatsächlich den Namen *items* durch den Namen *seats* bei der *Template*-Bindung ersetzen (vgl. Abbildung 5.28).

Wir haben in den bisherigen Beispielen formale Parameter für *Templates* benutzt, ohne genau zu wissen, welche Metatypen dabei eigentlich eingesetzt werden können. Wiederum hilft uns ein Blick in das Metamodell, um hier Klarheit (siehe Abbildung 5.29) zu gewinnen: Alle Spezialisierungen der Metaklasse *ParameterableElement* dürfen als formale Parameter in *Template*-Signaturen auftreten.

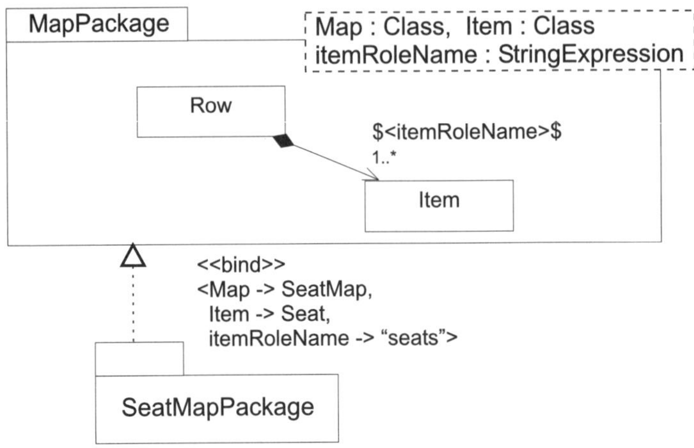

Abbildung 5.28: Package-Template mit String-Ausdruck für Rollennamen

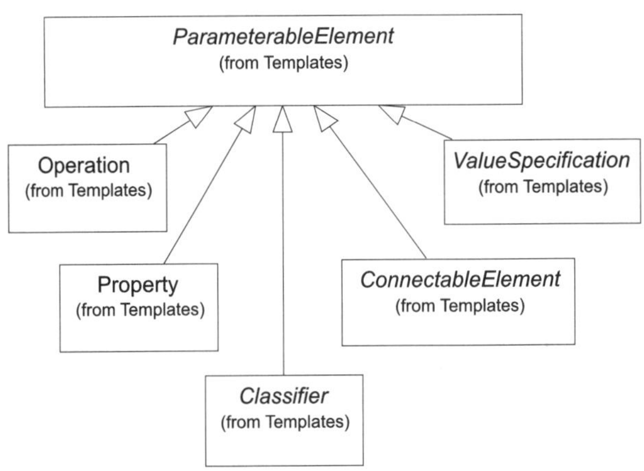

Abbildung 5.29: Spezialisierungen von ParameterableElement

Es ist wenig überraschend, dass *Classifier* als formale Parameter eines Template auftauchen dürfen, die Sprachspezifikation macht bezüglich dieses Auftretens keinerlei Einschränkungen. Ebenso haben wir bereits in mehreren Beispielen intuitiv Werte oder Ausdrücke, die einen Wert liefern, übergeben. Dies ist durch das Metamodell erlaubt, da die Metaklasse *ValueSpecification* ebenfalls eine Spezialisierung von *ParameterableElement* ist.

Zusätzlich dürfen Operationen als Template-Parameter eines *Classifier*-Templates eingesetzt werden. Notiert wird dies in der Liste der formalen Template-Parameter durch den Operationsnamen und die Liste der Operationsparameter. Die Semantik ist dabei, dass die Benutzung dieser Operation im Kontext des *Classifier*-Template immer die als aktuellen Parameter gebundene Operation referenziert. Erinnern wir uns an das in Abbildung 5.25 präsentierte Beispiel für Einschränkungen bezüglich des Typs des aktuellen Klassenparameters. Wir haben die Klassen *Passenger* und *CrewMember* als Spezialisierungen von *Named* spezifizieren müssen, um die *Template*-Klasse *NamedList* mit korrekten aktuellen Parametern versorgen zu können. Im Wesentlichen benötigen wir diese Einschränkung, um im Kontext von *NamedList* auf die Operation zum Lesen des Namens eines Listenelements zugreifen zu können. Unter Nutzung eines Operations-*Template*-Parameters für die Klasse *NamedList* leistet nun auch die Definition in Abbildung 5.30 das Gewünschte.

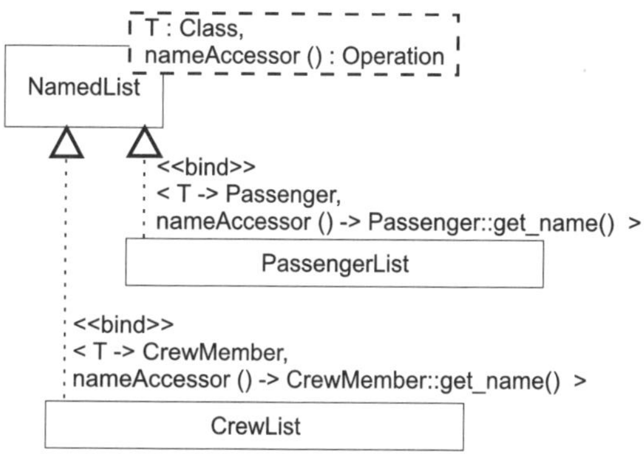

Abbildung 5.30: Definition von NamedList mit einem Operations-Template-Parameter

In der gleichen Manier kann mit Properties verfahren werden: Sie dürfen als formale Parameter von *Classifier*-Templates und als aktuelle Parameter bei der Template-Bindung eingesetzt werden.

Der Entwurf von *Templates* ist nicht nur für allgemeine Strukturen sinnvoll, sondern auch für Interaktionsmuster zwischen Objekten. Die Metaklasse *Collaboration* ist ebenfalls eine Spezialisierung von *Classifier*. Wir dürfen demzufolge sog. *Collaboration Templates* formulieren. In Kollaborationen werden die Features eines Objektes, das eine bestimmte Rolle in der Kollaboration einnimmt, durch die Definition eines Interfaces und Zuordnung dieses Interfaces als Typ der Rolle geregelt. Es ist es nun oft sinnvoll, den Typ einer Rolle in einer Kollaboration als formalen *Template*-Parameter zu wählen, so dass die spezifischen Features einer Rolle durch diesen Parameter festgelegt werden. Des Weiteren sind alle Sprachkonstrukte für die Verhaltensmodellierung im Metamodell Spezialisierungen der Metaklasse *Class* darstellen, wir dürfen folglich auch Verhaltens-*Templates* definieren.

Der Einsatz des Template-Mechanismus in UML-Modellen ist (noch) nicht übermäßig weit verbreitet. Empfehlenswerte Einsatzmöglichkeiten ergeben sich, wenn einer der folgenden Einsatzfälle vorliegt:

1. Erfassen sehr allgemeiner Strukturen in einer Bibliothek

   Aus diesem Anwendungsbereich haben wir die Beispiele für dieses Kapitel gewählt. Man stelle sich als Vorbild die *Standard Template Library* in C++ vor: Auch hier sind Strukturen wie Listen, Bäume und Mengen mit den dazugehörigen Verwaltungsoperationen in Template-Klassen erfasst. Man kann sehr gut erkennen, dass ein ähnlicher Standard auch für die Sprache UML geschaffen werden kann – etwa eine *UML Template Library*, für die es dann auch entsprechende Implementierungen als Softwarepakete geben könnte.

2. Erfassung und Angebot von Designmustern

   Aus der Softwaretechnik ist der Begriff *Design Pattern* für Mechanismen bekannt, die sehr häufig in Programmen anzutreffen sind. *Design Patterns* werden nicht erfunden, sie werden durch Analyse von Programmen gewonnen, beschrieben und veröffentlicht. Sehr bekannte und hervorragend einsetzbare Muster findet man beispielsweise in [GHJ+ 99]. Ein durchaus berühmtes Pattern trägt die Bezeichnung *Singleton* – es handelt sich dabei um eine Klasse, die nur maximal eine Instanz haben soll. Es ist sinnvoll, dieses Muster als UML-Klassen-Template zu erfassen. Sehr oft beschreiben *Design Patterns* die Zusammenarbeit von mehreren Objekten unterschiedlicher Klassen. Beispielsweise beschreibt das *Acceptor-Connector-Pattern* ein gebräuchliches Verfahren zur Herstellung von Kommunikationskanälen in verbindungsorientierten Netzen. Muster, die die Zusammenarbeit mehrerer Objekte beschreiben, lassen sich durch *Collaboration Templates* in UML erfassen.

5.4 Informationsflüsse

Die Sprache UML erlaubt mit den im Paket *InformationFlows* zusammengefassten Sprachkonstrukten die Modellierung des Informationsaustauschs zwischen Bestandteilen eines Systems auf einem hohen Abstraktionsgrad. *Information* ist dabei ein sehr abstraktes Konzept, das die Fakten repräsentiert, die innerhalb eines Systems ausgetauscht werden. Auf dem Abstraktionsniveau von Informationsflüssen ist es völlig unerheblich, *wie* diese Fakten ausgetauscht werden, d.h.ob beispielsweise Signale die Fakten repräsentieren oder diese als Parameter von Operationen an Schnittstellen auftreten. Ebenso wenig wird die Struktur der Modellelemente präzisiert, die in einem detaillierten Design zum Austausch der Fakten genutzt werden. Der mit Informationsflüssen modellierte Aspekt ist es, *dass* Information zwischen Entitäten eines Systems ausgetauscht wird.

Information wird durch das UML-Konstrukt *Information Item* erfasst. Im Metamodell können wir recherchieren, dass *Information Item* eine Spezialisierung von *Classifier* ist und damit die Notation für Information in UML durch die *Classifier*-Notation vorgegeben ist: Information wird durch das *Classifier*-Symbol mit dem Schlüsselwort *<<information>>* oder einem ausgefüllten Dreieck in der rechten oberen Ecke des Symbols sowie einer selbst gewählten abstrakten Bezeichnung der Art der Information als Name des *Classifier* dargestellt.

Zur Veranschaulichung wollen wir im Folgenden den Informationsaustausch beim Einchecken für einen Flug am Schalter der Airline nachvollziehen. Ein Passagier sollte zunächst seine Reisedokumente vorweisen, die wir als *Information Item* modellieren – beide Darstellungen in Abbildung 5.31 sind äquivalent.

Abbildung 5.31: Reisedokument als Information Item

Modellelemente vom Typ *Information Item* unterliegen gewissen Einschränkungen: Sie dürfen

- keine Attribute oder Operationen (allgemein: keine Features) deklarieren.
- nicht in Assoziationen beteiligt sein.
- nicht in Generalisierungsbeziehung mit anderen Modellelementen stehen (auch nicht mit anderen Elementen desselben Typs).

Es ist lediglich zulässig anzugeben, dass eine bestimmte Information aus mehreren Informationen zusammengesetzt sein kann bzw. – in der Gegenrichtung gelesen – eine Information einen Teil einer anderen Information repräsentiert. Durch die Möglichkeit der Dekomposition kann modelliert werden, dass in spezifischen Kontexten nur ein Teil der zusammengesetzten Information ausgetauscht wird. Die Zusammensetzung von Information wird durch eine Abhängigkeitsbeziehung mit dem Schlüsselwort *<<representation>>* notiert. In unserem Beispiel umfassen die Reisedokumente eines Passagiers die Informationsteile Reisepass, Flugticket und Bonuskarte der Fluglinie – dies sind diejenigen Dokumente, die man beim Einchecken vorlegen muss.

Die Dekomposition unserer Reisedokumente (vgl. Abbildung 5.32) verdeutlicht den beabsichtigten hohen Abstraktionsgrad von Informationsflussdiagrammen: Es wird weder erfasst, dass ein Passagier mehrere Flugtickets oder sogar mehrere Reisepässe haben kann, noch wird eine Aussage über den Fakt getroffen, dass ein Passagier nicht zwingend eine Bonuskarte besitzen muss.

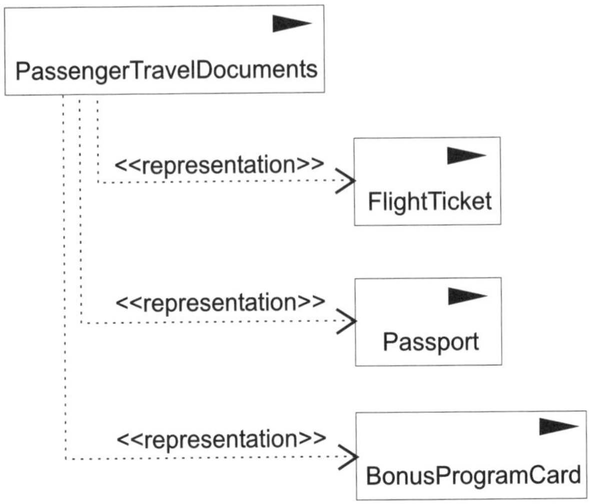

Abbildung 5.32: Dekomposition der Reisedokumente

Nun können wir den Informationsaustausch zwischen den Entitäten spezifizieren, die am Eincheckvorgang für einen Flug beteiligt sind. Informationsaustausch wird durch das Sprachkonstrukt *Information Flow* beschrieben, die Notation für dieses Konstrukt ist eine Abhängigkeit mit dem Schlüsselwort *<<flow>>*, die in Pfeilrichtung von der Informationsquelle zur Informationssenke verläuft. In Abbildung 5.33 ist dargestellt, dass alle Reisedokumente eines Passagiers am Schalter der Fluglinie an einen *CheckInAssistent* übergeben werden.

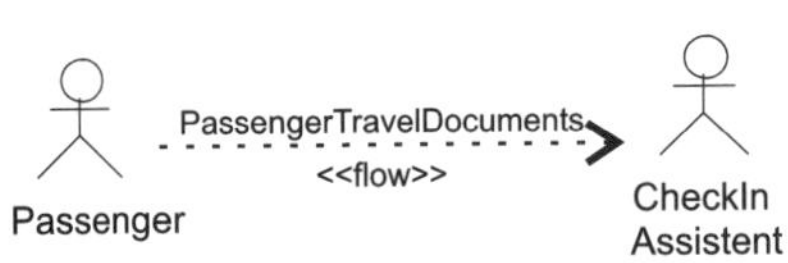

Abbildung 5.33: Information Flow für Reisedokumente

Eine Informationsquelle bzw. Informationssenke kann einen der folgenden Typen annehmen: *Actor, Use Case, Node, Artifact, Class, Property, Component, Port, Interface* oder *Package*. Des Weiteren ist der Typ *Instance Specification* erlaubt, sofern es sich bei der Instanz nicht um einen Link handelt.

UML sieht vor, dass die Einzelheiten eines Informationsflusses durch Realisierungsbeziehungen angegeben werden. Diesen Aspekt offenbart uns auch das UML-Metamodell: Die Metaklasse *InformationFlow* verfügt über ein *Property* namens *realization*, dessen Typ *Relationship* ist. Das *Property* mit der Vielfachheit * verweist auf alle Beziehungen zwischen Modellelementen, die eine logische oder gar physische Realisierung eines Informationsflusses darstellen, über die also Daten ausgetauscht werden können, die der Spezifikation des Informationsflusses entsprechen. Im Wesentlichen handelt es sich dabei um Informationsflüsse, die einen spezifizierten Informationsfluss verfeinern, oder aber um Assoziationen bzw. Konnektoren.

Um uns den Gedanken der Realisierung zu vergegenwärtigen, wollen wir zunächst unser *Check-In*-Modell etwas erweitern. Nehmen wir an, unsere *Check-In*-Assistentin nimmt die Reisedokumente des Passagiers entgegen und möchte die Einstiegskarten für die Flüge ausstellen, wir erhalten dann das in Abbildung 5.34 dargestellte Modell.

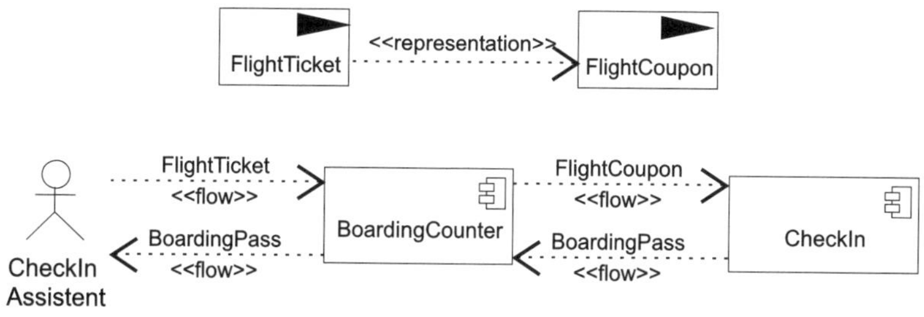

Abbildung 5.34: Informationsflüsse beim Check-In

Die *Check-In*-Assistentin nimmt die Reisedokumente des Passagiers entgegen und transferiert das Flugticket in eine Maschine zum Einlesen der Ticketinformationen (*BoardingCounter*). Die Zerlegung der im Flugticket enthaltenen Informationen ergibt die Aufspaltung in Flugcoupons für die Segmente des Flugs. Aus den in den Flugcoupons enthaltenen Daten werden *BoardingPass*-Karten erstellt. Nun nehmen wir an, die Komponenten *BoardingCounter* und *CheckIn* verfügen jeweils über einen Port und diese Ports sind durch einen Konnektor verbunden, dann ist der Konnektor eine Realisierung der spezifizierten Informationsflüsse zwischen den beiden Komponenten (vgl. Abbildung 5.35). Der Informationsaustausch kann direkt am Konnektor notiert werden, wiederum unter Nutzung des ausgefüllten Dreiecksymbols, das dann auch die Richtung des Informationsaustauschs angibt. Eine weitere Form der Realisierung eines Informationsflusses ist eine Menge von Assoziationen.

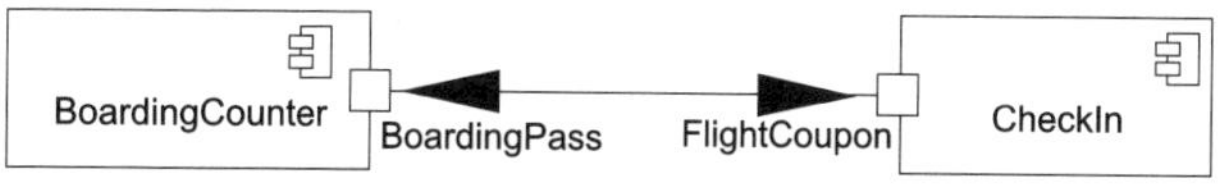

Abbildung 5.35: Ein Konnektor realisiert einen Informationsfluss

Der Fakt, dass für jeden Flugcoupon genau eine Bordkarte ausgestellt wird, oder eben auch die Einhaltung des beschriebenen Ablaufs kann nicht durch Informationsflüsse ausgedrückt werden. Die Modellierung dieser Aspekte findet in Zusammenhang mit der Spezifikation der *Classifier* statt, die ein *Information Item* in der abstrakten Sicht repräsentiert. Der Zusammenhang zwischen diesen *Classifiers* und den *Information Items* wird ebenfalls durch Beziehungen vom Typ *<<representation>>* erfasst, wie in Abbildung 5.36 ersichtlich.

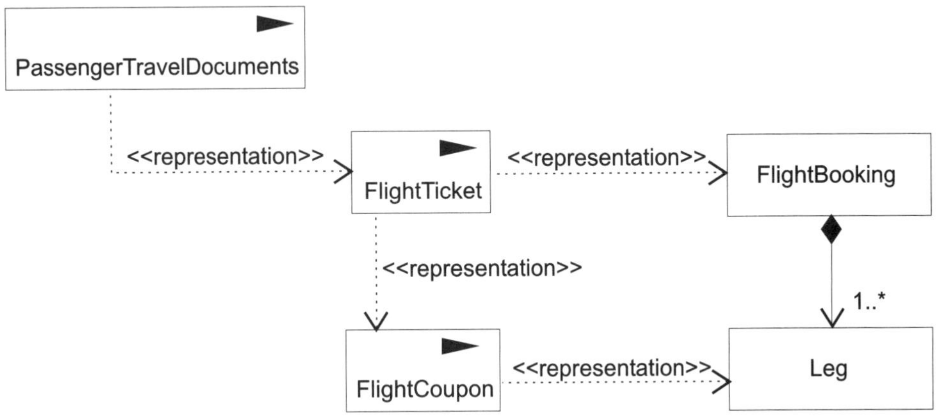

Abbildung 5.36: Information Items und repräsentierte Classifier

Liest man die Beziehung zwischen *FlightTicket* und *FlightBooking* in entgegengesetzter Richtung, so realisiert die Klasse *FlightBooking* das *Information Item* mit dem Namen *FlightTicket*. Realisierungen eines *Information Item* müssen einen der folgenden Typen besitzen: Klasse, Interface, Signal, Komponente oder aber natürlich wiederum *Information Item*. Bei der Verfeinerung von Informationsflüssen dürfen nun auch Konstrukte auftreten, die für einen Informationsfluss spezifizierte *Information Items* realisieren. Die Darstellung in Abbildung 5.37 ergibt sich, wenn die Informationsflüsse beim *Check-In-*Vorgang verfeinert werden.

Abbildung 5.37: Informationsflüsse transportieren Objekte

Es ist sinnvoll, die Spezifikation von Informationsflüssen in sehr frühen Phasen des Entstehens des Modells eines komplexen Systems vorzunehmen. Diese Sprachmittel dienen eher dem kreativen Denkprozess als der exakten Spezifikation des Systems. Ebenso können diese Mittel zur abstrakten Dokumentation des Informationsaustauschs in komplexen Systemen dienen.

6 Modellbasierte Softwareentwicklung mit UML

Die Softwareindustrie beschäftigt sich seit langem mit der Vision, Methoden und Werkzeuge zu entwickeln, um IT-Systeme wesentlich effizienter und qualitativ hochwertiger zu produzieren, als dies mit den heutigen Mitteln der Kodierung unter Nutzung von Programmiersprachen möglich ist. Diese Methoden sollen die Softwareentwicklung von der Anforderungsanalyse bis hin zur Inbetriebnahme des IT-Systems durchgängig unterstützen: Das Ergebnis einer Methode wird zum Ausgangspunkt der sich anschließenden Methode.

Die sich abzeichnende Antwort heißt *Model Driven Architecture* oder *Model Driven Software Engineering*. Grundgedanke dieser Technologie ist es, konstruktive Modelle eines Systems in das Zentrum aller Phasen der Systementwicklung zu stellen. Diese Modelle dienen nicht mehr nur der abstrakten Beschreibung von Aspekten des zu realisierenden Systems, sondern werden zur automatisierten Gewinnung

- von weiteren Modellen desselben Systems oder
- zur Erzeugung der Bestandteile (Komponenten) eines Systems herangezogen.

Grundgedanke ist es, die Modellierung verteilter Softwaresysteme zu unterteilen in:

- die technologieunabhängige Modellierung, in der von den Details der zur Realisierung verwendeten Hard- und Softwareinfrastruktur abstrahiert wird und
- die technologiebezogene Modellierung, in der technologieunabhängige Modelle in technologiebezogene Modelle transformiert werden.

In technologieunabhängigen Modellen werden also Geschäftsprozesse und Fachverfahren unabhängig von einer gegebenen Softwareplattform definiert. Das Wissen von Domänenexperten fließt in Modelle dieser Kategorie. Die Definition erfolgt so, dass aus diesen Modellen technologiebezogene Modelle entstehen können: Aus technologieunabhängigen Modellen werden durch automatisierte Transformationsschritte technologiebezogene Modelle erzeugt, die die modellierten Geschäftsprozesse und Fachverfahren in der gewählten Softwareinfrastruktur beschreiben. Aus diesen Modellen wiederum entstehen – ebenfalls durch automatisierte Transformation – Softwarekomponenten für die gewählte Infrastruktur, die ein Softwaresystem bilden, das die modellierten Geschäftsprozesse und Fachverfahren realisiert.

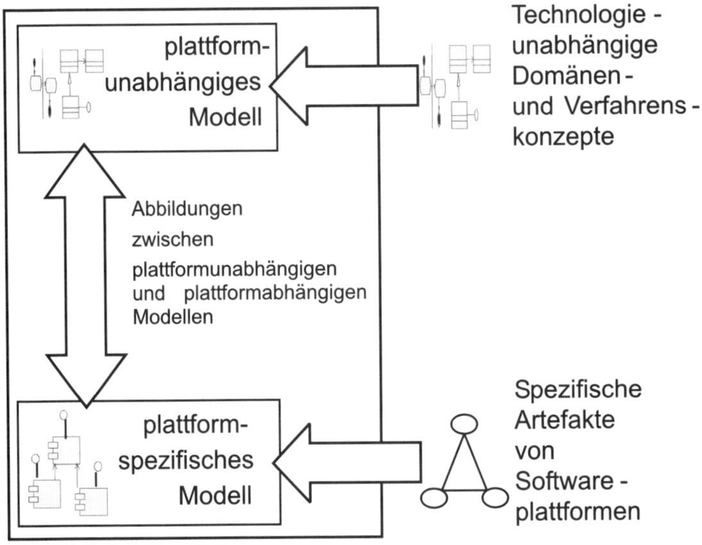

Abbildung 6.1: Grundgedanken von Model Driven Engineering

Dieses Vorgehen eröffnet einerseits die Möglichkeit, Spezifikationen (d.h. Modelle) für unterschiedliche Problemstellungen wiederverwenden zu können. Andererseits werden Softwarekomponenten automatisch aus den technologiebezogenen Modellen gewonnen (automatische Codegenerierung) und können mit bereits existierenden Komponenten auf der Basis der im Modell enthaltenen und in Modelldatenbanken gespeicherten Informationen integriert werden. Zudem lassen sich Testkomponenten ebenso automatisch aus den platt-formabhängigen Modellen gewinnen und zur Validierung und Qualitätsüberprüfung der Systemkomponenten in der letztendlich genutzten Zielumgebung einsetzen.

Allen Methoden und Werkzeugen ist ein Grundgedanke gemeinsam – die enorme Bedeutung von gemeinsam genutzten Metainformationen innerhalb eines IT-Systems und zwischen IT-Systemen: »*Metadata is the primary means by which interoperability within any heterogenous environment is achieved*« heißt es dazu in den Dokumenten zur Normierung einer *Model Driven Architecture* in der *Object Management Group* [MDA 03]. Auf der Grundlage von Metainformationen können nicht nur Softwaresysteme selbst, sondern auch Methoden und Werkzeuge zur Entwicklung solcher Systeme miteinander integriert werden. So entsteht eine Entwicklungsumgebung, die sowohl die technologieunabhängige als auch die technologiebezogene Modellierung in domänenspezifischen Sprachen unterstützt.

6.1 Grundlagen von MDA

Die *Model Driven Architecture* wurde im Jahre 2000 erstmalig innerhalb der OMG vorgestellt und befindet sich seitdem in der Weiterentwicklung und Vervollkommnung. Ursache für die Einführung der MDA, die die seit Anfang der Neunziger Jahre bestehende *Object Management Architecture* (OMA) abgelöst hat, war die Erkenntnis, dass nicht mehr nur die Interoperabilität von Komponenten eines Softwaresystems sichergestellt werden muss, sondern auch die Interoperabilität von Informationen über diese Komponenten (Modellen) und damit die Interoperabilität und Kooperation von Entwicklungsteams bei der Entwicklung selbst. Die MDA ist auf der Grundlage von bereits existierenden, industrieweit akzeptierten Standards definiert: *Unified Modelling Language*, *Meta Object Facility* und *XML Metadata Interchange*. So bietet die MDA einen auf diesen Standards aufsetzenden Rahmen für die Systementwicklung insbesondere im Bereich *Enterprise Application Integration*.

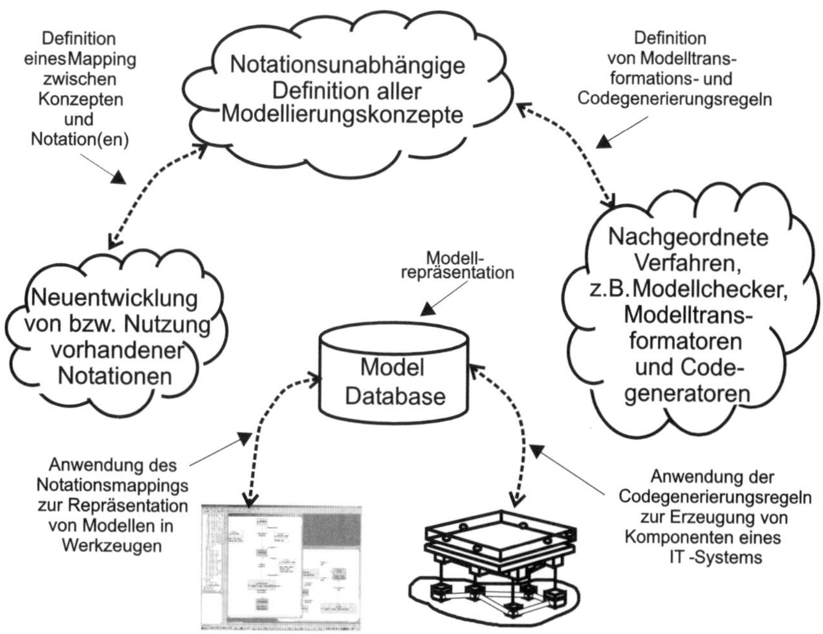

Abbildung 6.2: Konzeptdefinition, Notation und nachgeordnete Verfahren in MDA

Ein Grundsatz der *Model Driven Architecture* ist es, die technologieunabhängigen sowie die technologiebezogenen Modellierungskonzepte sowohl von einer eingesetzten Notation zur Präsentation dieser Konzepte in Werkzeugen als auch von im Prozess nachgestellten Codegeneratoren und Modelltransformatoren zu trennen. Dieser Grundsatz erlaubt die Austauschbarkeit der Notation bei gleichzeitiger Modellkonsistenz: Ein notationsunabhängig repräsentiertes Modell (beispielsweise als Eintrag in einer *Model Database*) erlaubt dessen Darstellung mit verschiedenen Werkzeugen. Des Weiteren gestattet diese Trennung ebenfalls den Einsatz unterschiedlicher nachgeordneter Komponenten: Beispielsweise können die Modellelemente ein und desselben Modells sowohl als Eingabe für Modelltransformatoren als auch als Eingabe für einen Dokumentationsgenerator dienen.

Eine generische Technologie zur Unterstützung der Definition und der automatischen Verarbeitung von Modellen und deren Metamodellen bietet der OMG-Standard *Meta Object Facility* (MOF). Der entscheidende Vorzug dieser Technologie ist die Bereitstellung objektorientierter Paradigmen zur Definition von Metamodellen (Modelle, die diejenigen Elemente, d.h. Begriffe und Beziehungen, definieren, die zur Entwicklung eines Modells herangezogen werden können) sowie die Präsenz von Regeln, die die automatische Ableitung von Interfaces für Repositories ermöglichen. Auf der Grundlage des MOF-Standards sind Werkzeuge für Modellrepräsentation, -transformation und programmiersprachliche Abbildung verfügbar. Der Standard MOF definiert:

- eine Menge von Meta-Metamodellkonzepten (ein Meta-Metamodell), die zur Definition konkreter, MOF-konformer Metamodelle einsetzbar ist,
- Ableitungsregeln für die Erzeugung von Interfaces zum Zugriff auf Repositories (oder Modelldatenbanken) für Modelle aus MOF-konformen Metamodellen sowie
- Regeln zur Erzeugung von XML-Repräsentationen aus MOF-konformen Metamodellen zum Austausch von Modellen.

Die Integration von Modellierungs- und Implementierungstechniken erfolgt auf der Basis mittels MOF definierter Metamodelle. Alle semantischen Überprüfungen von Modellen sowie die Anwendung von Transformationsregeln zwischen Modellen werden auf der Grundlage der aus den Metamodellen automatisch erzeugten *Model Databases* vorgenommen. Zur semantischen Überprüfung von Modellen werden in Metamodellen so genannte *Constraints* in einer *Constraint*-Sprache (*Object Constraint Language* als Bestandteil von UML) formuliert. Aus diesen *Constraints* wird programmiersprachlicher Code automatisch in die *Model Databases* generiert, der die Einhaltung dieser *Constraints* überwacht.

In einer modellzentrierten Entwicklungsumgebung wird das bisherige Systemkonstruktionsparadigma – die objektorientierte Programmierung und Komposition – durch das Modelltransformationsparadigma abgelöst.

Die Grundlage für dieses Paradigma bildet die Transformation eines Modells höherer Abstraktionsstufe in ein oder mehrere Modelle niedrigerer Abstraktionsstufe. Die Regeln der Modelltransformation sind über Metamodelle definiert. Für jedes Element eines Quell-Metamodells (z. B. technologieunabhängiges Metamodell) wird dabei definiert, welche Instanzen des Ziel-Metamodells (z. B. technologiebezogenes Metamodell) und welche Relationen zwischen diesen durch eine Regel erzeugt werden. Die Regeln können im Anschluss auf konkrete Elemente eines Quellmodells angewendet werden, mit der Folge, dass eine bestimmte Menge von Modellelementen des Zielmodells erzeugt wird.

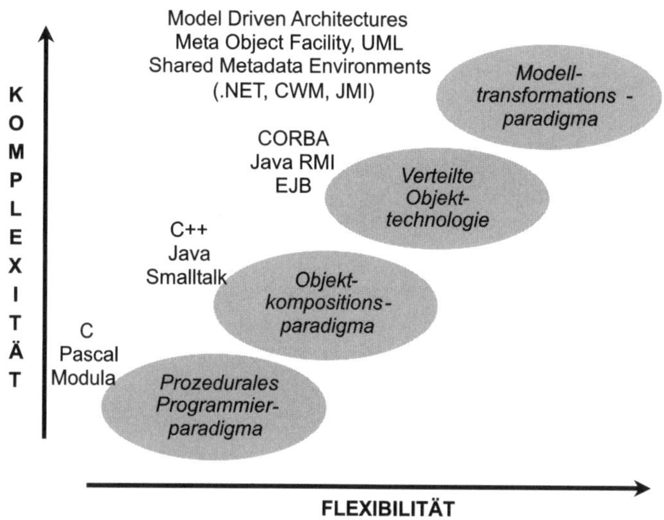

Abbildung 6.3: Von der Programmierung zur Modelltransformation

6.2 Vorgehen und Begriffswelt

Das Grundprinzip von MDA liegt in der Trennung der Spezifikation der Funktionalität und der Benutzung eines Systems von den Details seiner Realisierung auf der Grundlage einer konkreten Hardware- und Softwareplattform. Hierzu wird von MDA eine Rahmenvorgehensweise vorgegeben, die die folgenden Aktivitäten umfasst und durch Werkzeuge unterstützt wird:

- Spezifikation eines Systems unabhängig von der zur Realisierung einzusetzenden Plattform
- Spezifikation von Plattformen
- Auswahl einer Plattform für die Realisierung des Systems
- Transformation der Systemspezifikation in eine plattformspezifische Spezifikation

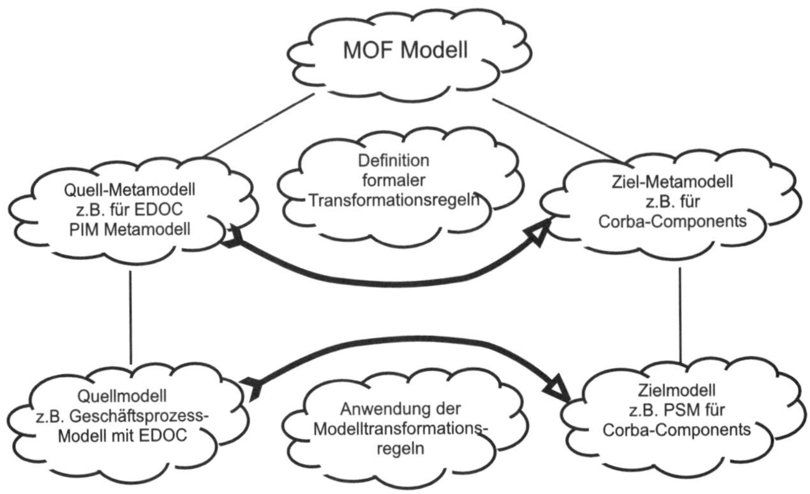

Abbildung 6.4: Definition von Modelltransformationen für Metamodelle

Modelle werden also in MDA zu einem zentralen Hilfsmittel und Informationsspeicher. Für die praktische Anwendung von MDA im industriellen Softwareengineering ergeben sich hierdurch zusätzliche Anforderungen an die Modellierungssprachen:

- Modelle müssen maschinell verarbeitbar und austauschbar sowie über den gesamten Softwareentwicklungszyklus verfügbar sein.
- Die Modellierungssprachen müssen an die konkreten Einsatzgebiete und Domänen anpassbar sein.
- Die Begriffswelt der Modellierungssprachen müssen auf der einen Seite ausreichende Sprachmechanismen besitzen, um von einsatz- und plattformspezifischen Details zu abstrahieren und andererseits aber auch einen Detaillierungsgrad besitzen, der allgemein benötigte Konzepte zur Spezifikation von Softwaresystemen (z.B. Klasse, Komponente, Verhalten) umfasst.

Die Entwicklung von UML 2 war und ist ein integraler Bestandteil der MDA-Strategie der OMG. Mit Aspekten wie der Metamodellierung und dem Profilmechanismus, aber auch der engen Bindung zwischen UML und MOF wird die Sprache den Anforderungen von MDA gerecht.

Mit UML wird in einem MDA-konformen Vorgehen während der Softwareentwicklung eine Reihe von unterschiedlichen Modellen erstellt. Diese Modelle bilden eine Architekturbeschreibung des existierenden oder zu entwickelnden Systems von unterschiedlichen Sichtpunkten (*Viewpoints*) aus. MDA gibt für den Entwurf konkrete *Viewpoints* vor und spezialisiert damit die allgemeine Begriffswelt für die Architekturbeschreibungen softwareintensiver Systeme des IEEE-Standards 1471 [IEEE 98].

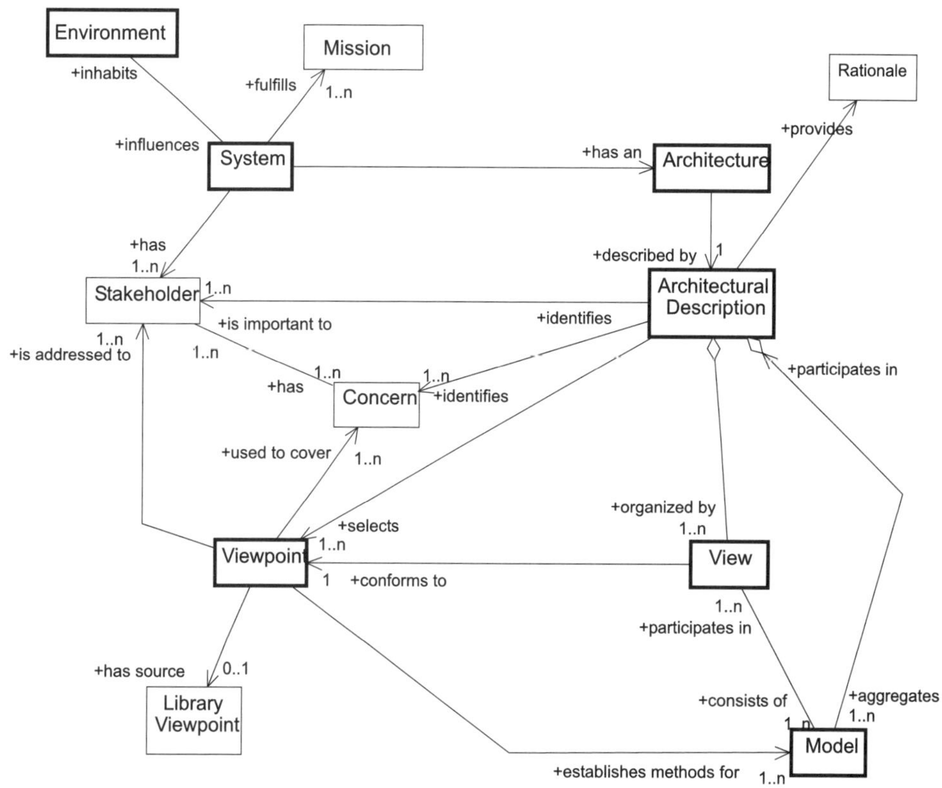

Abbildung 6.5: Softwarearchitekturbeschreibung nach IEEE 1471

Die von MDA vorgegebenen *Viewpoints* sind:

- *Computation Independent Viewpoint*

  Zentrale Aspekte dieses Standpunkts sind die Umgebung des Systems sowie die Anforderungen an das System. Von Details wie der Struktur und der internen Arbeitsweise wird dagegen abstrahiert.

- *Platform Independent Viewpoint*

  Dieser Standpunkt fokussiert auf die Funktionalität des Systems, abstrahiert aber von Details, die für die Realisierung auf einer konkreten Plattform notwendig sind. Eine Spezifikation von diesem Standpunkt aus umfasst also den Teil des Systems, der plattformunabhängig ist und sich bei Plattformwechsel nicht verändert.

- *Platform Specific Viewpoint*

  Von diesem Standpunkt aus werden die Spezifikationen des *Platform Independent Viewpoint* mit konkreten Plattforminformationen kombiniert und Angaben zur Realisierung des Systems auf dieser Plattform gemacht.

Als Konsequenz aus dieser Unterteilung in unterschiedliche Standpunkte werden in MDA Modelle in die folgenden Gruppen unterteilt:

- *Computation Independent Model* (CIM)
- *Platform Independent Model* (PIM)
- *Platform Specific Model* (PSM)
- *Platform Model* (PM)

Die Anforderungen an diese Modelle sowie die in ihnen zu erfassenden Informationen werden nachfolgend noch genauer dargestellt.

Neben der Erfassung der Informationen des Softwareentwicklungsprozesses in unterschiedlichen Modellen ist eine zweite Anforderung von MDA aber auch die maschinelle Verarbeitbarkeit und die Unterstützung des Übergangs zwischen den Modellen durch Werkzeuge. Dieser Vorgang des Umwandelns eines Modells eines Standpunkts in ein (initiales) Modell eines anderen Standpunkts wird als Modelltransformation bezeichnet. Hierbei liegt der Kerneinsatzbereich in der Transformation eines PIM in ein oder mehrere unterschiedliche PSM. Unabhängig von den eigentlichen Modellen, der Art und Weise der Transformation und den eingesetzten Modellierungssprachen und Plattformen gibt MDA ein generelles Muster für die Modelltransformation vor.

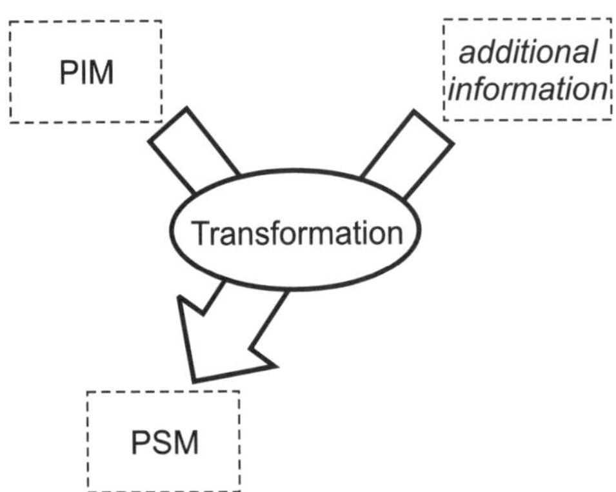

Abbildung 6.6: Modelltransformationsmuster

Ausgangspunkt für den Transformationsprozess sind immer ein (gegenüber dem Transformationsergebnis) plattformunabhängiges Modell und zusätzliche ergänzende Informationen (z.B. ein Plattformmodell). Das Ergebnis wird – bezogen auf die ergänzenden Plattforminformationen – als plattformspezifisch angesehen.

6.2.1 Computation Independent Model

In einem CIM wird ein System in seiner aktuellen oder zukünftigen Einsatzumgebung modelliert. Es beschreibt die Nutzung des Systems, seine Anforderungen an seine Umgebung sowie den Nutzen, den die Umgebung aus diesem System zieht. Beschreibungen der internen Strukturen des Systems oder seines inneren Verhaltens gehören dagegen nicht zu diesem Modell. Dies bedeutet, dass ein CIM unabhängig von seiner späteren Implementierung ist.

Ein CIM wird in der Regel durch zwei wesentliche Modellarten gebildet, zum einen aus *Business*- oder Geschäftsmodellen und zum anderen aus Informationsmodellen. Bei der Repräsentation eines CIM mittels UML finden dabei Anwendungsfalldiagramme (*Use Cases*), Interaktionsdiagramme und Aktivitätsdiagramme für die *Business*-Modelle sowie Klassendiagramme für die Informationsmodelle Einsatz.

Das CIM gibt den Grundwortschatz für die weiteren Modelle im MDA-Entwicklungsprozess (PIM, PSM) vor. Die in diesen Modellen aufgestellten Strukturen, Verhaltensbeschreibungen und Implementationen müssen auf die Anforderungen im CIM rückführbar sein (z. B. durch *trace*-Relationen zwischen den Modellen).

Betrachten wir als Beispiel die Entwicklung eines *Inflight-Entertainment*-Systems. Ein CIM für dieses System umfasst Anwendungsfalldiagramme, die die Nutzung dieses Systems durch einen Fluggast sowie die Steuerung und Kontrolle des Systems durch das Kabinenpersonal beschreiben. In Interaktionsdiagrammen können die verschiedenen Abläufe bei der Auswahl eines Films oder eines Videospiels erfasst werden. Informationsmodelle spezifizieren in Strukturdiagrammen die zwischen dem System und dem Nutzer ausgetauschten Informationen (Video, Nutzereingaben, Fluginformation etc) in abstrakter Form.

6.2.2 Platform Independent Model

Dieses Modell ist das Kernstück des MDA-Prozesses. In ihm werden die Struktur und das Verhalten des Systems unabhängig von den später zur Implementation einzusetzenden Software- und Hardwareplattformen spezifiziert. Für diese Plattformunabhängigkeit bieten sich klassische Vorgehensweisen wie die Basierung auf einer virtuellen Maschine oder die Nutzung einer generischen Plattform an. Hierbei kann bei der Spezifizierung des PIM auf eine allgemein anerkannte Grundmenge von Elementen und Diensten (z. B. Kommunikation, Namensdienst, *Scheduling*, Persistenz) Bezug genommen werden. Innerhalb der MDA-Standardisierungsaktivitäten wird angestrebt, für derartige allgemein verfügbare Dienste (*pervasive services*) plattformunabhängige Modelle anzubieten.

Auch das PIM umfasst *Business*- und Informationsmodelle, ergänzt werden diese hier aber auch durch so genannte *Computational*-Modelle. In Letzteren wird das System in seiner Struktur und seinem Verhalten durch eine funktionale Dekomposition in an Interfaces interagierende Objekte beschrieben. Sowohl die Business- als auch die Informationsmodelle besitzen im Vergleich zum CIM einen deutlich höheren Detaillierungsgrad und nehmen Bezug auf *Computational*-Modell erfasstes Verhalten und innere Strukturen. In einem Informationsmodell werden z. B. nicht nur die Informationsverarbeitung und Semantik von Informationen, sondern jetzt auch die Repräsentation und Transformation von Informationen und Daten beschrieben.

In Abhängigkeit von dem Teilmodell des PIM, der Anwendungsdomäne und dem eigentlichen Entwurfsvorgang können bei der Erstellung eines PIM alle Modellformen von UML, von Klassen- und Strukturmodellen bis hin zu Verhaltensbeschreibungen zum Einsatz kommen. Lediglich der Einsatz von *Deployment*-Modellen bleibt auf Grund der Plattformunabhängigkeit auf abstrakte bzw. generische Modelle beschränkt.

Durch die konsequente Erfassung der *Business*-Logik, des Domänenwissens und von Problemlösungen in einem PIM sowie der Trennung plattformspezifischer Informationen vom PIM wird dieses zu einem zentralen und langfristigen *Know-how*-Speicher für ein IT-Entwicklungsunternehmen. Die Lösungen und das Wissen in derartigen Modellen stehen für Realisierungen auf unterschiedlichen Plattformen zur Verfügung und bleiben auch bei einem Technologiewechsel gültig.

Kommen wir wieder auf das Beispiel eines *Inflight-Entertainment*-Systems zurück. Ein erster wesentlicher Bestandteil des PIM ist eine Beschreibung des Aufbaus des Systems. Dazu gehören strukturelle Bestandteile wie eine Eingabemöglichkeit für den Nutzer, ein Display für die Wiedergabe von Informationen (hier wahrscheinlich auch die Nutzung eines abstrakten Fenstersystems) sowie natürlich entsprechende Informationsquellen (streaming für Video, abstrakte Spiele-Klassen). Ergänzt wird dies durch Verhaltensbeschreibungen wie ein Zustandsautomatenmodell für die Verarbeitung von Nutzereingaben oder Aktivitätsmodelle für die Spezifikation der Logik der Spiele. Die prinzipielle Zuordnung von Funktionalität und Softwareartefakten zu Systembestandteilen wird in *high-Level Deployment*-Diagrammen getroffen.

6.2.3 Platform Model

Ein Plattformmodell ist eine technische Spezifikation, die die Struktur einer Plattform (d.h. ihre Bestandteile) und die durch die Plattform angebotenen Dienste präzise beschreibt. Plattformmodelle können generischer Natur (z. B. *Distributed Object Platform* für die Verwendung bei der Erstellung eines PIM), technologiespezifisch (z. B. CORBA, J2EE oder CORBAComponent-*Platform*) oder auch herstellerspezifisch sein (z. B. Microsoft .Net, Iona Orbix). Für die Verwendung in einem PSM werden die Struktur und die Dienste durch Konzepte in der einzusetzenden Modellierungssprache zur Verfügung gestellt (z. B. in Form eines UML-Profils). Ein derartiges Profil definiert darüber hinaus auch die Anforderungen und Bedingungen für die Verbindung der Plattformbestandteile untereinander wie auch der Verbindungen zwischen der Anwendung und der Plattform.

Die Lebensdauer und Gültigkeit eines Plattformmodells ist an die durch es beschriebene Plattform gebunden. Im Gegensatz zum PIM und zum PSM geht ein Plattformmodell in der Regel unverändert in die Entwicklung unterschiedlicher Softwaresysteme ein. Mit der weiteren Entwicklung von MDA ist dabei die Nutzung standardisierter Plattformmodelle (wie z. B. CORBAComponent Model – CCM) zu erwarten.

Im Beispiel des *Inflight-Entertainment*-Systems spezifiziert ein Plattformmodell zum einen die (evtl. flugzeugspezifische) Hardware und zugehörige Treiber wie z. B. Standarddisplay und kabelgebundene Fernbedienung oder *Touch-Screen* als Ein-/Ausgabemedien, Videorecorder oder Videoserver als Informationsquelle für *streaming media*, aber auch Architekturformen und -grundlagen wie *client-server* oder *peer-to-peer* und Java für die Implementation von Spielen. Zusätzlich werden das eingesetzte Betriebssystem, eventuelle Middleware und Kommunikationsprotokolle in ihren Bestandteilen und Schnittstellen angegeben. Diese Informationen können zum einen in Klassen- und *Deployment*-Diagrammen und zum anderen in Schnittstellenspezifikationen (UML-Interfaces oder auch als Quellcode) erfasst werden.

6.2.4 Platform Specific Model

In dem plattformspezifischen Modell wird die Spezifikation eines Systems im PIM mit konkreten Details über die Realisierung auf einer konkreten Soft- und Hardwareplattform ergänzt. Ein PSM kann alle Informationen umfassen, die notwendig sind, um das System zu erzeugen (als installierbare Softwareprodukte) und in Betrieb zu nehmen. In diesem Fall ist das PSM eine Implementation des ihm als Ausgangspunkt dienenden PIM. Andererseits kann ein durch Modelltransformation erzeugtes PSM aber auch immer noch von einer Reihe von Implementationsdetails abstrahieren und Ausgangspunkt für weitere Transformationen im MDA-Prozess sein. Gegenüber einem konkreteren PSM tritt dieses PSM dann als PIM auf!

Zur Darstellung eines PSM können wie bereits beim PIM alle in UML verfügbaren Modell- und Diagrammformen eingesetzt werden. Ist ein PSM eine Implementation, so erhalten für die Erzeugung und Installation des Systems auch die Deployment-Modelle eine deutlich stärkere Rolle. Ergänzt werden diese Modelle durch weitere Informations- und Beschreibungsmittel wie z. B. Quellcode, Schnittstellenspezifikationen für die konkrete Plattform (z. B. in CORBA-IDL) und Konfigurationsbeschreibungen.

Ein PSM ist – speziell in dem Fall, dass das PSM eine Implementation darstellt – stets technologieabhängig. Aus diesem Grund ist anzustreben, dass große Anteile des PSM durch eine Modelltransformation ausgehend vom PIM und einem Plattformmodell erzeugt werden. Technologie- und plattformspezifische Erfahrungen und Kenntnisse eines IT-Entwicklungsunternehmens sollten anwendungsunabhängig in entsprechende Transformationsregeln einfließen und damit in anderen Entwicklungsprojekten wieder verwendbar sein.

Haben wir die Funktionalität und Struktur unseres *Inflight-Entertainment*-Systems im PIM vollständig spezifiziert, so kann dies unter Nutzung eines konkreten Plattformmodells nahezu vollständig in ein PSM für eine Implementation transformiert werden. Hierbei werden zusätzliche Elemente in das Modell eingefügt (*Glue*), die eine Verbindung zwischen der PIM-Funktionalität und der Struktur und der Plattform herstellen. Zu ergänzen ist dieses Modell um weitere Deployment-Entscheidungen (z.B. Zuordnung von Softwarekomponenten auf Knoten). Daran anschließend erfolgt die Code-Generierung z.B. in C++ für die gesamte Systemlogik und -struktur und in Java für die Spiele.

6.3 Transformationen

Wir haben in den einleitenden Worten zu diesem Kapitel festgehalten, dass die Transformation zwischen Modellen das Systemkonstruktionsparadigma in MDA bildet. Ebenso haben wir ganz lax formuliert, dass die Regeln zur Modelltransformationen auf der Grundlage der Metamodelle der zu transformierenden Modelle definiert werden. Die Hintergründe dieser Aussagen möchten wir noch einmal näher beleuchten.

Wir haben in Kapitel 3 gesehen, wie eine Sprachdefinition auf der Grundlage der *UML Infrastructure* erfolgt: Mithilfe eines Kastens mit elementaren Werkzeugen werden die Vokabeln einer Sprache (in diesem Fall UML selbst) objektorientiert erklärt. Eine so erzeugte Sprache nennt man Metamodell dieser Sprache, der Werkzeugkasten erhält die Bezeichnung Meta-Metamodell. Benutzt man den gleichen Werkzeugkasten z.B. zur Definition einer Sprache zur Beschreibung von Informationsmanagementsystemen, von Nutzerschnittstellen oder einer Sprache zur Geschäftsprozessmodellierung, so entstehen weitere Metamodelle. Natürlich lässt sich auch die Definition einer Programmiersprache durch ein Metamodell ausdrücken, man kann diesen Mechanismus also auch auf Sprachen anwenden, die beispielsweise keine grafische Notation besitzen. Dies ist bereits für die Sprache Java praktiziert worden, unter *http://java.netbeans.org/models/java/java-model.html* findet man ein solches Metamodell für diese Programmiersprache.

Nun stellen wir uns vor, wir möchten ein Modell, das wir in der Sprache UML verfasst haben, in die Programmiersprache Java überführen. Dazu benötigen wir einen Satz von Transformationsregeln, die jedes Konstrukt aus einem UML-Modell in ein Konstrukt der Programmiersprache Java überführen. Solche Regeln definiert man auf der Grundlage der zugehörigen Metamodelle, in diesem Falle also basierend auf dem

UML- und dem Java-Metamodell, in etwa wie folgt: »Erzeuge für jede Instanz der Metaklasse *Class* des Quellmodells eine Instanz der Metaklasse *JavaClass* im Zielmodell mit dem gleichen Namen«.

Stellt man diese Regeln nachfolgend für die Instanzen der Metaklassen *Operation* und *Property* etc. auf und überträgt die Aussagen über *Ownership* im Quellmodell auf Enthaltenseinsbeziehungen im Zielmodell, so lässt sich für jedes Quellmodell ein Abbild von UML-Klassen in Java konstruieren. Wir können mit diesen Regeln also ein Modell in der Sprache UML in ein Modell in der Sprache Java transformieren. Es mag Sie überraschen, dass wir Java in diesem Zusammenhang als Zielmodellbeispiel gewählt haben. Wir nutzen hier den Umstand, dass moderne Java-Entwicklungsumgebungen wie *eclipse* oder *NetBeans* Quelltextfragmente von Java in einer internen baumartigen Struktur speichern und diese Struktur mit dem Inhalt von Java-Dateien und dem, was ein Java-Entwickler »sieht«, synchronisieren. Ein solcher Baum kann durchaus als Instanz des Java-Metamodells aufgefasst werden. Das zu beobachtende Phänomen ist dann, dass es keinen technologischen Unterschied zwischen den Begriffen Modelltransformation und Codegenerierung gibt.

Angewendet auf die Kategorien von Modellen in der MDA lassen sich also beispielsweise plattformunabhängige in plattformspezifische Modelle übertragen, indem eine Menge von Modelltransformationsregeln auf das Quellmodell angewendet werden, um das Zielmodell zu konstruieren. In der Fachwelt ist man sich einig, dass die Technologien zur Modelltransformation zunächst unabhängig von den Kategorien der Modelle sind, die es zu transformieren gilt. In dem Normierungsprozess MOF *Query/View/Transformation* der *Object Management Group* [QVT 03] wird zurzeit untersucht, wie eine zukünftige Technologie zur Spezifikation von Modelltransformationen im Kontext der MDA aussehen wird. Dann wird es sicherlich auch Normen geben, die konkrete Mengen von Modelltransformationen festhalten, also beispielsweise solche, die von plattformunabhängigen Modellen von Geschäftsprozessen und Fachverfahren in beispielsweise *Enterprise Java Beans* spezifische Modelle abbilden.

Ein sehr interessanter Aspekt ist die Art und Weise der Formulierung dieser Transformationsregeln. Im Wesentlichen können diese – wie es oben demonstriert wurde – in einem imperativen Stil formuliert und beispielsweise in einer Programmiersprache wie Python oder Java programmiert werden.

Eine weitere, vielversprechende Möglichkeit ist die Deklaration eines Regelsystems, wobei jede Regel Aussagen über Quell- und Zielmodell nach einer Transformation trifft. Unsere obige Transformationsregel könnte dann umformuliert werden in: »Für alle Instanzen von *Class* in einem UML-Modell gilt: Es existiert eine Instanz von *JavaClass* und der Name der Instanz von *JavaClass* ist identisch mit dem Namen der Instanz von *Class*.«

Das hier dargestellte Vorgehen ist aber nur eine Variante der in MDA nutzbaren Modelltransformationen. Prinzipiell wird zwischen typbasierter, instanzbasierter und musterbasierter Abbildung unterschieden. Wir wollen jetzt einige Aspekte dieser unterschiedlichen Transformationsarten noch etwas genauer vorstellen.

6.3.1 Typbasierte Abbildung

Diese Transformationsform definiert Abbildungsregeln auf der Grundlage von Typen die im PIM verwendet werden auf Typen die im PSM verwendet werden. Die oben dargestellte Abbildung von UML nach Java ist als Metamodellabbildung eine spezielle Form der typbasierten Abbildung. Hierbei sind alle Typen von Modellelementen im PIM wie auch im PSM durch ein MOF-Metamodell spezifiziert. Die Transformationsregeln können in damit unabhängig von dem konkreten PIM alleinig auf der Grundlage der Metamodelle erstellt werden. Der Ablauf einer Transformation stellt sich in diesem Fall bei der typbasierten Abbildung wie folgt dar.

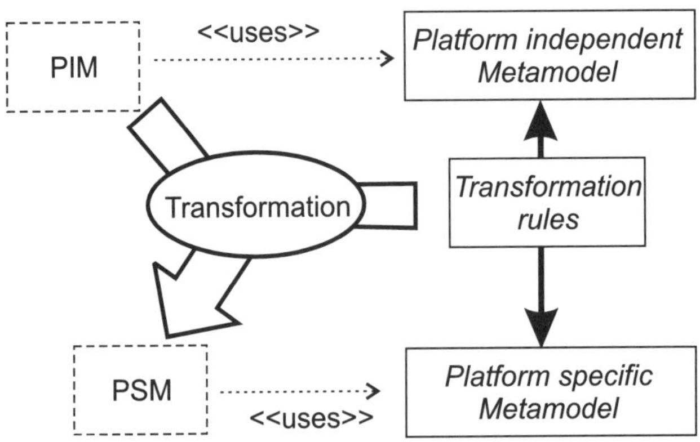

Abbildung 6.7: Metamodelltransformation

Für allgemeine typbasierte Abbildungen, also für den Fall, dass für das PSM kein MOF-Metamodell vorliegt, sind zusätzliche Sprachen bei der Transformation heranzuziehen.

6.3.2 Instanzbasierte Abbildung

Bei dieser Transformationsform werden Modellelemente (also Instanzen) im PIM, die in das PSM überführt werden sollen identifiziert und plattformspezifisch markiert. Diese Markierungen geben an, ob und wie das Modellelement in das PSM transformiert werden soll, sie sind aber nicht Bestandteil des PIM. In den MDA-Dokumenten wird deshalb auch von einer transparenten Schicht gesprochen, die die Markierungen enthält und über das PIM gelegt wird.

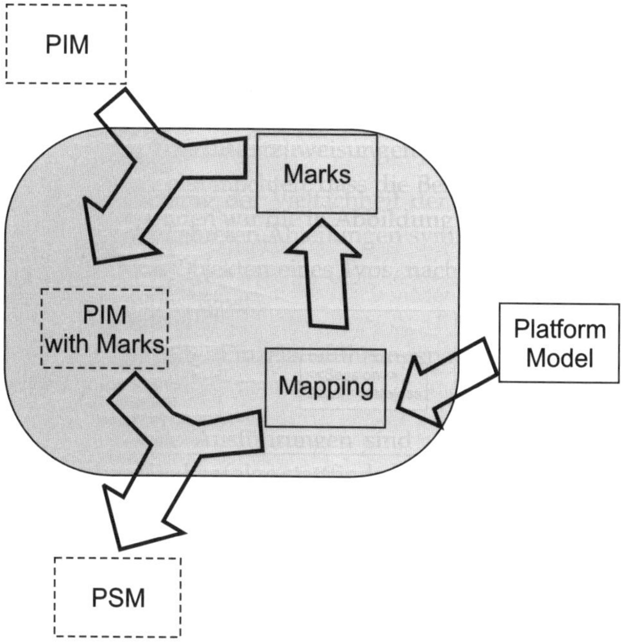

Abbildung 6.8: Instanzbasierte Abbildung

In der Praxis ist zu erwarten, dass für die Modelltransformation ein kombinierter Ansatz aus typ- und instanzbasierten Abbildungen zum Einsatz kommt.

6.3.3 Musterbasierte Abbildung

Das Anbringen von Markierungen in der bisherigen Form ist modelspezifisch. Sind ähnliche Markierungen häufig und in unterschiedlichen Modellen anzubringen, so können diese in Markierungsmustern oder –*Templates* zusammengefasst werden. Die Anwendung erfolgt analog zu dem Vorgehen bei *Design Patterns*, darüber hinaus sind aber auch in den *Templates* generelle Regeln zur Steuerung des Transformationsablaufs enthalten (z. B. Reihenfolge der Markierungen und der Transformationsschritte).

7 Literatur

[CORBA 02] »The Common Object Request Broker: Architecture and Specification, Revision 3.0.2«, OMG Dokument 2003, *http://www.omg.org/technology/documents/formal/corba_iiop.htm*

[DBAG 98] »AEROSPACE«, Daimler-Benz Aerospace AG, Heft 1/98, Stuttgart 1998

[GHJ+ 99] Gamma, Helm, Johnson, Vlissides: »Elements of Reusable Object-Oriented Software«, Addison-Wesley 1999

[IEEE 98] »Recommended Practice for Architectural Description«, IEEE P1471/D4.1, Institute of Electrical and Electronics Engineers, Inc., New York, 1998

[J2EE 1.4] »Java 2 Platform, Enterprise Edition«, Sun Microsystems 2003, *http://java.sun.com/j2ee/docs.html*

[JMI 02] »JSR-000040 The Java™ Metadata Interface (JMI) Specification«, Sun Microsystems 2002, *http://jcp.org/aboutJava/communityprocess/final/jsr040/index.html*

[MDA 03] »MDA Guide Version 1.0.1«, OMG Dokument, *http://www.omg.org/docs/omg/03-06-01.pdf*

[MOF 03] »MOF 2.0 Core Final Adopted Specification«, OMG Dokument 2003, *http://www.omg.org/docs/ptc/03-10-04.pdf*

[MOF IDL 02] »MOF 2.0 IDL RFP 1st Revised Submission«, OMG Dokument 2002, *http://www.omg.org/docs/ad/02-12-05.pdf*

[OCL 2.0] »Unified Modeling Language: OCL, Version 2.0«, OMG Dokument 2003, *http://www.omg.org/docs/ptc/03-08-08.pdf*

[QVT 03] »OMG Request for Proposal: MOF 2.0 Query / Views / Transformations RFP«, OMG Dokument 2002, *http://www.omg.org/docs/ad/02-04-10.pdf*

[SDL 2000] »Specification and Description Language SDL-2000«, ITU-T Recommendation Z.100, Genf 1999

[Szy 99] Clemens Szyperski »Component Software – Beyond Object-Oriented Programming«, Addison-Wesley 1999

[UML 1.5] »OMG Unified Modeling Language Specification«, OMG Dokument 2003, *http://www.omg.org/docs/formal/03-03-01.pdf*

[UML EDOC] »UML Profile for Enterprise Distributed Object Computing Specification«, OMG Dokument 2002, *http://www.omg.org/docs/ptc/02-02-05.pdf*

[UML Infra 03] »UML 2.0 Infrastructure Specification«, OMG Dokument 2003, *http://www.omg.org/docs/ptc/03-09-15.pdf*

[UML Sched] »UML Profile for Schedulability, Performance, and Time Specification«, OMG Dokument 2003, *http://www.omg.org/docs/ptc/03-03-02.pdf*

[UML Super 03] »Unified Modeling Language: Superstructure, Version 2.0«, OMG Dokument 2003, *http://www.omg.org/docs/ptc/03-07-06.pdf*

[XMI 03] »XML Metadata Interchange (XMI) Specification, Version 2.0«, OMG Dokument 2003, *http://www.omg.org/docs/formal/03-05-02.pdf*

Index